構築と交流の文化史
――工樂善通先生傘寿記念論集――

工樂善通先生の傘寿をお祝いする会 編

雄山閣

工樂善通先生近影　平城宮跡朱雀門をバックにして
(2018年秋 杉本和樹さん 撮影)

1995年12月7日 **韓国松廣寺にて**
左から 植野浩三、趙現鐘、工樂善通、黒崎直、田中清美
（佐藤興治氏 提供）

献呈の辞

　工樂善通先生は平成31年1月に目出度く傘寿を迎えられます。日頃学恩を受けている私たち後輩有志が集い、平成28年、奈良・百楽で喜寿のお祝いをした際に、次の傘寿の時には是非記念の論文集を出版し先生に献呈しようではないかとの発議があり、出席者全員が賛同した経緯がありました。

　先生は年譜にあるように兵庫県高砂市のご出身で、父工樂長三郎と母逸子の三男として昭和14年1月27日に生誕されました。高砂の工樂家は江戸時代以来の旧家で、初代の松右衛門は港湾の築造、帆布や農工具の改善・工夫に功績ありとして将軍家から「工樂」の姓を賜ったという名家であります。

　明治大学に進学した先生は考古学を専攻し、弥生時代研究で著名の杉原荘介教授に師事されました。大学院在学中の昭和37年には平城宮内の未指定地に近鉄車庫の建設問題が起こり、考古学のみならず、歴史学、建築史、美術史学会がこぞって建設反対の声を上げ、請願書を衆議院文教委員会に提出するなどの事態になっていました。先生は車庫予定地の西南隅の第14次調査（井戸枠に転用された「隼人楯」や下層から弥生後期の集落跡を検出）に参加し、これが奈文研との接点となりました。

　奈文研入所後には平城宮跡の発掘調査に専念される一方で、各地の遺跡調査に協力されており、福岡県小郡官衙などは調査後に国史跡に指定されています。また、一時文化庁記念物課に出向され、各地の史跡指定地の保存と調査の指導・助言に当たるとともに、進行中の「全国遺跡地図」の編集に携わられています。

　奈文研を定年退職された後にはユネスコ・アジア文化センター研修事業部長、平成13年に就任された大阪府立狭山池博物館では池堰の築堤工法「敷葉工法」の存在に注目され、この工法が韓国、中国など古代東アジアに広く分布する工法であったことを指摘されました。以来、韓国全羅南道・碧骨堤の発掘調査助言等に尽力されており、韓国での知己も多く、今回の論文集に韓国の研究者からの多数の寄稿もこのためであります。また考古学以外の研究者の寄稿は先生の幅広い人脈と温厚かつ親切な人柄によるものであります。

　先生にはめでたく傘寿を迎えられますが、なおご壮健であります。私たち

後輩は先生に見習って、常に新たな視点で学問と向き合い、日々研鑽しなければならないと思います。
　拙いものではありますが、ここに論文集を献呈いたします。
　今後とも先生のますますのご健勝を祈念申し上げますとともに、論文、祝辞をお寄せいただいた皆様をはじめ、本書の編集にあたられた雄山閣編集部八木崇氏、大野薫氏、韓国文を翻訳いただいた平郡達哉氏、李銀眞氏に厚く感謝申し上げます。

平成30年12月

工樂善通先生の傘寿をお祝いする会
　発起人代表　佐藤　興治

工樂善通先生略年譜

年　月　日	経歴
昭和 14（1939）年　1 月 27 日	兵庫県高砂町（現高砂市）にて、父・工樂長三郎、母逸子の三男として誕生
昭和 27（1952）年　3 月	兵庫県高砂町立高砂小学校卒業
昭和 30（1955）年　3 月	兵庫県高砂町立高砂中学校卒業
昭和 33（1958）年　3 月	兵庫県立高砂高等学校卒業
同年　　　　4 月	明治大学文学部史学地理学科入学
昭和 37（1962）年　3 月 31 日	同上　　　　　　　　　　卒業
同年　　　　4 月 1 日	明治大学大学院文学研究科史学専攻修士課程入学
昭和 39（1964）年　3 月 31 日	同上　　　　　　　　　　　　　修了
昭和 39（1964）年　4 月 1 日	奈良国立文化財研究所平城宮跡発掘調査部技官
昭和 44（1969）年　7 月	文化庁記念物課出向（昭和 47 年 3 月 31 日まで）
昭和 48（1973）年　4 月 1 日	奈良国立文化財研究所平城宮跡発掘調査部考古第二調査室長
昭和 50（1975）年　4 月 1 日	奈良国立文化財研究所埋蔵文化財センター遺物処理研究室長
昭和 54（1979）年　4 月 1 日	奈良国立文化財研究所平城宮跡発掘調査部考古第一調査室長
昭和 61（1986）年　4 月 1 日	奈良国立文化財研究所埋蔵文化財センター集落遺跡調査室長
平成 4（1992）年　4 月 1 日	奈良国立文化財研究所飛鳥資料館学芸室長
平成 7（1995）年　4 月 1 日	奈良国立文化財研究所埋蔵文化財センター長
平成 11（1999）年　8 月 1 日	㈶ユネスコ・アジア文化センター文化遺産保護協力事務所研修事業部長
平成 13（2001）年　3 月 28 日	大阪府立狭山池博物館館長　現在に至る

目 次

献呈の辞……………………………………………………………佐藤興治… 1

工樂善通先生略年譜………………………………………………………… 3

六甲山南麓西端域における地形の変遷と遺跡の立地………………千種　浩… 7

兵庫県東南遺跡出土土偶の型式と系統……………………………大野　薫… 18

河内の方形周溝墓と墓制…………………………………………田中清美… 28

古墳周濠考………………………………………………………………高島　徹… 40

今城塚古墳の埴輪のまつり──ゆりかごから墓場まで──………黒崎　直… 53

倭王権と鵜飼儀礼・序論──頸紐を巻き、翼をひろげ、木にとまる──……森田克行… 63

古墳時代における灌漑システムの進展と地域社会の形成
　──桂川右岸地域の事例を対象に──………………………大庭重信… 78

桜井谷窯跡群における陶棺の生産と流通…………………………木下　亘… 88

継体天皇大和入りの反対勢力を考える……………………………西川寿勝… 99

高句麗の南進と百済そして倭──漢城期百済を中心に──……柳本照男… 111

構築過程からみた三国時代墳墓の墳丘について…………………吉井秀夫… 125

日・韓前方後円墳築造方法の覚書
　──鳥取県晩田山3号墳の再検討をかねて──……………植野浩三… 135

高句麗龕神塚の「天への階段」──昇仙を表す壁画──…………南　秀雄… 147

新羅僧侶の築堤事業──『戊戌塢作碑』再論──………………田中俊明… 157

三国から朝鮮時代前期にかけての溜池の類型とその歴史的背景……小山田宏一… 168

5・6世紀における渡来民社会の形成とその後…………………福岡澄男… 179

渡来系氏族の動向──奈良時代を中心にして──………………佐藤興治… 190

始まりの推古朝……………………………………………………森本　徹… 206

貢納塩木簡の一試論………………………………………………積山　洋… 216

歌は世につれ　世は歌につれ──難波津の歌に詠われた〈この花〉──……伊藤　純… 227

中世の河内平野における島畠発達の背景…………………………井上智博… 234

中国福建省平潭県の明代「九梁Ⅰ号」沈没船遺跡	辻尾榮市	244
近世京都における土地造成方法の一例 　—京都市崇仁地区の調査事例から—	李　銀眞	254
カトリックとマジョリカ陶器 　—大坂出土の色絵フォグリー文アルバレルロの生まれた背景—	松本啓子	264
稲荷山古墳出土の辛亥銘鉄剣「吾」字の創作説と保存修復者の倫理	西山要一	275
年輪から読み解く新安船積荷木箱の年代と産地	光谷拓実	286
テラヘルツ波を用いた彩色文化財の非破壊界面調査	金　旻貞	292
遺跡と地域社会の未来—文化財保護法等の一部改正に思う—	杉本　宏	302
韓國先史時代の木製農具	趙　現鐘	312
古代韓國型水利施設の特徴と意味—工楽善通先生の八旬を記念して—	成　正鏞	322
祝　辞		328

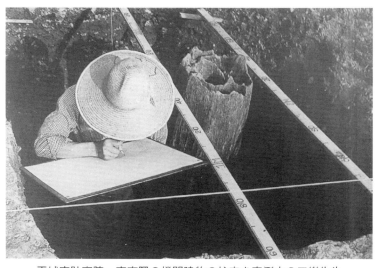

平城宮跡東院・東南隅の楼閣建物の柱穴を実測中の工樂先生
（昭和42年　平城宮第44次調査）

六甲山南麓西端域における
地形の変遷と遺跡の立地

千種　浩

1. はじめに

　六甲山地は、宝塚市から西に続く断層に沿って隆起を続け、明石海峡付近で瀬戸内海に突き当たる。現在の最高峰は、神戸市域にあり標高は約931ｍを測る。山地南側斜面の小河川はすぐに南流し瀬戸内海に流れこむため、流域長は短く急峻であることが特徴である。北側斜面の河川は一旦西方と北方に向かい、山地を回り込む形でそれぞれ加古川と武庫川に合流する。山地が瀬戸内海に突き当たる西端から東端を区切る武庫川までの間、小河川が山系の南麓に小規模な扇状地を複合的に形成している。こうした扇状地の堆積物は、山系の表層が花崗岩類で形成されている場所が比較的多いことから、これらに起因する砂礫が多く見られる。南麓の堆積物は山系から直接供給される円礫や砂だけではなく、沿岸流により運ばれた堆積物が、特に縄文海進後の南麓の地形形成にも大きな影響を与えている。本稿では、これまでの増田富士雄氏の研究成果を紹介し、遺跡の立地に与えた影響について推察を試みる。

2. これまでの調査研究

　六甲山地の成り立ちについては、藤田和夫氏や田中眞吾氏など体系的な研究を行われてきた。その中で特に地形と遺跡の立地については、前田保夫氏や高橋学氏がこれまでにその関係性を調査事例に基づき具体的に記述されている。

　高橋氏は1980年代の発掘調査報告書の中で、六甲山系西端からおおよそ芦屋川までの南麓地域を、扇状地の発達状況と表層の地質から3地区に区分している。西方地区の湊川以西の背後の山地には深層風化している黒雲母花崗岩は少なく、布引花崗閃緑岩、神戸層群の砂岩、凝灰岩が分布するため扇状地の発達は乏しく、地形は平坦であることが特徴であるとされている。その東の生田川から石屋川の間では、山地において風化が進む黒雲母花崗岩が卓越するため、土砂が流出しやすい地域であり扇状地が発達している。その東方の芦屋川までの間の山地は最高峰に達し、主に黒雲母花崗岩と一部には砂岩や頁岩などの

古生層や未固結の大阪層群などからなり、同様に扇状地が発達しやすいとされた。このように、断層による山地の成り立ちや、地質からの土砂の供給量により、海岸に至る南麓域の地形を以上のように3つに分類された。

　そして沿岸部についても、すでに各地で解析が進む縄文海進とその後の地形変遷を踏まえ、この六甲山地南麓においても海進後の沿岸流による砂堆の形成を指摘されている。旧湊川以西についても、3列の砂堆を指摘し、その形成時期については他地域の例を参考にして、最も古い内側砂堆が縄文海進最盛期から形成され、次の中列砂堆が弥生時代中期に、最後の外列砂堆は平安時代には安定していたと推定されている。そして、旧湊川の河口が、この3列の砂堆を横切っていることから、旧湊川の三角州の発達による河口が極めて新しい時期のものであると推測された。

　垂水区福田川左岸で、垂水・日向遺跡の数次に及ぶ発掘調査の中で、アカホヤ火山灰の水中堆積や、縄文時代後期の多量の樹木を含む土石流など、国内でも例が少ない良好な自然堆積が明らかになり、増田氏等によって、堆積学の観点から現地調査が始められた。1990年代には堆積過程や堆積環境を解析し、堆積相の分布や堆積相モデルを構築する堆積相解析が確立され、地層を堆積システムの移動として把握し、過去の堆積環境を復元する研究が日本国内でも精力的に行われた。その研究を主導された一人である増田氏により、この地域でも震災後に増加した発掘調査においても現地調査が進められ、その報告がなされてきた。1980年代の高橋氏による地形帯の分類による遺跡の立地と、1990年代以降の増田氏による堆積学による遺跡の立地へのアプローチによって、より詳細に地形の復元が可能になっている。

　1995年（平成7）1月17日に発生した兵庫県南部地震により、六甲山地南麓地域は、大きな被害を受けた。被害の状況は、地学的な振動の発生と地質的な差異と、人工的な地形改変などの要因により、複雑な様相を呈した。発掘調査の原因も一変し、その件数も調査面積も格段に増加することになった。その中心が六甲山地南麓に集中したことは、被害の要因と相関している。発掘調査の実施によって、地質的な状況を把握する資料が増加した。六甲山地南麓は、神戸市域も含めて、考古学的知見が及ぶ前に市街地化が進んだことと、厚い堆積に覆われる場所も多いため、遺跡が包蔵地として認識される機会が限られていた。増田氏らによる堆積学の進展と、発掘調査事例の増加、阪神・淡路大震災後の地盤への注目から進められたボーリングデータの集積と公開により、より具体的な地形の変遷が明らかになりつつある。それまでは、発掘調査において、流路や旧河道などとやや曖昧に称してきた堆積が、潮汐の影響を受けた澪や、堆積の一部であることや、砂堆としていたものが、砂嘴や浜堤として具体的に判定できるようになってきた。

　以上のような、地形や堆積による考察とは別に、土壌に含まれる微化石から歴史的な環境の変遷を追う調査事例も積み重ねられてきた。震災復興の発掘調査においても、花粉分析、珪藻分析、珪酸体分析などの基礎調査も進められてきている。これらの資料を統合的

に解釈するためには、分析サンプルの産状についての解釈がなされていないと比較することができない。言い換えれば、供する土壌資料に対する堆積についての判断と目的意識が合致しなければ、分析データに対する評価が異なる結果となる。

次に、増田氏らによる調査報告を紹介しながら、湊川以西の縄文海進以降の地形変遷の中で、縄文晩期から弥生時代前期に大きな変化が明らかになってきたことと、遺跡の立地における動向がどう対応するのかを概観する。

3. 和田岬砂嘴と潟

増田氏は古川町遺跡の報告において、これらの砂堆は和田岬を形成することになった砂嘴でありその内側に干潟が広がっていたことを、須磨区や長田区の発掘調査現場の堆積の観察とボーリングデータから示された。この砂嘴は縄文海進のピーク時に、海面上昇した沿岸流が西方の六甲山地と瀬戸内海が接する舞子、塩屋付近の海食崖から大量の砂礫を東に運び形成されたものであるとされた。砂嘴の高さは海進時の海水準を反映し、兵庫津遺跡の調査でその外側の砂礫浜海岸の堆積が北東に伸びていく様子が確認されている。

縄文海進がピークを過ぎると、砂嘴の北側に広がっていた干潟は、主に山地からの土砂の供給により、徐々に堆積が進み離水し、やがて湊川河口砂州と和田岬砂嘴が繋がり、干潟は離水し広い平坦面となり、現在の地形に至る。この干潟に堆積した長田泥層はボーリングデータからもその分布域が推定されている。これまでも、和田岬が河川を伴わないことから、沿岸流による砂嘴であるとされてきたが、砂嘴の内側の状況に踏み込まれたのは、管見では初めての見解である。

しかしまだ潟の埋設過程については、不明な点も多い。特に、和田岬砂嘴と湊川河口砂州が繋がる時期はまだ明らかにはなっていないこと、また干潟に土砂を供給した妙法寺川、苅藻川などの河川が砂嘴を横断し、瀬戸内海に直接達する時期も未確定である。干潟に繋がるこれらの小河川は、山際では小規模な扇状地を形成しつつすぐに潟に至り、その河口では三角州を成長させていったと推定できる。これらの三角州は、内湾の潟であるため海の波浪の影響が極めて少なく河川からの堆積の方が強いことから、鳥趾状三角州として発達していったと想定できる。こうして干潟には複雑で微妙な高まりが生まれ、変化しながら離水に向かったと考えられる。干潟が埋設されていくことと、和田岬砂嘴と旧湊川三角州が繋がることにより、ある時点で干潟よりも標高の低い砂嘴を河川が乗り越え、直接瀬戸内海に達することができたのであろう。

古川町遺跡での調査によれば、砂嘴の基底となる浜堤の砂礫層は前浜の特徴を示しており、その上部には砂丘堆積物の特徴を示す堆積へと変化している。その変化の要因は海面低下により南側に出現する新たな浜堤による堆積に起因するものである。その間に見られる小海進による堆積は、東灘区小路大町遺跡で確認された古墳時代の海面上昇（弥生時代の浜堤の上位にある潮汐堆積物）に一致する可能性がある。この様な縄文海進海退後の小海

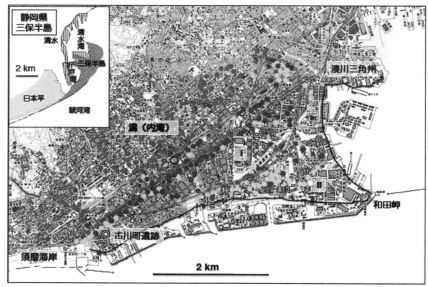

図1 「和田岬地域の砂嘴と潟の堆積の分布」
（増田富士雄他作成『古川町遺跡第2次発掘報告書』2014 所収）

進も、潟湖の埋積過程に微妙な変化を与えていると思われる。

　須磨から和田岬に及ぶ砂嘴の内側の潟については、増田氏はボーリングデータにより潟の概ねの範囲を示されている。（図1）この潟の範囲は、阪神大震災の被害が甚大であった範囲と重なり、その後に急増した復興事業に伴って、JR新長田駅周辺では多くの発掘調査が行われた。松野遺跡、二葉町遺跡、大橋町遺跡、若松東遺跡、などである。これらの発掘調査の中で、縄文時代晩期から弥生時代前期の遺物が泥層の直上等から点々と検出されている。そして、泥層に潮汐による澪も検出されている。

　増田氏は、これらのことから少なくとも、この時期には現在のJR長田駅周辺には干潟が広がっており、湊川が形成した三角州と和田岬の砂嘴はまだつながっておらず、東方から海水の影響があったと指摘された。次に旧湊川以西の縄文時代晩期から弥生時代前期を中心に主な遺跡の立地を概観する。

4. 旧湊川以西における遺跡の変遷

砂嘴に立地する遺跡

　松野遺跡では第3次調査で縄文時代晩期の澪と推測される痕跡を標高6m前後で確認し、第42次及び42-1・2次調査で、縄文時代晩期～弥生時代前期の堆積層や澪と推測される痕跡を標高5.5m前後で確認している。このことから、少なくとも縄文海進のピーク時期以降はJR新長田駅の南西域にも干潟が広り、縄文時代晩期にはまだ標高約6mに潮汐が影響していたことが明らかになっている。干潟の堆積物から花粉化石を確認できた例は

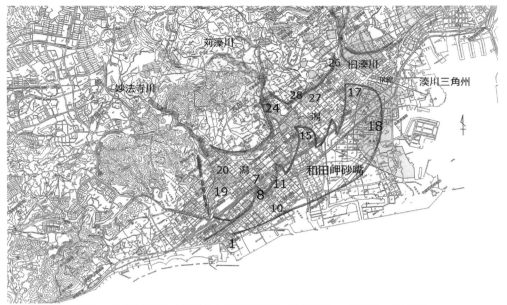

図2　旧湊川以西の包蔵地と砂嘴及び潟（番号は表1の遺跡名に対応する）

少ないが、わずかにイネ属とシイ属を含む、ヨシ属が優勢する植物珪酸体群が確認されており、湿潤な環境が復元されている。澪と共に土器類も散見することから、人間の活動域であったことは窺えるが、干潟であることから、住居などは築かれず、生産の場であったと考えられる。その上位には堆積が進み、標高 6.7 m～8.2 m に古墳時代と鎌倉時代の集落が営まれている。その堆積には弥生時代前期の遺物が含まれることから、この時期に河川氾濫による扇状地化が進行し、この地点では離水が古墳時代中期頃にはほぼ完了したと考えられる。

松野遺跡の東に位置する若松町東遺跡では、第 6 次調査において縄文晩期以前の澪（SD01）を標高 4.7 m 前後で、縄文時代晩期の長原式の埋甕やその他に縄文時代晩期から弥生時代前期の遺構と遺物を標高約 5 m で検出している。その他にも、第 1 次や第 3 次調査において、縄文時代晩期の土器を含む溝と推測される溝を標高 5 m～6.8 m で検出している。松野遺跡同様に潮汐作用を受ける干潟への堆積が同様の時期に進行していることがわかる。

松野遺跡や若松町東遺跡や大橋町遺跡の砂嘴縁辺部に対し、その南側の砂嘴中央部に位置する二葉町遺跡ではさらに標高が低くなる。第 14 次調査において標高約 3.5 m で縄文時代晩期の遺物を含む流路と認識していた遺構がある。しかし、遺構としてはその拡がりは不自然であり、遺構ではなく砂嘴の堆積過程の一部と考えられる。第 22 次調査地点でも、縄文時代晩期～弥生時代前期の遺物を含む土層が標高約 2.5 m～3 m に広がり、サンプル採取地点が不明であるが、砂礫層の上位にある縄文時代晩期～弥生時代前期の黒色系シルト層の花粉分析と植物珪酸体分が行われ、花粉化石が分解・消失し遺存状態が極め

て不良であること、イネ属を含まずヨシ属が卓越していることがわかった。縄文海進後に一旦離水した後に、局所的な基準面の上昇によりしだいに湿潤化したと報告されている。しかし、砂嘴の内側の埋積過程の泥層と理解するほうが植生環境の調査結果からも調和的である。二葉町遺跡が安定した居住空間として、掘立柱建物を中心とする集落が形成されたのは11世紀から14世紀で、標高は3.5～4mを測る。

　以上のJR新長田駅周辺の松野遺跡、大橋遺跡、二葉町遺跡、若松町東遺跡は、砂嘴の内側縁辺部や中央に位置し、縄文時代晩期から弥生時代前期には潟と砂嘴の境で、穏やかな潮汐作用を受ける環境にあり、部分的に鉤状になる高まりには建物が建てられて、緩やかな人間による関与が行われていたことが窺える。古墳時代後期までには、陸側からの扇状地作用と砂嘴の発達により潟は埋積が進み、JR新長田駅北側の松野遺跡や、水笠遺跡、神楽遺跡、御蔵遺跡が離水し居住空間になっている。

　大開遺跡の弥生時代前期環濠集落は、標高約3.2mで検出されている。その基盤となった堆積は、複数の不定行に切り合った河道として報告されている。この堆積には縄文時代後期の遺物を含んでおり、上面には縄文時代晩期の土器群が点在している。その標高は約2.6～3.0m。増田氏の教示によると、「河道」と報告されている堆積は、断面図とその写真から、砂嘴の先端に近い地点での側方堆積であり、含まれる流木や樹木の葉や種子などの植物依存体は、砂嘴の内側に広がる潟に陸側の河川から氾濫堆積物として運ばれたものであるとの指摘を受けた。和田岬砂嘴と潟の入り口に近い場所に環濠集落を設定し、北側の干潟を利用し水田を営んでいたと推測される。第1次調査の環濠集落の南東側に、弥生時代前期後半に続く環濠が検出されており、微量に位置を変えながら、砂嘴の先端付近に集落と水田生産域が設定されていたと思われる。

　第1次調査の土壌の微化石調査では、その依存状態が不良なため、環境復元に十分な資料が得られていないが、花粉化石や植物珪酸体からは、ヨシ属、タケ亜科などが認められているが、豊かな植生相とは言えない。また、第14次調査の環濠堆積からは陸生及び淡水の珪藻とともに微量ではあるが、海生の珪藻もわずかではあるが検出されており、潮汐の影響を受けた潟が近傍に存在していたとの推定に調和的である。大開遺跡での環境復元のための土壌調査はまだ2例しかなく、今後の同種の調査例の蓄積が期待される。

　砂嘴の海側にはまだ集落は確認されていないが、兵庫遺跡ではわずかに奈良時代以降の遺構が確認されており港湾関連施設の存在が推測されるが、沿岸流による砂礫浜の進行が時代によりどの程度進んでいたのかはまだ不明な点が多い。一方、砂嘴の干潟側には縄文時代晩期から弥生時代前期の頃に一斉に人の関与が認められる。次に古墳時代中期末から後期、平安時代末から鎌倉時代に活発な痕跡が残されている。

干潟に立地する遺跡

　ここでいう干潟に立地する遺跡とは、縄文海進時には潟であったが、海退後に離水し弥生時代前期には生活域が形成されたという遺跡である。河川に近い大田町遺跡や戎町遺

跡、兵庫松本遺跡は概ね標高7～12mに立地し、丘陵に近い上沢遺跡は標高9.5～16mに位置している。

　戎町遺跡は第1次調査において、現在神戸市内では最も古い段階での水田遺構が確認されている遺跡である。妙法寺川右岸に位置している。弥生時代前期の水田は標高12.0～12.4m前後で畔畦により画されている。水田面の下部には、先行する水田面とも考えられる土壌も数層見られ、その間には河川氾濫堆積物とみられる逆級化も確認されている。前期の水田面の上位には、主に細砂の洪水砂と推定される河川氾濫堆積物が約70cmで堆積し、弥生時代中期の遺構面となるが、この地点では水田は確認されていない。弥生時代前期と中期の土壌には、共にヨシ属、タケ亜属、ウシクサ族のプラントオパールを含んでいる。現地植生と合わせてより上流域の植生を反映している可能性がある。水田及びその下層の砂泥層は、干潟の堆積で長田泥層の一部であると今回推測している。弥生時代前期の水田を覆う砂は、妙法寺川の氾濫堆積物と考えられる。干潟が離水した跡地を初期の水稲農耕地として弥生時代前期に利用し、氾濫を受けた後の微高地化した部分に居住域を移し、別の地点を耕地化していった変遷が窺える。古墳時代前半と鎌倉時代にも集落化している。

　大田町遺跡は、戎町遺跡に接し妙法寺川右岸に位置する。弥生時代前期にはまだ湿地状態の範囲が多いようであるが、中期には戎町遺跡と同様に集落化しており、一体のものと考えることもできる。ともに潟の西端つまり潟の突き当たりに位置する。潟の中でも早い段階で、離水が始まったと考えられる。古墳時代の様相は判然としないが、奈良・平安時代は一般集落には見られない建物や遺物が出現している。古代山陽道に接することによるものと考えられている。

　兵庫松本遺跡は旧湊川の右岸に位置し、弥生時代前期と中期には多くの流路が見られるのが特徴で、同末期には漸く集落が認められる。河川に近いこともあるが、上沢遺跡と同様に背後に丘陵が迫っていることに起因している。

　上沢遺跡は丘陵の裾に位置するため、標高は9.5～16mと緩傾斜に立地している。縄文時代晩期から弥生時代前期の遺物を含む流路が確認されているが、集落実態はまだ不明である。古墳時代後期以降鎌倉時代まで集落が継続し、古墳時代中期の大壁建物や、奈良時代の精緻な井戸や、渡来系氏族や中央権力集団との関係を示している資料が多い。

　弥生時代中期以降から確認される遺跡として、妙法寺川と苅藻川の中間に位置する水笠遺跡では、弥生時代中期から痕跡が見られ、古墳時代後期には安定し集落化している。苅藻川沿いの長田神社境内遺跡も扇状地化が早かったと推定されるが、河川が不安定なためか、遺跡としては弥生時代中期、後期に盛行している。

　以上のように、縄文海進後の潟は妙法寺川、苅藻川、旧湊川が運ぶ土砂により埋積が進んだことにより、潟の縁辺部や河川近くの微高地が人の生活空間になっている。現在の時点では五番町遺跡が後期に始まるが、多くが縄文時代晩期から弥生時代前期に斉一性を持って始まっている。特に戎町遺跡、御船遺跡、御蔵遺跡などで、水田耕作地が確認され

ていることから、初期水稲農耕の適地として、潟周辺の干潟跡地が選ばれ、集落の場所が選定されたと考えられる。弥生時代前期の集落の選地をみれば、潟の突き当たりに戎町遺跡と大田町遺跡、潟の中央陸側に上沢遺跡、和田岬砂嘴の先端に大開遺跡、そして潟の入り口の旧湊川を挟んで段丘の上には、弥生時代の拠点集落である楠・荒田遺跡があり、まさに潟を囲むように配置されていることが窺える。水稲農耕も要因ではあるが、潟は豊富な水産資源の場でもあり、海につながる水路であり、かつ砂嘴が防波堤の役目も果たしていた。

　六甲山地南麓の東部の弥生時代前期の集落である本山遺跡や北青木遺跡も、沿岸流によって形成された浜堤列の上を選地しており、堤間湿地を利用した水稲農耕を目指していたことが推測される。両地域ともに、生産域を吟味し選地を行い、かつその後の自然災害と地形の変化に対応しながら土地利用を続けていた実態を見出すことができる。

　弥生時代中期には砂嘴や潟域でも遺構の密度は低くなりようであるが、同後期から古墳時代初めには、長田神社境内遺跡や若松町遺跡、御蔵遺跡などが新たに出現する。古墳時代中頃には再び検出遺構は少なくなるが、同中期末から後期にかけて、多くの遺構が確認されている。当時の潟の埋積状況は定かではないが、ほぼ潟の突き当たり付近の砂嘴に松野遺跡、東に大橋町遺跡、神楽遺跡、などが続き、潟域には水笠遺跡、御船遺跡などがあるが、両者の間には海に続く水路となり得るような澪がまだ残っており、防御的な機能も兼ね備えていたのではないだろうか。潟の西端の陸側丘陵の潟を一望する場所に得能山古墳、潟の東端、入り口付近の陸側丘陵上に会下山二本松古墳と夢野丸山古墳が築かれている。六甲山地南麓東部の海岸線近くに並ぶ処女塚古墳、東西求女塚古墳と対比されるが、旧湊川以西の3古墳は海の延長である潟を意識して選地された可能性もある。

5. 奈良時代以降の旧湊川以西

　先述したように、この干潟が完全に埋積され、現在の地形に近くなった時期はまだ確定していない。また、干潟の山側の汀線の時期による位置の変遷もまだ明らかではない。

　湊川については、現在の湊川が治水と都市化を目的として、明治34年に付け替えられ、新湊川と呼ばれ、付け替え以前の川を旧湊川と呼んでいる。この川筋以前の川を古湊川と仮定し、その位置が議論されてきた。潟が想定されている場合もあったが、その範囲はまだ想定されていなかった。旧湊川は河口が前進することによって三角州が形成されたのであり、問題となるのはその遷移した時間軸である。少なくとも縄文海進時には、会下山の麓に旧湊川の河口は位置し、海面の低下とともに河川の土砂により前進し、和田岬砂嘴の影響で沿岸流による流失を免れ、三角州が前進したと考えられる。

　この潟の埋積過程を考える上で影響を受けるのは、古代社寺や古代山陽道、そして大輪田泊と兵庫津である。少なくとも弥生時代前期にはまだ潟の中央の苅藻川周辺では澪が確認されていることから、海の影響を受けている。東の湊川三角州と和田岬砂嘴が完全に

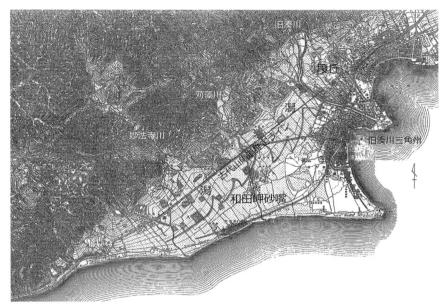

図3 仮製図における和田岬砂嘴と潟

繋がり閉塞するまでは、大型の澪と河川河口が繋がり、運河状の水域が微高地に立地した集落の間に存在した可能性が高い。

　六甲山地南麓は8世紀以降摂津国の雄伴郡、荒田郡、兎原郡が設置されたと推定されているが、9世紀に八部郡が新たに設けられるなど頻繁に行政域が変更されている。旧湊川以西は八部郡域になるが、郡内の式内社は長田神社、生田神社、敏馬神社である。長田神社の奈良時代の所在地は確定していないが、室町時代の関連遺構が確認されており標高は15mを超える。寺院としては八部郡では唯一、房王寺が上沢遺跡の西に接して比定されている。標高約13mで関係遺構が確認されている。ともに潟の陸側の標高10mを超える山際に立地している。

　古代山陽道については、旧湊川以西では上沢遺跡、御船遺跡、戎町遺跡、大田町遺跡を貫くルートが想定されている。ほぼ標高10mを前後する高さに遺構が広がり、潟の陸側の山際を通っている。この時期に潟が完全に埋積し条里が施行されていたか、あるいは潟の痕跡が東西方向の水路として利用されていたのかなど、検証すべき点が多い。さらに大輪田泊とされる港湾施設の位置もまだ確定していない。すでに砂嘴の海側は古川町遺跡のような砂礫浜海岸になっていると思われるが、全体はまだ明らかではない。陸路と海路の掌握と安定化は重要課題であるが、潟の遷移が両者に大きく影響したと考えられる。

　砂嘴が伸びた方向は現在の街区の方向に概ね合致しており、潟側の鉤状砂嘴の方向も同様である。古代山陽道は潟の陸側山際を走り、そして潟の砂嘴縁辺部に現在のJR線が走り、砂嘴の中央部に阪神高速道路の高架が通っている。明治時代に開削された新川と兵庫

運河は和田岬砂嘴の海側縁辺部に沿っている。縄文海進によって出現した和田岬砂嘴と潟は特に弥生時代前期以降の社会の土地利用に大きな影響を持ち続け、現在にも及んでいると言える。(図2および3)

　増田氏による堆積相解析により明らかになった砂嘴と潟と、遺跡立地の相関について素描してきたが、不十分な理解のために引用を誤っている可能性もある。今回の小論作成にあたっても多くのご教示を増田氏から頂いたこと、記して感謝いたします。最後に、工楽先生には、今回記載した遺跡の調査現場で神戸市文化財審議会会長として、多くの有益なご指導を頂いたことに改めて感謝いたします。

参考調査報告書

古環境研究所 1989「プラントオパール分析調査報告」『戎町遺跡―第1次発掘調査概報』pp.103-109　神戸市教育委員会

古環境研究所 2003「自然科学的分析の成果」『御蔵遺跡Ⅴ　第26・37・45・51次調査』pp.95-124　神戸市教育委員会

古環境研究所 2010「第42-1・2次発掘調査における自然科学分析」『松野遺跡第42-1・2次発掘調査報告書』pp.23-28　神戸市教育委員会

古環境研究所 2014「古環境復元」『大開遺跡第14次発掘調査報告書』pp.27-37　神戸市教育委員会

高橋　学 1989「戎町遺跡の地形環境―湊川・妙法寺川流域の地形環境Ⅰ」『戎町遺跡第1次発掘調査概報』pp.87-102　神戸市教育委員会

高橋　学 1992「垂水・日向遺跡の地形環境分析」『垂水・日向遺跡1, 3, 4次調査』pp.261-274　神戸市教育委員会

パリノ・サーヴェイ 1993「大開遺跡花粉・珪藻・植物珪酸体分析報告」『大開遺跡発掘調査報告書』pp.243-249　神戸市教育委員会

パリノ・サーヴェイ 2002「上沢遺跡植生関連調査」『平成11年度神戸市埋蔵文化財年報』pp.119-127　神戸市教育委員会

パリノ・サーヴェイ　辻　康男・金井慎司・辻本裕也 2008「二葉町遺跡古環境の調査」『二葉町遺跡発掘調査報告書第14次～21次調査』pp.98-106　神戸市教育委員会

パレオ・ラボ　新山雅広 2002「松野遺跡第5-1次調査の花粉化石群集」『松野遺跡発掘調査報告書　第3～7次調査』pp.187-192　神戸市教育委員会

パレオ・ラボ　新山雅広 2002「松野遺跡第5-1次調査の大型植物化石」『松野遺跡発掘調査報告書　第3～7次調査』pp.193-195　神戸市教育委員会

増田富士雄・佐藤喜英・櫻井皆生・伊藤有加 2014「第3章　神戸市古川町遺跡にみられる砂礫浜海岸の堆積物とその古地形上の位置」『古川町遺跡第2次発掘調査報告書』pp.29-38　神戸市教育委員会

増田富士雄・廣木義久 2017「神戸市兵庫津遺跡でみられる砂嘴堆積物」『兵庫津遺跡第62次発掘調査報告書』pp.17-28　神戸市教育委員会

南木睦彦 1993「大開遺跡の大型植物化石と古植生」『大開遺跡発掘調査報告書』pp.250-260　神戸市教育委員会

表1 旧湊川以西の主な遺跡の立地と時期・遺構

地図番号	立地	遺跡名	標高	時期						
				縄文	弥生	古墳	奈良	平安	鎌倉	室町
1	砂嘴	古川町	2.3〜2.7m			前：坑、後〜飛：大壁、竪、掘	掘、井	掘	掘	
2	砂嘴	鷹取町	4〜4.5m		中・後：○	前：○、中：掘、水、後：竪				
3	砂嘴	長田本庄町	(1.5m)			前：○				
4	砂嘴	長田野田	3.5m				掘、	掘、	掘、	
5	砂嘴	若松町	7m		後：竪、耕作		掘			
6	砂嘴	千歳町	8.7m		後：竪					
7	砂嘴	松野(北)	8m強		後：井戸	中末後：掘・竪・構				
8	砂嘴	松野(南)	5〜6m		前：流路					
9	砂嘴	松野(南)	7m弱			中末後：掘・竪		後：掘、	掘、溝、	
10	砂嘴	二葉町	2.5〜4m	晩：澪		後：		後：掘、	掘、井	
11	砂嘴	若松町東	4.7〜6.8m	晩：澪	前：澪、中：耕作				掘	
12	砂嘴	大橋町	5.2〜5.6m		○	後：溝		掘、井、墓		
13	砂嘴	神楽	4〜5m		後：流	後：竪、掘		掘		
14	砂嘴	三番町	4.5〜7m			前：			○？	
15	砂嘴	御蔵	4.4〜7m		後：○、末：水、竪	前：竪、	掘	掘		
16	砂嘴	塚本	1.8m		前：○		○			
17	砂嘴	大開	3.2m	晩：流	前：環濠、竪、貯					
18	砂嘴	兵庫津	-0.8〜1.5m				(湊)	(寺、湊)	(寺、湊)	城、町屋
19	干潟	太田町	10.5〜12m		前：○、中：竪、水	○	掘			
20	干潟	戎町	11〜14m		前：水、中：竪	前：○、中：○、後：○			掘	
21	干潟	御船	7.5〜9m		後：水	後：竪、掘、水		掘	掘	
22	干潟	五番町	6.5〜7.5m	後・晩：○		前：				
23	干潟	長田南	10〜11m		中・後					
24	干潟	長田神社境内	11.5〜16m		後：竪、掘	前：竪、後：竪、掘	墓	掘、竪	神社関係	
25	干潟	湊川	(6.5m)			後：竪、掘				
26	干潟	兵庫松本	7〜8m		前：流路、中：流路、末：竪、掘			後期：柵		
27	干潟	上沢	9.5〜16m	晩	前：流路	中：大壁建物、後：竪、掘	掘・井戸	掘	掘	
28	干潟	室内	13m				(寺)			
29	干潟	水笠	6.5〜7m		中：○	後：竪、掘、耕				
30	丘陵	大手町	27〜30m		中・後：流路・竪	○	○	○	○	

主な参考文献

1　古川町　　　『古川町遺跡第2次発掘調査報告書』　神戸市教育委員会　2014
2　鷹取町　　　『鷹取町遺跡』　兵庫県教育委員会　1991
3　長田本庄町　『平成9年度神戸市埋蔵文化財年報』　神戸市教育委員会　2000
4　長田野田　　『平成7年度神戸市埋蔵文化財年報』　神戸市教育委員会　1998
5　若松町　　　『若松町遺跡』　神戸市教育委員会　2000
6　千歳町　　　『平成9年度神戸市埋蔵文化財年報』　神戸市教育委員会　2000
7　松野(北)　　『松野遺跡発掘調査概報』　神戸市教育委員会　1983
8　松野(南)　　『松野遺跡発掘調査報告書　第3〜7次調査』　神戸市教育委員会　2001
9　松野(南)　　『松野遺跡発掘調査報告書　第3〜7次調査』　神戸市教育委員会　2001
10　二葉町　　　『二葉町遺跡第3・5・7・8・9・12次調査発掘調査報告書』　神戸市教育委員会　2001
11　若松町東　　『若松町東遺跡第1・2・3・4・5・6次発掘調査報告書』　神戸市教育委員会　2013
12　大橋町　　　『大橋町遺跡第1次-1〜6次発掘調査報告書』　神戸市教育委員会　2006
13　神楽　　　　『神楽遺跡発掘調査報告書』　神戸市教育委員会　1981
14　三番町　　　『昭和63年度神戸市埋蔵文化財年報』　神戸市教育委員会　1994
15　御蔵　　　　『御蔵遺跡V　第26・37・45・51次調査』　神戸市教育委員会　2003
16　塚本　　　　『平成6年度神戸市埋蔵文化財年報』　神戸市教育委員会　1997
17　大開　　　　『大開遺跡発掘調査報告書』　神戸市教育委員会　1993
18　兵庫津　　　『兵庫津遺跡第62次発掘調査報告書』　神戸市教育委員会　2017
19　太田町　　　『平成6年度神戸市埋蔵文化財年報』　神戸市教育委員会　1997
20　戎町　　　　『戎町遺跡第1次発掘調査概報』　神戸市教育委員会　1989
21　御船　　　　『平成9年度神戸市埋蔵文化財年報』　神戸市教育委員会　2000
22　五番町　　　『平成6年度神戸市埋蔵文化財年報』　神戸市教育委員会　1997
23　長田南　　　『平成11年度神戸市埋蔵文化財年報』　神戸市教育委員会　2002
24　長田神社境内『平成9年度神戸市埋蔵文化財年報』　神戸市教育委員会　2000
25　湊川　　　　『昭和61年度神戸市埋蔵文化財年報』　神戸市教育委員会　1989
26　兵庫松本　　『兵庫松本遺跡第2〜4・12・17・19次発掘調査報告』　神戸市教育委員会　2005
27　上沢　　　　『上沢遺跡III第38・46・50次調査』　神戸市教育委員会　2004
28　室内　　　　『平成9年度年報』　兵庫県教育委員会　1998
29　水笠　　　　『水笠遺跡26・27・28・29次発掘調査報告書』　神戸市教育委員会　2009
30　大手町　　　『大手町遺跡第1〜4・6次発掘調査報告書』　神戸市教育委員会　2003

兵庫県東南遺跡出土土偶の型式と系統

大野　薫

1．西日本縄文時代土偶概観

　偶数東日本に比べると西日本は土偶が著しく少ない地域である。関西縄文文化研究会が2010年に行った集成〔関西縄文研2010〕によって近畿二府四県に三重県を加えた七府県の土偶をカウントすると、草創期3点、早期4点、中期8点と、ここまではごく少数である。草創期土偶は三重県粥見井尻遺跡〔中川・前川1997〕2点と滋賀県相谷熊原遺跡〔松室・重田2014〕1点の計3点にとどまるが、これが現在日本で知られている草創期土偶の全てであり、いずれも手足を省略し、頭部は小さな突起状を呈するいわゆる胴体像である。早期では、三重県大鼻遺跡〔山田1994〕で1点、大阪府神並遺跡〔下村ほか1987、菅原1988〕で3点の土偶があるが、分布の中心は関東地方〜東北地方に移り、以降東高西低の状況が続く。前期では確実な土偶はなく[1]、中期の8点の土偶も、東日本に近い滋賀県域で北陸・東海系の土偶7点が搬入される程度で〔小島2000〕、自ら土偶を作り祭祀に用いるようなことはほとんどなかった[2]。

　草創期・早期以降、西日本で再び土偶が製作されるのは後期に入ってからである。再出現する西日本の土偶には大きく二種類あり、ひとつは人の形を表した「人形土偶」[3]であり、いま一種は手足や頭部を省略した「分銅形土偶」で、いずれも後期初頭中津式期には確実に認められる。

　人形土偶は北陸系板状土偶の西方波及によって出現すると考えられ、近畿・中国・九州にごく散漫に分布するが〔泉1997、大野2013〕、その系譜は後期前葉で途絶え、後期中葉に東海地方の今朝平タイプ土偶〔伊藤1998〕の波及によって新たな人形土偶が出現する。三重県天白遺跡〔森川ほか1995〕でまとまって出土しているのを筆頭に、奈良県八条北遺跡〔佐々木2011〕、和歌山県鳥居遺跡〔羯磨1962、中村貞1977〕兵庫県佃遺跡〔深井ほか1998〕など西日本に散漫に分布している〔大野2003〕。これに対して分銅形土偶は西日本独自の土偶型式であり、京都府日野谷寺町遺跡〔菅田1987〕の中津式期の例を最古として、近畿・中国地方に分布の中心を置き、東海・九州地方にも波及して晩期まで続くので

あるが、こちらも分布は散漫である。

　晩期には奈良県橿原遺跡の196点〔関西縄文研2010〕、大阪府馬場川遺跡の67点〔関西縄文研2010〕、熊本県下では400点以上〔九州縄文研2012〕の数の土偶が知られており、九州熊本地方や近畿中央部には土偶が濃密に分布する地域があるものの、全般的には散漫なものであり、四国地方のように土偶が著しく少ない地域もある。

　西日本における縄文時代祭祀関係資料の集成は近年著しく進み〔関西縄文研2010、中四国縄文研2011、九州縄文研2012〕、人形土偶や分銅形土偶の分析・研究も活発化している〔土偶研究会編2013〕とはいえ、それぞれの出現の様相や相互関係についてはまだまだ不分明の部分が多く、今後の課題は多いのである。

2. 東南遺跡の概要

　兵庫県揖保郡太子町は兵庫県西南部に所在する小さな町である。旧播磨国の西部にあたり、西播と呼ばれる地域に含まれる。揖保郡は当初2町28村からなっていたが、町村合併によって東の姫路市と西のたつの市に編入されて郡から離脱し、現在の揖保郡は太子町1町からなっている。太子町も斑鳩町・太田村・石海村の3町村が合併して1951年に誕生した町であり、これに龍田村が1955年に加わって現在の町域になった。面積22.61㎢、人口34,385人（2018.3.1現在）。太子町という町名は聖徳太子ゆかりの町であることからつけられたものである。

　東南遺跡は太子町のほぼ中央部、太子町東南および鵤に所在している。遺跡は揖保川支流の林田川と、その東側の大津茂川に挟まれた沖積平野に立地している。このあたりの平野部は条里型地割をよく残し、その各所に独立丘陵が点々とそびえる独特の景観を示している。現地表面は標高13m前後で、北から南に緩やかに傾斜している。

　周辺の縄文時代遺跡としては、北方約7kmの太子町平方遺跡では中期の船元Ⅲ～Ⅳ式土器が多量に出土しており（三村修次教示）、また中期末～後期初頭の竪穴住居4棟が見つかっている〔深井2009〕。南西約2kmの立岡遺跡では晩期突帯文土器が出土している（三村修次教示）。林田川右岸のたつの市片吹遺跡は前期に始まる遺跡で、

図1　東南遺跡の位置（大正12年修正測量図）

図2　東南遺跡発掘調査区（太子町教育委員会 1990）

中期末から後期中葉の竪穴住居6棟が見つかっている〔市村ほか1985〕。

東南遺跡は1977年に行われた町立体育館建設に先立つ確認調査で発見された（第1次調査）。引き続き同年に体育館用地の発掘調査が行われ、縄文時代後期の竪穴住居、埋甕、配石墓、立石などが検出された（第2次調査）。1978年から1980年にかけて町道改良に先立つ発掘調査（第3次調査）、体育館外周フェンス設置に先立つ発掘調査（第4次調査）、商工会館建設に先立つ発掘調査（第5次調査）、宅地造成に先立つ発掘調査（第6次調査）、関西電力鉄塔建設に先立つ発掘調査（第7次調査）が相次いで実施された。

これらの一連の調査で、縄文時代後期の竪穴住居3棟、掘立柱建物1棟、配石遺構、配石墓、立石各1基、埋甕5基、土壙墓とみられるもの16基などが確認され〔太子町教育委員会1990、三村1992〕、「播磨地方にあって、近畿・瀬戸内縄文文化の様相の一端を示す遺跡である。」〔三村1992〕と評価された。本稿でとりあげる土偶は1980年の関西電力鉄塔建設に先立つ発掘調査（第7次調査＝太子町教育委員会のE地区）で出土したものである。

発掘調査のない時期を挟んで、1990年以降ふたたび発掘調査の件数が増加する。調査原因は町道改良、宅地造成、防火水槽設置、下水道工事など様々である。さらに県道改良事業が加わり、遺跡の西側部分を南北に連続する発掘調査区が設けられ、東南遺跡の北限・南限が把握されることとなった（第13次調査・第15〜17次調査）〔篠宮編2009〕。2004年に行われた宅地造成に先立つ発掘調査（第20次・第21次）によって東南遺跡の西限が把握され、2004年・2006年に実施された宅地造成に先立つ発掘調査（第22次調査〜第24次調査）では東南遺跡の東限が把握され、遺跡範囲は南北約250m、東西約150m、面積約35,000㎡ということが明らかになったのである。検出遺構は、現在のところ、竪穴住居6棟、掘立柱建物2棟、配石遺構など3基、立石1基、埋甕5基、土壙墓とみられるもの16基とされている。これらの遺構の時期は後期前葉の北白川上層式1期とみられている。

3. 東南土偶に関する既往の言説

　東南遺跡出土土偶（以下では「東南土偶」と表記する）について言及したものを一通り見ておこう。

　調査担当者の三村修次は「土器は、中国地方の津雲A式・彦崎KⅡ式が大半を占め、深鉢形土器、浅鉢形土器、注口土器とともに、土偶片1点が出土している。土偶は比較的扁平で下半身は欠損し、縦3.6cm、横幅5.1cm、厚さ0.7～1.1cmで、胸部には隆起した乳房が表されている。」〔三村1992、原文の漢数字をアラビア数字に変更した〕とする。

　片岡肇は「土偶は昭和55年の太子町教育委員会の調査で検出されており、後期前葉の津雲A式土器に伴ったという。両腕を奴凧のように左右に広げ、胴から腰部にかけて大きくくびれている。胴下半以下を欠くが、おそらく脚部が省略されて、全体的には分銅形を呈するものと思われる。頸部で欠損しており、本例はそれほど大きくない頭部を有していたものと考えられる。乳房は小さなふくらみで表現されており、その間に縦位の深い沈線が認められる。」〔片岡1983〕とする。

　深井明比古は「比較的扁平で下半部を欠損しているが、現存長3.6cm、幅5.1cm、厚さ0.7～1.1cmを測る。現存する体部上半の中央付近には乳房の隆起が認められ、棒状工具により正中線を表現したと考えられる縦長の沈線がある。この土偶は下半部を欠損するが両

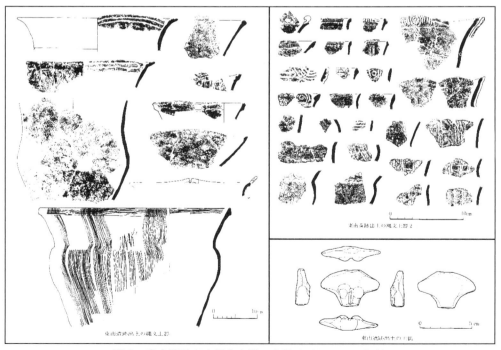

図3　東南遺跡出土縄文土器・土偶 (三村1992より作成)

端面が丸い分銅形土偶である。」〔深井2000〕とする。

中村健二は東南土偶全体について詳しく述べることはないが、その頭部について「頭部表現については、東南遺跡にその可能性がある」〔中村健2000〕とする。

土偶の時期について述べているのは、先に見たように、三村と片岡のみである。片岡は三村の教示として「後期前葉の津雲A式土器に伴った」としているが、三村は、土偶に伴ったものかどうかには触れず、「土器は、中国地方の津雲A式・彦崎KⅡ式が大半を占め」としている。

4. 東南土偶詳説

東南土偶は小型板状のもので、上半身のみが遺存する。いわゆる分銅形を呈し、両肩から腕の付け根が奴凧状に大きく広がり、そこから強くくびれて胴部に続く。現状で高さ3.8cm、幅5.5cm、最大厚1.2cmを測る。もっとも厚みがあるのはくびれ部の破断部分で、断面形は隅丸長方形状を呈する。ここから頭部方向に向かって薄くなっていく。

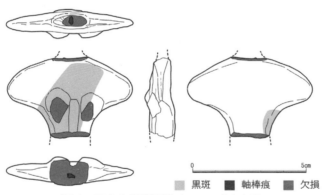

図4　東南土偶実測図（S=3/5、筆者実測）

前面側の中央やや下、胴部上端に乳房が表現されている。乳房はほぼ円形の椀状で、右乳房（向かって左側）がやや上に寄っており、左乳房のほうが若干下がっている。両乳房とも乳頭部から下側にかけて欠失部がある。

両乳房の間には正中線がある。正中線は幅3mm、深さ2mmの深くしっかりしたものであるが、施文工具が向かって右側から斜めに器面にあたっており、正中線の断面は左側がほぼ垂直になっているのに対し、右側は斜めに広がっている。三村、片岡の実測図では幅のある凹線状にも見えるが、片岡が「深い沈線」〔片岡1983〕とするのは正し

図5　東南土偶写真（筆者撮影）
　　上段左：前面　上段右：背面
　　下段左：頸部　下段右：胴部

い認識である。

　乳房より上の胸部、および肩部は無文である。肩部の左右両端は表裏両面から軽く押さえてやや薄く仕上げている。腕をつけようという意図がもとよりなかったことを示しているともみることができる。背面も遺存範囲では無文である。

　さて問題は頭部である。片岡は「頭部で欠損しており、本例はそれほど大きくない頭部を有していたものと考えられる。」〔片岡1983〕とする。三村はこの点に触れることはないが、三村の提示した実測図は胴部上端がスムーズな弧を描くのではなく若干くぼむように描かれており、上端面の図でもレンズ形の面を示している〔三村1992〕。先に述べたように、中村健二は「頭部表現については、東南遺跡にその可能性がある」〔中村健2000〕とする。

　筆者の観察結果を記すと、胴部上端の若干のくぼみは頭部の剥離痕跡とみられる。両肩からなだらかな弧を描いて首の付け根まで来て、胴部上端がレンズ形の面をなすのは三村の図の通りである。レンズ形の面は胎土に含まれる砂粒が顕著に露出し、器表面が失われていることは明らかである。片岡の観察通り、頭部があったことは認めてよい。さらに付け加えると、レンズ形の面には土偶本体とは異なる、砂粒を含まないごく細かいシルト状で暗灰色の胎土・色調を呈する部分がある。その部分は長さ3mm、幅1.5mmの不整長方形で、土偶胴部に対して前後方向の軸線を有する。胴部と頭部を結合する軸棒の痕跡とみることができよう[4]。片岡は「それほど大きくない頭部」〔片岡1983〕を想定しており、筆者も同様に考えるところであるが、軸棒痕跡があるとすると、頭部が存在した可能性はさらに高くなると考えられる。

　同様の軸棒痕跡がくびれ部の破断面にも観察される。破断面のほぼ中央、やや背面寄りにあり、大きさは胴部上端レンズ形の部分にみられるものと同程度である。孔内に入り込んだシルトが砂粒を含まない点も同様だが、色調は褐色味がやや強い。また軸棒痕跡の周囲の土偶胎土は環状に黒色化している。くびれ部破断面の軸棒痕跡は土偶胴部に対して左右方向の軸線を示し、胴部上端の軸棒痕跡が胴部に対して前後方向の軸線を有するのとは軸線方向が異なる。したがって、1回の刺突による貫通孔であることは否定できる[5]。筆者は軸棒痕跡である根拠の一つとなると考えている。

5. 東南土偶の位置づけ

　東南土偶は「分銅形土偶」とする評価が定着している。筆者も分銅形土偶と理解してきたところである。しかし、片岡が早くに指摘するように、頭部を有する土偶となると、人形土偶の可能性も排除できない。

　西日本で出土する後期前葉までの人形土偶は体部にもっと厚みがあり、腕は短いもののやや上方を向く特徴がある。滋賀県石田遺跡土偶〔植田・杉浦2005〕、福岡県新延遺跡土偶〔小池1995〕などがその好例であり、東南土偶の肩部がスムーズな弧を描く点とは異

兵庫県東南遺跡出土土偶の型式と系統

なる。一方、全体が板状を呈する点は東南土偶を分銅形土偶に分類することに有利である。後期初頭の京都府日野谷寺町遺跡土偶〔菅田1987〕はかなりの厚みを有するが、滋賀県仏性寺遺跡土偶〔兼康ほか1979〕、奈良県藤原京跡右京三条二坊土偶〔平松2008〕、大分県横塚第2遺跡土偶〔吉田1997〕などは薄い板状を呈する。東南土偶についても、人形土偶の可能性も残しつつ、今は頭部のある分銅形土偶とみておきたい。

東南土偶は共伴する縄文土器が明確ではない。三村は「縄文時代後期中葉の土器・石器等が出土している。土器は、中国地方の津雲A式・彦崎KⅡ式が大半を占め、深鉢形土器・浅鉢形土器・注口土器とともに、土偶片1点が出土している。」〔三村1992〕とするが、土偶が出土した第7次調査区出土縄文土器が具体的に示されているわけではない。また東南遺跡出土として図示されている土器は、北白川上層式1期のかなり純粋な資料で、後期中葉まで下がる彦崎KⅡ式が含まれているようには見えない[6]。

片岡は三村の教示として「後期前葉の津雲A式土器に伴った」〔片岡1983〕と記す。これに基づけば、東南土偶は後期前葉の津雲A式、近畿地方の北白川上層式1期のものということになる。分銅形土偶であれば矛盾ない時期と言えよう。筆者としては、示されている

図6　東南土偶と西日本の関連資料（筆者作成）

縄文土器の時期が後期前葉北白川上層式1期にほぼ限定できることから、土偶もこの時期に属するものとみておきたい。

　頭部のある分銅形土偶（以下、有頭分銅形土偶と呼ぶ）は、近年の調査によって、山陰地方で数多くみいだされている。島根県林原遺跡、同県三田谷Ⅰ遺跡などでは、突起状の頭部を有し、肩が若干張って胴部が長く滑らかに伸びる分銅形土偶が出土している〔深田2004〕。時期は後期前葉布勢式～崎ヶ鼻式期に属する。瀬戸内側においても同様の有頭分銅形土偶の出土例がある。古くから著名な資料で、広島県下迫貝塚土偶は「バイオリン形」と言われる形状で、突起状の頭部を有し胴部のくびれ部より下部をまるくおさめ、前面に多条の縦位沈線を入れている。時期的には山陰のものより若干下がり後期中葉とされる〔水ノ江2005〕。

　近畿地方においても、わずか1点ではあるが、有頭分銅形土偶が出土している。奈良県藤原京跡右京九条二坊土偶〔平松2008〕は、全体が板状で方形突起状の頭部や翼状の肩部を有する。くびれ部より下半を欠く憾みがあるが、人形土偶にはしにくい形状であり、有頭分銅形土偶とみて間違いなかろう。時期は後期前葉北白川上層式1期（～2期）である。

　山陰地方のように集中する地域はほかに見当たらないが、以上のように有頭分銅形土偶は近畿や中国地方瀬戸内側にもみられ、東南遺跡の有頭分銅形土偶は決して孤立した資料ではないのである。有頭分銅形土偶の出現プロセスは、まだ十分説明できる段階ではないが、後期前葉に山陰地方において分銅形土偶の頭部を有する一系列（有頭分銅形土偶）が成立したことが認められるとすれば、山陰地方や瀬戸内地方に近い西播地方では、それらの地域との交流の中で、東南土偶のような有頭分銅形土偶が出現した可能性が考えられるのである。

　工楽善通先生の傘寿を心からお祝い申し上げます。1973年、大阪市立大学の学生だった筆者は、工楽先生の「考古学概論」を受講し、これが先生との出会いでした。爾来45年、先生はこの煮え切らない教え子に変わりなく接してくださり、今日の筆者があります。どうかいつまでもお元気で、卒寿のお祝い論文集、白寿のお祝い論文集も献呈できるよう、心から願っております。

　小論をなすにあたり、太子町教育委員会、三村修次先生、海野浩幸氏、木野戸直氏、深井明比古氏に大変お世話になりました。厚く御礼申し上げます。

註
(1) 三重県山添遺跡〔小濱編2007〕において縄文時代前期の土偶の腕の可能性のある土製品が報告されている。
(2) 和歌山県柏原遺跡出土土偶〔井石編2007〕は弥生時代方形周溝墓出土であるが、縄文時代の土偶とみて間違いない。厚みのある体部の作りや、幅広の沈線文、角張った工具による押し引き文から、筆者は縄文時代中期後葉のものとみている。滋賀県下を除くと唯一の中

期土偶であるが、それでもこの時期に近畿地方を含む西日本で土偶を用いた祭祀がひろく
　　　行われていた証拠は見当たらないのが現状である。
(3)「ひとがた土偶」と表記される場合もあるが、本稿では「人形土偶」と表記し、「ひとがた
　　　どぐう」と読む。
(4) 孔内に土が詰まった状態のままであり、軸棒痕跡と断定しうるわけではないが、ここでは
　　　軸棒痕跡として論を進める。
(5) 貫通している、していないにかかわらず、上下方向から別々に施された刺突孔である可能
　　　性も皆無ではないが、本例は胴部内に施されたものとしては、孔自体がかなり小さいもの
　　　であり、刺突孔とはみなしにくい
(6) 三村は2000年6月の関西縄文文化研究会発表資料（プリント）では、東南遺跡の時期を
　　　「津雲A式から彦崎KⅠ式の範囲」としていることから、〔三村1992〕の「彦崎KⅡ式」は
　　　「彦崎KⅠ式」の誤記の可能性がある。

参考文献

泉　拓良 1997「西日本をとりまく土偶基調報告」『西日本をとりまく土偶』土偶シンポジウム6　奈良大会発表要旨集・資料集　「土偶とその情報」研究会

井石好裕編 2007『垂井女房が坪遺跡・野口遺跡・北馬場遺跡・柏原遺跡』財団法人和歌山県文化財センター

市村高規ほか 1985『片吹遺跡』龍野市文化財調査報告書6

伊藤正人 1998「今朝平タイプ土偶覚書」『三河考古』11　三河考古刊行会

植田文雄・杉浦隆支 2005『石田遺跡』能登川町埋蔵文化財調査報告書第58集　能登川町教育委員会

大野　薫 2003「顔のない土偶」『立命館大学考古学論集Ⅲ』立命館大学考古学論集刊行会

大野　薫 2013「列島西部における縄文後期土偶の重層的展開」『第10回土偶研究会奈良県大会資料』土偶研究会

片岡　肇 1983「近畿地方の土偶について」『角田文衛博士古稀記念古代学叢論』角田文衛博士古稀記念事業会

羯磨正信 1962「紀伊の土偶」『熊野路考古』1　南紀考古同好会

兼康保明ほか 1979「高島郡マキノ町仏性寺遺跡」『ほ場整備関係遺跡発掘調査報告書』Ⅳ-3　滋賀県教育委員会・財団法人滋賀県文化財保護協会

関西縄文文化研究会編 2010『縄文時代の精神文化』第11回関西縄文文化研究会発表要旨集・資料集

九州縄文研究会編 2012『縄文時代における九州の精神文化』第22回九州縄文研究会鹿児島大会発表要旨・資料集　九州縄文研究会・南九州縄文研究会

小池史哲 1995『新延貝塚』福岡県文化財調査報告書第122集　福岡県教育委員会

小島孝修 2000「縄文中期土偶の地域性」『土偶研究の地平「土偶とその情報」研究論集(4)』勉誠出版

小濱　学編 2007『山添遺跡（第4次）発掘調査報告』三重県埋蔵文化財調査報告280　三重県埋蔵文化財センター

佐々木好直 2011「八条北遺跡（三ノ坪地区・大和郡山ジャンクションF地区）」『奈良県遺跡調査概報』2010年度（第二分冊）奈良県立橿原考古学研究所

篠宮　正編 2009『東南遺跡』兵庫県文化財調査報告第362冊　兵庫県教育委員会

下村晴文ほか 1987『神並遺跡Ⅱ』東大阪市教育委員会・東大阪市文化財協会

菅原章太 1988「3つめのヴィーナス―神並遺跡より縄文時代早期の土偶を発見―」『東大阪市文化財協会ニュース』4-1　財団法人東大阪市文化財協会

菅田　薫 1987「日野谷寺町遺跡」『昭和59年度京都市埋蔵文化財調査概要』財団法人京都市

埋蔵文化財研究所

太子町教育委員会 1990『播磨国鵤荘現況調査報告Ⅲ』太子町教育委員会

中四国縄文研究会編 2011『中四国地方縄文時代の精神文化』第 22 回中四国縄文研究会岡山大会　中四国縄文研究会

土偶研究会編 2013『第 10 回土偶研究会奈良県大会資料』土偶研究会

中川　明・前川明男 1997『粥見井尻遺跡発掘調査報告』三重県埋蔵文化財センター

中村健二 2000「近畿地方における縄文時代後期土偶の成立と展開」『土偶研究の地平「土偶とその情報」研究論集⑷』勉誠出版

中村貞史 1977「海南市鳥居出土の縄文時代遺物について」『紀伊風土記の丘年報』4　和歌山県立紀伊風土記の丘管理事務所

平松良雄 2008「藤原京右京九条二坊」『奈良県遺跡調査概報 2007 年』奈良県立橿原考古学研究所

深井明比古ほか 1998『佃遺跡』兵庫県文化財調査報告第 176 冊　兵庫県教育委員会

深井明比古 2000「兵庫県下の土偶考」『土偶研究の地平「土偶とその情報」研究論集⑷』勉誠出版

深井明比古 2009「兵庫県 平方遺跡」『関西縄文時代の集落と地域社会』第 10 回関西縄文文化研究会発表要旨集・資料集

深田　浩 2014「中国地方の縄文時代祭祀遺物集成」『山陰地方の縄文社会』島根県古代文化センター

松室孝樹・重田　勉 2014『相谷熊原遺跡Ⅰ』滋賀県教育委員会・公益財団法人滋賀県文化財保護協会

水ノ江和同 2005「広島県福山市柳津「下迫貝塚」出土土偶について」『MUSEUM』597　東京国立博物館

三村修次 1992「東南遺跡」『兵庫県史』考古資料編　兵庫県

森川幸雄ほか 1995『天白遺跡』三重県埋蔵文化財調査報告 108-2　三重県埋蔵文化財センター

山田　猛ほか 1994『大鼻遺跡』三重県埋蔵文化財調査報告書 100-5　三重県埋蔵文化財センター

吉田　寛ほか 1997『横塚第 2 遺跡・久原第 2 遺跡』大分県教育委員会

河内の方形周溝墓と墓制

田中清美

1. はじめに

　河内湖岸地域（以下河内）では1971年に東大阪市瓜生堂遺跡で、弥生時代中期後葉の保存状態の良い方形周溝墓の発掘調査が行われ、その後も多くの資料が蓄積されている。方形周溝墓は一般に埋葬施設のある墳丘の周囲に溝を巡らせた区画墓で、墳丘墓の一種として定義されている[1]。そして、方形周溝墓が溝を共有しながら営まれていることから被葬者は血縁関係で結ばれた有力家族であり、墳丘の規模の違いは被葬者間の格差を表すという。したがって河内の方形周溝墓の実相を明らかにすれば同時に集落（地域集団）構造や地域首長の出現過程の解明につながるものと考える。

　本稿では河内の弥生時代各時期の方形周溝墓のモデルを抽出し、葬送習俗の特質について考えてみたい。

2. 河内の弥生時代前期の方形周溝墓

　河内の沖積低地では紀元前600年頃には水稲農耕を基盤とした弥生文化が定着しているが〔田中2000〕、当時の墳墓は土器棺墓や土壙墓のほか、稀に木棺墓が確認されるのみである。大阪府下の最古の方形周溝墓は、茨木市東奈良遺跡の弥生時代前期中頃の例が知られているに過ぎない〔田代1987〕。

　河内の最古の方形周溝墓は1998年に門真市の古川遺跡で検出された弥生時代前期末（畿内第Ⅰ様式新段階）の方形周溝墓が挙げられる〔門真市教育委員会1999〕。本遺跡では南西から北東方向の溝1・2の約50m間で弥生時代前期末から中期前葉（畿内第Ⅱ様式）および中期後葉（畿内第Ⅳ様式）の方形周溝墓が10基（図1）確認されており、調査範囲外に拡がる方形周溝墓の推定総数は100基を下らないと思われる。このうち弥生時代前期末の方形周溝墓は1～3・5・7号方形周溝墓の5基[2]である。これらの墳丘の主軸方向は溝1・2と同方向であり、1・6号方形周溝墓、2・3号方形周溝墓のように溝を共有するものを含む。また、8号方形周溝墓の周溝と切り合い関係にある9号方形周溝墓も溝2に沿う

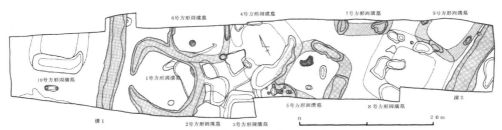

図1　古川遺跡の弥生時代前期末の方形周溝墓および溝配置図
（トーンは前期末：門真市教育委員会 1999 より）

ほか、5・7号方形周溝墓も主軸方向は溝と同じである。つまり古川遺跡の弥生時代前期末の方形周溝墓は溝1・2の方向に沿うように少なくとも3列は営まれている可能性がある。そして弥生時代中期前葉の4・8号方形周溝墓は先行する方形周溝墓の間を埋めるように縦列に築造されており、溝1の西側に位置する弥生時代中期後葉の10号方形周溝墓も溝に沿うことから弥生時代前期以来の葬送習俗を踏襲しているものと思われる。

一方、古川遺跡の方形周溝墓の主体部は墳丘が削平されており、6号方形周溝墓の土器棺以外は明らかになっていないが、墳丘の規模が一辺6.5m×6.5mおよび8m×9m程度では、成人の主体部の数はせいぜい1、2基であり、いわゆる単次葬が多いと予想される。また、方形周溝墓の被葬者は、土器棺を伴うことや墳丘の規模に大きな格差が認められないこと、周溝を共有することから有力家族と考えられる。

墓域内に低墳丘の方形周溝墓が溝を共有しながら墳丘主軸方向に並ぶ姿は、瓜生堂遺跡・亀井遺跡・城山遺跡など、その後の河内の弥生時代中期の方形周溝墓群と何ら変わらない。このような周溝を共有しながら列状に並ぶ方形周溝墓を縦列型方形周溝墓と呼ぶことにする[3]。

古川遺跡の縦列型方形周溝墓は、河内に水稲農耕が定着し最初の発展期[4]を迎えた弥生時代前期末の段階に方形周溝墓を築造し得た有力家族が多かったこと[5]、ならびに本遺跡が共同墓地の規模が大きな拠点集落であったことを示唆している。これは方形周溝墓による河内の墓制の始まりを示すとともにその後の変遷過程を読み取る上で定点になっている[6]。

3. 河内の弥生時代中期前葉の方形周溝墓

河内は弥生時代中期前葉になると方形周溝墓が急増するが、東大阪市若江南から八尾市新家にかけて拡がる山賀遺跡では1979年から始まった発掘調査で総延長約143mに及ぶ調査区の北端から1〜3号方形周溝墓、これから南に約50m離れた位置で4〜6号方形周溝墓と西側の7号木棺墓、さらに南に約34m離れて10号方形周溝墓（図2）が検出されており、河内の弥生時代中期前葉の墓域の実態をみるうえで好例となっている〔大阪文化財センター 1983・1984〕。このように共同墓地内に同時に併存する各種の墳墓は、山賀遺跡

河内の方形周溝墓と墓制

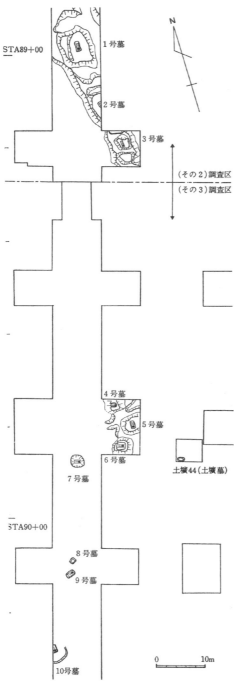

図2 山賀遺跡の弥生時代中期前葉の
方形周溝墓ほか位置図
（大阪文化財センター 1983）

の集落の共同体階層構造の縮図とみても大過ないであろう。

北端の3基の方形周溝墓は先行する南北方向の土手を周溝で区切り長方形の墳丘を築造しており、主体部はそれぞれ1基の単次葬である。木口板を埋め込む型式の組合せ式木棺を用い1・3号方形周溝墓は成人、2号方形周溝墓には幼児が埋葬されていた。なお、1号方形周溝墓で墳丘から弥生土器、周溝より土器片を加工した円板や木製品、2号方形周溝墓の周溝から弥生土器、3号方形周溝墓の周溝より弥生土器などの供献遺物が出土したが後続する時期に比べて少なかった。以上の方形周溝墓は周溝を共有し、一方向に並ぶ縦列型であり、被葬者の性別は明らかでないものの、3墳丘に成人2人と幼児1人が埋葬されており一組の家族墓と考えられる。

次のグループは報告書では周溝の無い墳丘墓と記載されているが、付図7〔大阪文化財センター1984〕を検討した結果、4～6号方形周溝墓には墳丘を画する溝が存在すると解釈した（図2）。また、それぞれの主体部の数は1基で組合せ式木棺を用いており、被葬者は4号方形周溝墓が11～12才の子供、5号方形周溝墓は成人、6号方形周溝墓は幼児であった。これらの方形周溝墓は墳丘上幅が3m×4m程度、墳丘の高さも周溝底面から0.5m前後しかない小規模なもので、墳丘の中央に主体部が1基の単次葬である。ここでは4～6号方形周溝墓のように、それぞれが一部であれ溝を共有しながら集塊状にまとまるものを集塊型方形周溝墓と呼びたい。

一方、調査区南端に位置する10号方形周溝墓は、墳丘の周囲に幅、深さともに小規模な溝が巡る、形状が楕円形の周溝墓で、主体部

は墳丘中央部の組合せ式木棺1基の単次葬である。このように山賀遺跡の弥生時代中期前葉の方形周溝墓には単次葬の縦列型および集塊型方形周溝墓の二種が併存することを確認したが、これは弥生時代前期末から中期前葉の河内の葬送習俗は縦列型方形周溝墓が主体であり、中期前葉になると集塊型方形周溝墓が加わったことを示唆している[7]。

4. 河内の弥生時代中期中葉から後葉の方形周溝墓

　弥生時代中期中葉から後葉の方形周溝墓は東大阪市瓜生堂遺跡や鬼虎川遺跡、八尾市亀井遺跡、八尾市から大阪市域にかけて拡がる城山遺跡などの良好な資料がある。ここでは弥生時代中期前葉から後期前葉の大型墓域が検出された城山遺跡の方形周溝墓を分析するほか、大阪市の加美遺跡のY1・Y2号墳丘墓についても検討する。

　城山遺跡の方形周溝墓群は、北に位置する弥生時代中期の河内最大の拠点集落である亀井遺跡の墓域と考えられる。ここでは南北270mに及ぶ調査区から42基の大小様々な方形周溝墓（図3）が検出されており、そのうち時期[8]が判明したものは弥生時代中期前葉が4基、中期中葉が5基、中期後葉が13基、後期前葉が2基、時期を確定しがたいものが18基ある〔大阪文化財センター1986〕。まず、弥生時代中期中葉の方形周溝墓であるが、調査区中央の5～10・38～40号方形周溝墓を抽出しうる。これらは築造時期、周溝の共有の有無、位置関係などから、東西に周溝を共有しながら並ぶ、主軸が南北方向の40号方形周溝墓（畿内第Ⅲ様式古段階）が営まれた後、5・6号方形周溝墓（畿内第Ⅲ様式新段階）が横並びに築造されている。これらの南側に周溝を共有する7号方形周溝墓（畿内第Ⅲ様式新段階）・39号方形周溝墓が横向きに築造された後、さらに南側に周溝を共有する主軸が東西方向の7・9号方形周溝墓ならびに主軸を大きく東にふる8号方形周溝墓が築造されている。つまり、東西に横に並ぶ40・5・6号方形周溝墓と縦方向に並ぶ7・9号方形周溝墓の2グループが並存した可能性が高い。先述した山賀遺跡の弥生時代中期前葉の集塊型方形周溝墓と比較すると城山遺跡の事例は縦横に整然と並ぶが、長軸方向の縦列型方形周溝墓との違いは明らかである[9]。また、主体部の数は成人一人を埋葬した6号方形周溝墓以外の5・7号（保存で未調査）、40号方形周溝墓も主体部が未確認であり、後世の攪乱を受けて土器棺が1基のみの8号方形周溝墓以外は解らないが、山賀遺跡の例からみて単次葬の可能性が高い。したがって、6号方形周溝墓および5・7・8・40号方形周溝墓からなる集塊型方形周溝墓は単次葬であり、縦列型方形周溝墓とは規模の点で格差が認められる。

　一方、集塊型方形周溝墓群の北側に位置する弥生時代中期後葉の4号方形周溝墓は主軸が北東方向で、これから北に約60m間に分布する同時期の方形周溝墓の主軸方向は4号方形周溝墓と同一方向であり、この地点が後続の方形周溝墓の主軸の変わり目の可能性がある。1～4号方形周溝墓は、弥生時代中期中葉の1・3号方形周溝墓が築造されたあと4号方形周溝墓が続く。そして墳丘の形態も方形の1・3号方形周溝墓と異なり4号方形周溝墓は長方形である。2号方形周溝墓は大半が調査範囲外ではあるが、4号方形周溝墓と一連

河内の方形周溝墓と墓制

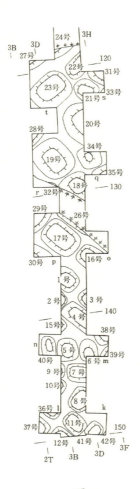

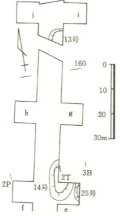

図3 城山遺跡の弥生時代
中期前葉から後期前葉の
方形周溝墓分布図
（大阪文化財センター 1986より）

の縦列型方形周溝墓とみておきたい。以上のように解釈すると城山遺跡の弥生時代中期中葉の方形周溝墓は南に分布する弥生時代中期前葉の11・12・36号方形周溝墓から北の4号方形周溝墓の間に集塊型方形周溝墓が築造されていることが見て取れる（図3）。

次に弥生時代中期後葉の方形周溝墓であるが、主軸を北西に取る16・17・29号方形周溝墓、18・19・28号方形周溝墓と、主軸を北東に取る22・23号方形周溝墓、24・27号方形周溝墓などの縦列型方形周溝墓が並ぶ。これらは2・3号方形周溝墓から北に向かって5列目から主軸方向が変わり、さらに同支群中に17・19・23号方形周溝墓のような墳丘の規模が大きなものが登場している（図3）。なかでも平面プランが長方形の17・23号方形周溝墓の墳丘は長軸約16m、短軸約14m、高さは周溝底から1～1.8mで、墓域内では群を抜いている。主体部の数も17号方形周溝墓が組合せ式木棺（成人）5基と土器棺（子供）5基で、23号方形周溝墓では組合せ式木棺（成人）5基と土器棺（子供）6基が確認されており、前者の埋葬序列は明らかでないが後者では中心埋葬を特定しうるという。また、周溝から出土した供献土器の量もともに36点を数え、同時期の方形周溝墓に比べて格段に多い。それは墳丘規模が周辺の同時期の方形周溝墓より大きく、供献土器の量も多い17・23号方形周溝墓の被葬者は、墓造りの労働力や葬送儀礼の規模においてほかの有力家族より抜きんでていたことを示している。また同時に有力家族の中にさらなる階層分化が生じたとみて良いだろう。しかし、17・23号方形周溝墓の被葬者は縦列型方形周溝墓の列から抜け出ていないことから、共同体規制を受ける位置にあり、いわゆる特定個人には成長していなかったことが解る。

一方、17・23号方形周溝墓の中間に位置する19号方形周溝墓は、墳丘が方形で長軸約16m、短軸約14m、高さが約1.6mで、供献土器の量は13個体を数えた。主体部は2基の組合せ式木棺で、被葬者の頭位は共に北向きである。墓の中心を占める1号主体部が成人男性の可能性が高く、南側の土器棺が重なっている2号主体部が女性と思

われる〔大阪文化財センター1986〕。このような推測が正しいなら、19号方形周溝墓の被葬者は夫婦と乳幼児ということになり、周囲の方形周溝墓に比べてより特定個人墓に近づいた姿といえよう。これに対して17号方形周溝墓の主体部は墳丘の中央を占める2号主体部が最初に埋葬された後、1号主体部および墳丘の西部のやや偏った位置にある3〜5号主体部が順次埋葬された可能性が高い。これらは1・2号主体部と距離を置くことや双方とも土器棺を伴うことから別の夫婦の可能性があり、2組の夫婦を埋葬していると考えられる。23号方形周溝墓も墳丘のほぼ中心にある頭位が北向きの4号主体部が最初の埋葬の可能性が高く、これの横に並ぶ頭位が北向きの1号主体部と2号主体部、4号主体部の足元にある頭位が西向きの3号主体部および東にある5号主体部の被葬者は成人であり、最低2組の埋葬が予想される。つまり、墳丘が長方形の17・23号方形周溝墓の主体部の配置は、前者が中央と西部に後者は中央であることが看取される。これは最初の埋葬は墓主であろう中央の男性で、後続の埋葬は女性あるいは別の夫婦の可能性がある。

以上のことから弥生時代中期後葉の縦列型方形周溝墓には2組埋葬（17号方形周溝墓）、墓主の周辺に複数の被葬者を埋葬（23号方形周溝墓）、墳丘の中央に夫婦を埋葬（19号方形周溝墓）という三つの葬送習俗があったことを指摘しておきたい。

　加美遺跡のY1・Y2号墳丘墓は供献土器の型式[10]から弥生時代中期後葉〜末ころに相次いで築造された大型の方形周溝墓である（図4）。墳丘主軸の方位は真北で、周溝は共有しないものの南北に並ぶことから分類上は縦列型方形周溝墓の範疇に含まれる。Y1号墳丘墓は周溝を含めた総長が約66m、墳丘頂部の長さ21m、幅10m、墳丘基底部

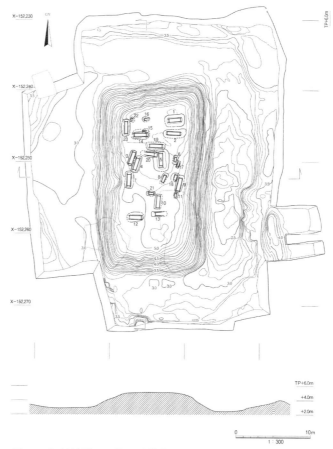

図4　加美遺跡Y1号墳丘墓実測図（大阪文化財研究所2015より）

では南北 25m、東西 15m、高さが周溝の最深部から約 2.8m を測り、周溝外に周堤を設けた河内最大の弥生時代中期後葉の墳丘墓である。主体部は中心埋葬の 5 号（成人男性）を中心に総数 23 基あり、内訳は成人 14（男性 5 人、女性 3 人：調査当時の見解、不明 6）、乳幼児を含む子供が 9 人である。これらは中心を占める頭位が北向きの 5 号主体部を中心に南群（頭位東向き）および北群（頭位が北向きの 22・23 号以外は東向き）に分かれ、木槨の 5 号主体部以外はすべて組合せ式木棺（底板に木口板が立つ型式）を使っていた。副葬品は特になかったが、多くで朱が見られたほか、1 号主体部でガラス勾玉とガラス小玉、2 号主体部で円環型銅釧とガラス平玉、14 号主体部で円環型銅釧が出土している。墳丘の主軸・規模、周堤の存在ならびに中心埋葬が木槨であること、総数 84 個体の供献土器（畿内第Ⅳ様式中段階）などから南東に隣接する亀井遺跡の拠点集落の首長と近親者の墓の可能性が高い。Y2 号墳丘墓の墓主も築造時期からみて前首長の次世代首長であり、周辺の埋葬は近親者と考えられる。Y1 号墳丘墓は中心埋葬の周辺に多くの埋葬を伴うものの、城山遺跡の縦列型方形周溝墓の有力家族とは違って地縁的な繋がりや渡来人との関係もある特定個人の一歩前の地位にあった人物と考えられる[11]。

5. 河内の弥生時代後期前葉の方形周溝墓

河内の 1 世紀頃の弥生時代後期前葉（畿内第Ⅴ様式）の方形周溝墓は先の時代に比べてさほど多くない。これは当時の河内は西日本が寒冷化と温暖化を繰り返したころであり、自然環境が不安定で洪水も頻発し、沖積低地に展開した拠点集落が衰退した時期と考えられる〔田中 2016〕。ここでは東大阪市の巨摩・瓜生堂遺跡ならびに大阪市の喜連東遺跡の事例を見ることにする。

巨摩・瓜生堂遺跡では 1978〜1980 年に行われた発掘調査により 3 基の弥生時代後期前葉の方形周溝墓が検出されている〔大阪文化財センター 1982〕。1 号方形周溝墓は墳丘の西半分近くが調査範囲外であり、かつ墳丘の北部を流路で抉られていたが墳丘は一辺 15m 以上、高さ約 1m、主体部は組合せ式木棺が 5 基で、被葬者の頭位は全て東向きである（図 5）。2 号主体部の幼児以外は成人で、熟年の女性の可能性がある 5 号主体部を除き熟年もしくは老年の男性であった。2 号方形周溝墓も墳丘の約半分が調査範囲外であるが、墳丘の一辺が 15m 以上、高さ約 2m あり、旧地形の高まりを利用して 3 次に及ぶ盛土と埋葬を繰り返している（図 5）。最初の墳丘に伴う主体部は 2 基の組合せ式木棺で、ガラス製の勾玉や小玉 13 個の飾りを付けた幼児と性別不明の成人が埋葬されていた。2 次埋葬の主体部は墳丘の北西部にやや偏って 10 基あり、このうち、被葬者の年齢や性別が判明したものが 4 例ある。まず横並びの 3・4 号主体部の被葬者はともに頭位が北西の成人男性で、前者は赤色顔料を塗布し、管玉一対の耳飾りを付けており、第 2 次埋葬の中心的な立場にあった人物と考えられている。7 号主体部は成人男性、8 号主体部が幼児であり、5・6・9・11〜12 号主体部の被葬者は組合せ式木棺の大きさからみて子供の可能性が

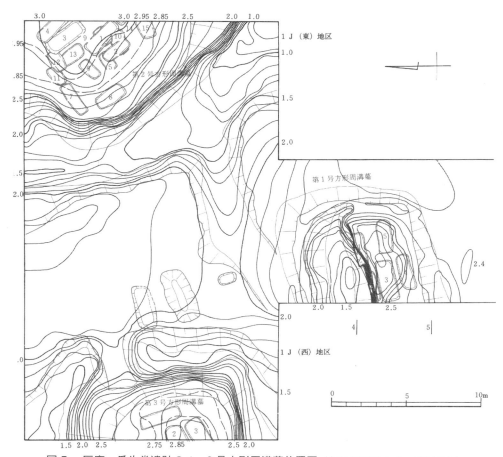

図 5　巨摩・瓜生堂遺跡の 1 ～ 3 号方形周溝墓位置図（大阪文化財センター 1982 より）

高い。そして主体部を主軸方向で区分すると北西方向の 3・4・8・13 号主体部と北東方向の 5 ～ 7・9・11・12 号主体部に二分され、前者は第 2 次埋葬の中心主体である 3 号主体部および近親者であろう 4 号主体部を含むことから後者に対して優位な地位にあったと思われる。ただし、同一墳丘内に埋葬されていることから双方には血縁的な関係があったことは疑いない。3 次埋葬に伴う主体部は 1・2 号の 2 基（組合せ式木棺）のみであるが、墳丘の大半が調査範囲外であり詳細は解らない。被葬者はともに成人、頭位は北西で、性別は 2 号主体部が男性である。標石が 1 号主体部の頭元と足元、2 号主体部の足元に置かれていた。同様な標石は 3 号方形周溝墓でも確認されているほか、大阪市の喜連東遺跡の方形周溝墓でも確認されており、この時期の河内には埋葬の位置を石により表示する行為があったようである[12]。2 号周溝墓は一つの墳丘に 1 次から 3 次の被葬者が重層的に埋葬された河内では稀有な事例といえる。このような重層的な階層序列にある方形周溝墓の性格については断定しがたいが、報告者も指摘しているように 2 次埋葬の中心人物である

3・4号被葬者と3次埋葬の1・2号被葬者が血縁関係にあるとすれば、重層と縦列の違いはあるが被葬者の性格は従来の縦列型方形周溝墓と同じ血縁関係で結ばれた有力家族ということになろう。埋葬位置を表示する行為についても材質を別とすれば河内では弥生時代中期後葉に登場していることから引き継がれたのであろう。以上、巨摩・瓜生堂遺跡の弥生時代後期前葉の1号・2号方形周溝墓について検討してきたが、これらの配置状況を墳丘の主軸から見ると北西方向の2号方形周溝墓以外は東西方向であり、縦列型方形周溝墓あるいは集塊型方形周溝墓のどちらとも決め難く、2号方形周溝墓のように墳丘を埋葬の度に嵩上げする行為は結果として溝を共有しながら一定方向に方形周溝墓を築造する縦列型周溝墓と変わらない。

　次に大阪市の喜連東遺跡B地点で検出された弥生時代後期前葉の方形周溝墓を見ておこう〔大阪市教育委員会・大阪市文化財協会2002〕。墳丘は方形で長軸約12m、短軸約10m、高さ約1mで、主体部は6基の組合せ式木棺と3基の土器棺である。中心よりやや東寄りに1号主体部があり、これと北側の2号主体部は一対とみられる。墳丘の北西隅に東西方向の3・4号主体部、墳丘南西隅に南北方向の6号主体部、南東隅に南北方向の5号主体部がある。土器棺は5号主体部の北側に土器棺1・2が、2号主体部の北側に土器棺3がある。これらの埋葬順位は明らかでないが、中心に近い位置にある1号主体部が最初に埋葬された可能性が高い。1～4号主体部には棺内の東部に赤色顔料が残ることから被葬者の頭位は東向きであったことが解る。また、2号主体部の頭部には標石が置かれてあったほか、1号主体部の掘方内および2号主体部の北西部の掘形外に高杯が、4号主体部掘形外の北東部には高杯と鉢が供献されていた。供献土器や土器棺に転用された土器は畿内第V様式古段階に属することから被葬者は短期間に埋葬された可能性が高い。また、被葬者は中心埋葬が確認されるものの墳丘の規模が小さく、子供の土器棺を含む複次葬であることから弥生時代中期以来の葬送習俗を引き継ぐ有力家族と考えられる。

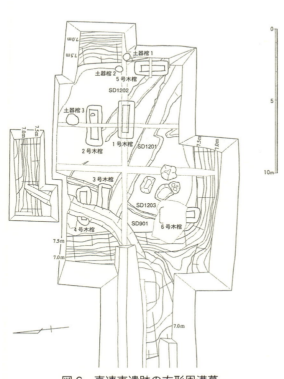

図6　喜連東遺跡の方形周溝墓
（大阪市教育委員会・大阪文化財研究所 2002 より）

6. まとめ

　これまで各章で河内の弥生時代の方形周溝墓を概観しながら共通点や違いについて述べてきた。その結果、河内の方形周溝墓は弥生時代前期末以来の縦列型方形周溝墓と、弥生時代中期前葉になって登場する集塊型方形周溝墓の葬送習俗があり、前者が弥生時代を通じて広く見られる方形周溝墓であることを再認識した。そして河内の沖積低地の開発が進み弥生時代の拠点集落が拡大する中で、縦列型方形周溝墓の中に突出した家族墓が登場するものの、共同体規制から完全に離脱した特定個人墓は生まれなかった。河内最大の弥生時代の方形周溝墓であり、また高塚系方形周溝墓として位置付けられる加美遺跡のY1号墳丘墓の墓主でさえ古墳時代の特定個人墓である前方後円墳の被葬者と同列までは成長していない。それは、当時の河内社会が複数の集落の共同体秩序のなかで機能しており、有力家族層の規制もあって特定個人としての首長が登場しなかったことによるものと考えられる。一方で弥生時代後期前葉の巨摩・瓜生堂遺跡の埋葬の度に墳丘を嵩上げした2号方形周溝墓の第2・3次埋葬のように墓主を含む成人男性が過半数を占め従来の方形周溝墓の葬送習俗とは異なる実例も確認された。このような選ばれた成人男性の中から特定個人が生まれるのであろうが、この問題については弥生時代終末の墳丘墓の検討を踏まえたうえで稿を改めて論述したい。

　工楽善通先生が傘寿をお迎えになられたこと、心からお喜び申し上げます。思えば1982年の長原遺跡で発掘調査の指導を受けて以来、1984年の加美遺跡の調査など昼夜の叱咤激励を受けたことが昨日のように脳裏に浮かびます。また、末筆になりましたが、工楽先生がご健勝に過ごされることを祈念いたしますとともに、今後もご指導をいただけますようよろしくお願いいたします。

註
(1) 都出比呂志氏は墳丘墓の基本視点について墳丘を有するものすべてを墳丘墓に一括したうえで、墳丘が大きくて高いものを高塚系、小さくて低いものを低塚系に区分し、同者の境を墳丘高が地表2m前後を一応の目安としている〔都出1986〕。したがって、加美遺跡のY1・Y2号墳丘墓は高塚系に属する方形周溝墓である。
(2) 報告書では弥生時代前期末の方形周溝墓は3基と限定されているが、方形周溝墓の遺存状況が悪いことから本稿では第Ⅰ様式新段階の供献土器が出土したものや切り合い関係を重視して方形周溝墓を抽出した。そのため2号方形周溝墓も当該期に含める。なお、本稿での弥生時代の時期区分は前期（畿内第Ⅰ様式古・中・新段階）、中期前葉（畿内第Ⅱ様式）、中期中葉（畿内第Ⅲ様式古・新段階）、中期後葉（畿内第Ⅳ様式古・中・新段階）、後期〔畿内第Ⅴ様式古・中・新段階〕とし、邪馬台国の時代に相当する庄内式土器は後期（新段階）に含めている〔田中2015・2016a〕。
(3) 松井一郎氏は方形周溝墓の展開に注目し、墓道に沿うような形で複数の方形周溝墓が築造

されたものを「縦列状」、方形周溝墓のコーナー方向に築造が列状に続き集塊状になるものを「団子状」と呼称している。そして、方形周溝墓群の展開には地域差があり、縦列状態でも周溝状況によって連結式・連接式・結合式と区分し、「山下遺跡型」でも結合式を重視する「掛の上遺跡型」、団子状の「瀬名遺跡型」に細分している〔松井 1992〕。古川遺跡の弥生時代前期末の縦列型方形周溝墓は団子状の「瀬名遺跡型」に、山賀遺跡の溝を共有し、主軸方向に並ぶ弥生時代中期前葉の縦列型方形周溝墓は「山下遺跡型」あるいは「掛の上遺跡型」に属するものであろう。

(4) 弥生時代前期末はヘラ描き多条沈線文や多条の貼り付け突帯文、土器の製作技法に回転台によるヨコナデ技法が登場し、最古の銅鐸が鋳造された畿内の弥生社会が創造的発展を遂げた時期と考えられている〔田辺・佐原 1966〕。

(5) 古川遺跡の弥生時代前期末から中期後葉にかけての集落や墓域の実態は発掘調査が途についたばかりであり想像の域を出るものではないが、本遺跡近郊の門真市野口では1963年に京阪電鉄京都線の大和田駅の駅舎の改修工事の際に扁平紐式四区袈裟襷文銅鐸が2個出土している〔大阪府立泉北考古資料館 1986〕。これを埋納した集団については即答しがたいが、銅鐸出土地点と古川遺跡の距離や銅鐸の埋納時期を考慮すると古川遺跡の集落集団の可能性が高い。

(6) 古川遺跡の方形周溝墓を初期区画墓として捉えた角南氏はその研究史と問題点を整理して、墓制の起源→出現→成立→展開という図式（1. 区画墓の起源、2. 日本国内での区画墓の出現、3. 日本国内での区画墓の成立、4. 日本国内での区画墓の展開）を提示し、最終的にい. 周溝墓、ろ. 墳丘墓の展開に結びつけて、方形周溝墓から墳丘墓の出現に至る経緯を導く。また、列島の方形周溝墓の起源についても韓国寛倉里遺跡の方形周溝墓群のみならず中国や日本独自を含む視点から同時多発的とみる説を支持している〔角南 1999〕。本稿とは方形周溝墓の分析結果がやや異なるが古川遺跡の研究成果として挙げておく。

(7) 山賀遺跡（その2）の報告者は、本遺跡の方形周溝墓は河内では東大阪市鬼虎川遺跡とともに最古の部類に属するものであること、単次葬、木口板埋め込みの組合せ式木棺、南向き埋葬、腕・膝を折り曲げた屈葬などは河内の弥生時代中期後半の方形周溝墓には稀有な特徴であり、このような方形周溝墓は同一階層の家族墓であると指摘している〔大阪文化財センター 1983〕。

(8) 各方形周溝墓の分別の際に基準にした供献土器の編年は調査者の考えにしたがったが、本稿では凹線文出現期までを弥生時代中期中葉（畿内第Ⅲ様式新段階）に含め、凹線文盛行期を弥生時代中期後葉（畿内第Ⅳ様式）とした。

(9) 巨摩・瓜生堂遺跡の1地区の弥生時代中期後葉の3〜7号方形周溝墓は方形プランの墳丘が周溝を共有しながら縦横に築造されており、集塊型方形周溝墓の実例として挙げておきたい〔大阪文化財センター 1982〕。なお、集塊型方形周溝墓や墓域内に単独で位置する方形周溝墓の被葬者も有力家族の一員であることには違いないが、一代で完結する傾向が窺われることから縦列型方形周溝墓の被葬者より劣勢な家族と考えられる。

(10) Y1・Y2号墳丘墓の出土土器は畿内第Ⅳ様式を古・中・新段階に3分した場合の中段階に、Y2号墳丘墓は新段階に相当する〔田中 2015〕。

(11) Y1・Y2号墳丘墓とも城山遺跡の墓域（共同墓地）から離れた河内湖岸に近い微高地に築造されていること、被葬者の歯牙の分析から大陸系渡来人を含むとの指摘〔吉備・多賀谷 2015〕もある。被葬者の詳細は明らかでないが、墳丘規模や立地からともに墓主は亀井遺跡の拠点集落を統率した首長であったと考えられる。

(12) Y1号墳丘墓でも墳丘頂部に埋葬の位置を示す炭化した板が検出されたほか、周溝内から複数の墓標状の板が出土している。河内では弥生時代中期後葉から後期前葉にかけて埋葬の位置を示す板や石による標識があったようである〔大阪文化財研究所 2015〕。

参考文献

大阪府立泉北考古資料館 1986『大阪府の銅鐸図録』
大阪文化財センター 1982『巨摩・瓜生堂』
大阪文化財センター 1983『山賀』(その2)
大阪文化財センター 1984『山賀』(その3)
大阪文化財センター 1986『城山』(その1)
大阪文化財センター 1999『河内平野遺跡群の動態』Ⅶ
大阪市文化財協会 1999『長原遺跡発掘調査報告』Ⅶ　付篇喜連東遺跡
大阪市教育委員会・大阪市文化財協会 2001「喜連東遺跡B地点発掘調査(KR99-2)報告書『平成11年度大阪市内埋蔵文化財包蔵地発掘調査報告書』
大阪市教育委員会・大阪市文化財協会 2002「市営東喜連住宅建設工事に伴う喜連東遺跡B地点発掘調査(KR00-2)」『平成12年度大阪市埋蔵文化財包蔵地発掘調査報告書』
大阪文化財研究所 2015『加美遺跡発掘調査報告』Ⅴ　付篇大阪市立加美小学校分校(現加美小学校)建設に伴う加美遺跡発掘調査概要
門真市教育委員会 1999『古川遺跡―(仮称)門真市保健福祉センター建設に伴う発掘調査報告書―』
吉備　登・多賀谷昭 2015「第Ⅳ章　第5節 Y1・Y2号墳丘墓出土人骨の地域的および時代的な特性」『加美遺跡発掘調査報告』Ⅴ　付篇大阪市立加美小学校分校(現加美小学校)建設に伴う加美遺跡発掘調査概要　大阪文化財研究所　pp.139-152
近藤義郎 1983「第六章　集団墓地から弥生墳丘墓へ」『前方後円墳の時代』岩波書店　pp.140-174
角南総一郎 1999「第4章第1節初期区画墓と土器棺墓」『古川遺跡―(仮称)門真市保健福祉センター建設に伴う発掘調査報告書―』門真市教育委員会
田辺昭三・佐原　真 1966「Ⅱ弥生文化の発展と地域性　3近畿」輪島誠一編『日本の考古学Ⅲ弥生時代』河出書房新社　pp.108-140
田代克己 1987「6. 方形周溝墓」(金関恕・佐原眞編)『弥生文化の研究8　祭と墓と装い』
田中清美 2000「河内潟周辺における弥生文化の着床過程」『突帯文と遠賀川』土器持寄論文集刊行会
田中清美 2015「第Ⅳ章　第1節 Y1号墳丘墓出土の弥生土器の器形構成と編年的位置付け」『加美遺跡発掘調査報告』Ⅴ　付篇　大阪市立加美小学校(現加美東小学)建設に伴う発掘調査概要　大阪文化財研究所　pp.111-117
田中清美 2016a「河内型庄内式甕の再検討―加美1号方形周溝墓の土器を巡って―」『古墳出現期土器研究』4　古墳出現期土器研究会　pp.37-46
田中清美 2016b「河内湖岸における弥生時代中期後葉の環境変動と集落遺跡」『第15回愛媛大学考古学研究室シンポジウム弥生時代凹線文期(第Ⅳ様式)の遺跡形成と環境変動』愛媛大学考古学研究室
都出比呂志 1986「集落と祭祀」近藤義郎・横山浩一編『岩波講座日本考古学4』集落と祭祀岩波書店　pp.218-267
福田　聖 2000「第2章　方形周溝墓の「型式」試論」『ものが語る歴史3　方形周溝墓の再発見』同成社　pp.132-194
松井一明 1992「静岡県における中期方形周溝墓の出現過程について」『宇佐八幡境内遺跡』袋井市教育委員会　pp.28-39
輪島誠一・田中義明 1966「Ⅲ弥生時代の生活と社会　6住居と集落」輪島誠一編『日本の考古学Ⅲ弥生時代』河出書房新社　pp.349-376

古墳周濠考

髙島　徹

1. はじめに

　百舌鳥古墳群や古市古墳群をはじめ大阪府や奈良県を中心に分布する主軸全長が 150 m を超えるような大形前方後円墳では、湛湛とした周濠[1]を持つものが多々ある。これらのうち、宮内庁が陵墓に治定している古墳では、幕末から明治時代にかけて、一定の方針に基づいた整備・改変のあったことが知られている。江戸時代末期の文久から慶応年間（1861～68）に行われた「文久の修陵」では、天皇陵をあるべき姿にするために「天皇陵に営まれた田畑を替地を宛てがった上で廃し、墳丘を取り囲む周濠を復活して水を湛え、墓地等が営まれていれば撤去し、正面には鳥居・門扉・石灯籠等を配した拝所を設えなければならない。」とされたという〔外池 2005：294〕。

　もっとも、大山古墳の周濠の水が灌漑に利用されていたのは室町時代に遡ることが明らかにされているし〔末柄 2008〕、江戸時代、文久の修陵以前の大山古墳濠水の灌漑利用については、『老圃歴史』などに多くの記録が残っている〔森 1975～83〕。大山古墳以外にも江戸時代に濠水が灌漑用に利用されていたと考えられる例は少なくない。江戸時代の地方文書や村絵図を見ると、周濠に樋門の描かれているものや、明細帳や水論の記録から灌漑用の溜池として利用されていたと分かる例も少なくない。堺市史や羽曳野市史、藤井寺市史などを紐解くと、百舌鳥・古市の両古墳群だけでも 14 基が確認できる[2]。近年の発掘調査によって、墳丘で室町～江戸時代と推定される浚渫土と考えられる土層の確認された古墳の存在も、江戸時代以前から周濠が溜池として利用されていたことを傍証している。湛湛とした周濠の全てが幕末・明治期の改変のためとは言えない。

　ただし、これら事柄が古墳の周濠が築造当初から水を湛えていたことを意味しているわけではない。かつて濠水は古墳の築造当初から、灌漑用水として利用されていたとの考え方があった[3]。しかし、水利灌漑史や歴史地理学の立場からは、古墳の周濠は集水機能に欠陥があり溜池としては十分に機能できないとの強い批判がある〔喜多村 1950・1973、川内 2009〕[4]。近世・近代史の立場から天皇陵の問題を追及されている外池昇氏は、水を湛え

た周濠を有する古墳は、墳丘や外堤の水際を自ら破壊するという矛盾した構造を持っていると指摘し、周濠の水は築造期の姿というよりは、それ以降に古墳の周辺に生活した人々の必要によって蓄えられたのではないかと推論している〔外池1990〕。

　考古学の立場からはどうか。森浩一氏は、かつて1950年の論文で古墳周濠の灌漑能力を古墳造営時からあったと考えたことを、間違っていたと訂正し〔森1981〕、「周濠は古墳時代からそこへの給水およびそこから排水する施設、例えば樋菅などがあったかどうかまだわからない。というよりは存しなかった可能性があり、天水や地下からの湧水がたまっていたようである」〔森1981：50〕と述べている(5)。

　早くに畿内大型前方後円墳の周濠の問題に正面から取り組んだ白石太一郎氏は〔白石1983〕、部分的にではあっても、発掘調査の行われた事例を取り上げ、調査結果を基に検討を加えられた。その結果、具体的な検討の俎上に乗せた行燈山古墳・渋谷向山古墳・市庭古墳・ウワナベ古墳・市野山古墳・ニサンザイ古墳の6基については、何らかのかたちで水の溜まっていたことを認めている。とりわけ、ウワナベ古墳については、「後円部の横から背後にかけても水深2m程度までの貯水は十分可能であった」〔白石1983：131〕とし、「その造営当初から同一水面の巨大な貯水空間を構築し、相当量の貯水が可能なように築造されているのである。」〔白石1983：132〕と結論づけている。もっとも、白石氏は古墳の周濠がその当初から灌漑機能を目的としていたとは考えていない。「古墳の周濠、とりわけウワナベ型の周濠が持つ潜在的な灌漑能力は必ずしも小さくないが、構築当初から農業用水としての役割をはたしていたとは考え難い。」〔白石1983：141〕という。

　白石氏が論考を発表されてから既に35年が経つ。現在、古墳の周濠はどのように語られているのであろうか。石部正志氏は「周濠」ではなく「周堀」と言う。大半が空堀であったとの考えによる。ただし畿内では、地盤が概して硬い粘土質であるため水が溜まりやすい。築造直後から水を湛えた例もあったと考えられるという〔石部正志2012〕。岸本直文氏は4世紀中頃の佐紀陵山古墳において整って盾形周濠が成立し、括れ部付近の濠内に島状遺構があったと推測できると述べ、「島状遺構の存在は、周濠の滞水を前提に修景を意図したものであることは明らかである。またこのことは、こうして周濠を整備することが、墳丘そのものを水に浮かぶ島に見立てたものであることを示す。」と説いている〔岸本2012：419〕。

　白石氏の論文が発表された1983年以後、畿内大形前方後円墳の周濠の発掘調査例は、多くが部分的なものに過ぎないとはいえ、大幅に増えている。白石氏の発掘調査結果に基づく検討方法に習い、調査事例の増えた現在のレベルで再検討し、周濠論の問題点と分析・検討方法の課題について若干の私見を述べてみたい。

2. 発掘調査事例の検討

　岸本氏も指摘されている島状遺構の発見が、古墳築造当初の周濠の一つの姿を我々の眼

前に示したことは疑いない。奈良県巣山古墳と大阪府津堂城山古墳の発掘調査である。

巣山古墳は前方部を北に向けた前方後円墳で、測量調査や発掘調査の結果による復元規模は墳丘全長約220mとされている〔井上2005〕[6]。2000年12月から2003年12月まで4次にわたって墳丘と外堤の裾部、周濠部の発掘調査が実施された。外池氏の問題提議にも関わる発掘調査以前の墳丘の状態は、周濠の灌漑用溜池利用による水位の変動や風波によって墳裾・外堤裾が大きく浸食されていて、西側では第一段テラスの埴輪列が露出し、東側では埴輪列が崩落した状態。墳丘第一段斜面のほとんどが削り取られていて、第一段テラスは周濠浚渫土の泥揚場に利用されて凸凹の状態になっていたという。島状遺構[7]は前方部西側のほぼ中央付近からやや北寄りに位置し、基底部で南北約16m、東西約12m、上端で南北約11.5m、東西約7m。高さ約1.5m。2段築成で葺石を施している。東辺中央に墳丘に繋がる基底部の幅約5mの渡り土手がある。標高49.00m付近から上は奈良〜平安時代の小区画水田で削られているというが、上面の幅約2m、長さ約5mが残る。西辺の南北両隅部に突出部が付く。両突出部の間、長さ約8m、幅約2.6mの範囲は、傾斜角度10〜13°の緩斜面に拳大の割り石を敷き、州浜状に造られている。州浜状の石敷きの西方約2.2mには、円形の石組みを南北に2つ繋げた遺構、連接円形石組みがある。南側が径約4m、北側が3m。出島状遺構では、蓋形、家形、盾形、囲形、柵形、水鳥形等の多様な形象埴輪が出土している。原位置は分からないが、埴輪は出島状遺構に立て並べられていたと推定されている。

巣山古墳では、墳丘西側を中心に墳裾や外堤裾を確認するための発掘調査が行われていて、墳丘側では表1の各トレンチで、第1段斜面の葺石基底石列が確認されている。外堤側では明確な基底石列は認められないようであるが、3カ所で外堤裾や葺石下端のレベルが報告されている。なお「カラー図版34 周濠北西隅0203T全景（南東から）」で見ると、0203トレンチの葺石下端が外堤基底部にあたるのは報告の通りと考えられる。

表1 巣山古墳墳丘第1段斜面基底石のレベル

後円部南西側（0102t）	47.80m	
造出西端（0201t）	47.90m	
前方部前面北西角（0202t）	47.80m	
前方部前面中央（0204-1t）	47.80m	基底石列の外側に根石
前方部前面北東角（0205t）	47.55m	基底石列の外側に根石
前方部前面北東角側面（0205t）	47.60m	基底石列の外側に根石

表2 巣山古墳外堤裾のレベル

後円部正面（0101t）	基底部 47.82m	
前方部北西角（0203t）	葺石下端 48.20m	明瞭な基底石列認めず
前方部正面（0204-2t）	葺石下端 47.80m	明瞭な基底石列認めず

墳丘側葺石基底石列を墳裾と認めて良ければ、墳丘西側から前方部前面中央付近までの墳裾がほぼ47.8m程であるのに対し、前方部北東隅が20〜25cm程低いこと、外堤の北西隅部が20cm程高いことがわかる。出島状遺構の報告では、標高値の記載があまりなく細かな検討をし難いが、出島状遺構の残存頂部レベルがほぼ49.0m、高さは約1.5mとあるから、濠底のレベルは47.5m程度となる。前述の墳丘西側の墳裾より30cm程低いことになるし、周濠を横断するトレンチのデータは報告されていないので正確ではないが、目安にはなるだろう。南西突出部は濠底から50cm程の高さとされているから、その頂部は標高48.0m程度になる。突出部に水鳥形埴輪を置いていたという想定を認めると、突出部上面と同じかやや下がったところに水面の高さが設定されていたという推測も成り立つ。この場合には墳丘第1段斜面葺石基底石列の高さとほぼ一致していた可能性が出てくる。

　ただし、47.8mなり48.0mに水面高を設定しても、外堤北西隅は水没していない。前方部東側は40〜50cmの水深となり、ここでは墳裾が完全に水没していたことになる。巣山古墳は西から東に傾斜する地形に立地しており、測量調査の結果から、保存状態の良い墳丘第2段テラス面でも西側が東側より20〜30cm高いことが分かっている。前方部前面の墳裾に反映されている地形の傾斜は墳丘第2段でも解消されていない。丘陵傾斜面を掘削して周濠を設け墳丘を築くにあたって、墳裾の高さと周濠の水面高を一致させていない。基底石列で画された墳裾の高さが、想定水面高＝見かけ上の墳裾と一致しないということである。これは、水深が浅いとはいえ周濠内を同一水面で満たしていたという想定に疑念を抱かせる。別の言い方をすれば、仮に周濠内に水が溜まっていたとしても、それは結果として溜まってしまっただけのものなのか、意図的に溜めたものなのかという問題を生じさせるということである。

　巣山古墳の周濠では西側の外堤裾から地下水が多量に湧き出すという。井上氏は、「築造当初、周濠の水位は極めて低く、出島状遺構の州浜を洗う程度であり、常時湧き出す水を地形的に低い周濠東側で排水していたものと推定される」と述べている〔井上2005：44〕。古墳築造当初も現在と同様に多量の湧水があったとすれば、水位を意図的な高さで維持するために、周濠内の水は日常的に入れ替わっていたと考えられる[8]。周濠内には0108トレンチ17層〔井上2005：44 図16〕のように、泥炭層と判断できる土層が広く見られるようであるが、泥炭層はそのような環境下では形成され難いように思われる[9]。周濠がかなりの程度埋没した段階、標高49.0m付近で奈良〜平安時代の小区画水田の営まれたことが確認されている。出島状遺構の土層断面図〔井上2005：45 図17〕を子細に見ると、斜面部では頂部をも覆う有機質土層（1・2・3層）とその下の有機質土層（5・9層）の間にオリーブ褐色土層（3b層）と灰白色ないし黄橙色粗砂層（4層）が挟在していることが分かる。井上氏も言及されているように、周濠内の有機質土の形成は大きく2時期に分かれる可能性が強い。0101トレンチの結果に依拠すれば、下層の有機質土は奈良・平安時代以前、上層のそれはそれ以後と考えられる。3b・4層や0101トレンチの黄橙色粗砂と灰褐色有機質

粘土の互層の形成は、奈良・平安時代の小区画水田の経営に伴うものと考えられ、築造当初の周濠内で水が動的な状態であれば類似した土層が形成されて然るべきであろう。築造当初の周濠内は、水が溜まっていたとしても動きのあるものではなく、西側からの湧水によってあまり時間を経ずに低湿地化したと考えた方が実態に近いのではないだろうか。

　津堂城山古墳は前方部を南東に向けた墳丘全長約210ｍ前方後円墳である。1975年以来大阪府教育委員会と藤井寺市教育委員会によって、かつて周庭帯と呼ばれた史跡指定地周辺部での住宅建設等に伴う小規模な発掘調査が継続されている。その結果、周庭帯が外濠の痕跡であり、周濠が内外二重に巡ることが判明した。さらに、史跡整備に伴う指定地内の発掘調査も実施されてきた。近年、主要調査の報告を取りまとめたが報告書が刊行され、長年にわたる発掘調査結果を比較検討することが可能となった〔山田編 2013〕[10]。

　島状遺構は1983年に実施された墳丘北東側内濠の発掘調査で発見された[11]。前方部北東辺東側の濠中にあり、一辺が底部で17ｍ、高さ1.5ｍの隅丸方形で、2段築成。下段は地山削り出し、上段は盛土によると推定されている。四辺には葺石が施されていて、南東・南西・北西辺で基底石列が確認されているが、傾斜面はさらに20cmほど続いて濠底に至っている。遺構の裾と葺石基底石列とは一致していない。ただ、報告者の天野末喜氏は「島状遺構の裾部は基底石が画していると判断している」〔山田編 2013：72〕と述べている。上段南東辺中央はＵ字形に大きく窪んでいて、水鳥形埴輪3体が据えられていた。

　墳丘北東側内濠の発掘調査は、20ｍ間隔で濠を横断するトレンチに加えて濠中央を縦断するトレンチを設定して行われている。濠は、地山の段丘礫層を掘って造られていて、濠底の縦断レベルは、南端のJ2トレンチ付近でT.P.＋11.8ｍ、北端部のA2トレンチで11.4ｍ、濠底は南から北に緩やかに傾斜しており、南北約200ｍ間で比高差40cmを測る。濠の横断レベルはほぼ平坦で、幅は後円部裾と内堤裾の基底石間で26〜27ｍを測る[12]。「各トレンチの最下層に堆積した緑色混じり青灰色シルト質土の存在からすると、水深は不明であるが、滞水状態にあったことが知られた。」〔山田編 2013：63〕と述べられている。

　濠内の堆積土は、表土、淡黄褐色土、上部腐植土層、下部腐植土層、緑色混じり青灰色シルト質土に大別され、地山は青灰色砂礫である。滞水状態にあったことの根拠とされる緑色混じり青灰色シルト質土は「層厚は10〜15cm程度で内濠底全域を覆うように堆積していた。」と報告されている〔山田編 2013：58〕。このシルト質土の堆積環境をどのように考えるかが重要になってくるが、その前に、発掘調査で明らかになった葺石基底石列、墳裾のレベルを検討しておきたい。図1は報告書によって知ることのできた墳丘第1段葺石基底石等のレベルを、山田編 2013：56 図33に加筆したものである[13]。濠底のレベルは南北約200ｍ間で比高差40cmと報告されているが、基底石底面のレベルでも島状遺構北西辺の12.1ｍからE1トレンチの11.5ｍまでの差異のあることがわかる。内堤裾のレベルも97区Ｅ-3地点とD3トレンチとでは40cmの比高差がある。島状遺構の報告で示された「堆積状況から見ると、築造直後は、基底石付近までの水深の浅い水面が形成されていた

ことが推定される。」〔山田編 2005：74〕と
いう天野氏の認識に依拠して、水面高を
12.0mに仮定すると後円部側では墳裾の
基底石列は水没し、内濠南東辺の内堤裾
は水没しないことになる。巣山古墳でみ
たのと同じ、基底石列で画された墳裾と
見かけの墳裾である水面高とが一致しな
いという現象がここでも確認される。

　濠内の滞水の可否を考えるときに、周
濠内堆積土最下層の緑色混じり青灰色
シルト質土が厚さ10～15cmで濠底全体
を覆うように堆積していたという状況
と、周濠が砂礫層を掘削して造られ、濠
底の地山が青灰色砂礫であるという条件
は重要である。砂や礫、砂利などの空隙
や亀裂の多い地層は水を通しやすく、地
下水を貯めやすい〔日本地下水学会ほか
2009〕。

　外濠の調査であるが、石神怡・川村和
子氏報告の「O-11・12区の調査」の項
「遺構まとめ」に「4本のトレンチでは、
いずれも葺石下半部の残存状態が良くな
かった。地山最下層が砂礫層、その上部
がシルト層でその下から水がでて、葺石
を浮き上がらせた結果ではないかと推測

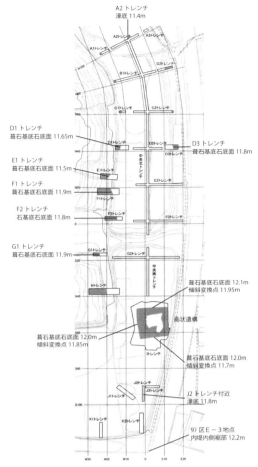

図1　津堂城山古墳内濠葺石基底石等レベル
（山田編 2013 p.56 図33 に加筆のうえ縮小）

される。」とある〔山田編 2005：51〕。シルト層は難透水層である。砂礫層の掘削が地下水を
浸出させた可能性は強い。石神氏等の推測は的を得たものと考えられる。筆者の調査・報
告したO-7区の濠底の地山も粒子の粗い白灰色砂土で透水性が高く、同様に、地下水を
浸出させた可能性は否定できない。

　内濠も前述のように、砂礫層を掘削して造られ、濠底も砂礫層である。濠の掘削時に
相応の出水があった可能性が考えられる。内濠の最下層に認められた緑色混じり青灰色
シルト質土は、この時の出水時に堆積したものであって、必ずしも滞水状態を示すもの
ではないのかもしれない[14]。O-7・11・12区の外濠最下層のシルト層や粘土層も、周濠
の掘削に伴う出水や地下水の浸出によって形成された可能性がある。濠底に難透水層で
あるシルト層や粘土層が堆積したことによって、濠内が湿地化し泥炭層の形成が始まっ

た。このように考えると、約200mで比高差40cmの緩いながらも傾斜のある場所に平均的な厚さでシルト質土が堆積していることも理解できるように思われる。古墳完成時に周濠内に水が溜まっていたとしても、それはごく浅くかつ短期間であった。かつ意図的なものとは言えないかもしれない。濠内はその後、巣山古墳と同様に、周辺の砂礫層から供給される地下水によって急速に低湿地化が進み、泥炭層の形成が始まったと考えられるのである。

津堂城山古墳と巣山古墳の発掘調査は、現在の周濠が、古墳築造当初の姿とは大きく異なっていることを如実に示したといえる。その実態をうかがわせる事例は他にもある。

大阪府の、墳丘全長約200mの前方後円墳、前の山古墳では、2001年の墳裾部保護のための護岸工事に先立って発掘調査が行われている〔徳田ほか2003〕。この時の調査で東側括れ部裾の最奥部で円筒埴輪2本と器種不明の埴輪1本が出土している。埴輪は括れ部に沿って台形に地山を整形して造ったテラス面にあり、テラス面と濠底との比高差は10～20cm程に過ぎない。報告者の清喜裕二氏は「テラス面の存在や、倒れているにもかかわらず損壊が少ないことなどから、確認した3本の埴輪は、すべて本来くびれ部裾に樹立されていたと考えてよいだろう。」〔徳田ほか2003：285〕とされている。報告者の所見の通りだとすれば、築造当初テラス面は水没していなかったと考えるのが自然であろう。周濠中央部のレベルは分からないが、仮に水が溜まっていたとしてもごく浅かったと考えてよいと思われる。なお、カラー図版4-1を見る限り、埴輪が倒れ込んでいたⅫ層は泥炭層ではない。地山は大阪層群の砂礫土層という。

大阪府御廟山古墳は墳丘全長約203mの前方後円墳で、2008年から2009年にかけて、宮内庁書陵部による墳丘護岸工事に先立つ事前調査と並行して、堺市文化財課が周濠内の発掘調査を行っている〔十河編2011〕。南側括れ部にあたる4-2・3トレンチで葺石が検出され、前方部と造出の接点を示すと考えられる大型の石、埋設された状態の原位置を保った円筒埴輪状の土製品、それを起点に水平方向に伸びる石列等が確認されている。この石列は礫の大きさや立てて並べたような配列方法から墳裾の可能性もあると考えられている。レベルはT.P.＋18.4m前後。土製品は高さ29.2cm、口縁部径17.4～18.5cm、2条の突帯が巡り、小型の円筒埴輪と言っても良い。土製品は地山を掘りくぼめて口縁部のレベルを葺石と合わせるように埋置され、周囲と内部を礫で押さえていた。土製品内部に柱を立てるような構造ではないので、これが水没を前提としていないとは断言し難いかもしれない。しかし、土製品の口縁部は葺石面に露出しているのであるから、水没を前提としたものではないと考える方が自然なように思える。報告書の第25図〔十河編2011：45・46〕のC-C'間土層断面図によると、葺石面の直上は墳丘の際に堆積している転落石を主体とする粗砂礫層で、墳丘構築後早い段階で始まった墳丘の崩落に起因すると考えられている。この堆積層の状況も、古墳築造直後には葺石面が水没していなかったことを示していると考えられる。地山が砂礫・粗砂層であることも注意しておきたい。御廟山古墳の周濠

については、江戸時代の寛政6年、7年(1794、95)に池浚えの記録が残っていて[15]、濠底が掘り下げられている可能性が強い。築造当初の濠底を確認するのは難しいかもしれない。ただ、調査以前の周濠の水位は、各トレンチでの崖面の位置及び墳丘測量図から、最高位で標高22m程度と判断できる。前述の墳裾とも考えられる石列のレベルが18.4m前後であるから、古墳築造時に周濠が滞水していたとしても、水位は3.5m以上も低かった可能性が強いことになる。

　御廟山古墳の調査では、南北括れ部の第4・13トレンチで泥炭層が検出されている。第25図によると葺石面を覆う墳丘崩落土層の直上にあり、層厚80cmを超える。この泥炭層については自然科学的分析が実施されていて、最上部と最下部の放射性炭素年代はそれぞれcalAD 1024 - 1156年、calAD 411 - 545年と報告されている。「泥炭層の形成が古墳構築後の間もない時期であったことが窺える。」との考察がある〔十河編2011：201〕。ここでも、古墳完成後早い時期に周濠内の低湿地化が進んでいったという状況が想定されるのである。

　墳丘全長約210mの奈良県コナベ古墳では、2009年の墳裾護岸工事に先立つ発掘調査の時に、東側造出南端と前方部南東隅のほぼ中間、第7トレンチで排水溝と考えられる遺構が発見されている〔有馬ほか2011〕。排水溝は、崩落した墳丘第1段斜面の下位に位置し、検出長3.4m。墳丘内へ続いていて、濠側にもわずかに延びるようであるが、ほぼ端部に近いと判断されている。最大幅約50cmの断面U字形と考えられる溝内に礫を充填した構造で、充填された礫層は東端部に向かって厚みが減り、端部近くでは堀方検出面から礫上端まで0.4～0.5m低くなる。東端付近で長径30cm程の石を下から小礫で支える構造となり、それより濠側は小礫を薄く入れるだけになっている。この構造が出水口の役割を果たすと考えられており、出水口の床面の標高は約73.8m、墳裾と考えられる高さとほぼ同じかわずかに低いとされている[16]。この遺構について、報告者の清喜裕二氏は、出水口の床面のレベルと墳裾の想定高との関係から、「墳丘内の水を墳丘斜面に出水口を設けて墳丘外に排水するのではなく、墳丘裾に近い位置で、墳丘下に浸透させる構造になっている」とし、「墳丘盛土の安定化を目的として造られたと考えられる。」と述べている〔有馬ほか2011：62〕。しかし、墳裾の想定高が造出周辺の調査結果に拠っていること、発掘調査によって確認された地山層上面のレベルは、後円部側で76.5～77.3m、前方部で74.7～75.65mと、前方部側に1.5m前後下がっていること[17]等を考慮すると、巣山古墳や津堂城山古墳同様、立地形を反映して墳裾自体が北から南に傾斜している可能性は否定できない。ごく普通に墳丘盛土の排水を目的としたものと考えてもよいと思われる。その場合には、周濠内に水を溜めることが古墳築造当初に目的化されていたとしても、この遺構を覆うほどの水深は想定されていなかったことになる。

　大阪府の南端岬町にある淡輪ニサンザイ古墳は墳丘全長約180mの、前方部を西に向けた前方後円墳で、2014年に墳裾護岸工事等に先立つ発掘調査が実施されている〔清喜ほか

2016〕。前方部の南北両側面、括れ部に隣接した位置に造出がある。南側造出は、復元規模で東西約26.7m、南北約21m、高さ約3.5mを測り、2段築成で四周に葺石を施す。島状遺構を彷彿とさせるような構造で注目されるが、本稿との関係で重要なのは、北側造出が普段は水面下にあるということと古墳の立地形である。古墳は、津堂城山古墳と同じように、洪積段丘低位面の末端近く、南から北に下がる緩斜面に立地している。南側に比べ北側の墳裾が低く、調査所見で示された想定墳裾のレベルを見ると最も高い所が南側造出第5-2トレンチの19.3m、最も低いのが北側くびれ部第13トレンチ及び前方部前面主軸線上第8トレンチの17.9mである〔清喜ほか2016：83〜85〕。比高差は1.4m。北側造出の頂部は19.8mとされているから、同一水面で水を湛えた周濠を想定すると、南側墳裾を0とした場合でも、北側造出は0.5m程しか水面上に出ないことになる。周濠には前方部南西隅と後円部南東側の2カ所に渡り土手があり、上記のような単純な想定は難しいが、渡り土手が当初から存在したという確証もない〔清喜2014〕。渡り土手の当初からの存否はしばらく措くとしても、前方部北側の第6トレンチや前方部前面主軸線上の第8トレンチの濠内堆積土下層が埴輪片や転落した葺石と考えられる石を多数含む土層であることを考えると、南側の濠は水が無かった可能性が強いのではないかと思われる。1983年の南側濠内の発掘調査では、池沼堆積層はないと報告されている。土生田純之氏はこれを浚渫の結果とされているが〔土生田1985〕、もともと滞水していなかった可能性がある。北側濠についても、戸原純一氏は、北側造出が水没しているのは外堤が嵩上げされ水位が上昇したためで、築造当初の外堤は現在より低かったと推定されると述べている〔戸原1974〕。滞水していたとしても、水位は今よりもかなり低かったことは疑いない[18]。

3. 周濠発掘調査の示すもの

　現在の湛湛とした周濠の発掘調査例を、少数ではあるが見てきた。その示すところは、築造当初の周濠の姿は、現在とは大きく異なるものであった。周濠内に水が溜まっていたとしても、それはごく浅いものであったろうし、その水が意図的に溜められたものなのか、結果として溜まってしまっただけなのかという古墳築造の思想性にも関わる問題が残されている。少なくとも、意図的に溜めたということの根拠は極めて薄弱であると言わざるを得ない。島状遺構と水鳥形埴輪という組み合わせもあってか、築造当初から浅いとはいえ水を湛え、そこに島が浮かぶという庭園的情景が想定されたとしても確かなものとは言えない[19]。

　津堂城山古墳と巣山古墳の検討の際に、墳裾と考えられる葺石基底石列のレベルが傾斜していて、見かけの墳裾ともいえる水位面と一致しないことを指摘した。津堂城山古墳は洪積段丘末端に位置し、巣山古墳と同様、緩傾斜面に立地している。両古墳ともに墳裾は、立地形を反映した傾斜を持っている。津堂城山古墳では周濠底も同様に傾斜していることが確かめられている。淡輪ニサンザイ古墳についても同じことが言える。なぜこのよ

うな形状をしているのか。わざわざ段丘傾斜面を掘って周濠を造るのであるから、水平を保つことも不可能ではなかったはずである。考えられることは、かつて堅田直氏や森浩一氏が指摘されていた〔堅田1971、森1985〕、周濠掘削に伴う出水・湧水対策であろう。施工中の降雨や帯水層を切って周濠を掘削する際の排水対策として傾斜をつける必要があったのではないか。墳裾や濠底の傾斜は意図してつけられたものであろうことを、強調しておきたい。

周濠を巡らせた大形前方後円墳の調査は、陵墓や陵墓参考地に治定されているものは宮内庁書陵部が進めており、史跡指定されているものは各地方自治体が行なっている。それらの発掘調査報告書をみていくと、大半の古墳で墳丘第1段斜面の崩壊が確認されている。崩壊のメカニズムはかつて笠野毅氏が説かれた通りであろう〔笠野ほか1995〕。葺石が濠水の波浪や水位の変動による墳丘の浸食・崩壊に対して無力であることは、現在の古墳の姿が物語っている通りである。葺石もまた周濠に水を溜めるための措置ではない。

あるいは、津堂城山古墳や大阪府峯ヶ塚古墳で土塊を使ってまで堤を築いていることをもって、水を溜める意図の現れと理解されるかもしれない。この点についても、津堂城山古墳の調査は重要なヒントを与えてくれている。詳述する余裕はないが、津堂城山古墳の内堤・外堤頂部のレベルは墳丘第1段目テラス面の高さとほぼ等しい。堤頂部が幾らかの削平を受けている可能性を考えると若干高いかもしれない。この状態を墳丘の北西ないし北東側、古墳の立地場所より標高の低い土地から見た場合には、堤と墳丘第1段目テラスとは一体化してしまう。これは墳丘をより大きく見せる効果を持つ。大阪府市野山古墳前方部前面の外堤なども同様の効果を持ったはずである〔徳田2000〕。森下章司氏は「観念の中でのかたち」という優れた視点を提示している〔森下2016〕。大形前方後円墳をどこから見たのかという古墳時代人の視点からの検討が必要である。堤の築造と、周濠に水を溜めるか否かということとは次元の異なる事柄である。

周濠そのものを目的とした発掘調査は決して多くないが、主として近世以降と考えられる浚渫や拡張よる改変は多くの古墳で認められている。このような実状からすると、築造当初の周濠の復元には多くの困難が予想される。しかしながら、残された数少ない手掛かりから、実態に迫ることしか方法はない。そのような中で、周濠内堆積土の堆積環境の復元は一つの手掛かりを与えてくれるかもしれない。より詳細な堆積土層の観察、とりわけ最下層堆積土層の観察・分析・記録化が求められているように思われる。

註
(1) 古墳の周囲に設けられた堀については、その全てが水を湛えていたとは限らないことから、「周堀」や「周壕」と表記され、呼ばれることも多い。しかし本稿では、現状、湛湛とした濠を有する古墳を検討対象とするため、「周濠」で統一しておく。
(2) 古市古墳群の岡ミサンザイ古墳・前の山古墳・墓山古墳・ボケ山古墳・峯ヶ塚古墳・高屋築山古墳・高鷲丸山古墳・河内大塚古墳、百舌鳥古墳群では大山古墳・上石津ミサンザイ

古墳・ニサンザイ古墳・御廟山古墳・田出井山古墳・丸保山古墳。
(3) 森1950、伊達1958、堅田1971など。なお白石1983で、末永雅雄『池の文化』1947が同様の説の研究として取り上げられているが、筆者が読むことのできた1972年学生社版による限り、末永氏はウワナベ古墳の周濠についてその可能性を指摘しているに過ぎない。氏の主たる主張は、灌漑用の池の築造と古墳の築造とが古墳時代の主要な土木事業であること〔末永1947：17〕、その技術に共通性のあること〔末永1947：96、197〕の二つであったように思われる。
(4) 喜多村1973に「大仙陵池は元々別の目的の下に築造せられたものであるから、用水源としては種々の欠点を有していた。すなわち水面積の広大（池敷面積33町2反7畝21歩）に比して地高で水溜りが悪く、加えて涵養地域を有していないことはその最大の欠点であった。」とある〔喜多村1973：537〕。川内2009では、百舌鳥古墳群中の大形前方後円墳の周濠が灌漑用溜池として整備されて行く過程は、近世以降の狭山池からの導水計画と密接に関連していたと説かれている〔川内2009：357〜394〕。
(5) 森1985では、当初からある程度の灌漑能力はあった。その水で潤す水田の収穫が大山古墳の維持のあてられていたのではないかとの見解が述べられている〔森1985：76〕。
(6) 巣山古墳に関する発掘結果は全て井上2005によっている。本文中の報告文引用頁や図版等の番号も同書の番号を示す。
(7) 井上2005では「出島状遺構」と称されている。巣山古墳の遺構についてはそれに従う。
(8) 水位を意図する高さで維持するためには、不要な量の水を流すための仕掛け、溜池でいえば余水吐きや樋門のようなものが必要である。古墳の周濠で築造当初に遡るそのような施設の発見例は知られていない。しかし、今後の発掘調査で検出される可能性もあり、ここではその存否は問わない。
(9) 「泥炭形成作用は過剰な水の存在の下に行われる有機物の分解作用である。」「泥炭形成作用は還元的分解作用（酸素の供給が不十分か、全くない状態で行われる）である。」と説かれている〔阪口1974：55〕。還元的分解作用によって泥炭が形成されるという点に注意すると、水は極めて静的な状態にあったことになる。大阪府御廟山古墳の報告では、泥炭層の形成期に比較的安定した堆積環境が継続していたと考察されている〔十河編2011：201〕。泥炭ができるためには①十分な湿り気があること、②枯れた植物が堆積しやすい地形であること、③水が溜まりやすい地盤であること、④枯れた植物が分解しにくい温度であることといった条件が必要で、泥炭の出来やすい場所の条件はいつも十分な水があり、ちょうど良い温度が保たれ、枯れた植物が堆積しやすい場所とされている〔地盤工学会泥炭のお話し編集委員会2004：19、25〜26〕。
(10) 津堂城山古墳の墳丘規模及び発掘調査結果の多くは山田編2013に依っているが、個別の報告に依拠したものもある。
(11) 山田編2013では「東側」と表記されているが、方位に従って書き換えた。以下の表記も同様。
(12) トレンチの番号は山田編2013：56図33による。
(13) 墳丘基底石底面のレベルは山田編2013掲載のエレベーション図からの計測値である。対象とした図は、D1トレンチ＝p.61図37、D3トレンチ＝p.67図43、E1トレンチ＝p.62図38、F1トレンチ＝図p.6541、F2トレンチ＝p.66図42、G1トレンチ＝p.63図39、島状遺構＝p.71図45である。基底石底面のレベルを採ったのは計測箇所をわかりやすくするために他ならない。97区E-3地点は2011・12年に行われた下水管敷設に伴う発掘調査の結果による〔山田編2013：150〜156 第八節 97区の調査（SRK11-2区）〕。
(14) 筆者もO-7区の報告を書いた時には滞水状態を考えていた。見解を改める。
(15) 『老圃歴史』（四）寛政6年、7年条
(16) 「墳丘の規模について」の項で、造出周辺のトレンチでの所見から標高74m墳裾のレベル

(17) 有馬ほか2011で報告されている各トレンチごとの地山層上面のレベルの検討による。
(18) 発掘調査を経ていないので指摘するに止めるが、同じことは上石津ミサンザイ古墳についても言える。段丘崖付近に立地する古墳の場合には、片濠の可能性も含め、根本的な再検討が必要と考えている。
(19) 渡瀬2004でも島状遺構と水鳥形埴輪の関係が湛水を前提として説かれている。

参考文献

有馬　伸・加藤一郎・清喜裕二 2011「小奈辺陵墓参考地　墳塋裾護岸その他整備工事に伴う調査」『書陵部紀要』62〔陵墓篇〕　宮内庁書陵部

石部正志 2012『古墳は語る』かもがわ出版

井上義光 2005『巣山古墳　発掘調査概報』吉川弘文館

笠野　毅・福尾正彦 1995「履中天皇百舌鳥耳原南陵の墳丘外形及び出土品」『書陵部紀要』46　宮内庁書陵部（『書陵部紀要所収陵墓関係論文集Ⅲ』学生社 1996 所収）

堅田　直 1971「前方後円墳の立地と周濠構造」『歴史研究』7・8合併号　大阪教育大学歴史学研究室

川内眷三 2009『大阪平野の溜池環境　変貌の歴史と復原』和泉書院

岸本直文 2012「一　墳丘と周濠」『講座日本の考古学8　古墳時代（下）』青木書店

喜多村俊夫 1950『日本灌漑水利慣行の史的研究　総論篇』岩波書店

喜多村俊夫 1973『日本灌漑水利慣行の史的研究　各論篇』岩波書店

阪口　豊 1974『泥炭地の地学―環境の変化を探る』東京大学出版会

白石太一郎 1983「古墳の周濠」『角田文衛博士古稀記念　古代学叢論』角田文衛博士古稀記念事業会

末柄　豊 2008「勘解由小路家の所領について」『具注暦を中心とする暦資料の集成とその史料学的研究』2006～2007年度科学研究費補助金（基盤研究(C)）研究成果報告 2008。この文献の存在については、樋口吉文氏からご教示を受けた。謝意を表します。樋口吉文「仁徳陵と百舌鳥古墳群」フォーラム堺学第17集　財団法人堺都市政策研究所 2011 で本資料について論じられている。

清喜裕二 2014「五十瓊敷入彦命　宇度墓外堤護岸その他整備工事に伴う立会調査」『書陵部紀要』65〔陵墓篇〕　宮内庁書陵部

清喜裕二・加藤一郎・横田真吾 2016「五十瓊敷入彦命　宇度墓整備工事予定区域の事前調査」『書陵部紀要』67〔陵墓篇〕　宮内庁書陵部

十河良和編 2011『百舌鳥古墳群の調査5　御廟山古墳（GBY-6）発掘調査報告書』堺市教育委員会

伊達宗泰 1958「第三章　畿内における古墳立地に対する一考察―古墳周濠と生産の関係―」『畿内歴史地理研究』日本科学社

地盤工学会泥炭のお話し編集委員会 2004『泥炭のお話し』ジオテクノート14　社団法人地盤工学会

外池　昇 1990「村落と陵墓古墳の周濠―古市古墳群をめぐって」『成城文芸』131　成城大学文芸学部

外池　昇 2005「文久の修陵と『文久山陵図』」『文久山陵図』新人物往来社

徳田誠二 2000「允恭天皇　恵我長野北陵防災工事箇所の調査」『書陵部紀要』51　宮内庁書陵部（『書陵部紀要所収陵墓関係論文集Ⅴ』学生社 2004 所収）

徳田誠二・清喜裕二・有馬　伸 2003「白鳥陵墳塋裾護岸その他工事」『書陵部紀要』54　宮内庁書陵部（『書陵部紀要所収陵墓関係論文集Ⅴ』学生社 2004 所収）

戸原純一 1974「宇度墓前方部外堤護岸区域の調査」『書陵部紀要』25　宮内庁書陵部（『陵墓関

係論文集』学生社 1980 所収)
日本地下水学会・井田徹治 2009『見えない巨大水脈　地下水の科学』講談社　ブルーバックス
土生田純之 1985「宇度墓外堤外法石垣改修工事箇所の調査」『書陵部紀要』36　宮内庁書陵部
　　　(『書陵部紀要所収陵墓関係論文集〈続〉』学生社 1988 所収)
森　浩一 1950「古墳の農耕的性格の展開」『古代学研究』3　古代学研究会
森　浩一 1981『巨大古墳の世紀』岩波新書　岩波書店
森　浩一 1985『巨大古墳　前方後円墳の謎を解く』草思社
森　杉夫 1975〜1983（森杉夫翻刻）「老圃歴史」㈠〜㈤『堺研究』9〜13　堺市立図書館
森下章司 2016『古墳の古代史』ちくま新書 1207 筑摩書房
山田幸弘編 2013『津堂城山古墳　古市古墳群の調査研究報告Ⅳ』藤井寺市文化財報告第 33 集
　　　藤井寺市教育委員会
渡瀬昌忠 2004「日本古代の島と水鳥—巣山古墳と記紀の雁産卵—」『萬葉』188　萬葉学会

今城塚古墳の埴輪のまつり
―ゆりかごから墓場まで―

黒崎　直

1. はじめに

　大阪府高槻市にある今城塚古墳は、墳丘の全長190m、後円部径100m、前方部幅141mの巨大な前方後円墳で、周濠をも含めれば総長350m、幅340mにもおよぶ。5世紀前半というその築造時期に限れば、全国でも最大級の古墳規模である。今城塚古墳の西方には、墳丘長226m、後円部径138mのさらに巨大な前方後円墳「太田茶臼山古墳」があり、宮内庁によって「継体天皇陵」に比定されている。しかし、築造年代が5世紀中頃に遡る可能性が高く、年代的にも妥当な今城塚古墳を真の継体陵と考える考古学研究者が多い。

　今城塚古墳の発掘調査は、史跡整備事業とも関連し、高槻市教育委員会によって1997年から2006年までの間、実施された。その成果にもとづき史跡「今城塚古墳公園」として一部が復元的に整備され、2011年には古墳の出土品などを展示する「今城塚古代歴史館」も併設された。現在、多くの人々に親しまれ活用されている。

　今城塚古墳の調査では数々の成果が得られたが、中でも注目を集めたのが、北内堤・張出部で発見された「埴輪群像」である。東西約65m、南北約10mの範囲内に、家、人物、動物など約140点の形象埴輪が整然と樹立されており、周囲に並べられた円筒埴輪なども合わせると180点を超える埴輪類が配置されていたことになる。

　古墳は、あらためていうまでもなく死者の遺骸を葬る「装置」＝墓である。しかし現代を引き合いに出すまでもなく、埋葬に伴ってさまざまな「儀式・儀礼」がおこなわれたことは想像に難くない。ただし物質的な資料にもとづいて考察することの多い考古学では、いわゆる「無形文化財」の範疇に属するその「儀礼など」の内容を具体的に復元することは、なかなかに難しい。

　だが一方、古墳に樹立された人物や動物等の埴輪類＝「埴輪群像」が、それを解明する手がかりだとして、多くの研究が取り組まれてきた。その結果、①「王位継承儀礼説」、②「殯（死に伴う一連の儀式）説」、③「頌徳像（死者の生前の姿を記念）説」、④「供養（死者をとむらう儀式）説」、⑤「死後の近習（死者に奉仕する家来たち）説」、⑥「犠牲（死後の世界へ

捧げる動物と従者など）説」、⑦「死後の王宮説」が示され、さらには⑧「葬列説」や⑨「首長権力の表象説」などもみられる〔かみつけの里博物館2000〕。

なかでも水野正好さんの「埴輪芸能論」は注目にすべき研究である〔水野1971〕。氏は、群馬県「保渡田八幡塚古墳」の外堤上に配置された埴輪類を「群像」として分析し、「首長霊継承の祭事」を表現したものと解釈し、以後の研究に大きな影響を与えた。

これに対し、保渡田八幡山古墳の史跡公園整備事業に伴って再発掘がおこなわれた2000年前後、群像の性格をめぐり新たな解釈が示された。調査を担当した若狭徹さんは、群像個々の出土位置を再検証した結果、その配置が水野さん復元のように「単一の祭事の場面」を表現するのではく、「被葬者が統治するさまざまな機構・職掌や、保持財物などを象徴的に表示したもので、時間あるいは空間を異にする複数の場面で構成されており、ある一時の祭事内容を表現したものではない」との解釈を下したのである〔若狭2008〕。

同様な埴輪群像は、群馬県「綿貫観音山古墳」、埼玉県「瓦塚古墳」、三重県「宝塚古墳」、兵庫県「行者塚古墳」、和歌山県「大日山35号古墳」、同「井辺八幡山古墳」など〔かみつけの里博物館2000〕でも知られており、これらをめぐり議論が活発化した。そんな中、今城塚古墳の北内堤・張出部で大規模な埴輪群像が発見された。その上、古墳自体が6世紀前半の大王墓である可能性が高く、かつ発掘された埴輪群像もそれにふさわしく質量ともに豊かである。6世紀前半における埴輪群像＝「埴輪のまつり」の典型例として特筆すべきものであり、本稿では主としてこれを取り上げ、その示す意味を復元しながら他の古墳の事例とも比較してみようと思う。なお正式な『調査報告書』は残念ながら未刊のようで、今回の考察では高槻市教育委員会が2004年に刊行した『発掘された埴輪群と今城塚古墳』に記載されたデータにもとづいていることを、最初にお断りしておきたい。

2. 今城塚古墳の「埴輪群像」をめぐる調査と既往の研究

今城塚古墳の埴輪群像の性格などについて、最も積極的に発言しているのは、調査関係者の森田克行さんである。その主張するところは、上述の特別展図録〔高槻市教育委員会2004〕の中に「今城塚古墳の埴輪群像を読み解く」として記載されているし、翌年の大阪府立近つ飛鳥博物館の秋期特別展「王権と儀礼―埴輪群像の世界―」に伴い開催された「歴史セミナー」でも、「新・埴輪芸能論」と題し埴輪群像の解釈を講演している。幸いにも後者の講演内容は、『埴輪群像の考古学』〔大阪府立近つ飛鳥博物館2008〕として活字化もされている。これを手掛かりに、まずは埴輪群像の出土状況とそれに対する森田さんの解釈を紹介しておこう。

埴輪群像は、古墳の北内堤の張出部で発見された。そこは南北方向に並べられた柵形埴輪列4本で4つの区画（東から祭祀場1・2・3・4区と呼称）に分けられおり、各区の東西長は、1区が10.5m、2区が7.5m、3区が10.6m、4区が30mである。南北幅はいずれも10m程度だから、1～3区はほぼ正方形、4区のみがその3倍程度長い長方形になる。

この１～４区に総数136個体以上の形象埴輪がほぼ全面にわたり、おおむね西または北向きに配列されていた。その状況や内容は図１・表１の通りであるが、最も東（後円部）側の１区には入母屋造・寄棟造・片流れ造の家形埴輪が各１棟ずつ配置され、鶏形埴輪１と複数（５以上）の器台形埴輪が並ぶ。２区（東から２つ目）では入母屋造・寄せ棟造の家形埴輪各１棟に、鶏形埴輪１と巫女形埴輪１、そして南側には複数（４以上）の大刀形埴輪が外堀（北）に向けて配置されていた。また３区（東から３つ目）には複数の入母屋造と１棟の切妻造の家形埴輪、複数の甲冑形・大刀形埴輪（５以上）列、二山冠と楽座の男子埴輪、立位の巫女埴輪群、拝礼（獣脚）埴輪、複数の鶏形埴輪、そして水鳥形埴輪（３以上）列などがみられる。最も西（前方部）側の４区には、東寄りに円柱の家形埴輪を配し、その西に単体の盾形埴輪、複数の力士・武人・鷹匠などの人物埴輪、さらに西を向く馬形埴輪の隊列や複数の牛形埴輪が並ぶ。そして南側には、水鳥形埴輪（３以上）列が配置されている。そして４区の西辺に柵列はなく、開放状態だという。

　このように埴輪の種類や数量は各区毎に異なっており、とくに３区には、最も大型のものを含めて10棟以上の家形埴輪があり、さらに人物埴輪の半数以上が集中して配置されるなど、質量共に他区を圧倒している。樹立された埴輪の種類や数の相違が、各区が担う「埴輪のまつり」の内容や性格の差を反映するのであろうから、この３区が最も重要な地区であることは間違いないようだ

　このような出土状況に対し森田さんは、「祭祀場は柵形埴輪列（柵）によって４つの方格に区画されている」、「各区には出入り口（門形埴輪）の有無から、出入り口のない１区、出入り口のある２・３区、開放的な４区という違いがあり、２～４区は閉鎖的な１区に対峙する配置」と指摘。これを受けて張出部全体が殯庭に相当するとし、「閉鎖性の強い最奥部の１区を殯宮のなかでも私的儀礼空間、多くの人物埴輪が集中する２・３区を宮門内での公的儀礼空間、開放的な４区を宮門外での公的儀礼空間」と解釈した（図２参照）。そして「６世紀以降に顕在化する殯宮（もがりのみや）儀礼こそ、今城塚古墳の形象埴輪群が顕彰する祭祀内容にふさわしい」と結論づけたのである。

　ところで森田さんは、この４つの区画に対し、「門の有無などによりそれぞれの区画が閉鎖的か、開放的かという位置づけあり、しかも各区の埴輪の種類と配置は、きちんと機能分けされているから、埴輪群全体の同時性は確実であり、けっして各区を時系列でつないだとは理解できない」と力説している。はたしてその理解は妥当なのか？

　白石太一郎さんは、主宰した「埴輪群像」のシンポジウムで、３区が後世の「大極殿や朝堂院」、２区が「内裏」、４区が「宮門前の広場」に相当するとして、殯宮よりもむしろ「大王の宮という一つの場において大王が執りおこなったさまざまな儀礼を表現している」と理解する〔白石2008〕。これは若狭説に近く、「一時の祭事内容を表現したものではない」との解釈であって、森田説への批判となろう。

　森田さんの解釈は、先述の諸説のうち「もがり説②」に属するが、発掘関係者の一人

今城塚古墳の埴輪のまつり―ゆりかごから墓場まで―

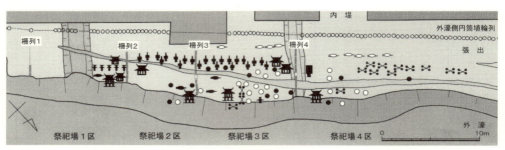

図1　祭祀場 (1～4) における埴輪配列の模式図 (高槻市教育委員会 2004)

表1　祭祀場 (1～4) における埴輪の構成 (高槻市教育委員会 2004)

種別	1区	2区	3区	4区	計
家	4点	3点	10点	1点	18点
柵	[柵列1] 3	[柵列2] 7	[柵列3] 10	[柵列4] 4	24
門	0	0	1	1	2
器台	5	0	0	0	5
蓋	0	0	1	0	1
大刀	0	7	8	0	15
盾	0	0	0	1	1
人物	0	1	13	14	28
鶏	1	1	3	0	5
水鳥	0	0	7	6	13
獣	0	0	3	12	15
不明	0	3	6	0	9
計	13	22	62	39	136点

(平成16年3月現在)

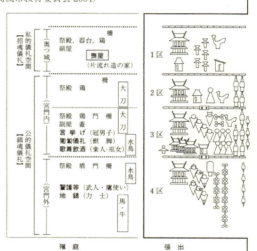

図2　今城塚古墳の埴輪配列と殯宮概念図
(森田 2008)

図3　片流れ造の家形埴輪 (1区)
(高槻市教育委員会 2004)

図4　家形埴輪に描かれた魚と鳥 (1区)
(高槻市教育委員会 2004)

である水野正好さんも、それと異なる見解を記している〔水野2004〕。すなわち、中核となる3区は「聖主が陪臣、齋女をととのえ列ねて行う祭事の一場面。かりに男女埴輪像が酒を捧げる杯をうけるポーズをとる場合は祭宴、とらず厳粛なポーズで並ぶ場合は政事の場をあらわしている」と記す。そして4区は「聖主をとりまくいろいろな機構、職掌の人々がそれぞれの職霊ともかかわりあう文物、動物、服装、姿態でもって、庭に集合している」と述べる。明快さに少し欠けるが、やはり「王位継承儀礼説①」での解釈のようだ。これも森田さんの解釈に対する批判とみなせよう。

　以上のように、今城塚古墳の埴輪群像をめぐってはさまざまな解釈が可能であり、まだまだ議論の余地が残されている。ただし、そこに4つの区画が設けられていたことは、紛れもない事実である。これをどう理解するのか？　そこが今城塚古墳の「埴輪のまつり」を理解する鍵をにぎっているようにも思える。以下、検討してみよう。

3. 今城塚古墳埴輪群像の再整理

　各区の性格なりを端的に物語るのは、やはりそこに配置された埴輪群であろう。まず1区を見ると、最も特徴的な存在は片流れの屋根をもつ家形埴輪である（図3）。それは「一方の妻側に入隅部を作って出入り口を設けるほか、小さな長方形孔を平側に各一カ所穿つだけの閉鎖的な構造」をもち、また鋸歯状の屋根飾りや入隅部に設けられた出入り口など、まさに囲形埴輪の一種と見ることもできる。おまけに平側に穿たれた一対の小さな方孔は、内部に導水施設（筆者のいう「木槽樋(もくそうひ)」）が設置されていることを暗示する。まさに奈良県「南郷大東遺跡」の発掘遺構や、三重県「宝塚古墳」、大阪府「心合寺山古墳」などの古墳造出部から出土した囲形埴輪を彷彿とさせる〔黒崎1999〕。森田さんはこれを「遺骸を安置し、死者に付き添う肉親が籠もる喪屋」と解釈するが、もしそうであるなら、各地で報告されている同様な遺跡や埴輪をも「喪屋」とみなさなければならない。無論、この導水遺構などを積極的に「殯宮」と関連づける意見もあり、その可能性も皆無ではない。だが現状ではこの種の遺構・遺物は、首長が執行する「治水に関わる祭祀」の場だとの理解が一般的である〔橿考研2005〕。喪屋と主張するにはその点への反証も必要になろう。

　ただし筆者は、別稿〔黒崎1999〕でも主張したように、これを首長層に連なる女性が神聖な皇子を宿し産み落とすために一時的に籠もる「産屋」と理解している。そして内部に置かれた「木槽樋」こそがその中心的な設備で、山などから導かれた聖なる水が流れる樋(とい)に跨がり、カミと交わり受胎するという「かわや（交屋）」でもあったのだ。そんな情景は神話にも描かれており、その風習が古墳時代にまで遡ることも、木槽樋の存在から十分に想定できる。おまけに木槽樋の下流側から人糞由来の寄生虫卵が発掘されている考古学的な事実もあり、それが「水洗便器」の一種でもあった可能性を筆者は想定している。

　1999年に発表したこの「ウブヤ・カワヤ説」は、あまりにも突拍子もない見解として、ほとんど無視さてきた。しかし、古代史の和田萃さんは今城塚古墳の埴輪群像をめぐるシ

ンポジウムの中で、「喪屋とされる片流れの建物を、産屋とみてもいいのではないでしょうか」と発言している〔和田2008：156〕し、祭祀考古学の金子裕之さんも、『水と祭祀の考古学』と題するシンポジウム記録集〔橿考研2005〕の中で、「流水施設付き家形埴輪＝産屋（屋根は鵜羽）」とのメモを記している〔金子2005：141表7〕。筆者一人の「妄想」でもないようで、まことに心強いことである。

　一方、1区に人物埴輪は一体も配置されておらず、枝に止まった鶏形埴輪が存在するなど、人影のない雰囲気を醸しだしている。これを夜明け前の「時間帯」だとする見方もあり、興味深い〔車崎2008〕。

　では2区は何を表すのか？　この区には人物埴輪があるものの、それは巫女一体のみで、およそ賑やかさはない。他に家形埴輪や太刀形埴輪は存在するものの、武人埴輪や馬形埴輪などは完全に欠如している。ここでも1区同様に人影まばらな雰囲気がただよい、いうならば夜明けから朝を迎えた「時間帯」を暗示させる。ただしこれらから2区の特徴を抽出することは、なかなかに難しい。

　これに対し3区には多くの人物埴輪などが多数配置され、まさに賑やかな「盛事」の雰囲気がただよう。「時間帯」にあてるなら「昼」ということになろうか。ここには冠帽埴輪や楽人埴輪、巫女埴輪などの多彩な人物埴輪が、拝礼所作や飲食関連の所作で配置されている。それは跪礼や供献などの動作を伴う儀礼、また音響を伴う儀礼、さらには酒食・歌舞を伴う饗宴の情景とみなすことができよう。まさに水野正好さんが指摘するように「王位継承儀礼」＝即位の儀礼を彷彿とさせるようである。ただし「保渡田八幡塚古墳」に多く見られた馬形埴輪はこの区には一つもなく、また武人埴輪も欠如している。

　最も西の4区には、逆に武人埴輪や馬形埴輪が列をなす様子がみられ、また鷹匠埴輪や牛形埴輪など他区には存在しなかった埴輪も配置されている。しかし逆に、家形埴輪は1棟しかなく、巫女埴輪は一体もない。この4区でとくに注目すべきは、人物や動物埴輪が西向きに整列して列状に並ぶことである。ただ例外として、3区との境にある門形埴輪の前（西）面に置かれた力士埴輪4体は、2体ずつが南北方向に向かいあっていたという。「ふんどし」姿の裸形で片手を上げたその姿勢は、四股をふむポーズとみなされ、「まつりの場」を「きよめ・鎮める」地鎮の役割を担うと解されることが多い。森田さんもそう理解し、門前に並ぶ4体の力士像を上記のように復元している。はたして確実に4体が存在したのか、また各2体が向かいあうように配置されていたのか？　特別展の図録では確かめようもないが、森田さんの復元通りに4体が存在したのなら、別の解釈もできるのではないかと考えてみた。すなわち他の人物埴輪などと同様、西向きに配置された可能性であり、4体が一組になって何かを担ぐ姿ではなかろうかと…。そしてそれが「棺」ではないかと想像してみた。武人や馬形の埴輪が行列をつくるその最も後方、3区に接する4区の最奥部で担がれる「もの」とは何かを考えると、古墳の主である「王の棺」が最もふさわしいのではなかろうか。

以上、概観してきた1〜4区それぞれが物語る情景とは何か？　そしてそれら各区相互はどう関連しているのか？　以下、節をあらためて検討してみよう。

4. 埴輪群像の物語るもの

　これまで検討してきた埴輪群像の特徴を、簡単にまとめておこう。
- ・1区：囲形（片流れ屋根）埴輪：奈良県南郷大東遺跡などの「導水遺構」を写す
　　　　　＝溝に跨る「カワヤ（交屋）」＝水洗トイレ（神話など）→ウブヤ（産屋）
- ・2区：巫女埴輪のみで男性・武人埴輪、馬形埴輪は皆無→その意味は？？
- ・3区：飲食・歌舞を伴う饗宴の情景、供献・跪礼などの所作、音響を伴う儀礼、
　　　　　＝祖霊（カミ）との交流、服従儀礼＝即位（王位継承）式、または成人式？
　　　　祖先供養？
- ・4区：行列する武人・馬形埴輪：東から西へ（1〜4区も同じ→時間的経過を暗示？）
　　　　　力士（片手を上げ四股＝地鎮）＝棺を担ぐ（類例は？？）→葬列

　以上のように考えると、1区の特徴は「受胎」や「出産」といえそうだ。和田萃さんはシンポジウムの中で、喪屋とされる片流れの建物を産屋とみ、1区の物語る情景を「継体誕生の場面」と理解する〔和田2008〕。まさしくこれは卓見である。それに加えて1区に置かれた大型家形埴輪の軒先には、「魚をついばむ鳥の絵」が描かれており（図4）、それは「陰陽結合（受胎？）」の意味をも持つという〔金子2005：147〕。まさに1区全体、「貴種誕生」にふさわしい雰囲気が醸し出されている。

　そう理解すると他の3つの区画についても、和田さんの指摘とおり「継体大王の生涯を通じてとくに精彩があり、人々に記憶されるべき、そういう場面を、表現している」との解釈ができそうである。では2区は何を表すのか？　和田さんはこれを「継体即位の盛儀を示す」とみるが、これには従えない。何故なら、この区に配置された人物埴輪は巫女1体のみで、およそ即位の盛儀にはふさわしくない。ただこれ以上、検討の材料もないので、2区の解釈は後回しにしよう。

　これに対し「即位の盛儀」という雰囲気は、まさに3区がふさわしい。先にも触れたように冠帽埴輪や楽人埴輪、巫女埴輪などの人物埴輪が、さまざまな所作を示して配置されており、供献・跪礼などを伴う儀礼と共に、酒食・歌舞を伴う饗宴の情景とするのが妥当である。水野さんが指摘した「王位継承儀礼」＝即位の場と理解してよいだろう。

　次いで4区では、武人や馬・牛などの西向きの行列が特徴的である。そして先述したように行列の最後部で裸形（力士）像が、棺を担いでいると解すると、ここで表現されているのはまさに葬列であり、王の「死」の場面を表現していることになる。

　1区が「誕生」、3区が「即位」、4区が「葬儀」だと考えてくると、それに関連して「釈迦の四大事跡（聖地）」が思い浮かんでくる。すなわち①釈迦の誕生（釈尊誕生＝ルンビニー）、②悟りを開く（釈尊成道＝ブッダガヤー）、③最初の説法（初転法輪＝サールナート

（鹿野園)）、④釈迦の入滅（釈尊涅槃＝クシーナガル）の事柄である。釈迦の一生における
この４つの画期については、今なお多くの信者等その聖地を巡拝するし、それに関連した
「母・摩耶の右脇からの誕生」「菩提樹の下での悟り」「沙羅双樹の下での涅槃」などの場
面が、釈迦の一代記を物語る象徴的な画像となって広く流布している。

　以上を参考にすると、これまで判断を保留してきた２区は、「成人」と解するのが妥当
のように思える。ただし埴輪の配置状況などから、それを具体的に主張するだけの根拠を
示せないのは残念である。今後の課題としたい。

　以上のように、今城塚古墳の埴輪群像における４つの区画については、
　　・１区：誕生（受胎から出産の情景）→出自（血統）の正当（高貴）性を表示
　　・２区：成人（元服）→養育環境の表示？
　　・３区：王権（家督）継承→権威の正当性を表示
　　・４区：葬儀（死亡）→葬列の盛大さ（後継者と王権の隆盛を表示）
と、被葬者の一生における４つの画期を表現したものと理解したい。すなわち先の諸説の
うち「頌徳像説③」に該当することになろう。釈迦の誕生や涅槃などの画像は、現在でも
理解できる人が多くいるように、古墳時代の人々もまた、片流れ屋根の囲形埴輪を見れば
「誕生」を、拝礼や飲食等の所作をする人物埴輪群を見れば「即位」を、裸形像や武人埴
輪の行列を見れば「葬儀」をと、そこで語られる王の事績を容易に連想できたのはなかろ
うか。その意味で今城塚古墳の埴輪群像は、古墳被葬者の一代記であり、いわゆる「ゆり
かごから墓場まで」を物語る大王の事績顕彰像でもあったのだ。

5．埴輪群像の出現と展開——まとめにかえて——

　こうして今城塚古墳の埴輪群像を被葬者の「一代記」と解釈したが、同様な理解が他の
古墳〔かみつけの里博物館 2000 を参照〕にも応用できるのか？　簡単に検討しておこう。
　埴輪は一般にＡ円筒・壺形埴輪、Ｂ家形埴輪、Ｃ器財埴輪、Ｄ人物・動物埴輪の４種に
分けられ、Ａは３世紀後半、Ｂは４世紀前半頃、Ｃは４世紀後半頃、そしてＤが５世紀
前半頃に出現したとされる〔白石 2008〕。ただし新種が登場しても古種が駆逐されるので
はなく、種類などを増やすのが特徴である。これらのうち埴輪群像と大きく関わるのは
Ｄ人物・動物埴輪であって、当然に５世紀前半以降となろう。その初期の事例としては、
奈良県「巣山古墳」出島状遺構例や三重県「宝塚１号古墳」北造出例、兵庫県「行者塚古
墳」西造出例などが知られており、これらでは家形埴輪や水鳥形埴輪などとともに囲形埴
輪の存在が注意を引く。内容的には今城塚古墳の１・２区に類似しており、３・４区に多く
配置された人物埴輪などはまだ出現していない。

　これに対し５世紀中頃の大阪府「大仙（仁徳天皇陵）古墳」例ではじめて、巫女埴輪が
登場する。また馬形や水鳥形の埴輪などもあって、今城塚古墳における３・４区の端緒を
認めることができる。ただ大仙古墳の場合、出土状況が不明でそれ以上の検討は不可能で

ある。人物埴輪が多く配置される傾向は、5世紀末頃の群馬県「保渡田八幡塚古墳」A区例でより明確になる。先述したように酒食饗宴・歌舞音曲などの所作をする多数の人物は3区に、武人と馬の列、水鳥の列、力士埴輪などは4区に類似する。一方、ここでは家形埴輪を欠いている。1・2区が見当たらない（省略？）のも気にかかるが、同古墳の他の地点に配置された可能性もあり、これ以上は触れないでおく。

　6世紀前半には、和歌山県「井辺八幡山古墳」東西造出例、群馬県「塚廻り4号古墳」前方造出例などがあり、巫女・家形埴輪、須恵器壺（井辺八幡山）や巫女・椅座男子・跪礼男子埴輪（塚廻り）などが3区に、力士埴輪、武人・馬形埴輪（井辺八幡山）や馬形埴輪（塚廻り）などが4区に類似する。このうち塚廻り例では1・2区を表現した箇所は見当たらず、少なくとも1区はすでに欠落しているようである。

　これに対し同時期の今城塚古墳では、1～4区のすべてが揃っていた。これはおそらく、「ゆりかごから墓場まで」という4つの場面を表示するのが本来のストーリーであり、それを完璧に表示するのが大王墓としての矜持なのであろうか。まさに今城塚古墳例は、それを大規模かつ詳細に示した典型例として大いに評価すべきである。

　次いで6世紀中頃には、埼玉県「瓦塚古墳」西側中堤例が、同後半頃には群馬県「綿貫観音山古墳」墳丘上例が知られている。巫女埴輪、武人埴輪、歌舞音曲男女埴輪（瓦塚）や巫女埴輪、三人童女埴輪、冠帽男子埴輪、武人埴輪（綿貫観音山）は3区に、馬子つきの馬形埴輪や武人埴輪を並べる様子は4区に類似する。ここでも1・2区の欠落傾向がうかがえるが、観音山古墳の後円・前方部の墳頂から鶏形や家形埴輪などが出土しているから、あるいはそこが2区に相当するのかも知れない。同時期の奈良県「勢野茶臼山古墳」石室羨道部には、巫女埴輪、蓋形・家形埴輪、太刀形・盾形埴輪が配置されていた。内容的には2区に類似するようだが、その詳細は今後の検討課題としたい。

　今城塚古墳の埴輪群像から抽出できた「4つの場面」は、他の古墳の群像にもそれなりに該当しそうである。ただし4場面すべてを揃えた古墳は他に一例もなく、それはやはり当古墳が大王墓であることに起因するようだ。陵墓に指定された類似の大型前方後円墳が調査されれば、同様の事例が増加する可能性は大きい。いずれにせよ4場面のうち、被葬者の出自や養育環境を物語る配置（1・2区）に偏るのが初期（5世紀代）の段階で、6世紀代になると被葬者の即位や葬儀に関わる儀礼の盛大さを表示する配置（3・4区）にシフトする傾向がうかがえた。そもそも埴輪群像を人目につきやすい造出部や内堤張出部に配置することは、被葬者とその後継者の実力や威厳などを広く周知させることでもある。そう考えると、同種の儀礼が古墳上で実行された場合、形象埴輪などでそれを表示する必要はない〔高橋1996〕と考えると、埴輪の樹立は儀式自体の省略か、古墳以外での挙行とも受け取れる。逆にみれば1～4区に示された儀礼は、古墳の上で実際に挙行されるのが本来の姿だったが、しだいに1・2区（誕生・成人）にみる若年期の儀礼から省略（即位や葬送の儀礼は古墳上で実施）が始まり、5世紀後半以降には3・4区（即位・葬儀）の壮年期の儀礼

も古墳上での実行が止んだのであろうか。それに伴い3・4区の埋輪群像が豊富になるものの、逆に1・2区の群像は欠落していく傾向も見らる。とくに6世紀以降の関東を中心に、古墳造営層の拡大とともに若年期の表示(出自や養育環境)が、さほどの意味を持たなくなっていくのかも知れない。

　埴輪群像の意味は、先述のように様々に解釈されてきた。今回の検討では「被葬者の一代記」＝「頌徳像③」と理解したが、そこには「王位継承儀礼①」「もがり②」「葬列⑧」「首長権力の表象⑨」などの場面も含まれている。その意味で従来の解釈とさほど大きな違いはない。またこれまでは一古墳のみに限定してその意味を解釈する傾向が強かったが、類例が増加した今、広く全般を見渡して比較検討することが重要である。その意味からも今城塚古墳内堤の埴輪群像は、明確な地区設定と多様な内容をもつ点で注目すべき資料である。とくに本古墳が継体大王の「陵墓」であれば、彼の王位継承には特別の経緯も存在するので、3区(即位)の埴輪群にそれなりの特徴が指摘できてしかるべきである。しかし比較すべき大王墓古墳の事例不足や本報告書の未刊行などもあり、いやそれよりも何よりも、筆者の力不足と時間的な制約から、その課題を十分に深められなかったことは、大きな反省点である。今後に機会があれば、それらは補っていきたい。

参考文献
大阪府立近つ飛鳥博物館編 2008『埴輪郡像の考古学』青木書店
橿原考古学研究所附属博物館編 2005『水と祭祀の考古学』学生社
金子裕之 2005「令制下の水とまつり」『水と祭祀の考古学』学生社
かみつけの里博物館 2000『はにわ群像を読み解く』第7回特別展図録
車崎正彦 2008「東国の埴輪のまつり」『埴輪群像の考古学』青木書店
黒崎　直 1999「古墳時代のカワヤとウブヤ―木槽樋の遺構をめぐって―」『考古学研究』45-4
　　(通巻180) 考古学研究会
白石太一郎 2008「人物埴輪群像は何を語るか」『埴輪群像の考古学』青木書店
高槻市教育委員会 2004『発掘された埴輪群と今城塚古墳』市立しろあと歴史館　特別展図録
高橋克寿 1996「人物埴輪の意味」『埴輪の世紀』歴史発掘9　講談社
水野正好 1971「埴輪芸能論」『古代の日本』2(風土と生活)角川書店
水野正好 2004「継体天皇の政事と祭事」『発掘された埴輪群と今城塚古墳』市立しろあと歴史館
　　特別展図録
森田克行 2008「新・埴輪芸能論」『埴輪群像の考古学』青木書店
若狭　徹 2008「古墳時代社会と埴輪群像」『埴輪群像の考古学』青木書店
和田　萃 2008「古代史からみた埴輪群像・再考」『埴輪群像の考古学』青木書店
　　　なお、文中の図3・4については、高槻市教育委員会の掲載許可を得ています。

　工楽善通さんには、私が奈文研に入所した1969年以来、公私にわたり本当にお世話になりました。とくに松山市「古照遺跡」の発掘では、大規模な遺跡調査の進め方、納め方などを教えていただきました。ありがとうございます。ますますお元気でご活躍ください。

倭王権と鵜飼儀礼・序論
——頸紐を巻き、翼をひろげ、木にとまる——

森田克行

1. はじめに

　今城塚古墳の北側内堤張出部の埴輪祭祀場で、大量の形象埴輪が検出された。王宮然とした埴輪群の配置や形象埴輪の特性をふまえ、全体を継体王権が整備した大王権継承儀礼としての殯宮儀礼の再現と読み解いた〔森田 2003〕。その過程で知った保渡田八幡塚古墳の魚をくわえた鵜埴輪 9（表 1 の付番、以下同じ）に感動したのも束の間、今城塚古墳の家形埴輪の軒先に魚を啄む水鳥の線刻画 27 を見出し〔森田 2003〕、さらには宮内庁書陵部で太田茶臼山古墳の鵜埴輪 1 の観察機会を得、それこそ鵜飼の情景と直感した〔森田 2005、2008〕。

　とくに太田茶臼山古墳と今城塚古墳は三島古墳群では 1・2 位の巨大古墳であり、双方から見出された鵜や鵜飼関連の埴輪は、単に淀川流域での鵜飼漁を映すといった牧歌的なレベルではなく、王権儀礼に占める鵜飼の位置づけやその解明につながる資料となろう。小稿では鵜飼に関する考古資料の検証をすすめ、古墳時代以来の鵜飼儀礼の予察とする。

2. 古代の鵜飼研究にあたって

　古代の鵜飼に関する研究としては、民俗学の可児弘明、歴史学の網野善彦がそれぞれの分野で総合的に論じたもの〔可児 1966、網野 1980〕が著名である。筆者もまた、中国大陸と日本列島の古代のウ（鵜）とウカイ（鵜飼）の用字の異同を追究し、いささかの検討をおこなった〔森田 2010〕[1]。

　一方、考古資料については、梅原末治による岡山県国府出土の台付子持須恵器の小像群の資料紹介〔梅原 1964〕が嚆矢である。ついで放鷹史研究の立場から、加藤秀幸が鈎形の嘴をもつ鳥形埴輪 1 例と鷹飼人埴輪の腕にのる小像の鳥 9 例を検討、それまで鷹とされてきた成塚と下原の 2 例 22・23 を鵜飼人の腕にのる鵜、また保渡田八幡塚古墳の 1 例 21 についてもその可能性が強いとし、さらに単体の鷹とされてきた伝、神川の資料 12 を単体の鵜であるとはじめて指摘した〔加藤 1976〕。このときの分別基準は、鷹は尾羽に装着された鈴、

倭王権と鵜飼儀礼・序論——頸紐を巻き、翼をひろげ、木にとまる——

鵜は呑み込んだ魚を咽喉に押しとどめるための頸紐の表現で、前者は鷹飼猟に、後者は鵜飼漁に必須のアイテムという明解なもので、鵜と鵜飼人の埴輪についての卓見を示した。
　その後、保渡田八幡塚古墳を調査した若狭徹は出土した単体の鵜埴輪9と鵜飼人埴輪21を詳細に検討〔若狭編2000〕し、古代の鵜飼研究へのあらたな道を拓いた。このときの論議の輪にいた賀来孝代は、その後、全国で16例の鵜の埴輪資料を集成した〔賀来2004〕。とくに鳥の生態をよく知る賀来の研究は精細であった。例えば翼をひろげた水鳥は、水中にもぐって漁をする鵜が濡れたからだを乾かすためにしきりにおこなう羽ばたきを示すもので、埴輪工人はそのことを充分理解したうえで表現しているとし、太田茶臼山古墳の水鳥埴輪が止まり木に載り、翼をひろげる様はまさに鵜の生態に適うと喝破した〔賀来2002a・b〕。近著〔賀来2017〕でも類例を追加検証し、持論を深化させている。

表1　古墳時代の鵜と鵜飼に関連する考古資料（ー印は欠損）　　　　　　20180430 調整

種別	資料	番号	古墳・遺跡等	地域	ウの様態	嘴	翼	頸紐	腹掛紐	時期	備考
鵜	水鳥埴輪	1	太田茶臼山	摂津	単体	ー	開	粘土帯	無	5世紀中頃	頭部欠失
		2	土師ニサンザイ	和泉	単体	ー	(開)	ー	無	5世紀後半	体部下半、止り木
		3	太秦高塚	河内	単体	ー	閉	ヘラ描	無	5世紀後半	ほぼ全体残存
		4	太秦高塚	河内	単体	ー	閉	無	無	5世紀後半	ほぼ全体残存
		5	上之宮町	摂津	単体	ー	ー	ヘラ描	ー	5世紀末	頭、頸部のみ
		6	今城塚	摂津	単体	平・棒	閉	無	無	6世紀前半	止木に載る、8〜9体
		7	下原古窯	尾張	単体	鈎	ー	ー	ー	6世紀前半	頭部のみ
		8	外山3号	三河	単体	鈎	ー	ー	ー	5世紀末	頭部のみ
		9	保渡田八幡塚	上野	単体	鈎	閉	粘土帯	無	5世紀後半	嘴に魚、頸紐に鈴
		10	伝、大室	上野	単体	鈎	閉	粘土帯	無	6世紀？	腰に鈴、註7・9参照
		11	冨士山	武蔵	単体	鈎	閉	無	無	6世紀中頃	尾を欠失
		12	伝、神川	武蔵	単体	ー	閉	粘土帯	無	6世紀？	嘴と尾を欠失
		13	北塚原9号	武蔵	単体	ー	閉	粘土帯	不詳	6世紀	頸紐に鈴？
		14	青柳	武蔵	単体	ー	ー	剥離	ー	6世紀	頭頸部
		15	三杢山9号	武蔵	単体	鈎	ー	ー	ー	6世紀	嘴に魚？
		16	小沼耕地1号	武蔵	単体	鈎	ー	ー	ー	6世紀後半	頭部から頸部上半
		17	小沼耕地1号	武蔵	単体	鈎	ー	ー	ー	6世紀後半	頭部から頸部上半
		18	殿塚	上総	単体	ー	ー	ー	ー	6世紀後半	頭部から頸部上半
鵜飼人	人物埴輪	19	茶山1号	河内	小像	鈎	開	無	無	5世紀後半	小像と腕の一部
		20	井出二子山	上野	小像	鈎	開	無	無	5世紀後半	小像と右腕の一部
		21	保渡田八幡塚	上野	小像	ー	開	粘土帯	無	5世紀後半	小像と右腕の一部
		22	成塚	上野	小像	鈎	閉	粘土帯	無	6世紀？	小像と左腕の一部
		23	三本木字下原	上野	小像	鈎	開	粘土帯	無	6世紀？	小像のみ
		24	糠塚1号	下総	小像	鈎	閉？	無	無	6世紀	小像のみ
鵜飼漁	銀象嵌鉄刀	25	江田船山	肥後	象嵌図画	鈎	閉	象嵌線	無	5世紀末	鵜1+魚1
		26	石塚谷	伊勢	象嵌図画	鈎	閉	象嵌線	無	6世紀後半	（鵜1+魚1+花1）×2
	家形埴輪	27	今城塚	摂津	線刻図画	鈎？	閉	無	無	6世紀前半	鵜1+魚1（+魚3）
	装飾須恵器	28	国府	備前	小像群	不詳	開、閉	不詳	無	6世紀後半	人1+鵜2+魚1

3. 鵜と鵜飼の考古資料瞥見

表1に、鵜や鵜飼人の埴輪資料、さらには埴輪や鉄刀にヘラ描きないし象嵌された鵜飼漁を表現した図画資料も併せて総覧し、形態的な特徴、頸紐、腹掛紐の有無を比較した。ここでは今城塚古墳の埴輪祭祀場における鵜飼儀礼表示の解明を射程におさめ、まずは淀川流域を中心とする東海以西の資料について考察し、関東の資料については必要に応じて触れる。

Ⅰ. 鵜の造形

単体埴輪（図1）

表中、18例のうち、1～7について要述する。

太田茶臼山古墳 淀川中流右岸の三島平野に造営された太田茶臼山古墳の北東部外堤の形象埴輪群に1点の単体の鵜埴輪1が含まれていた〔土生田1988〕。灰白色を呈し、頭部と頸部上半を欠き、現存高は53.5cmである。棒状の粘土を垂下させて整形した脚の下端には放射状に三本の刻線が描かれ、粘土板をレリーフ状に貼り付けた蹼のある脚で止まり木に載る姿を造形している。頸部の中ほどに細い粘土帯を巻きつけて頸紐が表現され、背面には結び目のリボンが垂れている。翼は上向きに広げているが、両方とも付け根で折損している。漁の直後に羽ばたかせて濡れた体を乾かす仕草をほどよく捉えたものである。尾羽はやや下がり気味である。5世紀中頃（須恵器［ON46］・埴輪［新池A期］）の本例は、いまのところ単体の鵜埴輪としては最古の事例である。頭部を欠いているものの、頸紐の表現と止まり木に載り、頸を擡げて翼を広げる姿態は鵜を顕示してあまりある[2]。

土師ニサンザイ古墳 百舌鳥古墳群東南部にある5世紀第3四半期（須恵器［TK208］）のニサンザイ古墳の東側周濠内で、周堤から滑落した状態で出土した。2は円筒部のうえに造形された単体の鵜で、頸部中位から頭部と体部上半、そして尾部を欠損する〔森村1978〕[3]。現存高約45cmで、太田茶臼山古墳の1とくらべると円筒部がやや低いものの、鵜の体躯はほぼ同形同大で、造形もよく似ている。スカシ孔の状況等、埴輪の生様も同様である。脚は棒状で、下端の脚指は放射状に三本の細い粘土紐で表現、厚さ約1cmの粘土板をレリーフ状に貼り付けた蹼の剥離痕が観察され、全体としては止まり木に載る姿である。頸部の大半が失われ頸紐は確認できない。翼は体部に貼りつかず立体的に表現されていたと考えられ、広げていた可能性が高い。なお本資料は百舌鳥地域の埴輪としては数少ない灰白色を呈し、胎土にクサリ礫も含まれることから、摂津産の可能性もある。

太秦高塚古墳 淀川中流左岸の丘陵上に展開する太秦古墳群中に造営された5世紀第4四半期の二段築成の円墳である。造出に設けられた埴輪祭祀場から2点の単体の鵜埴輪が出土した〔濱田2002〕[4]。3は円筒部の上に造形され、全高53.5cmである。嘴を欠くものの、ほぼ全体が遺存する。長い頸に翼を閉じた体部をもち、尾羽はやや反りあがるように

倭王権と鵜飼儀礼・序論——頸紐を巻き、翼をひろげ、木にとまる——

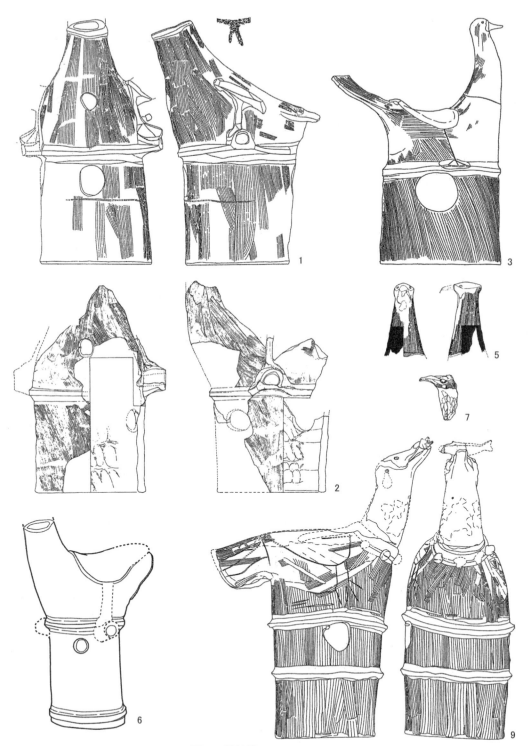

図1　鵜埴輪（番号は表1と同じ）
1～3・5・7・9：縮尺1/8　　6：註10文献のスケッチより

作っている。翼には雁・鴨類の特徴とされる長くのびた風切羽があり、鵜と雁・鴨類の表現が混交したものと思われる。脚は線描きで、円筒部突帯上の脚指には三又の三本線をあしらい、レリーフ状に整形した蹼が表現されている。本例を特徴づけるのは頚部下方にまわされた一重のヘラ描き線で、描線の始終点を一致させることに意を注いでいて、頚紐の表現と考えられる。4 も 3 とほぼ同形、同大で、レリーフ状の蹼にいたるまで酷似するが、頚紐の表現はない。2 体の鵜を制作したものの、4 は何らかの理由で頚紐のヘラ描きを省略したと考えざるを得ない。

　上之宮町所在古墳　淀川河口部に南側から突き出した上町台地上に存在した 5 世紀末の古墳（全長 130m の前方後円墳か）から出土した。5 は頚頭部のみの遺存で、現存高約 15.5cm で〔中村 1975、松尾編 2010〕[5]、嘴の先端が欠損しているのは残念だが、やや長手の頚部は水鳥の特徴をよく表している。頚部下方に巻きつけるようにした一条のヘラ描線が刻まれ、頚紐と考えられる。

　今城塚古墳　淀川中流右岸の三島古墳群内にあり、6 世紀前半に築かれた。北側内堤の張出に設けられた埴輪祭祀場の 4・5 区から水鳥形埴輪列がみつかっている。およそ頭部の大きさから、4 区の水鳥は中形（頭部幅約 7cm）で、5 区はそれより一回り大きい部類（頭部幅約 10cm）になる。とりあげるのは 4 区の 8〜9 体の中形資料で、そのうちの 6 は頭頚部を欠くものの、体部と筒状の止まり木が遺存していて、鵜の可能性が示唆〔今西・渡井 2015〕されていた。賀来は止まり木に載る水鳥は鵜の造形として積極的に認定〔賀来 2004〕した。鵜とみることに異論はないが、同区では明確な鉤形の嘴片はみられず、本来鵜にはない鼻孔のあるものも少なくない。細部において、ほかの水鳥の特徴が無意識・無頓着のうちに混交しながらも、鵜として造形されたものであろう。

　下原埴輪窯　愛知県春日井市に所在する 6 世紀前半の埴輪窯跡から出土した。7 は須恵質の鳥形埴輪の差し込みタイプの頭部片で、嘴が鉤になっている〔浅田編 2004〕。鳥形埴輪で鉤の嘴が表現されているのは、鷹飼人の腕にのる鷹と鵜飼人の腕にのる鵜、そして単体の鵜の 3 種に限られる現状のなか、7 は単体の鳥形であることから、鵜と判断した。未報告の殿塚古墳の資料 18[6] とは、製作手法は異なるが、同程度の遺存状態にある。

Ⅱ．鵜飼人埴輪（図 2）

　表中、6 例のうち 19 を紹介する。

　茶山 1 号墳　応神陵古墳のすぐ東側でみつかった 5 世紀後半の埋没古墳で、その周濠から出土した。19 は左右が判然としない人物の腕にとまる鳥で、全長 10.9cm を測る。バランスを欠く頭部の大きさと短い頚部は鉤になった嘴を表現するための造形とみられ、当初は鷹とされたものの、その後は鵜とする論調〔河内 2002、賀来 2004、2017〕が続く。左右の翼は、折損状態から両翼を広げているのはあきらかで、羽ばたきを表現したものであろう。ただし、濡れた体を乾かすための羽ばたきではなく、腕にとまった鵜が自身のバラン

倭王権と鵜飼儀礼・序論──頸紐を巻き、翼をひろげ、木にとまる──

図2　鵜飼人埴輪（腕にのる鵜小像）
19・21：縮尺1/8

スをとる一瞬の動作を的確にとらえている〔ラウファー1996〕[7]。頸紐、腹掛紐の表現はない。なお鵜飼人の腕に鵜が載る資料は畿内以西では唯一で、鵜飼人埴輪の小像は保渡田八幡塚古墳の21など、関東に目立って多い。

Ⅲ．鵜飼漁（図3）

25〜28の資料について要述する。

江田船山古墳　江田船山古墳は熊本県玉名郡菊水町に所在する5世紀後半ないし末頃の前方後円墳で、「台天下獲加多支鹵大王世」銘銀象嵌鉄刀の副葬で夙に知られている。25は刀の佩裏に象嵌された魚と水鳥の図画〔東京国立博物館編1993〕である。この図画を鵜飼の情景としていち早く指摘したのは賀来で、近著でさらに分析を加えている〔賀来2002、2017〕。

25の水鳥は向かって左向きの側面図として描かれ、全長3.55cm、高さ2.22cmで、胴部後半は大きく剥離している。細長い嘴の先端が鉤になり、鵜と考えて誤りないが、頭頸部が肥大してバランスが良くない。これは象嵌技術の未熟さよりも、刀身に描くという制約のなかで鉤形の嘴を顕在化させた結果と考えられる。体や頭、翼の輪郭は一連の象嵌線によって描かれ、内側の鱗状模様は基本的に輪郭に接していない。そうしたとき頸部にある、輪郭線に接する2本の横線は、上線が顎部の輪郭表現で、下線は頸紐と理解したい。

塚田良道はこの図像について、古代中国の資料を紐解き、天の川を象徴する天界図像を表現したものであり、佩表の馬と刃関の花形文も同様に捉え、表裏一体で陰陽を示すものと考えた〔塚田2016〕。より根源的な理解としての鳥と魚を配置する天界図像のなかに、倭王権内で実修、醸成されてきた水を介する鵜飼儀礼が取り込まれたのだろうか。ただし塚田は鳥を鵜、魚を追う鳥を鵜飼の情景との見方は示していない。

石塚谷古墳　石塚谷古墳は三重県多気町に所在する6世紀後半の円墳で、第二主体部の木棺から刀身の両面に、切先から魚、水鳥、花の順に銀象嵌された大刀26〔中里ほか1998〕が出土した。水鳥はどちらもかなり簡略化されているが、鉤形の嘴と長頸の中程からのびる紐、さらには両翼を閉じて前に進む姿勢から、頸紐を装着した鵜が魚を追うシーン〔穂積2008〕と考えられる。なお魚の口からは一本の紐状のものが描かれており、内田律雄はこの魚と江田船山古墳の魚を鯉と見定め、番塚古墳などの類似資料を含め、中国の伝統年画などに継承されている吉祥紋様にある花喰魚と評価している〔内田2011、高久・重藤1993〕。ただ鵜の考古資料はまず単体の鵜埴輪として登場し、鵜飼漁を表現した象嵌図画はその後のもので、よってたつ背景がいささか異なるようである。内田や塚田が説くように、鳥と魚の図画に吉祥文様や天界図像の思想を色濃く反映していることも十分に

図3　鵜飼漁の各種考古資料
25：縮尺ほぼ原寸　　25'：縮尺約4/10
26：縮尺約1/7
27：縮尺約1/5　　27'：縮尺約4/10　　27"：縮尺約1/40
28：縮尺1/6

考えられるが、鵜飼儀礼の表現と同調させた可能性は否めない。倭王権の中枢部で製作された宝器としての刀剣類ゆえの仕業であろう。

今城塚古墳 27は冒頭の今城塚古墳の埴輪祭祀場の奥津城にあった入母屋式家形埴輪の妻側軒先の区画列のなかに描かれていた〔高槻市立しろあと歴史館編 2004、森田 2005、2008〕。区画は縦線で7つに仕切られ、向かって右から2区画分には直弧文、3区画目から左向きの魚、左向きの魚、左向きの魚、左向きの魚と1羽の水鳥、と順次描き、左端の7区画目にはまた直弧文を配置する（図3の拓本）。魚を描く各区画は縦約4.3cm×横7～7.5cmである。簡略化された表現ながら魚には鱗や鰭も描いている。水鳥は魚を描いたあとに挿入され、図柄としては右側面の姿を90度反時計回りにした恰好になっている。一見、4尾の魚と水鳥が描かれているだけだが、右から左へ泳ぎ進む1尾の魚が水鳥に啄まれるまでの4区画をコマ送りで描いた一種の「多時点画」〔佐原 1999〕[8]と読み解いた。水鳥はやや細長い胴部に長めの頸を一連の線で描き、嘴は筆を取りなおして丹念に描き継いでおり、脚は2本線で表している。筆致からは、とくに嘴の描写に意を用いたことがわかる。また頸紐こそ表現していないが、全体の姿は鵜とみても違和感がない[9]。前述した江田船山古墳の銀象嵌の鵜飼の情景も勘案するならば、本資料もまた、その例に漏れない。

国府町所在古墳 岡山の吉井川流域の6世紀後半の古墳から出土した須恵器に鵜飼漁が表現されていた〔梅原 1964〕[10]。28には高さ41.8cmの子持台付壺に小像群が付加されていた。各小像は反時計廻りに、腰に魚籃をさげた右向きに立つ人物、そのすぐ前の川岸ないし浅瀬にいる右向きの鵜、扁平な右向きの魚、そして魚の前方の川岸で翼を広げた左向きの鵜が順次、配列されている。可児は「岸にいる人物が、二羽の鵜を使って魚をとっている場面で、（右端の）一羽は翼をひろげて休息し、人物の前の一羽はいままさに水に入ろうとしている。」と考え、徒歩の鵜使いのもとに鵜があつまっていないのは、放ち鵜飼のため、とする卓見を示した〔可児 1966〕。

4. 考古資料にみる鵜・鵜飼人・鵜飼漁の展開

表1に示した各資料の時期と分布の相関をみる。単体の鵜埴輪について、まず畿内地域をみると太田茶臼山古墳の1が最古で、その後では土師ニサンザイ古墳の2、太秦高塚古墳の3・4と上之宮古墳の5が続き、さらには今城塚古墳の6を代表例としてとりまとめた、埴輪祭祀場3区に居並ぶ8～9体分があげられ、おおむね5世紀中頃から6世紀前半の枠組みのなかで展開する。分布と点数は摂津10～11例、河内2例、和泉1例で、淀川流域の古墳に目立っている。ついで東海以東の資料をみると、三河の外山3号の8以外は、上野2例、武蔵6例、上総1例と関東地域に際立つ。時期的には、5世紀後半の保渡田八幡塚古墳から6世紀末に及ぶ。鵜の単体埴輪の発祥は明確に畿内地域にとらえられ、しかも淀川流域での偏在ぶりが際立っている。

つぎに鵜飼人埴輪では、畿内地域では河内古市古墳群中の5世紀後半の茶山1号墳19

が唯一、あとはいずれも関東の諸例で、保渡田古墳群中の井出二子山古墳の20、保渡田八幡塚の21が早い段階での事例で、そのほかはいずれも6世紀以降と思われ、鵜飼人埴輪の発祥も畿内地域が有力とみられる。ちなみに人物埴輪以前に位置づけられる太田茶臼山古墳の鵜埴輪1が、人物埴輪の出現後に特定される鵜飼人埴輪19に先立って登場していることは、畿内の形象埴輪の変遷観からも整合性がとれている。

　鵜飼漁を示す考古資料は、5世紀末とされる江田船山古墳の鵜と魚の象嵌図画25がもっとも早い。鵜飼漁と判断するのは、ひとえに鵜から遠ざかるように前方を泳ぐ一尾の魚の存在である。この銀象嵌大刀は倭王権の中枢部、いわゆる畿内地域で制作されたとみられ、銘文も同時に整えられたとみるのが順当であろう。そうであれば、刀身に象徴表現された鵜と魚の図は王権内部で仕立てられた儀礼や儀式のひとつとしてあった鵜飼漁を体現したもの、言い換えれば鵜飼儀礼をうつし取ったものにほかならない。同様のことは伊勢の石塚谷古墳の26についても言い得る。こうした王権祭祀の枠内に位置づけられる鵜飼儀礼であればこそ、継体大王墓とされる今城塚古墳の家形埴輪に鵜と魚を描いた27の鵜飼漁が理解できるのであり、泳ぐ魚と鵜のモチーフは象嵌図画と同じといってよい。家形埴輪の軒周りに描かれた鵜飼漁は、本来配すべき直弧文を押しのけてまでして描出しており、そこには王権儀礼の表出としての重要な意味合いが付与されていたに違いない。

　一方、大王権や各地の有力首長の祭祀儀礼に直接結びつく象徴的な鵜飼漁表現と異なるのが備前国府の装飾須恵器28である。狩猟、漁労といった情景を具体的に描くのは、昼神車塚古墳の埴輪群や梶2号墳の装飾須恵器にみる猟犬を駆った猪狩〔高槻市立今城塚古代歴史館編2015、笠原1991〕の情景復元に通じるもので、6世紀になってあらたに展開する狩猟の群像表現とみられる。

　それでは鵜の形態や付属物について、表1をもとに検討する。まずは嘴である。単体の鵜埴輪では、その部位が遺存する10例のうち、今城塚古墳を除いた9例が鉤形、鵜飼人埴輪では、確認できた5例がいずれも鉤形、鵜飼漁資料では象嵌鉄刀25・26が鉤形である。総じて、時期的にも分布のうえでも、鉤形表現は鵜の嘴の特徴としてひろく是認ないし要件とされていたことがうかがえ、微小表現となる鵜飼漁27・28では極小ゆえに造作が及ばなかったものと思われる。逆に鵜飼人が腕にのせる体の鵜19・20・22〜24は小像でありながら、すべてが明瞭な鉤形になっているのは、後述する頸紐と相俟って、その人物が鵜飼人であることを主張するための不可避な誇張表現だったと考えられる。

　翼は開く、閉じる、の二態を弁別した。開くは、濡れた体を乾かすために翼を羽ばたかせる情景そのもので、単体埴輪では当初期の畿内地域の太田茶臼山古墳の1（おそらく土師ニサンザイ古墳の2も）が粘土板で立体的に表現し、その後は粘土板の貼り付けやヘラ描きで閉じた翼を表現している。鵜飼人埴輪の小像では5世紀代は開き、6世紀になると閉じる。鵜飼漁では象嵌資料が水面ないし水中での狩の様子を表すことから閉じている。装飾須恵器28では翼を開いた鵜と閉じた鵜の両方を配置しているのは鵜飼漁の情景描写と

しては巧みな造形表現といえよう[11]。

　つぎに頸紐である。頸紐は漁のために馴養された鵜であることを端的に示す表徴である。手法的には粘土帯を巻き付けた単体の鵜埴輪が6例（剥離痕のある青柳例14を含む）、鵜飼人埴輪が21～23の3例あり、ヘラ描き線をめぐらす鵜埴輪は畿内地域の3・5の2例がある。あと鵜飼漁25・26の2例の象嵌に頸紐を認める立場にある。それでいて確実に頸紐を表現しない鵜埴輪、鵜飼人埴輪が一定量存在し、頸紐の表現が必ずしも要件にはなっていないことが分かる。総じて頸紐表現は、畿内地域の鵜埴輪では5世紀中ごろの太田茶臼山古墳1が粘土紐で、後半期の太秦高塚古墳の3はヘラ描きとなり、表現手法上の簡略化がうかがえるのに対し、関東では鵜埴輪、鵜飼人埴輪とも粘土帯表現を墨守している状況にある。

　最後に鵜飼漁の漁法、すなわち放ち鵜飼か繋ぎ鵜飼の判断にかかわる表示として、鵜飼人が鵜の行動を制御するための腹掛紐表現の有無をみる。表中、確認できる資料は鵜・鵜飼人・鵜飼漁のすべてで腹掛紐はみられず、古墳時代にあっては、可児が看破したように放ち鵜飼が常態だったと考えられる。

5. 鵜埴輪と鵜飼人埴輪の製作意図

　単体の鵜埴輪と鵜飼人埴輪がどちらも鵜飼儀礼を背景に製作されたことは言うまでもないが、両者の製作意図の違いはどこにあるのだろうか。

　鵜埴輪と鵜飼人埴輪の早い段階での資料が蓄積されている畿内地域では、鵜埴輪は5世紀中頃の太田茶臼山古墳の事例が嚆矢で、その後、6世紀前半の今城塚古墳まで続く。一方、腕に鵜を載せた鵜飼人埴輪は5世紀後半の茶山1号墳のみの確認で、やや心もとないが、鵜埴輪に遅れて出現した可能性の高いことは前記した。東国での諸例については、即断できないものの、鵜埴輪と鵜飼人埴輪の盛行期がほぼ重なっているようだ。

　ところで、本来野生の鳥を飼育、馴養しておこなう狩猟形態を倭国の王権儀礼のなかに採りいれたものとしては鵜飼儀礼とともに鷹飼儀礼がある。こうした儀礼の考古学的な追究は、冒頭に記したように、鷹飼人埴輪の議論が先行し、鵜飼人埴輪の認識はかなり遅れて紹介されてきた経緯がある。ただ鷹飼人埴輪にさきだつ単体の鷹埴輪がこれまで確認されていない〔賀来2004〕状況だが、畿内地域では太田茶臼山古墳の鵜埴輪と茶山1号墳の鵜飼人埴輪の在り方と同様に、たとえば今城塚古墳の鷹飼人埴輪にさきだち、いずれかの古墳において尾羽に鈴を装着した鷹埴輪が出土する可能性もあるのだろう。さしずめ大日山35号墳の翼を水平にひろげ滑空する鳥は、尾羽の鈴こそみられないが、勇壮な鷹飼猟を象徴する姿態表現と考えられる〔和歌山県教育委員会2013、和歌山県教育委員会・同志社大学考古学研究室1972、倉吉市教育委員会1989〕[12]。

　あらためて鵜埴輪と鵜飼人埴輪の製作意図についてみてみよう。今城塚古墳の埴輪祭祀場（図4）では、塀列で区画された殯宮において、宮門内の公的儀礼空間である3区の外

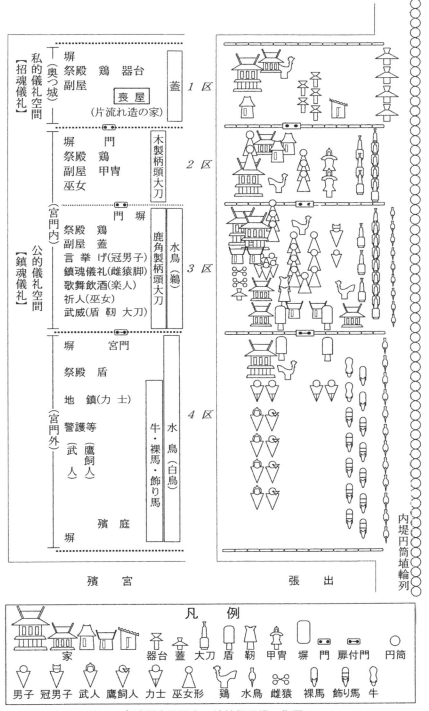

図 4 今城塚古墳張出の埴輪祭祀場の復原 (2018)
右側は配置、左側のゴチック体は殯宮儀礼の内容（埴輪の復元進捗により森田 2003 の図を改訂）

辺に寄せて鵜埴輪を、宮門外の４区に鷹飼人埴輪を整列させていた。３区の中心部では鎮魂に伴うさまざまな祭祀儀礼を巫女、楽人、冠男子、獣脚（母子猿）〔森田 2017〕の配置で表現し、４区では儀仗等の儀礼に伴う力士群、武人群、馬列、水鳥列が鷹飼人群とともに整然と配置されていた。３区の群像が執り行う儀礼の主題は鎮魂で、外辺部に並ぶ鵜埴輪については人物埴輪が伴わず、ただ鵜飼の情景を顕示したもののようである。それに対して、４区の鷹飼人群は武人群や馬列とともに居並ぶ体の群像であり、鷹飼儀礼を直接的に表現したとするよりは、職掌集団としての鷹飼部が、ほかの武人群や馬飼部集団とともに殯庭に参列した様子を映したものと判断される。いささか婉曲な表現になるが、今城塚古墳にはみられない鵜飼人埴輪も、鷹飼人埴輪がそうであるように、鵜飼儀礼そのものではなく、王権に奉仕する鵜飼集団の表徴として位置づけられるのであろう。要するに鵜埴輪は、前代から引き続く鶏鳴を象徴する鶏埴輪や死者を偲ぶ縁としての白鳥（しらとり）等の水鳥埴輪が配置されるのと同様、鵜飼が王権祭祀における重要な儀礼に仕立てられたゆえに製作されたのであり、飼部の一つとして表現された鵜飼人埴輪とは、製作背景がおのずと異なることとなる。

6. おわりに

筆者は隋の官人、裴世清が記録にとどめ、ことさら報告した鵜飼漁〔和田ほか 1951〕[13]は淀川縁で倭王権が実修していた鵜飼をパフォーマンスとして披露した、と見定めている。外交儀礼の場での鵜飼が表現されたのは、古代の中国や朝鮮半島では王権祭祀としての鵜飼儀礼がみられないこととあいまって、なによりも倭国独特の儀礼として重要な位置づけがあったからだろう。そのはじまりについては、鵜埴輪の最古例が淀川北岸の三島古墳群内の太田茶臼山古墳であり、6など８〜９体の鵜埴輪が居並ぶ事例や千木を設えた大形の入母屋式家形埴輪（祭殿）の軒先に描かれた鵜飼漁の図画 27 が、やはり継体大王墓・今城塚古墳の埴輪祭祀場に認められる事実は看過できない。淀川流域が古代の鵜飼揺籃の地として息づく〔鉄川 1975〕一方で、王権儀礼に仕立てられた鵜飼儀礼が、やがて平安時代の宮廷鵜飼に引き続いたであろうこと[14]を夢みつつ、論半ばで筆を擱く。

小稿執筆にあたって、赤塚次郎、今西康宏、内田律雄、内本勝彦、賀来孝代、鐘ヶ江一朗、神谷正弘、河内一浩、北原　治、長江真和、中村健史、濱田延充、松尾信裕の各氏から教示と協力を得た。記して感謝申し上げる。

工楽善通先生とは 30 年以上にわたり交誼を結ばせていただき、その間に弥生土器研究等のご指導を賜り、まことに感謝に耐えません。とくに狭山池博物館に移られてからは、近世の土木技術に関する論文執筆を薦めてくださり、また高槻市の安満遺跡調査指導検討会の委員として京大農場内の確認調査の取り纏めにご尽力いただき、史跡の追加指定に至っ

たことは大変ありがたく、重ねて感謝申しあげます。先生の今後のますますのご健勝を心よりお祈りいたします。

註
(1) 森田（2010）では、いわゆる鵜と鵜飼に関する中国大陸と日本列島における彼此の47史料を渉猟した。その結果、列島では当初期、水鳥のウを中国に倣って「鸕鶿」ないし「鸕」と表示していたが、中国では鸕鶿・鸕を「ウ」と表音していたことから、次第に同音の「鵜」字を選択的に使用していったことを突き止めた。ただ鵜飼の飼には「養」を用い、「養鸕」、「鸕養」、「鵜養」と表示していたのを、平安時代になって「飼」が当用され、「鵜飼」の文言が確立したことも明らかになった。もとより古墳時代における「ウ」と「ウカイ」の用語の存否は不明だが、鵜埴輪や鵜飼の図画などの考古資料に映された、水鳥を馴養する漁があったのは事実として受け止められる。
小稿執筆にあたり、「鸕鶿」の史料を幾許か追加できたので、この場で紹介しておく。
①『文選』李善注（唐・李善）「蒼頡篇曰。鸕鶿似鶏而黒鸕。（蒼頡篇に曰く。鸕鶿は鶏に似て黒き鸕なり。）②『文選』巻五「呉都賦」（西晋・左思）「［上略］［九種の水鳥の羅列の最後尾に］鸕泛濫乎其上。〔呉ノ都デハ〕鸕〔などがみられ〕其の上〔波の上〕に泛濫する。）」③盛唐・王維「鸕鶿堰」（『全唐詩』巻一百二十八）「乍向紅蓮没。復出清蒲颺。獨立何褵褷。銜魚古査上。（乍ちに紅蓮に向かひて没し。復た出でて清蒲颺がる。独り立ちて何ぞ褵褷。〔水に濡れ〕たる。魚を銜む古査〔流木〕の上。）」④盛唐・杜甫「田舍」（『全唐詩』巻二百二十六）「［上略］鸕鶿西日照。曬翅滿魚梁。（鸕鶿西日照らし。翅を曬して魚梁に滿つ。）」
(2) 清水眞一は「鵜形埴輪に関する疑問」（『西四国』所報12　西四国考古学研究所2006）で、太田茶臼山古墳の1は鶏と水鳥の要素が混在した鶏とし、とくに木に止まる鳥は纒向遺跡の鶏形埴輪以来の定見であるとした。さらに飼育された水鳥であれば頸紐も存在し、なによりも鵜埴輪は5世紀後半以降に出現するとの立場から、保渡田八幡塚古墳の9を丁寧な粘土帯の頸紐との判断で当初の鵜埴輪とした。筆者は翼や脚の造作に着目し、立体表現の1からヘラ描きの9へと表現上の簡略化があったと考え、関東の5世紀後半以降に引き続く鵜埴輪にみられる粘土帯の頸紐は地域性の発露とみる。
(3) 堺市立埋蔵文化財センターで観察。
(4) 資料は寝屋川市埋蔵文化財資料室で観察。
(5) 資料は大阪城天守閣で観察
(6) 芝山はにわ博物館で実見、観察した。
(7) 鵜を腕に留めて運搬するのは鵜の性状から不自然との意見もあるが、イギリスでの鵜の訓練は鷹狩の技術を応用したもので、鵜小屋から目隠しされたまま漁場へ運ばれるという。幾多の鵜飼人埴輪が検証されていることを踏まえれば、一見、不自然に映っても、それこそ人為の及んだ訓練の賜物であろう。
(8) 佐原真が法隆寺玉虫厨子の釈迦像で例示した図法に先んじる、四場面一連の図画と理解する。
(9) 賀来（2017）では今城塚古墳の鳥と魚の画面構成が天地逆で、天から見るべき画との見方を示している。描法としては理解するが、天から見る画を描く理由がよく分からない。また描かれた鳥が長嘴、長頸、長脚で、ツル、サギ、コウノトリの類と一致し、長い脚はウやガンカモ類でないとするが、鳥脚の下半部は修復で必ずしも長脚を保証していない。またイメージ画である本図画は描く造形物に省略、誇張、デフォルメ、情報不足も多々あり、水鳥の横立も画面構成上の要請と考え、鵜飼漁説を堅持する。
(10) 現品は辰馬考古資料館が所蔵。
(11) ちなみに、装飾須恵器の鳥に翼をひろげて羽ばたいている資料がある。一つは6世紀初頭

の宮之脇11号墳の鳥つまみ蓋付装飾須恵器の小壺用鳥つまみの一連の資料〔吉田編1994〕、いまひとつは7世紀前半の石塚2号墳の子持台付壺の蓋の装飾に水鳥が付されている〔河瀬1974〕。ともに翼を大きくひろげており、前者の一群はパターン化した単純な羽ばたき表現だが、後者は躍動感のある羽ばたきの一瞬を表現している。いずれも尾羽のあがる姿態から鵜と即断できないが、数少ない羽ばたき表現の鳥の資料として紹介しておく。

(12) 大日山35号墳の翼をひろげる鳥形埴輪は脊椎と頸部の軸線が一直線になっていて、滑空する姿にふさわしい。同じく井辺八幡山古墳から須恵器の装飾付高杯の耳部に鳥小像があり、翼を水平に広げて頭部を下に向けている分、一層リアルである。さらに同様の姿態で飛翔する数羽の鷹が鳥取県の野口1号墳の装飾須恵器の小像として造形されていて、今後、各地での散見も予測できる。

(13) 『隋書倭国伝』に「以小環挂鸕鶿鳥（鵜）項、令入水捕魚、日得百餘頭」の最古の鵜飼記録が載せられ、もとより地域が特定できないが、記事からは項（頸）の輪が読み取れ、頸紐を連想させる。手縄の表現はなく、放ち鵜飼の情景とみられる。

(14) 『記紀』や『万葉集』には鵜や鵜飼にかかわる神話・説話が少なからず登場するが、淀川流域での鵜飼史料となれば『蜻蛉日記』の天禄2［971］年の記述（天延3［975］年）、『宇治関白高野山御参詣記』（永承3［1048］年）、『侍中群要』の「東西宣旨鵜飼」などを挙げるにすぎず、いずれも宇治川や桂川あるいは公家の邸内などでの篝火を焚いての宮廷鵜飼である。そんな中で鎌倉時代の『一遍上人絵伝』に添描された桂川での生業鵜飼は一艘の鵜舟に褌姿の鵜使いと二羽の鵜、二つの鵜籠が活写され、その様は放ち鵜飼である。飛鳥・奈良時代の淀川鵜飼の状況はなお霧のなかだが、宮廷鵜飼への道筋とともに、古墳時代以来の放ち鵜飼が連綿と営まれていたことが推測される。

参考文献

浅田博造編 2004「第6章 出土遺物［下原古窯群出土遺物］」『味美二子山古墳』春日井市教育委員会
網野善彦 1980「第十七章 鵜飼の歴史」『岐阜市史 通史編 原始・古代・中世』
今西康宏・渡井彩乃 2015『大王墓にみる動物埴輪』平成27年度夏季企画展 今城塚古代歴史館
内田律雄 2011「象嵌大刀にみる鵜飼意匠」『青山考古』27 青山考古学会
梅原末治 1964「鵜飼を表した子持台附須恵器」『考古学雑誌』50-1
賀来孝代 2002a「埴輪の鳥」『日本考古学』第14号 日本考古学協会
賀来孝代 2002b「魚を捕らえた鵜の埴輪［表紙の図版の説明］」『動物考古学』第19号 動物考古学研究会
賀来孝代 2004「鵜飼・鷹狩を表す埴輪」『古代』117 早稲田大学考古学会
賀来孝代 2017「古墳時代の鵜と鵜飼の造形」『古代』140 早稲田大学考古学会
笠原勝彦 1991『梶遺跡』守口市教育委員会
加藤秀幸 1976「鷹・鷹匠、鵜・鵜匠埴輪試論」『日本歴史』336
可兒弘明 1966『鵜飼』中公新書
河内一浩 2002「埴輪にみる鳥形—水鳥形埴輪を中心に—」『企画展 古墳の木製祭具』図録 栗東歴史民俗博物館
河瀬正利 1974「鳥付装飾須恵器について—広島県山県郡千代田町石塚第二号古墳出土—」『考古学雑誌』59-4
佐原 真 1999「古墳時代の絵の文法」『国立歴史民俗博物館研究報告』80
九州大学文学部考古学研究室編 1993『番塚古墳』苅田町教育委員会
倉吉市教育委員会 1989『倭文遺跡群発掘調査報告書 Ⅲ野口遺跡、家の上遺跡』倉吉市埋蔵文化財調査報告 第55集
高槻市立今城塚古代歴史館編 2015『たかつきの発掘史をたどる［附編・「昼神車塚古墳」］』

高槻市立しろあと歴史館編 2004「魚と鳥の絵のある家形埴輪」『発掘された埴輪群と今城塚古墳』
塚田良道 2016「魚を追う鳥」『魂の考古学』豆谷和之さん追悼事業会
鉄川　精 1975「淀川の漁り今昔抄」『淡水魚』創刊号　㈶淡水魚保護協会
東京国立博物館編 1993『江田船山古墳出土　国宝銀象嵌銘大刀』
中里　守ほか 1998「石塚谷古墳」『多気町文化財調査報告』7　多気町教育委員会
中村博司 1975「大阪市内出土の埴輪鳥・家について」『大阪城天守閣紀要』3　大阪城天守閣
土生田純之 1988「昭和六十一年度陵墓関係調査概要　三嶋藍野陵整備区域工事の調査」『書陵部紀要』39　宮内庁書陵部
濱田延充 2002「太秦高塚古墳の発掘調査成果」『太秦高塚古墳とその時代』歴史シンポジウム資料　寝屋川市・寝屋川市教育委員会
ベルトルト・ラウファー 1996『鵜飼　中国と日本』博品社
穂積裕昌 2008「考古学から探る伊勢神宮の成立と発展」『第16回春日井シンポジウム資料集』春日井市教育委員会
松尾信裕編 2010「上之宮出土鳥形埴輪」『地中からの遺産』大阪城天守閣
森田克行 2003「今城塚古墳と埴輪祭祀―継体陵論の道程―」『東アジアの古代文化』117
森田克行 2005「4―2 王権と鵜飼儀礼」『継体大王とその時代』史跡今城塚古墳シンポジウム
森田克行 2008「第2章―6 古代における淀川の鵜飼」『継体大王二つの陵墓、四つの王宮』新泉社
森田克行 2010「古代のウトウカイの用字」『高槻市文化財年報　平成19・20年度』高槻市教育委員会
森田克行 2017「猿形埴輪の真相―今城塚古墳出土獣脚埴輪の新解釈―」『高槻市文化財年報』平成27年度高槻市教育委員会
森村健一 1978『百舌鳥古墳群の調査Ⅰ―図版編―』堺市教育委員会
吉田英敏編 1994「第5章川合古墳群　第3節宮之脇11号墳」『川合遺跡群』可児市教育委員会
若狭　徹編 2000『保渡田八幡塚古墳』群馬町教育委員会
和歌山県教育委員会 2013『大日山35号墳発掘調査報告書』
和歌山県教育委員会・同志社大学考古学研究室 1972『井辺八幡山古墳』
和田　清ほか 1951『魏志倭人伝・後漢書倭伝・宋書倭国伝・隋書倭国伝』岩波文庫

古墳時代における灌漑システムの
進展と地域社会の形成
―桂川右岸地域の事例を対象に―

大庭重信

1. はじめに

　支配者層のための巨大な前方後円墳が築造され、国家や都市の形成過程にある古墳時代において、支配機構や増加する人口を支えた農業生産力や耕地開発はどの程度進展し、水田経営のあり方は弥生時代と比べてどのように変化したのであろうか。こうした問題に対して、本稿では筆者がこれまで検討してきた弥生時代の灌漑システムの復元とその変遷〔大庭 2014・2016a〕を基礎に、この延長線上にある古墳時代の様相を検討する。
　まず、灌漑水稲農耕が導入された弥生時代から古代国家が成立する飛鳥・奈良時代までの先史・古代の農業の発展段階を総括的に論じた広瀬和雄と都出比呂志の研究を整理し、次いでこれ以後の古墳時代の耕地開発に関する研究動向を把握する。
　広瀬和雄は、灌漑技術の展開という観点から弥生時代から古代までの農業生産の発達過程を三時期に区分した〔広瀬 1983〕。第一期は水田稲作が定着した弥生時代前期から後期までで、小河川に設けられた直立型堰を用いて河川分流ごとに独立的、個別分節的に灌漑水田を営む時期、第二期は弥生時代末から6世紀までで、自然流路間を結ぶ人工水路の開削によってそれまでの小河川周辺から開発の対象が拡大するとともに、合掌型堰の登場に代表される中小自然河川への征服度が高まる時期、第三期を7世紀以降の大規模な人工水路による沖積平野と洪積段丘との統一的計画的大開発の時期、とした。このうち、第二期のなかで、河川堤防の構築技術の導入により自然河川の人工河川への転換が進められた5・6世紀に、小画期を認めた。
　都出比呂志は、農具の発達と鉄器化、水田造成技術や水利・灌漑技術の変遷、水田稲作と畑作の関係などを総合し、考古学からみた弥生時代から古代までの農業発展を四段階に区分した〔都出 1989〕。第一段階は弥生時代の開始期から中期までで、灌漑水稲農耕技術体系の導入と農具の改良を伴う沖積地の開発が進展した段階、第二段階は弥生時代後期から古墳時代前期までで、農具の鉄器化と顕在化した首長層主導による沖積平野の開発が進展した段階、第三段階は古墳時代中・後期で、朝鮮半島からの渡来集団がもたらした技術

を基礎とした洪積台地開発が進展する段階、第四段階は奈良時代から平安時代に相当し、耕地の割り付けを設定する政治的な編成単位としての方格地割が発達する段階、とした。

両者の見解は、おおむね弥生時代開始期、弥生時代後期〜古墳時代開始期、古墳時代中後期、古代以降に農業生産の画期を認める点で共通するが、古墳時代中期以降の評価が大きく異なる。都出が複数の事象から古墳時代中後期の画期を重視したのに対し、広瀬はこのうちの古市大溝の開削を含む台地の開発は7世紀に開始されたとし、古墳時代までの開発は小規模あるいは中規模な開発の非計画的な累積を特徴とし、広汎な地域の系統的、意識的な開発ではないと位置付けた。そして、7世紀にはこのような大規模な「国家」主導型開発とともに、有力首長層による自己の支配下の集団を駆使しながら進めた在地首長主導型開発が併行して行われていたとする。

その後、広瀬の見解を踏襲した小山田宏一は、河内平野における5・6世紀の開発方式は低地の再開発が基本であり、それまでの河川灌漑による水田経営の延長に渡来系集団がもたらした敷葉工法や水制工などの新しい技術と思想が導入されて進められ、7世紀は溜池築造技術とその灌漑システムが新たに導入されたことにより、河川灌漑と溜池灌漑が使い分けあるいは複合しつつ台地の一体的な開発が公権力によって進められた、と評価した〔小山田1998〕。

河内台地の開発の画期が7世紀にあることは、その後の発掘調査の進展と詳細な水利系統の復元研究を通じても一定の共通認識が得られている〔狭山池博物館2010など〕。また、広瀬は上記論考と一連で進めた畿内の古代集落に関する研究で、6世紀末から7世紀初頭に古墳時代の集落が一斉に廃絶し、河内台地の一体的な土地開発に伴って集落が一斉に再編されることを示して7世紀の大規模開発説を補強した〔広瀬1989〕。耕地拡大のための土木工事や水利開発は、遺構が検出された周辺の狭い領域で完結するものではなく、地形条件ともかかわって一定の広がりをもつ範囲を対象としたもので、集落の形成・変動も耕地開発や経営に携わった集団の拠点や動向を推測する材料となる。近年、こうした視点から7世紀初頭に先行する古墳時代の耕地開発の進展を重視しようとする研究が提示されてきた〔田中2017、道上2017〕。また、近年まで残る地域の基幹となる灌漑水路の開削時期を古墳時代中後期に遡らせ、地域に定着した渡来系集団が耕地開発に積極的に関与したことを想定する見解もある〔菱田2013、岸本2013〕。筆者も、河内平野南部地域を対象に、古地形復元を踏まえて弥生時代前期から古墳時代中期までの集落動態を検討し、5世紀前半までの集落が居住域と生産域からなる狭い集落活動領域を有していたのに対し、5世紀後半に居住域と生産域の分離が進み、集落活動領域が大きく拡大することを示し、この時期に一定の領域をもつ実質的な地域社会の形成が進んだことを予察した〔大庭2016b〕。同様の見解は、淀川・木津川流域の弥生・古墳時代の集落動態を検討した若林邦彦によっても提示されている〔若林2017〕。

こうした近年の研究を通じて、都出が想定した古墳時代中後期の画期の再評価が試みら

れているが、集落動態や渡来系集団の存在といった間接的な情報からの推測にとどまっており、筆者の前稿でも水田遺構自体の情報が不足するために具体性に欠けていた。古墳時代の水田調査・研究が弥生時代に比べて低調であることも制約になっているが、こうしたなかで京都府水垂遺跡では古墳時代中後期の水田遺構が広い範囲で調査された近畿地方では稀有な例であり、また遺跡が立地する桂川右岸地域は弥生・古墳時代の集落動態に関する研究が進んでいる良好なフィールドである。以下では、本遺跡の古墳時代水田の灌漑システムを復元するとともに、これを周辺遺跡動態のなかで位置づけ、古墳時代における耕地開発の特徴を明らかにしたい。

2. 京都府水垂遺跡の古墳時代水田の灌漑システム

水垂遺跡は京都府南部地域の桂川右岸、小畑川下流域に形成された沖積扇状地の扇端から前面の氾濫原にかけて立地する（図1）〔京都市埋蔵文化財研究所1998〕。丹波山地を源とする小畑川は段丘に挟まれた谷底低地を流れたあと、下流域の氾濫原で桂川と合流するが、狭い谷底低地の出口から氾濫原側に土砂を排出し、最大幅2km、長さ1.5kmほどのゆるやかな扇状地地形を形成する〔日下1996〕。現在の小畑川は扇状地の西縁と段丘間を流れているが、古代・中世には扇状地の北縁を流れていたとされ〔中塚1992〕、扇状地上には扇央から分かれて氾濫原に注ぐ複数の流路が時期によって移動を繰り返していた。

調査域の北東部ではそのうちの一つと考えられる自然流路が検出され、流路両側の自然堤防上で3世紀後半から6世紀後半までの多数の竪穴建物や掘立柱建物、自然堤防の西斜面に畠、西側の後背低地に水田が分布する。水田は上下層2時期が確認され、下層水田は北端で一部確認されたのみであるが、上層水田は河川氾濫による砂礫層で覆われ、調査域の南北350m、東西150mの範囲で検出されている。水田の時期は、自然堤防上の居住域が4世紀代に一つのピークがあり、その後空白期を置いた後、TK23型式～MT15型式段階に再び遺構が増加する点、上層水田を覆う砂礫層からMT15型式の須恵器が出土している点から、下層水田は4世紀代、上層水田は5世紀後半から6世紀前半にかけて営まれたと考えられる。

ここでとりあげるのは、広範囲で確認された上層水田である。水田域は北西から南東にゆるやかに傾斜する後背低地に分布し、大畦とその内部を小区画に区切る小畦、および水路で構成される。大畦と水路で囲まれた範囲が水利の最小単位となる水田ブロックであり、調査域では11の水田ブロックに区分できる（ブロックA～Kと呼称）。また、北西から南東方向へ流れる幅2m前後、深さ0.2～0.6mの水路が7本検出されている（水路1～7と呼称）。水路5・6の間にはSD116・117と報告された溝があるが、幅が最大で6.0m、深さが1.0m以上と他の水路よりも規模が大きく、後述する周辺状況からも人工の水路ではなく自然流路の可能性が高い。内部には流路と直交しこれを締め切る堰が複数構築されている。これを流路2、東側の自然堤防上の最大幅27mと大型の自然流路を流路1と呼称する。

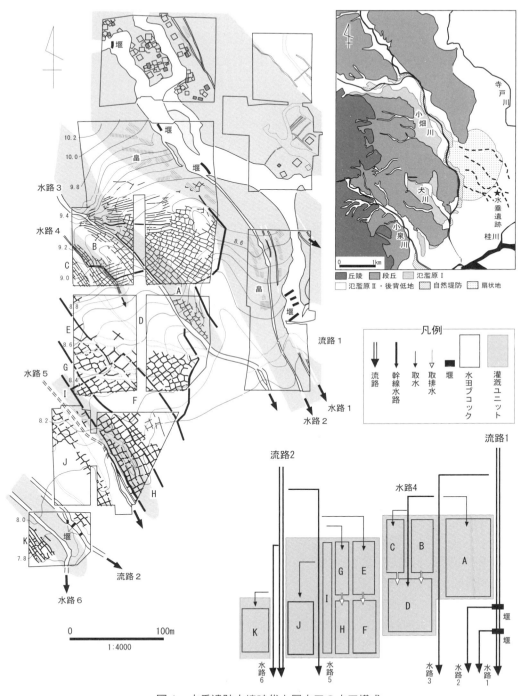

図1 水垂遺跡古墳時代上層水田の水田構成

図1は、調査時の平面原図と空測図の記録をもとに上層水田面の微地形を等高線で復元したものである。これによると、北西から南東方向へゆるやかに傾斜する地形の微妙な起伏にあわせるように水路や大畦・小畦が設置されていることが理解できる。水路はいずれも周囲より高い微高地上（図1トーン部分）に通されており、両側の低い場所に広がる水田ブロックへ水を送る給水路と判断できる。水路3・5が設置された微高地に挟まれた凹地は幅100m近くあり、内部は大畦畔によって細かくブロックB〜Hに区分されている。最も低い部分に設置された北西－南東方向の大畦畔は東西両側からの配水を区切る役割を果たすもので、これを境に東西で水利系統が異なる。東側のブロックB〜Dは水路3、西側のブロックE〜Iは水路5から導水される別の灌漑ユニットと把握できる。水路4は途中で途切れてブロックDへ連結すると考えられ、水路3から分岐した支線水路であろう。調査域全体では、水路3から給水される東側のブロックAと西側のブロックB〜D、水路5から給水される東側のブロックE〜Iと西側のブロックJ、そして水路6から給水されるブロックKがそれぞれ水利を共有する別個の灌漑ユニットである。水路3・5・6は複数の水田ブロックへ給水する幹線水路であり、位置関係から水路3の水源は流路1、水路5・6の水源は流路2であろう。また、水路1・2は自然堤防上で自然流路に沿って北西から南東方向に流れ、上流側で自然流路に連結する。連結部付近の流路右岸には、流路と斜交する堰が構築されており、調査域の南側に広がる水田域を灌漑する給水路であろう。このほか、水路7は流路1の東岸に設置されており、以東にも水田が広がっていたようである。

　小畦は基本的に地形の傾斜に平行・直交する方向に設けられるが、ブロックA北端部や南端部、ブロックD南端部など、標高が高く傾斜に沿った配水の難しい箇所では、江浦洋がB-4類とした多方向からの水回しを可能にする亀甲状の小畦の連結方式を採用しており〔江浦1994〕、配水の難しい箇所にも水を行き渡らせる工夫を行っている。

　図2は、隣接する鴨田・馬場・雲宮の各遺跡を含め、水垂遺跡周辺の扇状地上の5・6世紀代の地形と遺構分布を復元したものである。複数箇所で当該期の自然流路が検出されており、方向から水垂遺跡の調査で検出された流路1・2と連続するものや、これとは別の流路が複数確認できる。水垂遺跡の流路1に連続するとみられる流路跡は、西側の414・216・376・176次の各調査で検出されており、ゆるやかに蛇行しながら扇状地上を北西から南東方向に流れ、水垂遺跡の上層水田は、414次地点付近からC字状に屈曲する凸岸の後背低地を利用していたことがわかる。また、297次地点では護岸用の杭列を打設した流路の北辺が検出されており、方向から水垂遺跡の流路2に連続する可能性がある。西および南東側の406・283次地点ではこれとは別の流路跡が検出されており、その上流側は302・390・557・541次地点で確認されている。このことから、流路2は流路1の南側で北西から南東方向に流れ、302次地点の東側で2つに分流する流路の一つの可能性がある。また、水垂遺跡調査区で北からのびて流路1に合流する流路の続きは、北側の295・87次地点で確認されており、これを流路3とする。ほかにも流路3東側の388次地

点で北から南に流れる自然流路が確認されており（流路4）、これは上流側で古代小畑川本流とされる流路に連続する可能性がある。流路3・4間の113・233・28次地点では6世紀代の水田が確認されており、水垂遺跡上層水田と同時期の水田が流路3・4間の凹地にも広がっていたと考えられる。

　一方、流路1の上流側では、凸岸側の後背低地部分で5世紀代の水田が複数確認されており（410・420次地点）、410次地点では河川氾濫で埋没した後に6世紀前半に居住域となっていた。当初は扇状地上の流路沿いに小規模な水田が点在していたが、そののち扇状地の扇端から氾濫原にかけての広い範囲が水田化されていったのであろう。5世紀後半以降の水田がすべて同時期に営まれていたかは定かではないが、流路1～4の間で幅700m、長さ500m以上、あわせて35万㎡を超える規模を有する。

　水垂遺跡の上層水田は、複数の幹線水路を微高地上に配してその間の凹地を水田化しており、弥生時代後期に出現したⅢ類水田と共通した構成をとる〔大庭2014・2016a〕。このような弥生時代後期以来の灌漑システムを基礎に、扇状地地形を複数に分流する流路を利用した樹枝状の灌漑システムを作り上げ、広い範囲を一体的に水田化していた。扇状地上を流れる複数の自然流路は増水時以外にはそれぞれ流量に差があることが一般的であり、規模の小さい流路2では堰によって流路を締め切り、少ない水量を確保しようとしていた。こうした扇状地を流れる複数の流路から灌漑用水を得るためには、扇状地扇央部、すなわち樹枝状に広がる流路の基部で水量調整を行うことが不可欠であり、小畑川下流域に広域に広がる水田ゾーン全体の水利をここで統制した主体が存在した蓋然性が高い。

　これらの水田を直接経営した集団の居所は、水垂遺跡の自然堤防上をはじめ、扇状地上の各所に点在する当該期の居住域に求められよう。ただし、未調査域を含め、扇状地扇端から氾濫原にかけて大規模に展開する水田域の規模からは、水田の経営主体をこれらの居住域にのみ限定するのではなく、さらに範囲を広げて居住域と水田域の関係を把握する必要がある。この問題を考えるために、次に遺跡周辺の集落分布とその動態を検討する。

3. 桂川右岸地域の地域社会と水田経営

　京都市・長岡京市・向日市・大山崎町にまたがる京都市南部の桂川右岸地域は、弥生時代から古墳時代にかけての遺跡が多く存在し、都出比呂志が弥生時代の農業共同体が古墳時代の首長系譜に示される領有圏や古代の郷に引き継がれることを提示した、学史的にも重要な地域である〔都出1989〕。近年、弥生・古墳時代の集落調査の集成・復元が進み、地域の理解がより深まってきた〔伊藤2013、古川2012a・b、2013、中島2013〕。図2はこれらの成果をもとに、水垂遺跡上層水田の時期に相当する5世紀後半から6世紀代の集落・古墳の分布を、地形分類図〔長岡京市史編纂委員会1991〕の上に示したものである。古墳時代の集落動態を整理した古川匠は集落遺跡群を4地域に区分し、図3で示した範囲では寺戸川中流域および小畑川下流域を第2地域、小畑川・小泉川間の低位段丘から寺戸川下

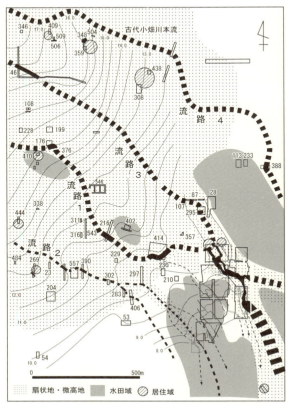 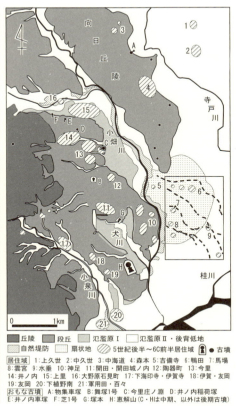

図2 小畑川下流域の5・6世紀の遺構分布　　図3 桂川右岸地域の5・6世紀の遺跡分布

図4 小畑川流域の弥生・古墳時代集落の消長

流域までを第3地域、小泉川流域を第4地域とし、都出の首長系譜の分類〔都出1989〕では第2地域が向日グループ、第3地域が長岡グループ、第4地域が山城グループの古墳群にほぼ相当するとした。当該期の集落分布をみると、古川が設定したように寺戸川・小畑川・小泉川の三つの水系ごとに集落遺跡が群をなし、それぞれに首長墳を伴う一定の地域領域を形成していたことが読み取れる。ただし、古川は小畑川扇状地北部の鳴田・馬場・吉備遺跡を第2・3地域の緩衝帯ととらえるが、当該期の遺跡分布と地形条件をみる限り、第2地域とは区別され、第3地域に含めて考えるべきであろう。

　第3地域である小畑川流域の表層地形は、段丘に挟まれ細長い谷底低地をなす小畑川中上流域と、上述した扇状地地形をなして複数の分流路が形成される下流域に二分される。中上流域の小畑川沿いの低地は幅が500〜1000mあり、比較的高燥な氾濫原Ⅰと、それとは数十cmから1m程度の崖によって画された、より低い氾濫原Ⅱに区分され、後者は洪水にさらされることが多く、旧河道が集中するとされる〔日下1996〕。氾濫原Ⅰは小畑川右岸に広く分布し、氾濫原Ⅱは小畑川左岸および上流部の曲流部周辺にみられ、下流側の扇状地との境界には流路の自然堤防によって閉塞されて排水不良地化した後背湿地が広がる。

　水垂遺跡上層水田の時期の5世紀後半から6世紀前半にかけての集落は、下流域では前述したように扇状地上に小規模な居住域が点在するのに対し、中・上流域では小畑川右岸に集中し、段丘上から氾濫原Ⅰにかけて上里遺跡（17）、井ノ内・今里遺跡（15・16）、開田・開田城ノ内・神足遺跡（12・13）を中心とした3箇所にまとまりが形成されている。

　小畑川流域の弥生時代中期後半から古墳時代後期までの集落の消長を〔伊藤2013、古川2012a・b〕をもとに整理したものが図4である。弥生時代以来、下流域から中上流域までの各所で集落が形成されているが、画期となるのが、小畑川下流域に集落が移動・展開する3世紀後半〜4世紀前半と、中上流域で集落が急増する5世紀後半から6世紀を中心とした2時期である。同様の傾向は桂川右岸の他の地域でも認められるという〔古川2013〕。3世紀後半〜4世紀前半の下流域での遺跡増加は、生産域を求めた沖積地の開発の活発化〔中島1996〕、物資流通の活発化に伴う水上交通の拠点化〔古川2013〕といった要因が想定されている。また、5世紀後半から6世紀にかけての中上流域の遺跡増加の背景には、沖積地での河川活動の活発化に伴う集落の高燥な段丘面への移動〔古川2013〕、高燥地での生産活動を可能にした農耕技術の革新〔中島1996〕といった見解がある。

　3世紀後半から4世紀前半の画期については異論がないが、5世紀後半から6世紀前半の時期に中上流域で遺跡が拡大するという画期については、上述したように下流域で水田域が拡大するという現象をあわせて評価する必要がある。小畑川中上流域右岸の低地は、灌漑水田のための水を得やすい氾濫原Ⅱの分布が小畑川が曲流する上里遺跡の前面にほぼ限定され、他は比較的高燥な氾濫原Ⅰが主体を占める。また、開田・開田城ノ内・神足遺跡が立地する段丘南側の犬川流域は傾斜のある谷底低地であり、ここも水田域を拡大させるには不適である。つまり、中上流域の集落付近で大規模な水田開発を可能とする土地条

件は、上流域の上里遺跡前面に限定され、中流域の井ノ内・今里遺跡と、開田・開田城ノ内・神足遺跡は付近に水田経営を拡大させるための良好な可耕地を有していなかった。中島はこのような土地条件を克服する大規模な耕地開発がこの時期に進められたと想定するが、これまでの調査では、段丘や氾濫原Ⅰを開削して小畑川から水を引くような大規模な灌漑水路は確認されていない。今里・井ノ内遺跡の周囲には段丘を下刻する複数の谷地が発達し、弥生時代の水田開発はこのような谷地から小畑川へ注ぐ小河川を利用したと考えられる。こうした土地利用は古墳時代になっても大きく変わらず、小畑川本流を統制するような本格的な氾濫原Ⅰの開発は未発達であった可能性が高い。

以上のような、5世紀後半から6世紀前半に小畑川流域で認められた居住域と生産域の偏在は、生産域と居住域の中心が一つの水系の地域領域の中で分離していたことを示す事象と理解すべきである。水垂遺跡を中心に拡大した水田の経営主体は周辺に点在する居住域にとどまらず、隣接する段丘上に展開する神足遺跡や開田・開田城ノ内遺跡をも含めて考える必要があろう。また、下流域の扇状地先端から氾濫原にかけて大規模に展開する水田は、有力首長墳を有する中上流域の集落群を支える生産域であり、扇央部での水利統制も小畑川流域の首長層によって掌握されたと考えられる。

4. まとめ

水垂遺跡の5世紀後半〜6世紀前半の水田の灌漑システムは、弥生時代後期に出現するⅢ類の水田構成を基礎としつつこれを大きく拡大させたものといえる。そして沖積扇状地の先端から氾濫原にかけて広がるこの時期の水田は、小畑川上流域に本拠地をおく首長層が扇央部で水利統制を行うことで維持されていたと考えられる。Ⅲ類水田とは、弥生時代中期までのⅡ類水田から一歩進んで水田ゾーンを一体的に開発するもので、これを統括する指導者の存在を前提とするが、古墳時代前期は弥生時代後期から大きく進展していなかったと考えられ、水垂遺跡の例とは断絶がある。前稿で検討した河内平野南部と同様、桂川右岸の小畑川流域でも5世紀後半〜6世紀前半に居住域と生産域の分離が進み、実質的な領域を有する大きな地域社会によって一体的に耕地開発・経営が進められていることから、この時期に画期を認めることができる。類似した様相は群馬県の上毛野地域の井野川流域でも指摘されており〔若狭2007〕、こうした地域再編は5世紀後半〜6世紀前半にかけての列島内各地で進行してい

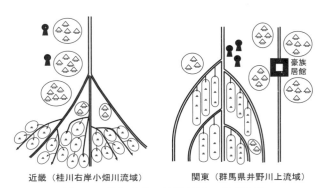

図5　5世紀後半の地域景観の東西比較

た可能性が高い（図5）。広瀬和雄は冒頭でとりあげた論考で7世紀代の開発を二つの類型に分けたが〔広瀬1983〕、このうちの在地首長主導型開発とは、本稿で指摘した5世紀後半に始まる耕地開発が該当しよう。

　本稿をなすにあたり、京都市埋蔵文化財研究所には水垂遺跡の調査原図を閲覧させていただく機会を与えていただき、資料調査の際に内田好昭・高橋潔・吉崎伸の各氏にはご教示・ご協力をいただいた。また、文献収集に際して、國下多美樹氏にはご教示いただいた。記して感謝するとともに、小稿を日本の農耕・水利研究を長年牽引され、傘寿を迎えられた工楽善通先生に献呈いたします。

参考文献
伊藤淳史 2013「集住から散住へ―弥生後期「乙訓低地帯遺跡群」の評価―」『みずほ別冊　弥生研究の群像』大和弥生文化の会
江浦　洋 1994「小区画水田造成技術の変革―六角形小区画水田の提唱―」『文化財学論集』
大庭重信 2014「近畿地方における弥生時代の水利関係と水田構成の変遷」『待兼山論叢』47　大阪大学文学会
大庭重信 2016a「西日本の弥生時代水田の灌漑システムと社会」『近畿弥生の会第3回テーマ討論会「水田から弥生社会を考える」発表要旨集』
大庭重信 2016b「地形発達と耕地利用からみた弥生・古墳時代の地域社会」『考古学研究』63-2
岸本直文 2013「水利からみた和泉市域の地域社会」『和泉市の考古・古代・中世』和泉市史編さん委員会
京都市埋蔵文化財研究所 1998『水垂遺跡　長岡京左京六・七条三坊』
日下雅義 1996「第一章 自然環境　第一節 生活の基盤」『長岡京市史　本文編一』
小山田宏一 1999「古代の開発と治水」『狭山池』狭山池調査事務所
狭山池博物館 2010『古代西除川沿いの集落景観』大阪府立狭山池博物館図録11
田中元浩 2017「開発の進展と集落の展開からみた畿内地域」『古代学研究』第211号
都出比呂志 1989『日本農耕社会の成立過程』岩波書店
長岡京市史編纂委員会 1991「付図2　長岡京市域地形分類図」『長岡京市史資料編一』
中島皆夫 1996「第三章 古代国家の成立　第六節 古墳時代のくらし」『長岡京市史　本文編一』
中島皆夫 2013「乙訓南部地域における集落の動向」『立命館大学考古学論集』Ⅵ　立命館大学考古学論文集刊行会
中塚　明 1992「京都盆地西縁・小畑川扇状地の微地形分析―長岡京左京四条二坊（長岡京跡左京第242次調査地）を例に―」『京都府遺跡調査概報』47　京都府埋蔵文化財調査研究センター
菱田哲郎 2013「古墳時代の社会と豪族」『岩波講座日本歴史』第1巻　原始・古代1　岩波書店
広瀬和雄 1983「古代の開発」『考古学研究』30-2
広瀬和雄 1989「畿内の古代集落」『国立歴史民俗博物館研究報告』22　国立歴史民俗博物館
古川　匠 2012a「桂川右岸地域における古墳時代集落の動向(3)」『京都府埋蔵文化財情報』118
古川　匠 2012b「桂川右岸地域における古墳時代集落の動向(4)」『京都府埋蔵文化財情報』119
古川　匠 2013「桂川右岸地域における古墳時代集落の動向(5)」『京都府埋蔵文化財情報』122
道上祥武 2017「古代畿内における集落再編成と土地開発」『考古学研究』63-4
若狭　徹 2007『古墳時代の水利社会研究』学生社
若林邦彦 2017「集落と墳墓の立地からみた弥生～古墳時代の社会変化」『木津川・淀川流域における弥生～古墳時代集落・墳墓の動態に関する研究』同志社大学歴史資料館

桜井谷窯跡群における陶棺の生産と流通

木下 亘

1. はじめに

　大阪府豊中市、吹田市、箕面市、茨木市一帯にかけて千里丘陵と呼ばれる丘陵地帯が広がっている。現在は開発が進み往時の姿をしのぶことも難しくなったが、部分的に残されている雑木林や竹林には、未だ昔の姿を留めている。この丘陵は標高100m前後で、細かい谷地形が入り組み、谷部は水田、丘陵部は果樹園や畑として利用されてきた。この丘陵部の、主に豊中市側と吹田市側にまたがって営まれた須恵器窯跡群を、総称して千里窯跡群と呼んでいる。千里窯跡群は、豊中市側に分布する桜井谷窯跡群と吹田市側に分布する吹田窯跡群に大きく二分される。

　ここでは、豊中市側に分布する桜井谷窯跡群から出土する陶棺の生産開始について、その時期の窯跡分布と古墳・集落との関係について見てみることとしたい。

　桜井谷窯跡群から出土した陶棺に関する研究は比較的早くから行われている。その特異な形態などから注目を集めていたようで、明治20年代には英国人 William Gowland の著作〔Gowland 1897〕の中にもその記述が見られる。Gowland はその中で、当該地区から出土した陶棺に触れると共に、古代製陶遺跡に関してもその記述を行っている。ここに記載された陶棺は、桜井谷太古塚古墳群の中の1基から出土したもので四注式家形陶棺である。

　明治21年には若林勝邦が大坂府豊島郡櫻井谷字太鼓塚から掘り出したとする陶棺に関して図を示して解説を加えている〔若林1895〕。図面から判断して四注式家形陶棺である。

　笠井新也は桜井谷窯跡群の内、幾つかの窯跡に関してその立地や遺物の散布状況、出土遺物の器種などについて報告を行っている〔笠井1915〕。この中で、新池北畔の窯跡からは陶棺の破片が多量に出土する点に注目している。

　この様に古くから陶棺に関しては、関心が持たれ報告が行われてきているが、実際に窯跡の調査が進みその実態が明らかとなってきたのは近年の事である。

2. 陶棺出土窯跡の概要

 此処では、桜井谷窯跡群の中で陶棺の出土が確認できる窯跡についてその概要を記す。

 今までに実施された発掘調査及び採集資料などによって、現時点で陶棺の存在が確認できた窯跡は極めて少なく、以下の各窯からの出土が知られているに過ぎない。

 2-10号窯跡（新池北畔西窯跡）・2-17号窯跡（坊主山窯跡）・2-18号窯跡（下寺町池窯跡）・2-25号窯跡・2-31号窯跡の6基である。

(1) 2-1号窯跡（太古塚窯跡）〔豊中市2005：374-375〕

 豊中市永楽荘4丁目に所在した窯跡である。1950年に発掘調査が実施され詳細が明らかとなっている。窯は千里川に向かって下がる南東向きの斜面、太鼓塚古墳群が立地する同一丘陵に立地している。窯体は全長10m、幅2m余りを計測する大規模なもので、桜井谷窯跡群最盛期のものと言える。焼成中に天井部が崩落したため、床面に配列した状況で須恵器が残されていた。陶棺は蓋部かと考えられる破片が出土しているが詳細は不明である。

(2) 2-10号窯跡（新池北畔西窯跡）〔豊中市教育委員会1977、豊中市2005：378〕

 豊中市西緑丘3丁目にかつて存在した新池の北側斜面に築かれた窯跡である。1976年に池に向かって下がる南向き斜面が造成された際、大量の遺物が出土した。斜面掘削時にその断面に現れた灰層は、30～50cm程度の厚みがあり、多くの須恵器片が包含されていた。その後、1977年に豊中市教育委員会によって範囲確認調査が実施され、焼けた床面やスサ入りの還元層の存在などから窯の位置などが確認されている。造成工事時に灰原から採集された須恵器には、蓋杯、高杯、甑、有蓋脚付壺、壺、甕、器台、瓶と言った器種があり、これらと共に陶棺細片が採集されている。採集された陶棺は恐らく棺身部の蓋受けかと考えられる破片で、棺身本体に張り付けた部分から外れた状態で採集された。外面には竹管による円形のスタンプ文を直線状に連続して施文したもので、中井山3号墳出土の亀甲形陶棺に共通するものである。伴出した須恵器はTK10型式からTK43型式に相当するが、操業の中心時期はTK43型式にある。

 尚、笠井新也の報告からすれば、新池北畔の窯からは多量の陶棺片が確認できるとされているため、2-10号窯より東側の同一斜面に複数基存在する窯跡でも陶棺を焼成していたものと考えられる。

(3) 2-17号窯跡（坊主山窯跡）〔小路窯跡遺跡調査団1982、豊中市2005：381-382〕

 豊中市少路2丁目に所在した窯跡で、1981年から翌年にかけて発掘調査が実施されている。調査の結果、窯体は標高80m余りの丘陵頂部に構築された半地下式の登り窯であった。

出土した須恵器には、蓋杯、高杯、甑、有蓋脚付壺、短頸壺、壺、甕、練鉢、提瓶、横瓶、器台、𤭯と言った器種がみられ、これらと共に凸帯を持つ陶棺胴部破片が検出されている。体部外面に凸帯を持つ特徴的な形状から見て、亀甲形陶棺と考えられる。伴出した須恵器は、2-10号窯よりは新しくTK209型式に相当するものである。

(4) 2-18号窯跡（下村町池窯跡）〔豊中市教育委員会1974、豊中市2005：378〕

豊中市桜ノ町6丁目に所在した下村町池の北側斜面に築かれていた窯跡である。1968～1969年にかけて発掘調査が実施され、窯の規模や構造が明らかとなっている。窯体は掘り抜き式の構造で3次にわたって作り替えられている。開窯の時期は5世紀後半に当たるが、陶棺は3次窯に伴うもので、時期的には7世紀初頭に位置づけられる。陶棺が生産された3次窯は、伴出した須恵器からTK209型式～TK217型式に相当するものである。

(5) 2-25号窯跡〔豊中市2005：391〕

豊中市西緑丘3丁目に所在した窯跡で、2-10号窯跡からは西に約200mに位置していた。開発によって削り取られた崖面に厚さ30cm余りの灰層が露出したため、1982年から83年にかけて調査が実施された。調査地はこの時点で水田として開墾されており、窯体は既に削平され検出されていない。灰原と考えられる灰層中から須恵器として蓋杯、壺、甕などが出土しているがその総量は多くはない。これらの須恵器と共に、四注式家形陶棺片、塼が比較的多く出土している。須恵器から見てその時期はTK209型式に属するものである。

(6) 2-31号窯跡〔豊中市2005：396〕

豊中市少路1丁目に所在した窯跡である。1995年に発掘調査が行われ、地山の段丘層を穿って構築された半地下式の登り窯であることが確認されている。削平が進んでおり少量の遺物しか残されていなかったが、窯体内から須恵器片と共に陶棺片が発見されている。出土した須恵器には、杯身、長脚高杯などがある。須恵器はTK43型式に属するものであるが、遺物量が極めて少ないため、操業幅がどれほどあるのかは決定し難い。陶棺は破片ではあるが、四注式家形陶棺と考えられ、棺蓋片と脚部が出土している。

各窯共に出土遺物の総量からすれば、陶棺の出土数は極めて限られており、あくまでも生産の主体は須恵器に置かれている。恐らく、必要に応じて適宜生産が行われたものであろう。

3. 陶棺出土古墳の概要

陶棺を納めた古墳として、太鼓塚古墳群が知られている。太鼓塚古墳群は、千里川西岸の丘陵上に営まれた古墳時代後期の横穴式石室を主体とし、30数基からなる古墳群であっ

たと考えられている。早くから開発が進み詳細が不明なものもあるが、その内の幾つかは事前に調査が行われ、内容が明らかとなっている。

現時点で陶棺を納めたと考えられている古墳は以下のとおりである。

太鼓塚古墳の中では、中井山1・3・4号墳、防潮塚古墳、金塚古墳、岸本塚古墳が挙げられる。これらの古墳から出土した陶棺は、全て須恵質の焼成である。陶棺の形態は、中井山3号墳から出土したものが亀甲形陶棺で、それ以外は四注式家形陶棺である。現在ではこれらの古墳について正確な位置を知るのは難しいが、おおよそ現在の豊中市永楽荘一帯で、千里側に向かって東に下がる丘陵頂部から斜面にかけて位置していたと考えられよう。

以下、陶棺を出土した古墳についてその概要を記す。何れも太鼓塚古墳群に含まれるもので、小規模な横穴式石室墳である。

(1) **中井山1・3・4号墳**〔豊中市2005：355-364〕

太鼓塚古墳群の分布範囲の中で、最も南側に位置していた一群である。丘陵斜面に約10m程度の間隔を持って並んで築造されていた。

何れも横穴式石室墳であるが、最も残存状況が良い3号墳は直径16m余りの円墳で、石室は南に開口している。石室は無袖の狭長な横穴式石室で、その規模は全長6.4m、幅1.2mを計測した。石室内部は、奥壁から2.8m辺りまで床面に礫が敷き詰められ、3～4個体分の須恵質陶棺が納められていたと考えられている。副葬品された須恵器には、脚台付有蓋長頸壺、蓋杯、椀、甑、提瓶等があり、これ以外に金環、銀環、滑石製紡錘車、ガラス製小玉等が知られている。

1号墳、3号墳共に複数の陶棺が納められており、出土した須恵器にも時期差が見られる。1号墳は出土した須恵器から見て6世紀末葉から7世紀初め、3号墳は6世紀後半から末葉にかけて使用されたものと思われる。1号墳からは四注式家形陶棺、3号墳からは青灰色に硬く焼成された亀甲形陶棺が出土している。特に3号墳からは棺身、館蓋共に外面に凸帯を持ち、円形竹管文で装飾された亀甲形陶棺が発見されている。

(2) **防潮塚古墳**〔豊中郷土文化研究会1961：76-77〕

丘陵の採土工事に伴って発掘調査が実施された横穴式石室墳である。石室の遺存状況は極めて悪く、辛うじて石室基底部を残すに過ぎない。石室内からは須恵質陶棺と共に、木棺に使用されたと考えられる鉄釘と共に副葬された金銅金具片、鉄製刀子等が発見されている。また、蓋杯、高杯、脚台付長頸壺、脚台付甑と言った須恵器類も検出されている。須恵器類から見て6世紀末葉のものと考えられる。

(3) 金塚古墳〔豊中郷土文化研究会 1961：77-78〕

　1939年、工事中に偶然発見された横穴式石室墳である。石室の規模は長さ1.93m、幅0.85mと小規模なもので、その中に須恵質の四注式家形陶棺が石室軸にやや振れる形で斜めに納められていた。遺物としては副葬された脚台付長頸壺2点と無蓋高杯1点が知られるのみである。須恵器から見て6世紀末葉のものであろう。

(4) 岸本塚古墳〔豊中郷土文化研究会 1961：77、79〕

　1931年、丘陵南側斜面に於いて、採土中に発見された南面する横穴式石室墳である。石室内には大小の須恵質陶棺が2個ずつ並列して納められていた。

4. 陶棺出土窯跡の分布と生産時期

　桜井谷窯跡群は、千里川の左右両岸にわたり、丘陵地帯に分布している。その時期分布を見てみると、生産初期に於いては丘陵南縁部の比較的製品を搬出しやすい地域に分布しているが、その分布状況に一定の方向性等は認められない。その後、6世紀前半〜中葉にかけて千里川西岸に沿って丘陵部を徐々に北進し谷奥へと移動する状況が見られる。更に6世紀後半に至ると、千里川東岸へとその生産拠点を移し、これも南側から徐々に北側の谷奥へと移動する傾向を示している。

　この中から陶棺を出土した窯跡の分布域について見てみると、図1に示したようになる。陶棺を出土した窯跡の位置を見ると、千里川の全て東岸沿いにあり、豊中台地からはやや入り込んだ丘陵部分に集中していることが分かる。

　これらの窯跡を、生産された須恵器から見るとTK43型式からTK209型式の中にほぼ納まっており、陶棺の製作時期もこの短い期間に限定出来ることが分かる。窯跡で生産された陶棺には、亀甲形陶棺と四注式家形陶棺の2種類が認められる。ともに生産された須恵器から判断して、先ず亀甲形陶棺の製作が始まり、その後、四注式家形陶棺へと転換していくものと考えられる。

　亀甲形陶棺の出現は、TK10型式後半乃至はTK43型式でも比較的早い段階に生産が開始されたと考えられ、2-10窯跡出土品が最も古く位置付けられよう。亀甲形陶棺は、2-17号窯でも検出されており、少なくともTK209型式段階までは生産されていたと考えられる。然し、2-17号窯と同時期の他窯では、既に四注式家形陶棺の生産が主流となっており、ここからは亀甲形陶棺は陶棺製作の極初期に限られ、短期間でその姿を消していく状況を見る事が出来る。

　資料的な制約があるがTK43型式に相当する2-31号窯では、四注式家形陶棺の生産が開始されている可能性がある。仮に、四注式家形陶棺であれば、この2つの形式の陶棺はTK43型式段階には一部併存する事となる。しかし、2-25号窯の状況を見れば、四注式家形陶棺の生産が盛行期を迎えるのは、亀甲形陶棺に続くTK209型式段階に至ってからで、

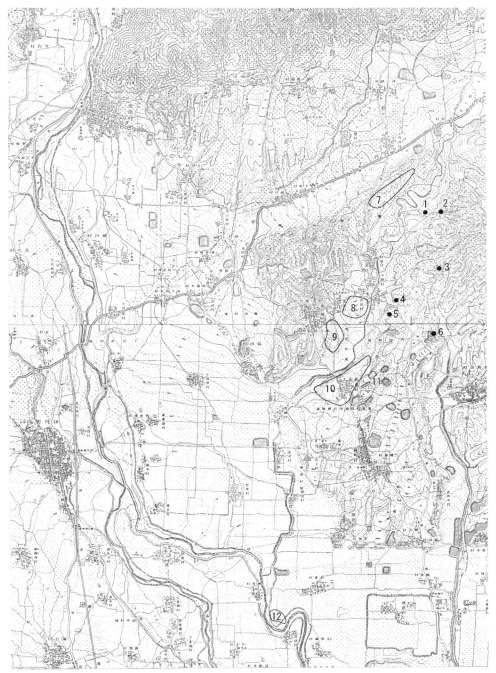

図 1 関連遺跡分布図（大日本帝国陸地測量部『伊丹町』、『池田町』より作成）
1：2-25号窯跡　2：2-10号窯跡（新池北畔西窯跡）　3：2-17号窯跡（坊主山窯跡）　4：2-31号窯跡
5：2-18号窯跡（下村町池窯跡）　6：16-2号窯跡（上野青池北畔窯跡）　7：太鼓塚古墳群
8：内田遺跡　9：柴原遺跡　10：本町遺跡　11：金寺山廃寺　12：利倉西遺跡

この時期から本格的生産が開始されたと考えて良いであろう。四注式家形陶棺は2-18号窯にも見られTK217型式までは生産が行われたようである。しかしこれ以降、桜井谷窯跡群は急速に衰微していき、この時期を以って陶棺生産は終焉を迎えたものと考えられる。この様に、桜井谷窯跡群では6世紀後半から7世紀初の極めて限られた時期幅に於いて陶棺の生産が行われたと考えられるが、その盛行期は6世紀後半にあると言える。

以上、窯跡出土の陶棺から見た生産開始から終焉までをまとめると以下のようになる。

	TK10型式	TK43型式	TK209型	TK217型式	
2-1号窯	├――――――┼――――――┤				?
2-10号窯	├――――――┼――――――┤				亀甲形陶棺
2-17号窯			├――――――┤		亀甲形陶棺
2-18号窯				├―┤	四注式家形陶棺
2-25号窯			├――――――┼――――┤		四注式家形陶棺
2-31号窯	├――――――┤?				四注式家形陶棺

少ない資料からではあるが、亀甲形陶棺はTK10型式の中でもその後半期には生産が開始され、続くTK43型式段階にその生産の最盛期を迎えると共に、ほぼこの段階で生産を終了する。続いてTK209型式では四注式家形陶棺が出現しTK217型式迄生産される。四注式家形陶棺の出現期に関しては、若干遡る可能性も持っているが、確実な資料としては、TK209型式以降に主流となるものと考える。

5. おわりに

桜井谷窯跡群から出土した陶棺を取り上げ、その生産時期と窯跡の分布を見てきた。

この結果、陶棺を生産した須恵器窯は、現状ではその立地が千里川東岸に限られており、西岸では発見事例が今のところ確認できない事が判明した。位置的には最も南に位置しているのが2-18号窯、最も北側に位置するのが2-25・10の各窯となり、ほぼ南北約1.3km、東西約0.5km程度の範囲に陶棺を兼業生産した窯が布域しているのが分かる。この状況から見て、このエリア外に於いても同時期の窯の分布は確認できるため、陶棺生産は同時期に操業している窯の中でも限られたエリア内に立地する窯のみが担っていた特殊な製品である可能性が考えられる。

では、陶棺生産窯の分布がなぜこのように限られた範囲を示して分布するのか、その背景について考えてみたい。

まず、最も重要な要件として、製品としての陶棺搬出の利便性を挙げる事が出来よう。陶棺を生産している窯の立地を見ると、千里川東岸でも比較的川に近い丘陵地が選択され

ていることが分かる。おおよそ河川迄の距離は、直線距離で500m前後、近いものでは200m程度である。陶棺と言う極めて重い重量物を破損することなく運搬するため、搬出ルートである千里川に近接した丘陵地が選択されたものと考えられる。

TK43型式に属する須恵器窯跡は、18-2窯跡（島熊山窯跡）〔豊中市2005：399-400〕、16-2窯跡（上野青池北畔窯跡）〔豊中市2005：399〕、東豊中窯跡〔豊中市2005：400〕と言った窯でも確認されている。正式な調査を経ていないものが多く詳細に欠けるが、現時点でこれらの窯から陶棺の発見は確認できていない。これらの窯の分布を見ると、千里川から東南方向に大きく外れ、丘陵奥部にほぼ単独で操業されている状況が認められる。陶棺と言う重量がある大型製品を焼成する窯としては、完成後の搬路の面で大きな課題を持っていたものと考えられる。運搬の利便さが製作条件の1つとして極めて重要であったと考えられる。

以上の様に、TK43型式以降、須恵器と言った土器類とは異なり、製品として重量物である陶棺搬出にとって効率的に運搬可能な地域が選択されたのであろう。当該期に属する広範な窯分布範囲の中でも、特にこの一帯が、その利便性から陶棺生産の場所として選定されたと言える。

2つ目の要因として陶棺採用古墳との距離が挙げられる。千里川を挟んで陶棺生産遺跡である窯と墓域である太鼓塚古墳群は向かい合うような位置関係にある。古墳群は千里川に向かって下がる斜面地に営まれており、此処からは対岸で操業されている当該期の須恵器窯を広く見渡すことが可能だと言える。その点からも、須恵器工人と太鼓塚古墳群の被葬者は、密接な関係にあるものと考えて良いであろう。この様な指呼の距離に生産窯が存在することで、陶棺の運搬は極めて容易であったと考えられる。

さて、桜井谷窯跡群で生産された陶棺を多用する太鼓塚古墳群は、伴出した須恵器から見て6世紀後半から7世紀初頭にかけて築造されたものと考えられる。須恵器ではTK43型式からTK217型式の範疇に含まれるのが大半と考えて良い。

太鼓塚古墳群の位置する千里側西岸、現在の豊中市永楽荘一帯の丘陵地帯にも、数多くの須恵器窯跡が発見されている。これら窯跡の時期は2-23窯跡（永楽荘窯跡）〔豊中市教育委員会1991〕や2-29号窯跡〔豊中市教育委員会1996〕を始めとしてTK10型式にその生産の中心があり、古墳群の成立時期に若干先行していると言える。TK10型式～TK43型式段階に当たる2-1号窯跡（太古塚窯跡）の様に、太鼓塚古墳群と同時期に重複して操業されている窯も認められるが、その数は多くはない。この時期、前述の様にTK43型式以降の生産中枢は既に千里川東岸に移動していると言える。

恐らく桜井谷窯跡群に於いてTK10型式を前後する時期は、須恵器生産の最盛期に当たっており、大量生産を指向する中で窯体規模が最も大きくなる時期でもある。太鼓塚古墳群築造直前のこの丘陵部一帯は、窯が密集し、須恵器生産に係って開発し尽した状況にあったと考えられる。須恵器窯構築に際しての必要条件として適度な斜面、燃料、粘土、

桜井谷窯跡群における陶棺の生産と流通

水等が挙げられるが、特にこの狭い地域内での大量生産による燃料資源の枯渇は、大きな問題であったと思われる。これらを求め窯が千里川東岸へと移動したのは、必然的な結果と考えられる。須恵器生産終結後、まさに太鼓塚古墳群の築造が開始されるまで、この丘陵地は空閑地として取り残された地域と言えるであろう。この状況からは、既に須恵器生産の中心としての役割を終了した空閑地帯に古墳群が造営されていると言える。

さて、陶棺の生産地である窯跡、そしてその最終消費地である古墳以外の遺跡からも陶棺が出土する事例が確認されている。窯跡群周辺の集落から陶棺が出土した遺跡として、柴原遺跡〔豊中市2005：273-275〕、内田遺跡〔豊中市2005：276-277〕、本町遺跡〔豊中市2005：255-261〕、金寺山廃寺〔豊中市教育委員会2004〕の各遺跡が知られている。これらの遺跡はいずれも陶棺を生産した窯跡からは南側、千里川の東西両岸沿いに立地している。まさに丘陵地形から平坦な台地部へと変換する部分、つまり千里丘陵南縁部分から豊中台地にかけて営まれた遺跡群である。これらの遺跡はおおよそ6世紀代を中心とした時期に形成されたものである。

これら陶棺出土遺跡の中でも豊中市本町一帯に広がる集落遺跡である本町遺跡は、桜井谷窯跡群を考えるうえで重要な遺跡である。これまでに数十次にわたる発掘調査が行われ、その結果、遺跡の内容がある程度判明してきている。

本町遺跡は、千里丘陵南側末端部に隣接する豊中台地上に立地し、千里川東岸に沿うような広がりを持つ遺跡である。地形図からは千里川が豊中台地を抜け、その流れが南西側に大きく広がる低地部へと注ぎ込む台地先端部に位置していることがわかる。

千里川は桜井谷窯跡群が本格稼働する6世紀以降、製品の運搬ルートとして極めて重要な役割を果たしてきたと言える。須恵器窯が千里川に沿う形で、谷奥へと向かって徐々に展開していく中で、製品の供給先である南側の豊中台地、そして更に南に位置する低地部に展開する集落等への製品供給のための確かな搬出ルートとして、千里川は無くてはならない存在であった。

本町遺跡を特徴付けるものとして、出土する須恵器に焼け歪みや焼成不良と言った、製品としては決して良好とは言えない須恵器類が含まれる点を挙げる事が出来る。この事実は、既に指摘されている様に、当該遺跡に於いて生産地から搬入された製品の取捨選択が行われていた可能性を強く示唆するものである。本町遺跡は正に千里川が丘陵部を抜け、平坦な台地部分を流れる場所、つまり丘陵の出口部分に営まれた集落である。桜井谷窯跡群で生産された須恵器は千里川と言う河川を利用して搬出され、一旦この本町遺跡一帯の地域に搬入、集積され、そして最終目的地である消費地へと向かって持ち出されて行った可能性が高いであろう。これが正鵠を得たものであるならば、正に6世紀代を中心とした、当該地域の物流拠点としての性格を持つ集落と考えて良いと言える〔豊中市教育委員会2001、2006〕[1]。

この様な物流システムに係る集落は他にも確認されている。猪名川流域の低地部に所在

する豊中市利倉西遺跡〔豊中市 2005：124-159〕は大量の初期須恵器や製塩土器を出土した事で良く知られる遺跡である。出土遺物は主に5世紀代のもので、猪名川を通じて広範な地域との物流を担う拠点集落と考えられる。これに対し、本町遺跡は6世紀代の須恵器を中心とした物流システムを担う集落と言えるであろう。利倉西遺跡で出土した須恵器の大半は、桜井谷窯跡群開窯以前の製品であり、その多くは陶邑を含めた広範な地域から製品を受け入れている可能性が高いと判断しているが、本町遺跡では桜井谷窯跡群の製品に特化した集積地であると考えられる。その意味に於いて本町遺跡は、窯跡群の盛衰と密接に連動した集落であると考えられる。

　この様に、大型の陶棺と言った製品が、本来の古墳等の消費地とは異なる集落跡から出土する理由の1つとして、窯業生産品の集積に関わる物流システムの中で理解する事が出来よう。勿論、桜井谷窯跡群の場合、生産された陶棺の大半は太鼓塚古墳群へ供給されたと見るのが自然ではあるが、これ以外にもこのシステムに乗って搬出された陶棺があるものと思われる。この様な陶棺の一部が集落から発見されていると見る事が出来よう。ちなみに、近傍において陶棺が出土した古墳として池田市五月ヶ丘古墳〔池田市教育委員会 1980〕が挙げられる。五月ヶ丘古墳は無袖の横穴式石室で、1基の四注式家形陶棺が納められていた。外面には装飾として、亀甲形陶棺にも見られる竹管文が施されている。この古墳から最も近い陶棺生産地として、桜井谷窯跡群がその候補と言えるだろう。

　以上、桜井谷窯跡群出土の陶棺を通じ、その生産時期・分布と流通に関して検討を加えてきた。この結果、桜井谷窯跡群で生産された陶棺は、6世紀後半から7世紀初め迄の極めて限られた期間に生産されたものと言える。また、生産地域も同時期の須恵器窯の広がりの中では、その生産域が限定できる可能性が高い。供給先に関しては従来から指摘されているように、近接する太鼓塚古墳群への供給が主であったと考えられるが、本町遺跡など物流に係る集落遺跡からの出土を考慮すれば、集積地を経由し周辺地域への流通も行われていたものと考えられる。

　末筆になりましたが、工楽善通先生が目出度く傘寿を迎えられました事を心からお祝い申し上げると共に、今後共より一層のご指導を賜ります事を御願い申し上げます。

註
(1) 千里川西岸に立地する柴原遺跡に於いても、出土した須恵器類に、ひび割れや焼け歪み、焼成不良等の不良品を多量に含む須恵器廃棄土坑が確認されており、本町遺跡と同様の性格を有する可能性を持っている。出土した須恵器類はTK10型式〜TK43型式の段階で、桜井谷窯最盛期に生産された須恵器と考えられる。仮に柴原遺跡に関しても製品の選別等を含め物流を担う遺跡であるならば、千里川が丘陵部を抜け豊中台地部を通過する両岸に於いて、広く物流を担う集落が展開していたと言える。同じ性格の遺跡が両岸に対峙して立地する意義あるいはそれぞれの機能等は今後より一層の調査の進展によって明らかになるものと思われる。

参考文献

William Gowland 1897 "The Dolmens and Burial Mounds in Japan" London
池田市教育委員会 1980「五月ヶ丘古墳」『池田市文化財報告』3
笠井新也 1915「攝津国櫻井谷村に於ける古代製陶所の遺蹟及びその遺物に就いて（補遺）」『考古学雑誌』6-1
少路窯跡遺跡調査団 1982『桜井谷窯跡群 2-17 窯跡―府立少路高等学校建設工事に伴う調査報告―』
豊中市 2005『新修　豊中市史』第4巻　考古
豊中市教育委員会 1974『下村町池窯跡』
豊中市教育委員会 1977『桜井谷窯跡群―範囲確認調査―』
豊中市教育委員会 1991「桜井谷窯跡群 2-23 号窯跡」『豊中市文化調査報告』30
豊中市教育委員会 1996「桜井谷窯跡群 2-29 号窯跡」『豊中市文化財調査報告』38
豊中市教育委員会 2001「豊中市埋蔵文化財発掘調査概要　平成12年度（2000年度）」『本町遺跡第26次調査』
豊中市教育委員会 2004『金寺山廃寺―第1・2・3次発掘調査報告書―』
豊中市教育委員会 2006「豊中市埋蔵文化財発掘調査概要　平成17年度（2005年度）」『本町遺跡第32次調査』
豊中郷土文化研究会 1961『豊中市史』第一巻
若林勝邦 1895「陶棺考」『史学雑誌』6-4

継体天皇大和入りの反対勢力を考える

西川寿勝

1. はじめに

　記紀(『古事記』『日本書紀』)は武烈天皇の死後、嫡子がないことを理由にヲホド王を越(『古事記』では近江)に探し出し、即位をうながしたと記す。そして、ヲホド王は河内の樟葉宮で継体天皇として即位する。『日本書紀』によると、継体天皇は樟葉宮から山城の筒木・弟国に宮をかえて、20年後に大和の磐余玉穂宮に遷ったという。宮を転々としたこと、即位後20年して大和に宮を置いたことは歴代天皇と比較して、異常な事態である。これについては多くの研究者が、継体天皇の即位に反対する勢力があったと分析している。ただし、反対勢力の実像は多くの説が提示されており、結論をみない。
　近年、継体天皇の研究は、真の陵墓とされる今城塚古墳が史跡整備に伴って発掘調査され、大きく進展した。さらに、継体天皇擁立に尽力したとされる河内馬飼集団にかかわる北河内の集落遺跡が発掘調査などによって、次第に明らかにされてきた。
　これらの発掘成果に導かれ、継体天皇時代の土器型式が確定し、該当する全国の集落遺跡や首長墓なども検討されるようになった。その結果、特徴的な威信財の共有関係や、近畿型の横穴式石室や家形石棺の創出・伝播などが議論されるようになってきた。
　筆者も、長年にわたり陶邑地域や北河内地域の調査にたずさわり、継体天皇時代に陶邑窯が一時的に縮小する現象や、大和や河内に大型古墳が造られなくなる現象を検討し、これが継体天皇の治世に関係するのではないかと、問題提起した。すなわち、継体天皇は大和に反対勢力があり、長期にわたって大和入りできなかったのではなく、反対勢力と対峙したまま、ゆるやかに大和を封じ込めていたのではないか、というものである。
　以上は、2007年の継体天皇即位1500年記念にあわせ、いくつかのシンポジウムで討論し、一部は『継体天皇二つの陵墓・四つの王宮』新泉社(2008)に概要を示した。また、史料の検討は「継体天皇の大和入りを考える」『日本書紀研究』28冊　日本書紀研究会(2013)で私見を示した。
　ところで、拙稿では継体天皇の反対勢力の活動を分析したものの、その実態については

詳述していなかった。本論は、継体天皇即位の反対勢力を武烈天皇とその一派と考え、検討するものである。

2. 継体天皇反対勢力の先行研究

　戦後、万世一系の皇統譜に疑問を呈する研究が急速に深化した。なかでも、武烈天皇をもって応神・仁徳王朝が断絶し、ヲホド王が継体天皇として新王朝を樹立したという水野祐氏の三王朝交代説が大きな影響を及ぼした〔水野1954〕。武烈天皇と継体天皇の血縁的つながりについて、記紀ともに応神天皇五世孫と記すのみであるため、皇親の範囲を五世王まで拡大させた律令期の造作という史料批判が展開した[1]。その後、『上宮記』逸文に五世系譜の氏名が確認され、その検討が進んだ[2]。現在では、五世孫の系譜を評価する意見を多く聞く。さらに、ヲホド王は近江や尾張と深くかかわる人物と認められつつある。

　そして、継体天皇が河内に即位し、大和に宮を置くまで長期にわたったという『日本書紀』の記述を史実と認め、大和入りに反対勢力があったとする論考が多数示されている。

　その嚆矢は直木孝次郎氏による。直木氏は反対勢力が物部氏・大伴氏だったと説く。武烈天皇の死後、ヲホド王はすぐさま擁立されたのではなく、継体天皇は長い遍歴の間に実力を蓄え、風を望んで大和入りした、という。そのいきさつは神武天皇東征伝承に比喩的に語られている、と提起した〔直木1958a〕。

　継体天皇の死後、安閑・宣化朝と欽明朝が対立したという二王朝並立論を展開した林屋辰三郎氏は大伴金村の継体天皇擁立を評価して、反対勢力を蘇我氏と考える。蘇我氏は武烈天皇時代に大伴氏に倒された平群氏と同族で、その拠点は奈良盆地中央の曽我とする。蘇我氏の祖は履中天皇時代から国政に参画し、雄略天皇時代には「三蔵」を検校するまでに至る。継体天皇は反大伴氏の豪族連合が倭彦王の擁立にいつまでも執着したことによって、たやすく大和入りできなかった、と説く〔林屋1971〕。

　岡田精司氏は反対勢力を、武烈天皇の支持に回った平群氏と説く。さらに、河内・和泉・南摂津・大和の諸勢力も反対勢力に同調したという。武烈天皇の在位中、大伴氏と和珥氏が継体天皇を擁立して20年にわたって抗争をつづけたと推定した。その結果、物部氏が途中で継体天皇側に寝返り、時局が変化したという〔岡田1980〕。

　岡田氏の説く20年にわたる内乱や疲弊の痕跡は大和や河内に明瞭でなく、記紀にもまったくあらわれない。水谷千秋氏は岡田説を疑問視し、継体天皇が比較的平和裡に大和に入れたと推定した。そして、反対勢力は葛城氏、なかでも葛城北部の葦田宿禰系と推定する。水谷氏は反対勢力に三つの要素を求める。ひとつは前王朝と密接な関係がある氏族で、もうひとつは継体朝を境に衰退する勢力である。さらに、そこを拠点にした地域がのちに大王家によって収奪されていく、というものである〔水谷1999〕。

　大橋信弥氏は王権の分裂が雄略天皇の崩御によって引き起こり、顕宗・仁賢天皇を播磨から迎えて擁立する勢力と、継体天皇を近江から迎えて擁立する勢力が長期にわたって分

裂の構造を招いた、と説く。この対立は、仁賢天皇の娘、手白香媛と継体天皇が結婚することで妥協が成立していった〔大橋1995〕。

岡田氏・大橋氏の大胆な仮説は魅力的だが、ともに継体天皇の出現を古く位置づけるため、岡田氏は顕宗・仁賢天皇を架空の人物とし、大橋氏は清寧・武烈天皇を架空とする。その結果、ワカタケル大王とされる雄略天皇の時代から継体天皇の時代にいたる古墳や土器の時期幅が短くなりすぎ、考古資料との整合が問題となろう。

以上のように継体天皇の反対勢力が数多く議論され続ける原因として、別の要因も考えられる。すなわち、戦後まもなくの記紀研究では史料批判のための方法論がいくつか試行された。考古学研究や発掘調査技術でも同時期に、層位学・型式学・分布論・機能論などの方法論が重視され、現在に至っている。そして、史料批判のための方法論として、神武東征伝承が継体天皇即位の史実に反映されているという、いわゆる反映法（モデル論）を世に問うたのが、反対勢力諸説の嚆矢となる直木氏の論文なのである〔直木1958b〕。その後、神功皇后の派兵伝承と斉明天皇の派兵を対比したり、住吉仲皇子の反乱伝承と上宮家滅亡を対比させるなど、反映法による史料の解釈がにわかに注目されるようになった。しかし、方法論としての反映法は、仮説から脱却できない限界も明らかとなる。直木氏の神武東征伝承と継体天皇即位の関係は、方法論の有効性を議論する意味での注目が続いた。

現在、神武東征伝承の研究がより多角的に進み、それを継体天皇大和入りのモデルのみでは説明しにくいことが明らかとなっている。直木説の陳腐化は否めない[3]。ただし、他氏による反対勢力の代案についても考古学的検討を欠くものがほとんどだった。これからの継体天皇研究は発掘成果を加味して見直す新たな段階にあるようだ。

3. もう一つの史料、「癸未年」銘鏡

継体天皇の即位を考えるうえで、見逃すべきではない史料がある。和歌山県隅田八幡宮蔵の「癸未年」銘鏡である。この鏡の銘の前半については、いくつかの釈文案が示されており、定まってはいない。また、「癸未年」についても443年説と503年説があり、意見が分かれていた。ところが、考古学的検討が進むにつれ、443年説が成り立ちにくいことが次第に明らかになってきた。

この鏡は仿製神人歌舞画像鏡と呼ばれ、中国鏡の紋様を写してわが国で作られたものである。銘は「開中費直（かわちあたい）」と「穢人今州利（えひとのこすり）」が作ったと刻む。紋様の検討から、この鏡は大阪府郡川西塚古墳・大阪府長持山古墳・東京都亀塚古墳出土などの神人歌舞画像鏡を手本に写したことが明らかになっている。手本となった鏡は後漢代に創出された図像だが、それを鋳型に踏み返してコピーする同型鏡と呼ばれる一連の鏡群である。つまり、コピー鏡がたくさんあり、そのいずれかを手本としたようだ。5～6世紀の古墳からはこのような特徴的な同型鏡群が数多く発見されており、現在16種、107面の出土が知られる。百済の武寧王の墓（宋山里7号墳）などからも発見されており、

同型鏡群は半島で作成され、わが国に贈られたという説もある〔佐々木2008〕。

同型鏡群は多数の古墳から発見されているものの、そのすべてが五世紀後半かそれ以降の古墳から見つかることが明らかになってきた。また、その多くが継体天皇時代の古墳にも副葬されている実態もわかってきた。現在、もっとも古くさかのぼるコピー鏡の出土は長持山古墳出土と伝わる鏡である。この古墳は允恭陵古墳の陪塚とされる。允恭陵古墳は允恭天皇の陵墓であることに異論は少なく、允恭天皇は『宋書』倭国伝の倭王済とも考えられ、その没年は460年以降と推定される。長持山古墳も5世紀中頃以降の造営だろう。

これまで、米国ボストン美術館蔵の仁徳陵古墳伝出土鏡がもっとも古いとされてきた。ところが、この鏡の伝来について追跡調査された結果、仁徳陵出土の根拠がきわめて薄弱で、伴う三環鈴なども6世紀代のものと推測されている〔徳田2010〕。隅田八幡宮蔵の「癸未年」銘鏡のモデルとなる鏡は早くとも、5世紀後半、大方は6世紀にかけて流通、古墳に副葬されたことがわかってきたのである。そうすると、「癸未年」は443年である可能性がきわめて低いといえるのである。

王朝交代説をはじめ、『日本書紀』にある嫡子なき武烈天皇の崩御によってヲオド王が探し出される、という記述が評価されてきた。そうすると、503年にヲホド王が大和にいるという銘の解釈は一蹴されるべきものだった。しかし、福山敏男氏が古くに解読した通り、「癸未年の八月日十の大王年、男弟王（ヲホド王）が意柴沙加宮（オシサカ宮）に在る時、…」とすれば、武烈五年の503年にヲホド王が大和の忍阪にいたと見直されるべきなのである〔福山1934、乙益1965〕。そして、銘は「斯麻が長寿を念じて…」とある。「斯麻」（しま）とは武寧王を示すとされている。503年とは武寧王が百済王に即位した翌年にあたる。ヲホド王が探し出されて受動的に即位したという『日本書紀』の記述こそ見直す必要がある。残念ながら、前節に示した反対勢力の検討では「癸未年」銘鏡を評価して取り上げた論考をみない。至近に位置する、泊瀬列城宮（はつせのなみきのみや）の武烈天皇と忍阪宮のヲホド王の関係が検討されることはなかったのである。

4. 武烈天皇と継体天皇の同時代性

筆者は武烈天皇と継体天皇の同時代性が実証できると考え、結論的に最大の反対勢力は武烈天皇だったと推定している。

武烈天皇と継体天皇の同時代性については、両者の陵墓の造営時期を対比することによって明確にできると考える。幸い、継体天皇の陵墓については、冒頭に示したごとく、今城塚古墳であることがほぼ確定し、埴輪などの詳細な墳丘外表構造などが解明されている。なかでも、造り出し祭祀で供献された須恵器群が陶邑編年のMT15段階を中心にTK10段階が少し含まれることが判明している。これらの成果についての検討は先行論文に記したので、割愛する〔西川2014〕。

その一方、武烈天皇の陵墓についても近年の研究によって、注目すべき進展がみられた。

記紀と『延喜式』は武烈天皇の陵墓をそれぞれ、「片岡の石坏」「傍丘磐杯丘陵」「傍丘磐杯丘北陵」と記す。「片岡」「傍丘」は現在の王寺町から香芝市あたり、広陵町と大和高田市の一部を含む地域という考証が塚口義信氏によって示されている〔塚口1994〕。この地域には宮内庁の治定する武烈陵がある。しかし、測量図をみると自然の丘陵で、前方後円墳ではなく、陵墓にはなりえない。
　この地域には大型前方後円墳が2基しかなく、真の陵墓はどちらかであると推定されてきた。ひとつは大和高田市築山古墳（全長209m）、もうひとつは香芝市狐井城山古墳（全長140m）である。前者は宮内庁が陵墓参考地として管理しており、詳細は不明であった。ところが、墳丘裾周りの発掘調査によって、第Ⅱ期のヒレ付円筒埴輪の樹立が判明した。つまり、4世紀代の古墳で武烈天皇の陵墓ではないことが確定したのである〔徳田1998〕。
　残る狐井城山古墳は、奈良県立橿原考古学研究所が周溝と東堤を発掘調査し、第Ⅴ期の円筒埴輪を多数発見している〔奈良県立橿原考古学研究所1983・1984・1986〕。第Ⅴ期の円筒埴輪は5世紀後半以降にみられる。古墳の年代を限定できるものではないが、候補からは外れない。城山の名の通り、中世城郭によって墳丘が改変され、狐井城山古墳は良好な外観をとどめていないものの、後期の大型古墳とみて間違いないだろう。つまり、現在のところ、「片岡」の該当地で武烈陵の候補となる後期の大型古墳は狐井城山古墳を除いて挙げることができないのである。
　ところで、1998年におこなわれたシンポジウムで白石太一郎氏は武烈天皇そのものの実在性が薄いと発言された。これに対し、同じパネラーだった塚口義信氏は記紀の皇統譜のもととなる『帝紀』、あるいは原帝紀の成立は6世紀中葉の欽明期ぐらいと結論付けられ、その頃からみて顕宗とか武烈天皇の時代は明らかに歴史認識の可能な時代、と解説された。武烈天皇の実在性は議論の対象にならない、という意見には従うべきだと考える。このとき、塚口氏は、実在が疑いないとしても、大王位についたかどうかは別問題で、両者は合葬された可能性もあるという、荊木美行氏の説も紹介された〔塚口・白石ほか1998〕。
　塚口氏はこのシンポジウムにさかのぼる1994年に狐井城山古墳が武烈陵であるという説を提唱されている〔塚口1994〕。『日本書紀』は顕宗陵と武烈陵を同地とし、『古事記』は顕宗陵を武烈陵の崗の上とする。塚口氏は顕宗陵については不明としながら、近年は、狐井城山古墳の北側にある狐井稲荷山古墳の存在に注目する。以上に対し、2010年に白石太一郎氏は武烈天皇の実在性を改めて否定し、狐井城山古墳は顕宗陵とする〔白石2010〕。
　2013年11月、米田敏幸氏が新たな考証を発表された〔米田2013・2014〕。「片岡」の範囲をひろく見直し、武烈陵を狐井城山古墳とし、顕宗陵を新庄屋敷山古墳とする説である。この新説に対し、2014年1月に坂靖氏は、屋敷山古墳の円筒埴輪は有黒斑と無黒斑の変わり目頃のもので、石棺は久津川車塚古墳出土のものに共通し、5世紀末の顕宗天皇の時期まで降らないと否定した〔坂2014〕。また、同年12月に塚口義信氏も「片岡」の範

囲を旧新庄町まで広げるには無理があり、屋敷山古墳は葛城の範疇と批判した。塚口氏は武烈天皇の非実在性を改めて否定し、狐井城山古墳の西南に「腰折田」の地名が残り、これは陵墓造営に関わった土師氏の伝承に関連することを指摘している〔塚口 2014〕。

米田氏の説には、見直すべき点があるものの、狐井城山古墳出土とされる石棺群の形態復元は重要な成果と評価できる。すなわち、狐井城山古墳の造営年代を限定する資料が少ないなかで、大きな手がかりとなるのは古墳から持ち出されたとされる石棺の分析である。

現在四つの石材が残されており、便宜的に石棺A〜石棺Dと呼ぶ（図1・図2）。すべて竜山石で伊保山付近産出の石である〔奥田 2016〕。石棺Aは船形石棺の蓋とされ、香芝市二上山博物館の前庭にある。これについて、米田氏は内刳りの不自然さを指摘し、本来は内刳りがなく、組合せ石棺の底石だったことを説いた。著者もその通りと考える。石棺Bか石棺Cのいずれかに組み合うのだろう。奥田氏は特殊な箱形石棺の棺蓋と説く〔奥田 2016〕。

石棺Bと石棺Cは古墳の南の水路の脇にあり、規模・形態ともにほぼ共通する棺蓋である。棺Bのみ上面に縄掛け突起を伴う。和田晴吾氏による分析では、伝統的に王者の棺は竜山石製である。とくに長持形石棺の場合、いずれの棺も同格ではなく、被葬者の身分に応じて造り分けがみられ、真に「大王の棺」と呼べるものは縄掛け突起二・二型式（蓋の長辺と短辺各辺に二個の縄掛け突起）で、竪穴式石槨に納められるという〔和田 1996〕。石棺Bは「大王の棺」の型式に合致する。また、米田氏の追跡により、棺を覆う竜山石製の石室天井石も四枚確認されている〔米田 2014〕。

さて、米田氏は狐井城山古墳の石棺を復元するに際し、屋敷山古墳の石棺を参考として、入母屋形で傾斜角が強い（約30度）棺蓋と考えた。全長2.4m、傾斜角の強さや縄掛け突起の位置は6世紀以降に出現する家形石棺の蓋石を先取りするものである。

ただし、筆者は石棺Bと石棺Cの割れ面の観察から入母屋形ではなく、切り妻形の棺蓋だったと推定する。長持形石棺と家形石棺の過渡的形態としても、そのモデルは別にあると考えるのである。以上については、2014年4月に、筆者と水谷氏が塚口氏の司会でシンポジウムをする機会があり、米田氏を交えて討論した〔西川 2014〕。

結論的に、狐井城山古墳の石棺B・石棺Cは武寧王陵とされる宋山里7号墳出土木棺に共通する形態と考える。木棺は良好に遺存し、全長2.4mに復元されている。縄掛け突起はないものの、円環の棺金具が六か所あり、突起のかわりとなる。材質はコウヤマキで内外面に黒漆を塗る。コウヤマキは半島には自生しない。したがって、倭国で作られたものが運ばれたと推定されている。武寧王の没年は墓誌などから523年とわかる。ほぼ同形の王妃の棺が529年に追葬されており、520年代の王の棺の一端が垣間見られるのである。棺の贈り主は分からないものの、九州の豪族と考えるより大和王権、すなわち継体天皇である蓋然性が高い。武寧王の生前に継体天皇が贈った棺だろう[4]。

著者は狐井城山古墳の石棺が武寧王の木棺に影響されて製作されたと考える。その結

果、入母屋形ではなく切妻形になり、蓋と身の合わせ目に木棺特有の段状の仕口（印籠継ぎ）が施されたとみている。したがって、石棺の年代は武寧王の棺とほぼ同時期、520〜530年代だと推定するのである。

6世紀前半の畿内では割り抜き式の家形石棺が定型化する頃である。もはや、棺の底にも発達した縄掛け突起をもつ舟形石棺はほとんどみあたらない。しかし、組合せ式石棺に限ってみると、京都府物集女車塚古墳のように発達した縄掛け突起を施した石棺もあることから、大王の石棺として、採用されたことを否定できないだろう〔向日市教育委員会1984〕。筆者は白石氏や米田氏のように、これらの石棺を5世紀後半や6世紀初頭のものに復元することはできないと考える。

さらに、狐井城山古墳出土の可能性がある石棺Dがある（図2）。石棺Dは二上山産の初期家形石棺の蓋と共通する発達した縄掛け突起をもち、上部の平坦面が狭い。竜山石製の初期家形石棺の未成品は石切り場付近で見つかっており、竜山石による石工も古くから家形石棺を作成していたとされる。巨勢男人墓の可能性が指摘されている奈良県市尾墓山古墳の家形石棺と共通する形態である〔高取町教育委員会1984、宮原1988〕。これについても、520〜530年頃の作成年代が与えられよう。二上山凝灰岩製の家形石棺製作のはじまりは、磐井の乱によって阿蘇山凝灰岩製の家形石棺の供給システムが崩壊したことに端を発するという見方もあり、記紀にある磐井の乱の年代を正確に言い当てることは難しいとしても、岩戸山古墳の年代などから520〜530年頃とみることが穏当だろう〔高木1998〕。

さて、奈良盆地の第V期の埴輪の流通は鐘方正樹氏によって考察されている〔鐘方1991〕。これに従うと、奈良盆地は大きく北部と南部に埴輪の供給拠点が分かれ、北部は奈良市の菅原埴輪窯が主な供給拠点と位置付けられている。また、この埴輪窯の製品は色調や胎土の特徴から比較的容易に判別できることも知られる。概して、乳白色で白木調である。大王級の古墳への供給は確認されていない。

大王墓などとよばれる大型古墳の埴輪は、中小古墳の埴輪と峻別でき、精緻な大型製品である。6世紀後半の見瀬丸山古墳や平田梅山古墳には埴輪が確認されないので、このころには大王墓の埴輪工人集団は解体しているようだ。

継体陵とされる今城塚古墳の埴輪は、古墳の北方丘陵にある新池埴輪窯とその工房から運び込まれている。そして、遺構や窯の灰原からは焼かれた頁岩塊が大量に出土している。この埴輪窯では付近で産出する頁岩を焼き、それを粉にして胎土に混ぜるのである。新池窯の埴輪は胎土の赤さに加え、朱赤の頁岩粒を大量に含み、赤漆調となる。土器胎土の添加物は6世紀の埴輪や土師器に多々見られるが、頁岩粒の粒度に違いがある。

狐井城山古墳では墳丘からいくつかの埴輪が採集され、北部の菅原窯供給のものとは峻別できる。また、付近に共通する埴輪をもつ古墳も知られない。概して、大王墓特有の大型埴輪で、赤味が強い胎土・色調である。同様の状況は天理市西山塚古墳出土埴輪にも共通する。この古墳も採集資料のみであるが、新池窯や今城塚古墳出土埴輪に共通する

継体天皇大和入りの反対勢力を考える

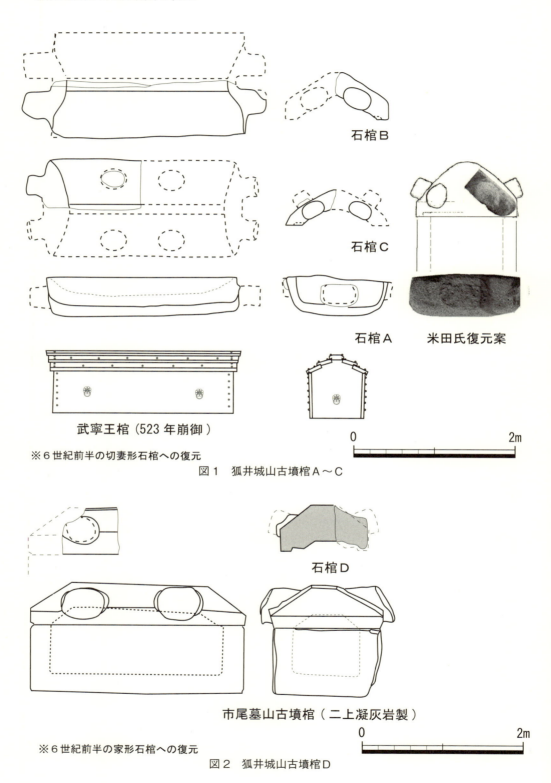

武寧王棺（523年崩御）

※6世紀前半の切妻形石棺への復元

図1　狐井城山古墳棺A〜C

石棺D

市尾墓山古墳棺（二上凝灰岩製）

※6世紀前半の家形石棺への復元

図2　狐井城山古墳棺D

胎土・色調だとされる〔今尾・服部1994〕。西山塚古墳は『延喜式』に山辺郡の衾田陵と記された手白香媛墓である可能性が高い。著者は二つの古墳が今城塚古墳とほぼ同時期に造営されたため、大王墓に埴輪を供給していた新池窯埴輪工人の関与があったとみている。

　以上、石棺や埴輪の検討から、武烈陵に推定される狐井城山古墳の造営年代は、継体陵とされる今城塚古墳とほぼ同時期で、520～530年頃と推定するのである。

5.『百済本記』の解釈をめぐって

　狐井城山古墳を武烈陵とし、今城塚古墳とほぼ同時期の造営とすれば、武烈天皇と継体天皇も同時期に没したと考えざるを得ない。そうすると、武烈天皇の治世は記紀にあるよりかなり長く、武烈天皇と継体天皇の二つの王権が並立していたとすることも可能である。

　前節で示した通り、記紀の元となった『帝紀』の皇統譜、あるいは原帝紀が6世紀中頃に成立していたとすれば、6世紀前半の天皇系譜があいまいになる可能性は低いだろう〔塚口1993〕。にもかかわらず、『日本書紀』は継体天皇条の末尾に天皇の崩御年に関し、不確定要素があると記している。

　「或る本には、天皇が28年甲寅（534年）に崩御したとある。しかしここで25年辛亥（531年）の崩御とするのは、『百済本記』によって文をなしたからである。その文には「太歳辛亥の三月に百済の軍が進んで安羅に至り、乞乇城を築いた。この月に、高句麗ではその王安（安臧王）が殺された。又聞くところによると、日本では天皇及び太子・皇子がそろって亡くなったということである。」とある。これによると、辛亥の歳は二五年にあたる。後世考究する人が、いずれが正しいかを知ることであろう。」という記事である。『日本書紀』の皇統譜に関する記述としては異例である。

　この記事にある「日本では天皇及び太子・皇子がそろって亡くなった」という大事件は古くから継体天皇・安閑天皇・宣化天皇にあてる説が示されている。そうすると、厳密には安閑・宣化天皇は即位していないのである。これに対し、林屋辰三郎氏は、安閑天皇と宣化天皇は死んでおらず、欽明朝と並び立ったという欽明期の動乱を推定する。いわゆる「二朝並立説」である〔林家1955、大橋1993〕。

　『百済本記』にある「王安」は、高句麗の安臧王で、531年5月に死去したと『三国史記』は記す。『梁書』は普通7年（526年）に安臧王が死んで子の延が跡を継いだとあり、『三国史記』はこの『梁書』の記事の卒年を誤りと記している。いずれにせよ、『百済本記』のこの記事が後の時代に創作されたものではないことがわかる。

　そもそも、「二王朝並立説」とは死んだはずの「太子・皇子（安閑・宣化天皇）」が実は生きていたという読み替えによるもので、明らかに無理がある。なぜなら、『百済本記』のこの記事が誤報や不確かな伝聞とは考えにくいからだ。この時期、倭国と百済は密接な関係が続き、仏教公伝や伽耶問題を含め、活発な人的交流があった。そうすると、天皇の重大事件について、意図的な誤報や不確かな伝聞だったとしても、『百済本記』が成立する

までに正しく修正されるはずである。つまり、531年の天皇・皇子・太子の死は史実として評価すべきだろう。そうすると、『百済本記』の記事とは武烈天皇の一族（武烈天皇と皇子たち）が絶えたことを記したものと考えるのが、もっとも整合するのではないだろうか。

継体天皇時代は、『古事記』が記すように、武烈天皇の姉にあたる手白香媛を娶らせることで、継体天皇と前王朝は一定の協調がはかられていた。ところが、継体天皇の崩御によって、王権を引き継ごうとした安閑・宣化天皇の勢力は、再び王権を独占しようとする武烈天皇の勢力と衝突したのではないだろうか。6世紀前半の狐井城山古墳は、この政争に敗れた武烈天皇の一族墓であり、3基の石棺が納められたのである。ところが、安閑・宣化天皇時代も長期に及ばず、両者はまもなく崩御した。結局、武烈・継体の両方の系譜をひく欽明天皇が次に即位して、対立は解消された。

これについて『日本書紀』欽明天皇条の冒頭は示唆的な記事ではじまる。欽明天皇の幼少期、夢のお告げにあった秦大津父（はたのおおつち）を取りたてた逸話である。秦大津父は欽明天皇に取りたてられた理由として、「わたしが伊勢に行商に行った帰り、山で二頭のオオカミが喰いあって血まみれになっているのに出会った。そこで馬から降りて、手を洗い、口をすすいで「あなた方は貴い神なのに、荒々しい行いを好みます。もし狩人に出会ったらたちまち捕らわれますよ」と諭して、喰いあうのをおしとどめ、血まみれの手を洗ってから放して、命をお助けしました。」というものである。欽明はきっとその報いだろうといわれ、即位すると秦大津父を大蔵省（おおくらのつかさ）に任命する。武烈天皇と継体天皇の政争をオオカミのケンカに例え、その間は幼少期の欽明天皇が秦氏に庇護されていたことを伝える逸話と考える。

6. おわりに

『日本書紀』継体天皇条はその大半が半島関連記事である。欽明天皇条も同様に、この時期の緊迫した半島情勢を色濃く伝える。ところが、半島情勢は両天皇の思惑に反し、悪化の一途をたどり、倭軍は大きな犠牲を払うばかりで、半島の足がかりを失っていく。

倭王権による百済親和政策は有効だったのだろうか。5世紀の倭国と半島諸国は小競り合いの切り札に、さらに強力な国家としての南朝に介入を求め、各個冊封に組み込まれていった。その中で倭国の王は他国より有利な状況を誇示し続けようとしている。後の倭国と隋との国交交渉も、新羅出征と連動しており、同様の要素がうかがえる。

武烈天皇勢力と継体天皇勢力の対立とは、南朝に半島秩序の安定を託す路線と百済親和政策偏重路線との対立に収斂するのである。そして、百済王こそが偏重路線の黒幕であり、倭国に馬や鉄などの文物を提供し、軍事的後ろ盾を引き出し続けた。「斯麻」（武寧王）による「癸未年」銘鏡の製作はその蠢動を語る。百済王こそが軍事同盟の起点だった応神天皇の末梢たる継体天皇を後ろ立てし、倭の五王の末梢たる武烈天皇と対立構図をつくったのかもしれない。

『日本書紀』や七枝刀銘文は、四世紀後半に倭国と百済の軍事同盟成立を語る。4世紀末から5世紀初頭に倭は高句麗と交戦することを広開土王碑は刻む。そして、『日本書紀』継体天皇六年条は、半島に足がかり（官家）を置いたのは応神天皇と伝える。

　これに対し、武烈天皇は倭国王武（雄略天皇）の孫にあたる。『宋書』倭国伝は倭の五王が南朝に朝貢し、半島諸国の軍事的支配権を要求する。451年には倭国王済が承認を、478年には倭国王武も承認を得て将軍号を授与される。502年、梁が成立すると既に崩御している倭王武がさらなる叙勲を受けたことになっている。梁はこの前後に倭国に朝貢を促した可能性があり、武烈天皇は南朝の力を借りて倭国の大王の承認と、半島諸国の軍事的支配権承認を得る機会があったと考える。結果的に、武寧王やヲオド王に阻止され、南朝との交渉は完全に絶えてしまう。継体天皇勢力による大和の反対勢力の封鎖とは、南朝を頼りにして半島秩序を構築する動きをついえさせるものだった。

　本論は2015年4月に古代学研究会例会で、同年8月に日本書紀研究会例会で、それぞれ研究発表した内容を加筆・修正したものです。研究発表に際し、両研究会の諸氏から有益な御教示を数多くいただきました。記して深謝いたします。

註
(1) 慶雲三年（706年）、「継嗣令」で四世王までの皇親が五世王まで拡大された。
(2) 学史と問題点の整理は以下に詳しい〔塚口1982、水谷2012〕。
(3) 例えば、神武天皇が橿原で即位した理由として、応神天皇の軽島之明宮即位の伝承と対比する説がある。また、熊野で出会う人々などの伝承については大嘗祭の儀礼と対比できるという説がある〔塚口2013、西郷1967〕。
(4) 公州艇止山遺跡祭祀遺構で発見された須恵器もMT15～TK10段階とされる。この遺跡は百済の武寧王妃の殯宮と推定され、氷室や大壁建物跡が確認された。武寧王妃は526年に没し、「酉の地」に殯され、529年に改葬されたことが墓誌などからわかっている〔国立公州博物館1999〕。

参考文献
今尾文昭・服部伊久男 1994「西山塚古墳採集の埴輪」『青陵』86　奈良県立橿原考古学研究所
大橋信弥 1993「継体・欽明朝の内乱は存在したか」『新視点　日本の歴史』2　新人物往来社
大橋信弥 1995『日本古代の王権と氏族』吉川弘文館
岡田精司 1980「継体系王統の成立」『ゼミナール日本古代史』下　光文社
奥田　尚 2016「香芝市狐井城山古墳付近の石棺・石室材」『古代学研究』208号　古代学研究会
乙益重隆 1965「隅田八幡神社画像鏡銘文の一解釈」『考古学研究』11-4　考古学研究会
鐘方正樹 1991「菅原東遺跡埴輪窯群をめぐる諸問題」『奈良市埋蔵文化財調査センター紀要』
　　奈良市教育委員会
国立公州博物館 1999『艇止山』
西郷信綱 1967『古事記の研究』岩波書店
佐々木健太郎 2008「日・中・韓、鏡文化の交流」『継体天皇二つの陵墓、四つの王宮』新泉社
白石太一郎 2010「葛城の二つの大王墓」『館報』14　大阪府立近つ飛鳥博物館
高木恭二 1998「阿蘇石製石棺の分布とその意義」『継体大王と越の国』福井新聞社
高取町教育委員会 1984『市尾墓山古墳』

塚口義信 1982「『釈日本紀』所載の「上宮記一云」について」『紀要』18　堺女子短期大学
塚口義信 1993「帝紀・旧辞とは何か」『新視点　日本の歴史』2　新人物往来社
塚口義信 1994「古代史の謎を探る①」『香芝遊学』4　香芝市役所
塚口義信・白石太一郎ほか 1998「討論3」『馬見古墳群と葛城氏の検討』古代を考える会
塚口義信 2013「大和平定伝承の形成」『日本書紀研究』29冊　日本書紀研究会
塚口義信 2014『顕宗・武烈天皇の奥津城をめぐって―日本書紀研究会12月例会発表資料』
徳田誠志 1998「盤園陵墓参考地堆積土除去区域の事前調査」『書陵部紀要』49 宮内庁書陵部陵墓課
徳田誠志 2010「米国ボストン美術館所蔵 所謂「伝仁徳天皇陵出土品」の調査」『書陵部紀要』62　宮内庁書陵部陵墓課
直木孝次郎 1958a「継体朝の動乱と神武伝説」『日本古代国家の構造』青木書店
直木孝次郎 1958b「大化前代の研究法について」『日本古代国家の構造』青木書店
奈良県立橿原考古学研究所 1983・1984・1986『狐井城山古墳外堤試掘調査概報』二次・三次・四次
西川寿勝 2013「継体天皇の大和入りを考える」『日本書紀研究』28冊　日本書紀研究会
西川寿勝 2014『考古学からみた5世紀末・6世紀初頭のヤマト政権―考古学シンポジウム継体天皇登場前夜のヤマト政権発表要旨』よみうり天満橋文化センター
向日市教育委員会 1984『物集女車塚古墳』向日市埋蔵文化財調査報告書第12集
林屋辰三郎 1955『古代国家の解体』東京大学出版会
林屋辰三郎 1971『日本の古代文化』岩波書店
坂　靖 2014『6世紀の有力氏族と大王―古代学研究会一月例会発表資料』
坂　靖 2015「六世紀の有力氏族と大王」『河上邦彦先生古稀記念論集』
福山敏男 1934「江田発掘大刀及び隅田八幡神社鏡の製作年代について」『考古学雑誌』24-1　日本考古学会
水谷千秋 1999『継体天皇と古代の王権』和泉書院
水谷千秋 2001『謎の大王継体天皇』文春新書
水谷千秋 2012「「上宮記一云」の成立と継体天皇」『龍谷史壇』135・136合刊号　龍谷大学文学部
水谷千秋 2013『継体天皇と朝鮮半島の謎』文藝春秋
水野　祐 1954『増訂日本古代王朝史論序説』小宮山書店
宮原晋一 1988「市尾墓山古墳の再検討」『橿原考古学研究所論集』9
米田敏幸 2013『傍丘磐杯丘陵考―古代学研究会11月例会発表資料』
米田敏幸 2014「傍丘磐杯丘陵考」『古代学研究』204号　古代学研究会
和田晴吾 1996「大王の棺」『仁徳陵古墳』大阪府立近つ飛鳥博物館

高句麗の南進と百済そして倭
―漢城期百済を中心に―

柳本照男

1. はじめに

　高句麗は、文献記録によると紀元前37年に中国東北部東域、鴨緑江の支流である渾江流域桓仁の卒本で建国したとある。その後、遅くても3世紀前半には鴨緑江中流域の集安に都を移し勢力を振るった。「東夷」の世界では夫余に続く先進国である。

　だが、高句麗は魏や前燕に苦境を強いられる。313年・314年には楽浪郡・帯方郡を滅ぼし占拠するも、前燕の慕容皝により都を落とされ臣従する。しかし、391年に即位した広開土王により漢代の遼東郡や玄菟群の領域をも占有し、東夷の覇者として成長する。広開土王は朝鮮半島への領土拡大を押し進め、その子長寿王の時期にその領土は最大となる。

　一方、百済は4世紀中頃には成長して勢力を蓄え、高句麗に対抗する道を選択する。この構図の中で、百済は南方の勢力に救いを求めたため、加耶南部や倭との関係が生じた。

図1　4～5世紀の半島（田中 2016）

　よって、ここでは百済が高句麗の侵略を受け陥落する475年（三国史記）までの漢城期に焦点を当て、遺跡（遺構・遺物）を通して、高句麗南進の実態を追跡してみることにする。

2. 百済領域の高句麗関連遺跡

　百済領域に存在する高句麗遺跡並びに関連遺跡は、主に臨津江流域、南漢江流域・忠清道領域に存在する。関連する遺跡には、堡塁（砦）や山城、古墳などが認められるが、南進の直接的根拠となる堡塁を中心に扱うことにする。まず、主要な遺跡を紹介することにしよう。

高句麗の南進と百済そして倭――漢城期百済を中心に――

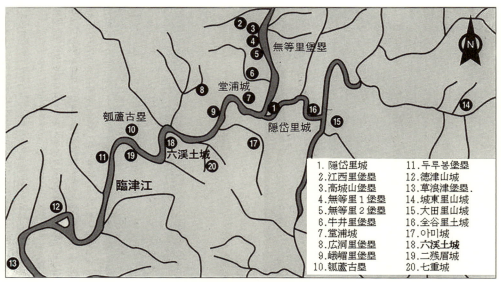

図2　臨津江流域の高句麗遺跡分布

(1) 臨津江流域

　漢江の河口で合流する臨津江は、漣川郡の北部に上流域を有し、蛇行しながら南西方向に流れを持つ。高句麗堡塁（砦）は、その上・中流域に20数例が点在する（図2、京畿道博物館2005）。この臨津江流域に存在する高句麗堡塁の特徴は、数十メートルに及ぶ川岸の絶壁を利用し、自然地形を巧みに利用した要塞を築造していることである。三角形状の急峻な地形を利用して、1辺だけに土塁や石積みを行い外部と遮断する。前線防御施設としては、時間・労力を最大限節約した非常に合理的な設営方法

図3　瓠蘆古塁平面プラン

である（図3、京畿道博物館2005）。また、その場所は臨津江の右岸（北側）に位置するなど自国領土内への安全面をも考慮した配置が特徴である。主要な遺跡を、図2を参考に列挙すると、上流域から無等里堡塁④・⑤、隠岱里城①、堂浦城⑦、瓠蘆古塁⑩、六渓土城⑱などである。これら堡塁の主要時期年代は、六渓土城が4世紀後半、隠岱里城が5世紀後半、瓠蘆古塁が6世紀前半代とされている〔梁時恩2011、崔鍾澤2013〕。

　この中で注意をひくのは六渓土城（舟月里遺跡）である。この遺跡は臨津江の左岸に位置しており、土城内で行われた発掘調査の結果、百済の住居跡が検出されるなど百済の土城であることが明らかにされた〔京畿道博物館1999、京畿道博物館・坡州市2006〕。このことから臨津江を挟んで、右岸（北側）は高句麗域、左岸（南側）は百済領域という前線基地

の構図が描かれる。しかし、この土城内の住居（漢陽大2号住居跡）から百済土器と共に高句麗土器が出土している（図4）。この土城の立地場所が、臨津江流域では珍しく要害の地ではなく、難なく行き来ができる低い丘陵地であり、現代戦（朝鮮戦争）においても戦車が進出入できたほどである。百済にとっては死守すべき重要な場所であるため土城を築いたのであるが、そこを打破され奪われたのである。この遺跡については次章で再度取り上げる。

(2) 南漢江流域・忠清道域

この地域では、臨津江流域と異なった様相を見せている。臨津江流域では堡塁が中心であったが、南漢江地域では山城が中心で少数、そして忠清道域に限

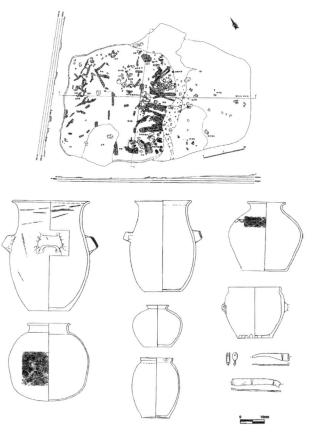

図4　六渓土城内 漢陽大2号住居 出土遺物

られ、時期も475年漢城陥落に伴う5世紀後半と、それ以後が中心であり、清原南城谷や大田月坪洞遺跡などが代表例である（図11）。古墳の存在も顕著であるが、それらは6世紀代が主な年代である。

このような状況の中で注意を払わなくてはならないのが忠州塔坪里遺跡である〔国立中原文化財研究所2009・2013〕。この遺跡は六渓土城同様、高句麗土器が出土しており、そのうえ中原高句麗碑が近接地に存在するなど、高句麗南進を考えるうえで重要な遺跡である。よって、この遺跡も別章で検討することにする。

3. 坡州六渓土城と忠州塔坪里遺跡

両遺跡は、南と北で大きく距離を隔てているものの、性格が似通う重要な遺跡であるので、時期などを探ることにする。

坡州六渓土城は、実は原三国時代の舟月里遺跡と重複する遺跡として百済考古学界では周知されている〔京畿道博物館2006〕。刊行されている報告書名も舟月里遺跡とされ、前述

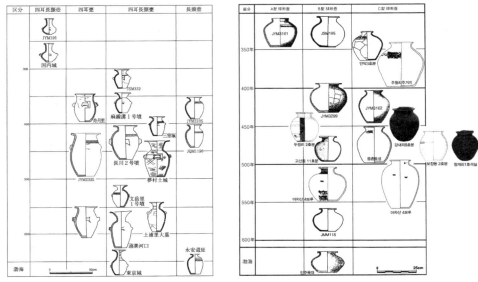

図5　高句麗土器編年（崔鍾澤 2013、左：概説韓国考古学より抜粋）

した高句麗土器出土住居を除く、他の住居出土遺物は3世紀中ごろの標準資料とされている〔朴淳發 2009〕。だが、それが適正ではないことを筆者は指摘した〔柳本 2012〕。それはこの遺跡から出土している倭系短甲資料を手掛かりに出土遺物の検討を行い、4世紀後半から5世紀前半代の土器群であることを導き出した。また、高句麗研究者の崔鍾澤も、漢陽大2号住居出土高句麗土器（図4左上）の時期を安岳3号墳の壁画に描かれた土器を参考に4世紀後半代の年代を与えている（図5左、崔鍾澤 2013）。他の資料と方法からも同様な年代観を導き出している。他に重要なことは、この住居から百済土器も共に出土していることである（図4左下）。この土器は天安清堂洞5号墓出土土器と類似しており、その時期は4世紀後半代が想定される〔柳本 2012〕。これからも年代観の妥当性が認められる。

　このようなことを総合的に捉えれば、報告されている住居跡がすべて土城内であること、出土遺物が近似した様相を持つことなどから、性格や時期を異にする重複する遺跡ではなく、同一遺跡、同一時期と判断する方が理に適う解釈である。

　臨津江を死守する前線基地の一つが六渓土城（舟月里遺跡）であり、漢陽大2号住居跡出土の高句麗土器共伴は百済敗戦に伴う高句麗軍の一時駐屯と理解できる。よって4世紀後半から5世紀前半代における高句麗との攻防戦は臨津江流域が主戦場とみられ、臨津江を死守する前線基地の一つが六渓土城である。倭製短甲の出土は百済の援軍として参画している証左である。舟月里遺跡は、このように臨津江沿いの地政的条件を絡ませて考えれば、通有の集落ではなく土城を伴う軍事的色彩の強い遺跡であると判断される〔柳本 2012〕。

　忠州塔坪里遺跡は、南漢江中流域の左岸自然堤防上に立地し、周囲には中原高句麗碑④、薔薇山城②、対岸に弾琴台製鉄遺跡⑦などが所在する（図6）。

今回取り上げるのは、2011年度の調査で検出した1号住居跡に関連する遺構と遺物である。報告書では、1号住居検出時の上層において、高句麗オンドル施設を検出し、その下層に焼失した家屋材を検出したとして、時期が異なると報告している。高句麗土器が多く出土するのは、オンドル施設周囲からで、それらの土器が図8である。高句麗土器の特徴である胴部に存在する四耳の把手片②、また壺胴部上半に施された2条の並行沈線とその下部の連続半弧文を有するC型球形壺胴

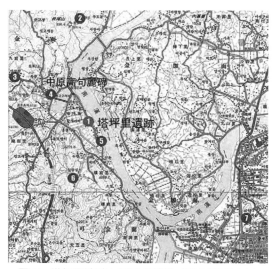

図6　塔坪里遺跡と周辺の遺跡（2013報告書より）

③は、4世紀後半代とされる舟月里のもの（図5右上）より胴の張りの弱さが認められることから、若干時期が下がり5世紀前半代が考えられる。また、共伴している格子叩目を有する百済土器の小壺④や杯身①の形態から5世紀前半代でも中頃に近い時期が想定される。鉄鏃についても、柳葉形や三角形鏃身の5世紀前半代のものと長頸鏃の5世紀後半代以降のものが混在している。遺物に若干新相のものが混在しているが、5世紀前半の後半代を主とする時期と判断される[1]。

　次に下層で検出されたとされる1号住居跡であるが、六角形の平面プランを有する漢城期の凸型住居である。その出土遺物を図9に提示する。三足器①や杯身②、長胴形の甕④などから5世紀前半代が想定される。百済特有の竈焚口枠土製品⑤も存在する。鉄鏃も概ねその時期

図7　1号住居調査中の状況

が主要であるが、一部長頸鏃が認められるなど混入品が存在する。また、これらの百済土器に混じって胴部2段に把手を有する高句麗土器の壺③が伴っている。類例は、峨嵯山第4堡塁に存在する〔崔鍾澤2013〕。

　このような状況を窺うと、上部遺構と下部遺構の出土遺物の年代差がほとんど認められない。また、高句麗式オンドルとした施設も高句麗に特定できる要素は存在しない。このオンドル施設も1号住居に伴う施設と見るならば、遺物の年代も解消される。それを想定させる調査中の写真が存在するので提示しておく（図7）。オンドル施設と地床炉を共存する中島式住居は存在するので無理な解釈ではない。このように思考することが許されるな

高句麗の南進と百済そして倭—漢城期百済を中心に—

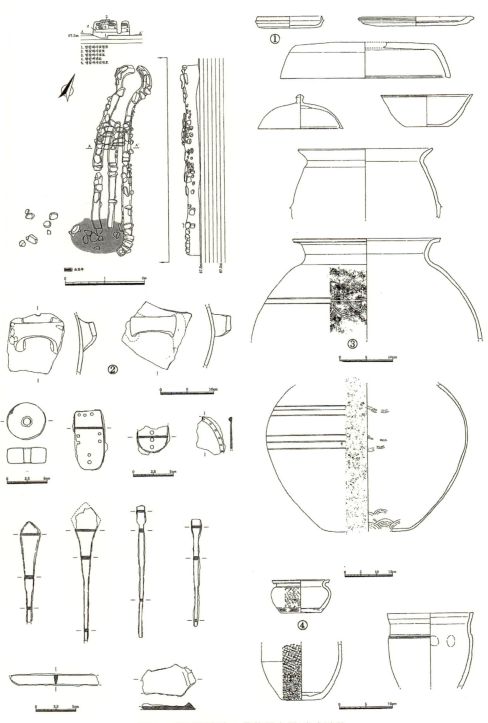

図8　塔坪里遺跡1号住居上層 出土遺物

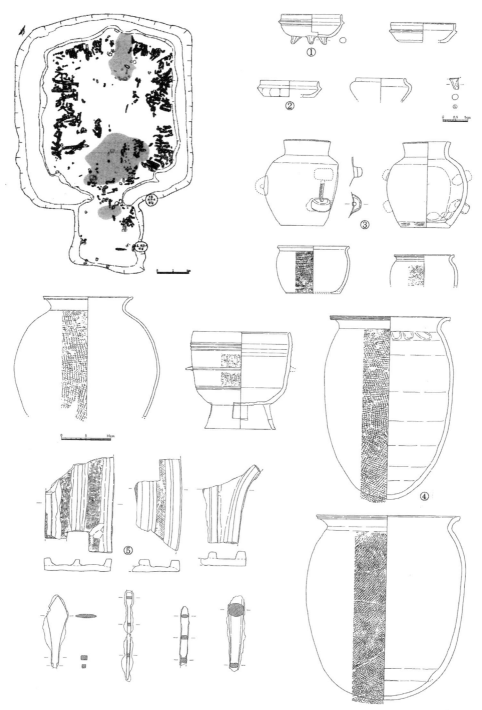

図9　1号住居下層 出土遺物

高句麗の南進と百済そして倭―漢城期百済を中心に―

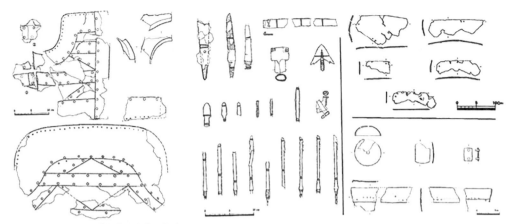

図10　倭系甲冑類 出土（左：新鳳洞90-B1、右上：舟月里遺跡、左下：道林里3号墳）

らば、高句麗が侵入し、この地を掌握して駐屯した証左資料となり、その時期は5世紀前半代である。六渓土城（舟月里遺跡）高句麗土器出土住居跡よりは少し新しい年代が提示される。

また、これに付随して諸説ある中原高句麗碑の建立年代も5世紀後半説よりは、5世紀前半説が有力と判断される〔木村2004〕[(2)]。

4. 倭の痕跡

この時期、半島で出土する倭系遺物の中に、甲冑を中心にした武器・武具が存在する。半島全域では、40数例が知られ4世紀末から6世紀前半代の時期に使用されたものである〔柳本2015〕。これらの中でも、高句麗南進に関係してくるとみられる倭系資料（図10）と遺跡の位置を確認しておこう（図11）。

この中で、前述した臨津江流域六渓土城（舟月里遺跡）出土の三角板革綴短甲片（図10右上）が型式的に古く、4世紀後半から5世紀前半代が想定される。他の資料は、すべて忠清道域で出土しており、時期も5世紀中頃を前後する時期である。道林里3号墳は忠清南道天安市に所在する古墳である。盗掘などにより詳細は不明であるが、倭系鋲留短甲の開閉部の蝶番（長方形）、眉庇付冑片など（図10右下）が出土してお

図11　半島中部域の倭関連古墳と高句麗遺跡

り、これらから5世紀2/4分期から3/4分期にかかる時期が想定される〔忠清文化財研究院2011〕。新鳳洞90-B1号墳は、清州市新鳳洞に所在し、三角板鋲留短甲、鉄鏃、須恵器杯身など（図10左）が出土しており5世紀3/4期が想定される。陰城望夷山城からも完存の三角板鋲留短甲が出土しており、時期も新鳳洞90-B1号墳と同時期である。また本年3月、新たに天安市東南区求道里遺跡で古墳の墳丘部施設より三角板革綴短甲が1領出土した〔百済古都文化財団2018〕。詳細な時期は今後を待たなければならないが、現在の出土例と同様な時期の所産である可能性が高いと思われる。

新鳳洞90-B1号墳、陰城望夷山城は、錦江流域の支流である美湖川の上流域にあたる。これらの地域で倭系甲冑が出土する背景は、475年の漢城期百済存亡に関わり、後方支援として派遣された倭軍が在地首長層に贈った武装具である可能性が高い。現に475年の漢城陥落に伴う高句麗遺跡が熊津（公州）近くの清原南城谷遺跡や大田月坪洞遺跡などで確認されており緊迫した状況が察せられる〔山本2003〕。

5. 南進ルートと漢城包囲網

以上、主要な遺跡とその時期について紹介した。ここで、これらの遺跡の出現背景について若干追究してみよう。

臨津江流域の高句麗遺跡については、4世紀後半～5世紀後半～6世紀前半までに複合的に関係する遺跡が多く存在する。それに比べ、南漢江流域・忠清道域には5世紀中頃前後～後半の時期に集中する。また、今回取り上げなかったが、漢城百済期の中心地、風納土城・夢村土城の対岸に存在する峨嵯山高句麗堡塁は、実は5世紀末～6世紀前半代が主要な時期である〔崔鍾澤2013〕。このような状況をどのように考えるか、文献記録を援用しつつ、その要因に迫ってみたいと思う（表1）。

4世紀後半以後の年代が導き出された臨津江流域の六渓土城内における高句麗遺物の存在（漢陽大2号住居）は、「広開土王碑文」に記載されている永楽6年の百済戦での勝利で城58、村700を手中に収める記事に対応するものと判断される。その場所が『三国史記』巻25・辰斯王8年（392）7月条によると「漢水北諸部落」とされることより、漢城（ソウル）以北地の臨津江流域が該当すると推測されている〔武田1989〕[3]。同様に、倭系短甲が出土することも『広開土王碑文』永楽14年（404）に「倭不軌侵入帯方界…」とあり、その帯方界が臨津江流域を包含する地域であることが考えられるため、文献記録と考古資料が合致する事例となり信憑性が高いものである。以上から見えてくるのは、4世紀後半から5世紀前半代は臨津江流域が両国の主戦場であり、高句麗の勝利によって占有された状況が浮かび上がってくる。

この北からの侵攻に対して南方の状況はどうであろうか。『広開土王碑文』永楽9年（399）の記事によれば、平壌巡行時に新羅からの援軍要請があり、翌年に5万の兵を率いて慶州に進軍して倭・加耶軍に大打撃を与え、金官加耶をも壊滅状態に追い込む内容で

表1 『三国史記・広開土王碑』高句麗の主要な対戦記事（4～5世紀、475年まで）

番号	年代(A.D.)	王 高句麗	王 百済	戦地	勝利国	兵力規模	戦果	備考
1	369	故国原王39	近肖古王24	雉壤(白川)	百済	高句麗兵2万	5千余捕虜	11月 大閲漢於水南
2	371	故国原王41	近肖古王26	浿河(礼成江)	百済			高句麗が侵入
3	371			平壤城	百済	百済精兵3万	平壤城陥落	故国原王戦死
4	375	小獣林王5	近肖古王30	水谷城(新溪)	高句麗		水谷城陥落	
5	377	小獣林王7	近仇首王3	平壤城	?	百済将兵3万		
6	377	小獣林王7	近仇首王3		?			高句麗が侵入
7	386	故国壤王3	辰斯王2		?			百済 春に要塞設置 青木嶺(開城) 八坤城一西海、8月高句麗侵入
8	390	故国壤王7	辰斯王6	都坤城	百済		200名捕虜	百済 達率真嘉謨
9	392	広開土王2	辰斯王8	石峴城	高句麗	高句麗兵4万	石玄城等10城陥落	
10	393	広開土王3	阿莘王2	関彌城	高句麗	百済軍士1万		百済の攻撃失敗
11	394	広開土王4	阿莘王3	水谷城	高句麗	高句麗精騎5千		百済の攻撃失敗 高句麗築国南7城
12	395	広開土王5	阿莘王4	浿水	高句麗		8千余捕虜	
13	395			青木嶺(開城)	—	百済 兵7千		暴雪のため帰軍
14	396	広開土王6	阿莘王5		高句麗		58城 700村	広開土王碑
15	398	広開土王8	阿莘王7	漢山北柵	—			百済の征伐失敗
16	399	広開土王9	阿莘王8					百済、高句麗征伐計画失敗
17	400	広開土王10	阿莘王9	任那加羅	高句麗	高句麗兵5万		倭・加耶軍 広開土王碑
18	404	広開土王14	阿莘王13	帯方界	高句麗			倭・百済軍 広開土王碑
19	407	広開土王17	腆支王3		?			百済? 広開土王碑
20	410	広開土王20	腆支王6		高句麗			東扶餘 広開土王碑
21	414	長寿王2	腆支王10					広開土王碑建立
22	427	長寿王15	毗有王1					平壤遷都
23	469	長寿王57	蓋鹵王15	高句麗南鄙	?			百済、雙峴城を修築、青木嶺付近に大柵設置して漢山城の軍士を送る
24	475	長寿王63	蓋鹵王21	漢城	高句麗	高句麗兵3万	男女8千捕虜	蓋鹵王阿且城の下で戦死

あるが、この記載は、金官加耶の王墓群とされる大成洞古墳群の状況とも符合して信憑性の高いものである〔申敬澈・金宰佑2000〕。

高句麗と新羅との関係は、これが初めてではなく、新羅が東晋に遣使する際にも高句麗の援助がある。『資治通鑑』巻104・晋紀26・烈宗上之中・大元2年（377）条に「春、高句麗・新羅・西南夷、皆遣使入貢於秦」とあり、この入貢は高句麗使に随伴したものと推測されている〔末松1995〕。と言うことは、倭が百済と通交を始める時期に符合してくる。

この永楽10年（400）の高句麗進行ルートはどのコースをたどったのであろうか。平壌と慶州を結ぶルー

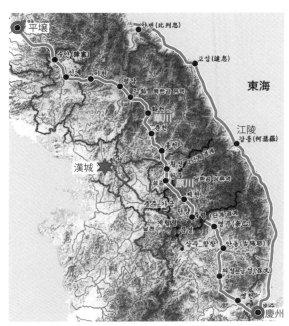

図12　高句麗〜新羅の交通路（박성현2011）

トは、古くは楽浪〜辰韓ルートの内陸道で、平壌〜伊川〜金化〜華川〜春川〜原州〜堤川〜栄州〜安東〜義城〜永川〜慶州である（図12、박성현2011）。嶺西を通るこのルートでは、4世紀末〜5世紀初頭の高句麗土器を伴う遺跡は存在せず、華川原川里遺跡では5世紀前半代までは漢城期百済の遺物様相が認められるので、百済領域圏であり無理である〔權度希2016〕。すると、残るは東海沿いの陸路と海路である。江原道の嶺東地域は4世紀中頃[4]までは、百済様式土器が認められるが、5世紀代は新羅化が認められるので、このルートが本命であろう。

次に5世紀前半代の高句麗土器が認められる忠州（塔坪里遺跡）への進攻ルートはどうであろうか。東海の江陵から原州或いは堤州に入るコースも推測されるが、現在のところ高句麗土器が出土する建登里遺跡は5世紀中・後半の若干時期が下る遺跡である〔梁時恩2014〕。特に原州の南漢江岸には法川里古墳群が蟠踞する。この古墳群の副葬遺物には中国製羊形青磁や青銅製の焦斗、漢城期の耳飾り、冠帽などが含まれ、内陸部の小古墳が通常所有できるものではない珍品を所持している〔国立中央博物館2000〕。

ではなぜ、このような舶来の珍品を内陸部の一首長が保有することができたのであろうか。古墳群の立地は南漢江の右岸、下流120km付近には百済漢城期の土城、風納土城・夢村土城が存在することから水運の中継地としての立地は理解できる。しかし、このような地勢的条件のみで中国（東晋）青磁の有品を保持できたとは思えない。2号墳の年代はこの羊形青磁から推定され、4世紀中ごろの年代を百済研究者たちは考えている。果たして

121

そうだろうか。2号墳、1号墳の出土遺物を、武器・武具・馬具・土器の研究状況からみれば4世紀末から5世紀前半代までの範疇が想定される〔柳本2015〕。上流わずか20km地点には忠州中原高句麗碑が存在し、前述したように5世紀前半代には高句麗によって占拠されている。高句麗の漢城進攻を阻止するため、漢城期百済の政権はこの役目を法泉里古墳群の首長層に託した。その見返りの品が羊形青磁をはじめとする品々であったと判断される。この地に、このような古墳群が存在し死守しているため、この進入路は難しい。となると、残るは南東方向からの侵入である。

400年の新羅救援には5万の兵の動員が記載されているが、誇張としても大規模の行軍であることには違いなく、このような大軍を、しかも遠路を容易く行き来させるのは負担が大きすぎるので、頻繁に実行しているとは思われない。すると、400年の加耶進攻後に実施している可能性が考えられ、これ以後新羅に駐屯させる兵を中心に編成して進軍している確率が高いと判断される。慶州からのこのルート上には義城や栄州に高句麗遺物が存在することからも裏付けられよう[5]。また、『中原高句麗碑』には「新羅土内幢主」とあり、これは新羅領内に派遣された高句麗軍官で、その高句麗軍官が、「募人新羅土内衆人」とあるように新羅人の募集に関与して、軍事的必要性から新羅人を徴発・組織化したとされる〔木村2004〕。よって、忠州進攻には新羅人を徴発して軍力を整え交戦したものとみられる。

同様に、この地の統治においても新羅に委ねている可能性も想定される。百済領域であったこの地に、高句麗の属人としての新羅を知らしめ、自らを誇示する目的で建立されたのが中原高句麗碑であり、その立碑年代も諸説ある中で、考古資料が示す5世紀前半の年代が有力であると判断される[6]。

6. まとめ

考古資料により推定できる年代とその場所を手掛かりに高句麗南進の一端を窺った。

臨津江流域では、4世紀後半代から5世紀前半が主戦場となり高句麗が勝利することによって、この地域を手中に治める。『広開土王碑』永楽14(404)年条の「倭の帯方界進出」も六渓土城(舟月里遺跡)出土の三角板革綴短甲片により裏付けられた。倭は、高句麗により遮断された中国王朝への西海岸海路復活への目的で百済を支援して帯方界まで進出したのであるが、大敗を喫して撤退する〔柳本2000〕。

その4年前(400)に高句麗は、新羅を救援するために半島南部へ出向き金官加耶に大打撃を与え新羅を救済する。その勢いで、南漢江中流域の要衝の地である忠州に侵攻して占拠し、百済を南北で封じ込めてしまう。この段階が5世紀前半代であり、南進路は東海(日本海)沿岸の嶺東地域経由が主要な交通路である。嶺西はまだ、漢城期百済の領域圏である。その後、北と東から徐々に圧力をかけ領域圏を拡大していくが、文献記録には大きな戦闘記載がなく和平的な政略通交と考えられる。それが動きだすのは455年の戦闘前後からで、469年にも大規模な戦闘があり、その6年後の475年に高句麗は兵3万を率

いて漢城を陥落させ、百済の蓋鹵王を殺害し捕虜8000人を奪うが、百済は南走して熊津（公州）で再出発を図る。

　この450年を前後する時期から漢城陥落（475）に至るまでの間、漢城の後方支援に加わっていた倭軍存在の証が、忠清道域で発見される甲冑類を中心とした倭系遺物群である。中国南朝に徐正を求めた半島を含む軍事的支配権を意味する「都督百済…諸軍事」号の官爵要求などは、このような関係をベースに倭の立場で政治的に用いたものと判断される。

　以上、推測に推測を重ねたところも無きにしもないが、忌憚ない意見を頂ければ幸いである。

　なお、忠州塔坪里遺跡出土遺物の実見に際しては、国立中原文化財研究所、並びに韓志仙学芸員に多大の便宜を図っていただいた。また、挿図の作成に当たっては安川賢太氏の協力をえた。記して深謝いたします。

註
(1) 報告書では、高句麗土器を5世紀中後半代に想定している〔国立中原文化財研究所 2013『忠州塔遺跡』発掘調査報告書　学術研究叢書第12冊〕が、崔鍾澤は5世紀後半としている（『峨嵯山堡塁と高句麗南進経営』2013）。
(2) 『中原高句麗碑』の立碑に関する年代は、403年、408年、421年、449年、480年、481年、506年などの諸説があり定説化をみていない。詳細は、木村誠2004所収の「中原高句麗碑立碑年次の再検討」などを参照されたい。
(3) 武田幸男は、「『碑文』〔4面2行〕に「百残南居韓」の碑字があるところからすれば、百済王都（慰礼、今のソウル・広州付近）以南にも支配の手をのばしたのであって、ここに高句麗南進策の画期的な進展をみたのであった」と述べる「広開土王の領域拡大」『高句麗史と東アジア』岩波書店1989。また、『三国史記』「広開土王本紀」の史料批判を行う中で、『碑文』の欠を補うものとして、「王南巡」広開土王18（409）年に着目した。そしてその修正紀年を401〜412年ごろとし、「王は南下してまた平壌あたりに至ったか、あるいは百済や新羅に近い国境あたりを巡遊したのであろう」とされた（前掲書「『三国史記』広開土王本紀の国際関係」）。このように、5世紀前半の時期に百済や新羅国境付近に進攻しているとみるならば、それは筆者が想定した忠州塔坪里遺跡1号住居の高句麗土器を伴う時期に符合し、『中原高句麗碑』に関連して忠州と捉えるのが妥当である。
(4) 江陵江門洞遺跡では、住居内から4世紀中頃の倭系土師器直口壺が共伴している。その遺物の交差年代から想定した〔江原文化財研究所 2004〕。
(5) 栄州の伝晋式帯金具、義城塔里1榔の高句麗系金銅冠などがその証左資料である。
(6) 李道学は5世紀中頃の立碑を唱えており、筆者と近い年代を提示している〔李道学 2000〕。

参考文献
木村　誠 2004「中原高句麗碑立碑年次の再検討」『古代朝鮮の国家と社会』吉川弘文館
京畿道博物館 1999『坡州舟月里遺跡』
京畿道博物館 2005『高句麗遺跡の宝庫京畿道』
京畿道博物館・坡州市 2006『坡州六渓土城』
百済古都文化財団 2018『天安市東南区求道里遺跡』指導委員会資料
江原文化財研究所 2004『江陵江門洞鉄器・新羅時代住居址』江原文化財研究所　学術叢書19冊
国立中央博物館 2000『法川里Ⅰ』古墳調査報告 第31冊

国立中原文化財研究所 2009『忠州塔坪里遺跡』試掘調査報告書　学術研究叢書第1冊
国立中原文化財研究所 2013『忠州塔坪里遺跡』発掘調査報告書　学術研究叢書第12冊
権　度希 2016「華川原川里遺跡出土の馬具について」『百済の辺境』翰林考古学研究所　진인진
申　敬澈・金宰佑 2000『金海大成洞古墳群Ⅰ』慶星大学校博物館
崔　鍾澤 2013『峨嵯山堡塁と高句麗南進経営』서경문화사
末松保和 1995「新羅建国考」『新羅の政治と社会』上〈末松保和朝鮮史著作集1〉所収　吉川弘文館
武田幸男 1989「長寿王の東アジア認識」『高句麗史と東アジア』岩波書店
田中史生 2016『国際交易の古代列島』角川選書
忠清文化財研究院 2011『천안 유리・독정리・도림리 유적』
朴　淳發 2009「中西部地域原三国時代土器編再考」『百済、馬韓을담다』百済歴史文化館・忠清南道歴史文化研究院
박　성현 2011「5～6세기 고구려・신라의 경계와 그 양상」『역사와 현실』82 한국 역사 연구회
柳本照男 2000「倭国の形成と戦争」『季刊考古学』76　雄山閣
柳本照男 2012「漢城百済期編年再考」『百済研究』55　忠南大学校百済研究所
柳本照男 2015「韓半島出土の倭系甲冑について」『古代武器研究』Vol.11　古代武器研究会
山本孝文 2003「考古資料로본南漢江上流域의三国領域変遷」『韓国上古史学報』40
梁　時恩 2011「南韓で確認する高句麗の時・空間的政体性」『考古学』10-2
梁　時恩 2014「南韓地域出土高句麗土器の現況と特徴」『湖南考古学報』46
李　道学 2000「中原高句麗碑의建立目的」『中原高句麗碑新証明』第6回高句麗国際学術大会　社団法人高句麗研究会

構築過程からみた三国時代墳墓の墳丘について

吉井秀夫

1. はじめに

　朝鮮半島の三国時代は、地域ごとにさまざまな墳墓が築造された時代である。同時期の日本列島は古墳時代にあたり、やはり各地で古墳が盛んに築造された。これらの時代においては、さまざまな葬送儀礼が墳墓の築造過程と密接に結びついており、各地域の考古学者は、そうした儀礼がおこなわれた痕跡をみいだして分析することを通して、具体的な墓制・葬制の様相を明らかにしてきた。そして、各地域の墓制・葬制の特徴は、他地域との相互比較を通してより明確になると考えられる。これまで筆者は、そうした諸地域の墓制・葬制を比較・検討するための手がかりの1つとして、東アジアの墳墓を、墳丘と埋葬施設の構築過程の違いにより、「墳丘先行型」と「墳丘後行型」に大別した上で、各類型の特質の違いについて注目し、比較・検討を進めてきた〔吉井2002・2003・2010〕。

　墳丘先行型の墳墓は、墳丘がある程度築造された後に埋葬施設の構築がはじまり、墳墓が完成した段階で埋葬施設が墳丘内に存在する墳墓である。本類型の墳墓の場合、被葬者を埋葬施設に安置する際の諸儀礼は、主に墳丘上でおこなわれたと考えられる。日本列島の古墳、鴨緑江および漢江流域の積石塚、栄山江流域の専用甕棺墓などが、この類型に分類される。

　一方、墳丘後行型の墳墓は、埋葬施設をまずつくり、そこへの被葬者の埋葬が完了してから、その上に墳丘がつくられた墳墓である。本類型の墳墓の場合、被葬者を埋葬施設に安置する際の諸儀礼は、墳丘がつくられる以前におこなわれることになる。大洞江流域・錦江流域・洛東江流域の墳墓が、この類型に分類される。

　朝鮮半島においては、遅くとも原三国時代以降、墳丘先行型墳墓と墳丘後行型墳墓の両者が存在する。各類型の広がりは、大きな河川の流域を単位とする地理的な境界とおおむね重なる。そして、埋葬施設の構造や墳墓の形態・規模が変化していく中でも、構築過程による類型の分布域は基本的に変化しない。また三国時代にはいり、各地域に首長墓もしくは王墓と呼びうる墳墓が出現する段階においては、墳丘先行型墳墓では墳丘の形態や規

模が、墳丘後行型墳墓では、埋葬施設の構造や規模および副葬品の量や内容が、社会の階層化や地域間関係の変化をよく反映する傾向があることが指摘できる。

このように、墳丘先行型墳墓と墳丘後行型墳墓の間には、墳丘が築造される段階に大きな違いがあり、両類型における墳丘のもつ役割や意味も、少なからず異なることが予想される。本稿では、その違いを明確にするために、墳墓の構築過程において納棺儀礼や埋納儀礼がおこなわれた「場」との関係と、断面形の比較・検討を通して、両類型における墳丘のもつ意味の違いについて考えてみたい。

2. 納棺・埋納儀礼の「場」と墳丘の関係

(1) 墳丘先行型墳墓における納棺・埋納儀礼の「場」と墳丘

墳丘先行型墳墓の中でも日本列島の古墳については、和田晴吾が、内部施設の構造（竪穴系・横穴系・横口系）・墓壙の類型・墳丘と内部施設の構築順序の組み合わせにより、古墳の構築過程を諸類型にまとめた〔和田1989〕。その中でも、墳丘先行型墳墓における納棺・埋納儀礼の「場」について検討しやすいのは、墳丘の完成後に墓壙の掘削・埋葬施設の構築がおこなわれ、それに併行する形で遺体が埋葬された「掘込墓壙a類」の場合である。和田の指摘するように、この類型においては、墳頂部から墓壙が掘削され、その中に竪穴式石槨の壁体の一部が構築されるまでが、遺体埋葬の儀礼をおこなう「場」を設営する段階である。そして、棺内に遺体が安置され、棺の内外にさまざまな品々が埋納された後に、石槨を完成して遺体を保護・密封するための作業が進められる中で、さまざまな祭祀がおこなわれたことは、墓壙内のあちこちからみつかる遺物や、赤色顔料を散布した痕跡などにより推定できる。こうした日本列島の古墳における納棺・埋納儀礼がおこなわれた「場」を支える「舞台」となるのが、様々な形態・構造をもつ墳丘である。

朝鮮半島における墳丘先行型墳墓の場合、墳丘と埋葬施設の構築過程の具体的な順序がわかる例は、決して多くない。しかし、日本列島の古墳にみられる特徴、すなわち葬送儀礼における墳頂部の重要性と、墳丘形態・構造の多様性という点について、共通する様相をみいだすことは可能である。

鴨緑江流域と漢江流域においては、石を積んで墳丘を築き、その墳頂部近くに埋葬施設がおかれる墳墓がつくられた。鴨緑江流域における積石塚の場合、時間の経過につれて、無基壇のものから方形基壇をもつもの、そして方壇階梯積石塚へと変化していく。こうした外表構造の違いは、同時期においては階層差も示していると考えられてきた。漢江の上流にあたる北漢江・南漢江流域、および臨津江流域においては、原三国時代に、河川沿いの自然堤防の高まりを利用して円形・楕円形などの墳丘をつくり、その側面および上面に河原石を積み上げる墳墓がつくられた。また、百済の王都の一角に位置するソウル・石村洞墳墓群では、表面に石が葺かれた封土墳や、方壇階梯積石塚の存在が知られている。

原三国時代から三国時代にかけて、忠清南道から全羅北道・全羅南道にわたる朝鮮半島

西南部の海岸地域に分布する、周溝をめぐらす墳墓の場合、墳丘・周溝と複数の埋葬施設の関係から、追葬がおこなわれる過程で、墳丘が水平方向や垂直方向に拡張されたと思われる例の存在が指摘されている。中でも栄山江流域においては、三国時代になると、平面楕円形もしくは梯形の低墳丘をもち、その主軸にそって、専用甕棺や木棺が列をなすように築造された例が多くなる。5世紀代には、1辺30mを越える方形墳丘、あるいは同等の規模の円形墳丘をもち、墳頂部に埋葬施設がおかれた墳墓が築造されるようになる。さらにこの地域には、前方後円形の墳丘や「埴輪」・葺石などの外表施設をもつものがあらわれる。こうした新たな要素について、日本列島の影響を無視することはできない。しかし、そうした要素を受容することができた要因の1つとして、栄山江地域の墓制・葬制が、墳丘先行型墳墓を築造する伝統をもっていたことがあることを指摘したい。

(2) 墳丘後行型墳墓における納棺・埋納儀礼の「場」

墳丘後行型墳墓においては、大きな墳丘が出現する以前にまず埋葬施設が大型化し、副葬品の量・質が増大する。洛東江流域においては、原三国時代後期に木槨墓が出現し、鉄器類の副葬量が増加する。さらに三国時代にはいると、金海・大成洞墳墓群や釜山・福泉洞墳墓群では、主たる木槨以外に副葬品を埋納するための副槨がつくられ、人や動物の殉葬も確認される。そして、大型木槨墓に被葬者が埋納される際には、木槨の周囲で、納棺・埋納にかかわるさまざまな儀礼がおこなわれたと推定される。また、墓壙内に異なる土を交互に積み重ねた土層が崩落した例があることから、納棺・埋納儀礼が終了した後、木槨の上に高さ1～2m程度の墳丘が築かれたと考えられる。そして墓壙に落ち込んだ盛土内から大型甕などが出土することから、墳丘上では、被葬者の埋納終了後の諸儀礼がおこなわれたのであろう。ただ、現地表面では墳丘が残っておらず、墳丘の規模は、墓壙を覆う程度のものであったと推定される。

朝鮮半島における墳丘後行型墳墓の中で、納棺・埋納儀礼の様相を復元するための多くの手がかりを残しているのが、高霊・池山洞墳墓群に代表される、大加耶系墳墓である。大加耶系墳墓では、地山を掘った墓壙内に、長大な竪穴式石槨をつくり、その中には釘・鎹を用いて組み立てられた木棺が据え付けられる。木棺と石槨の間には特徴的な土器類や、多様な馬具・武器・武具などが埋納された。大型墓では、主槨の周りに多量の副葬品を納めた副槨や複数の小石槨がつくられた。小石槨に埋納された人々は、主槨の被葬者の埋葬に伴う殉葬者であるとみる説が有力である。殉葬者の埋納とそれに伴う儀礼も、一連の納棺・埋納儀礼の過程の中で大きな意味をもっていたと推測してよいだろう。

埋葬施設の周囲でみつかった、破砕された土器や焼土面なども、当時の葬送儀礼に関わる痕跡として注目されてきた。土器の破砕については、筒形器台や鉢形器台が、石槨の周辺や護石付近などで意図的に破砕されている例が知られている。焼土面の周辺からは、甑や長胴甕片が出土している。また、炉と思われるコの字形の石組み遺構がみつかった例も

あり、主榔の周辺で何らかの共食儀礼がおこなわれたと考えられる。以上のような証拠により、大加耶系墳墓においては、埋葬施設の築造がはじまり、主たる被葬者の埋納を経て墳丘の築造がはじまるまでの間に、主榔の周辺でさまざまな葬送儀礼がおこなわれたことがわかる。興味深いのは、さまざまな葬送儀礼に関係すると思われる遺構や痕跡が、墳丘の護石に囲まれた範囲内に集中している点である。このことから、大加耶系墳墓における墳丘の大きさは、納棺・埋納儀礼がおこなわれた「場」の広さを反映しているとみなすことができる。あるいは、大加耶系墳墓の墳丘には、納棺・埋納儀礼がおこなわれた「場」を覆い隠すという役割があったのかも知れない。

　5世紀代における洛東江以東地域の各地では、慶州の積石木槨墳のように5世紀代に「高塚」と呼ばれる円形の大型墳丘をもつ墳墓が盛んにつくられるようになる。地域ごとに埋葬施設の構造は多様であり、昌寧・校洞墳墓群のように、横口構造をもつ石室の例もある。また、地山と埋葬施設の位置関係をみると、地下式のものより半地下式・地上式のものが多くなる。そのような多様性はあるものの、いずれの場合も、埋葬施設への被葬者埋納が終わってから、その上に墳丘が築造されている。

(3) 墳丘の機能と構造の違い

　以上、限られた資料からではあるが、納棺・埋納儀礼の「場」との関係から、朝鮮半島と日本列島の墳丘先行型墳墓と墳丘後行型墳墓における、墳丘の役割について概観した。その結果をもとに、それぞれの類型における墳丘の機能と構造の特徴をまとめてみれば、以下のようになる。

　まず、墳丘先行型墳墓は、その構築過程からみて、墳丘の存在なしには墳墓は成立しない。埋葬施設は墳丘内に位置するため、納棺・埋納儀礼がおこなわれた「場」は、墳丘の上方に存在し、その「場」の大きさは、埋葬施設の数および規模にも関連づけられる。そして墳丘は、このような儀礼がおこなわれる「場」を支える「舞台」としての役割を果たしたとみなすことができる。また墳丘先行型墳墓では、その構造的な特徴から多様な構造・形態・規模の墳丘を選択しうるし、葬送儀礼の「場」の規模よりはるかに大きな墳丘を築造することも可能である。墳丘先行型墳墓において、墳丘の構造・装飾・規模に墳墓の地域性と階層性が強く表れる理由の1つを、こうした墳丘の特徴に求めることができよう。

　一方、墳丘後行型墳墓は、埋葬施設が地下に存在するために、被葬者の埋納が終了した時点で墳墓の築造を終えることが可能であり、墳丘は必ずしも必要ではない。そして地下につくられた埋葬施設およびその周辺でおこなれた納棺・埋納儀礼が終了してから、本格的に墳丘の築造がはじまる。そのため、それまでおこなわれた諸儀礼の痕跡の多くは、墳丘に覆われることになる。よって墳丘後行型墳墓において、墳丘とは、墳墓の位置を示す「墓標」としての役割が大きかったと考えられる。

3. 墳丘断面形の比較

(1) 墳丘断面形を比較するための問題点

　前章でみたように、墳丘先行型墳墓と墳丘後行型墳墓の墳丘は、その築造過程の違いのみならず、一連の墓制・葬制における機能において少なからずの違いが認められる。そうした違いを明確にするため、次に各地域の墳丘を、その断面形において比較・検討したい。

　墳丘の断面形を客観的に比較する方法としては、円墳・方墳における墳丘長（径もしくは一辺の長さ）と墳丘高の比率、および墳丘長と墳頂長（径もしくは一辺の長さ）の比率を検討することが考えられる。こうした検討をおこなうためには、墳丘の正確な断面図が必要である。ところが、十分な情報をえることができる墳丘断面図が報告書に掲載されている例は、どの地域でも意外に少ない。

　例えば、典型的な墳丘後行型墳墓である洛東江流域の墳墓の場合、曺永鉉の一連の研究成果〔曺永鉉1993・2003〕を契機として、墳丘の築造過程を詳細に検討することが一般的になりつつある。ただし、墳頂部の形態や、墳丘外表面の構造については、十分な検討がなされている例は少ない。今後の調査において、墳丘基底部の位置、墳丘斜面の形態および外表施設の有無、墳頂部の形態、といった情報を取得することが必要である。

　一方、墳丘先行型墳墓に属する日本列島の古墳は、墳丘斜面に葺石を葺き、斜面の間に平坦面をもつことが一般的であるため、トレンチ調査により墳丘外表構造の調査・検討がなされてきた。ただ、墳裾の位置・標高や、墳丘斜面・平坦面の規模および構造が、墳丘の位置により異なる場合は少なくない。また、墳丘の一部にトレンチを設定した調査の場合、調査区内の情報のみから、墳丘全体の断面図を作成することは容易ではない。

　以上のような現状では、墳丘の断面形を単純に数値化して、諸属性間の比率を検討することは困難である。そこで次善の手段として、墳丘立面図・断面図が報告書に掲載されている例を用いて、墳丘断面形の相対的な比較を試みたい。具体的には、実際の規模とは関係なく、墳丘長がほぼ同じになるようにして立面図・断面図を並べ、それらの形状を比較することにより、地域ごとの大まかな傾向と特徴を読み取ることとしたい。

(2) 墳丘先行型墳墓における墳丘の断面形

　まず、墳丘先行型墳墓である鴨緑江流域の積石塚（図1-1・2）・漢江流域の積石塚（図1-3）・栄山江流域の専用甕棺を主たる埋葬施設とする墳墓（図1-4・5）・日本列島の各地の古墳（図1-6・7）の墳丘断面形を比較してみたい。これらのうち、鴨緑江流域・漢江流域の積石塚の墳丘は方形であり、栄山江流域の墳丘墓の墳丘には円形・方形などがある。また日本の古墳の墳丘は、円形・方形・前方後円形・前方後方形など多様である。こうした墳形の多様性を念頭におきつつ、それぞれの断面形を比較検討した結果、地域を越えた特徴として、次のような点を指摘することができる。

構築過程からみた三国時代墳墓の墳丘について

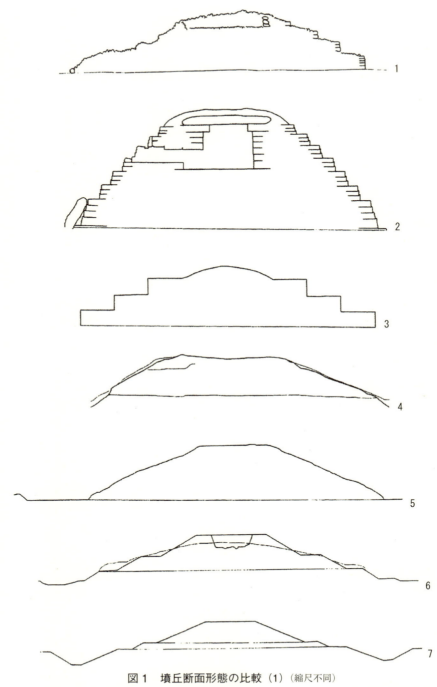

図1　墳丘断面形態の比較（1）（縮尺不同）
1　集安・禹山下3283号墳（方）　2　集安・将軍塚（方）　3　ソウル・石村洞2号墳（方）
4　羅州・新村里9号墳（方）　5　羅州・徳山里3号墳（円）　6　大阪・豊中大塚古墳（円）
7　大阪・風吹山古墳（帆立貝）

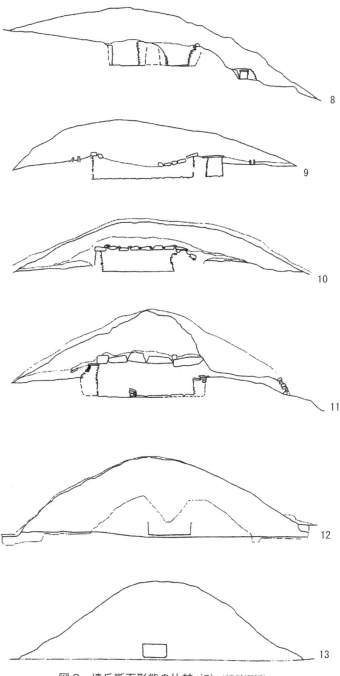

図2　墳丘断面形態の比較（2）（縮尺不同）
8　高霊・池山洞45号墳（円）　9　高霊・池山洞44号墳（円）
10　陜川・玉田M3号墳（円）　11　大邱・城山里1号墳（円）
12　慶州・天馬塚（円）　13　慶州・皇南大塚北墳（円）

まず第1に指摘できるのは、墳丘先行型墳墓の場合、墳頂部に一定程度の広さをもつ明確な平坦面の存在が推定できる。竪穴系埋葬施設をもつ墳丘先行型墳墓の場合、その墓壙は墳頂部から掘りこまれ、被葬者が安置され埋葬施設が完成するまで、墳頂部でさまざまな葬送儀礼をおこなうための空間が必要である。そうした事情のために、地域の違いにも関わらず、墳頂部に明確な平坦面をもつような墳丘断面形を示すのだと考えられる。

　第2に、墳丘高が墳丘長の20％以下であるものが一般的である。こうした形態を示す理由の1つとしては、墳頂部に葬送儀礼をおこなうための「場」を確保する必要があったことがあげられる。もう1つの理由としては、一連の葬送儀礼をおこなうために、儀礼に参加する人々が、墳丘裾から墳頂部まで登る必要があったことが考えられる。日本の前方後円墳では、くびれ部ないし前方部隅で、墳頂部に登るための通路が確認・想定されてきた。朝鮮半島の墳丘先行型墳墓の墳丘においても、墳頂部に登るための何らかの施設が存在した可能性を考慮する必要があるだろう。

　しかし、墳丘先行型墳墓の中には、墳丘高が墳丘長の20％を越える例もある。例えば、鴨緑江流域の将軍塚（図1-2）は、他の積石塚にくらべて、墳丘長に対する墳丘高の比率が明らかに大きい。竪穴系の埋葬施設をもつ積石塚（図1-1）の断面図と比較してみると、それらの墳頂部にあたる位置が、将軍塚における横穴式石室の床面の位置にほぼ対応していることがわかる。このことから、本来の墳頂部を基底として、その上に横穴式石室を構築したことにより、断面形が変化したと説明できるかもしれない。

(3) 墳丘後行型墳墓における墳丘の断面形

　墳丘後行型墳墓の場合、大成洞古墳群や福泉洞古墳群のような大型木槨墓においては、墓壙を覆う程度の低い墳丘が存在したことが推測されるだけで、具体的な構造の検討は難しい。洛東江流域におけるいわゆる「高塚」段階の墳墓は、円形の墳丘をもつが、墳頂部付近が後世に削平された例が多く、本来の形態の復元は容易ではない。ただ現状でみる限り、これらの墳丘の墳頂部には、墳丘先行型墳墓にみられるような広い平坦面がつくられなかったと考えられる。例えば洛東江以西地域の高塚古墳の場合、池山洞古墳群（図2-8・9）の例のように、地山より下につくられた竪穴式石槨およびその周辺の小石槨や祭祀遺構を覆うように、墳丘が形成されており、墳丘長に対する墳丘高の比率も小さい。また、墳丘の平面形をみると、正円形ではなく、埋葬施設の主軸方向に長い楕円形である例が多い。このことは、墳丘後行型墳墓の墳丘が、埋葬施設を覆い隠す意味をもつこととと関連するのであろう。

　慶州およびその周辺の高塚古墳の場合、墳丘高が墳丘長の20％以上である例が多い（図2-12・13）。そのため、他地域の古墳の墳丘とくらべたとき、慶州の古墳は墳径にくらべて高い印象を与える。洛東江以東地域の高塚古墳の場合も、やはり墳丘長にくらべて墳丘が高い傾向にある。これらの高塚古墳では、埋葬施設の一部または大部分が地山より

上に位置するため、埋葬施設の周囲に「1次墳丘」と呼ぶべき墳丘がつくられている。そして被葬者が埋葬施設に埋納された後に、埋葬施設および1次墳丘を覆うような形で盛土がなされて、最終的な墳丘が完成している（図2-10・11）。このような構造的特徴が、墳丘長にくらべて高さが高い墳丘が出現した要因の1つであったと考えられる。またこうした墳丘には、斜面の傾斜度が大きく、人が墳頂部に登るには適した形態とはいえないものが多い。かならずしも墳頂部に登る必要がない墳丘であればこそ、高さを重視した墳丘への変化が可能になったと考えられる。

4. おわりに

以上、本稿では、朝鮮半島および日本列島における墳丘先行型墳墓と墳丘後行型墳墓において、納棺・埋納儀礼の「場」との関係において、墳丘がどのような機能や構造的特徴をもつのかについて検討をおこなった。その結果を整理すると、以下の通りである。

墳丘先行型墳墓において墳丘は、納棺・埋納儀礼をはじめとするさまざまな葬送儀礼がおこなわれる「場」を支える「舞台」としての役割を果たしたと考えられる。そのため、この類型の墳墓の墳頂部には、一定程度の広さをもつ明確な平坦面がある。また、その構造的な特徴から、さまざまな形態の墳丘や、大型墳丘を築造することが可能である。一方、墳丘後行型墳墓の場合は、墳丘は本来必要な要素ではない。被葬者の納棺・埋納儀礼は地下につくられた埋葬施設の周辺でおこなわれたと思われる。墳丘はそうした儀礼の「場」を覆い隠すと共に、墓の位置を示す墓標的な役割を果たしたと考えられる。そのため、墳頂部には明確な平坦面が築造されず、慶州の積石木槨墓のように、墳丘径の20％以上の高さをもつ墳丘の築造も可能であった。

以上のように、朝鮮半島と日本列島の墳墓における墳丘の規模・構造・形態の多様性は、各地域における墓制・葬制の伝統の中から生じたと考えられる。そうした多様性を無視して、各地で築造された墳墓を、単純に墳丘の平面形や規模だけで比較することは、かならずしも適切ではない。今回の検討に基づけば、今後、諸地域の墳墓において被葬者の納棺・埋納儀礼がおこなわれた「場」の広さを比較・検討する必要が感じられる。つまり、墳丘先行型墳墓においては墳頂部平坦面の広さ、墳丘後行型墳墓においては墳丘全体の平面の広さを基準とするのである。こうした基準からみると、例えば、日本列島最大の墳丘先行型墳墓である大山古墳の後円部平坦面と、朝鮮半島における墳丘後行型墳墓の中で最大級と考えられる慶州・鳳凰台古墳の墳径には、さほど大きな違いがみられない、ということに気づく。こうした点についての具体的な検討と意味づけについては今後の課題とし、これからも基礎的なデータを蓄積しつつ、多様な視角による墳墓の地域間比較の方法を模索していきたい。

本稿は、2012年11月23日に韓国学中央研究院で口頭発表した「墳墓の構築過程からみた三国時代墳墓の比較研究」（発表文は『三国時代国家成長と物質文化Ⅰ』（2015年）に韓国

語で収録）を改編・改稿したものである。紙幅の関係上、図1・2で取り上げた墳墓の出典一覧を割愛したことをご理解いただきたい。

参考文献
（日本語）
青木　敬 2003『古墳築造の研究—墳丘からみた古墳の地域性—』六一書房
東　潮 1997『高句麗考古学研究』吉川弘文館
近藤義郎 2000『前方後円墳観察への招待』青木書店
曺永鉉（吉井秀夫訳）2003「古墳封土の区画築造に関する研究」『古墳構築の復元的研究』雄山閣
吉井秀夫 2001「百済の墳墓」『東アジアと日本の考古学』1　同成社　pp.137-164
吉井秀夫 2002「朝鮮三国時代における墓制の地域性と被葬者集団」『考古学研究』49-3　pp.37-51
吉井秀夫 2003「朝鮮三国時代における墳墓の構築過程について—墳丘先行型と墳丘後行型—」『古代日韓交流の考古学的研究—葬制の比較研究—』pp.69-83
吉井秀夫 2010『古代朝鮮　墳墓にみる国家形成』京都大学学術出版会
和田晴吾 1989「葬制の変遷」『古代史復元』第6巻　講談社　pp.105-119
（韓国語）
慶北大学校博物館 2003『陜川花園城山里1号墳』
慶北大学校博物館・慶北大学校考古人類学科・高霊郡大加耶博物館 2009『高霊池山洞44号墳—大加耶王陵—』
慶尚大学校博物館 1990『陜川玉田古墳群Ⅱ　M3号墳』
高霊郡 1979『大加耶古墳発掘調査報告書』
国立文化財研究所 2001『羅州新村里9号墳』
金洛中 2006「墳丘墓の伝統と栄山江流域型周溝」『羅州伏岩里3号墳』pp.357-381
ソウル特別市・石村洞発掘調査団 1987『石村洞古墳群発掘調査報告書』
松永悦枝 2009「高霊池山洞44号墳の墳丘祭祀に関する検討」『高霊池山洞44号墳—大加耶王陵—』
尹容鎮 1979「高霊池山洞44号古墳発掘調査報告書」『大加耶古墳発掘調査報告書』pp.9-193
李盛周 2000「墳丘墓の認識」『韓国上古史学報』32　pp.75-109
曺永鉉 1993「封土墳の盛土方式について—区分盛土現象を中心として—」『嶺南考古学』13　pp.31-54
（中国語）
吉林省文物考古研究所・集安市文物保管所 1994「集安洞溝古墓群禹山墓区集錫公路墓葬発掘」『博物館研究』1994-3　pp.79-81
吉林省文物考古研究所・集安市博物館編著 2004『集安高句麗王陵—1990～2003年集安高句麗王陵調査報告—』文物出版社

日・韓前方後円墳築造方法の覚書
―鳥取県晩田山3号墳の再検討をかねて―

植野浩三

1. はじめに

　1996年8月、鳥取県西伯郡淀江町（現米子市）晩田に所在する、晩田山古墳群の発掘調査が開始された。そのうちの晩田山3号墳は、全長36mの小型の前方後円墳であり、筆者は、淀江町教育委員会の岩田文章・岩田珠美氏や、多くの奈良大学学生・大学院生と共に本墳の発掘調査を担当した。

　本墳は、後円部の盛土が極めて複雑であり変則的であった。盛土は調査中に慎重に検討したが、調査者の不理解もあって充分な考察が出来なかった。調査時には、まず墳丘中央部に小丘状の高まりを築き、次いで墳丘の周辺部に周堤状に土手状盛土を造り、次にその間を水平気味に充填・盛土すると考えた〔岩田・植野2000〕。

　近年は、古墳築造方法が分かる調査例も増え、多くの研究が進められている〔青木2003等〕。また、韓国の前方後円墳についても共通する築造方法が認められるようになり、研究が進展している。本稿では、こうした研究成果に導かれ、晩田山3号墳の築造順序の再検討を行い、韓国の前方後円墳との共通点について整理しておきたい。なお、古墳築造方法の用語については、上記した青木敬氏が示したものに従うことにしたい。

2. 晩田山古墳群の概要と築造方法

(1) 古墳群の概要

　晩田山古墳群は、鳥取県西部に位置する淀江平野に面した低丘陵上に33基の古墳が確認されている。古墳群の北西方向には、古くから知られている向山古墳群や小枝山古墳群、そして上淀廃寺等の著名な遺跡群が存在し、古来より要衝の地であった。

　晩田山古墳群の南東域は、2km以上にわたって弥生時代を中心とする集落跡や墳墓群（四隅突出型墳丘墓、他）が存在し、総称して妻木晩田遺跡群と呼称している。晩田山古墳群はその北西部の一角に所在する。妻木晩田遺跡群一帯は、広域の開発計画から端を発して調査が行われたが、遺跡の重要性が各方面より認識され、市民団体による保存運動が

展開した。その過程で関係機関による協議が幾度となく行われ、最終的に遺跡全体を保存することで決着し、現在は遺跡公園として管理・活用されている。

晩田山3号墳は、全長36m、後円部径20m、後円部高3.2m、前方部長16m、前方部幅12mであり、前方部は削られて残りはよくなかった。主体部は後円部に竪穴式石室1基と附属施設1基、前方部に2基の埋葬施設（箱式石棺）が存在する（図1・2）。竪穴式石室は次項で述べるように、墓壙は存在せず石室構築と併行して墳丘を盛っていたことが分かった。築造時期は少量の遺物しかないが、MT15型式期前後と考えられる。

(2) 晩田山3号墳の築造方法

晩田山3号墳の築造過程は、大きく5つの段階で復元した。その段階は作業単位と呼称し、報告時には次のような順序で築造したと考えた。

〈墳丘造成の作業単位〉

作業単位Ⅰ　地表面の成形、平坦化の後に、後円部中央に小丘を築く。

作業単位Ⅱ　石室基底部の築造

作業単位Ⅲ　後円部基底部の築造完成

作業単位Ⅳ・Ⅴ　石室築造・後円部墳丘の完成

こうした築造過程は、築造方法の中でも基本的な単位である。原則的に下部から上部へと堆積がなされ、補強・成形されている。作業単位ⅡとⅢは、ほぼ同時に行われた可能性もある。後円部の築造過程では、作業単位Ⅲとそれ以降では大きな違いがある。則ち、石室の基底部造成前の段階まで（第1次墳丘）と、それ以後（第2次墳丘）である。石室基底部築造前の盛土（第1次墳丘）は、後述するように極めて複雑な盛土がなされており、それ以後は石室構築と併行して水平に盛土している。

〈第1次墳丘の築造順序〉

ここでは、第1次墳丘（作業単位Ⅰ～Ⅲ）の築造過程について整理してみよう。発掘調査時には、作業単位Ⅰの段階でまず後円部中央に小丘を築くと考えたが、再検討の結果、小丘と土手状盛土の前後関係は明確ではなく、同時ないしは土手状盛土が先行することもあり得ると考えた。従って小稿では、後述する現在の研究成果をも参照して、次のような復元を行った。なお、ここでは大きく区別できる盛土の範囲を「盛土単位」として記述する（図2、小文字のアルファベット）。

①後円部東北部では、墳丘裾部に土手状盛土を行う（盛土単位c）。これは西南部では確認できず、東北部を中心に「C」字形に行ったと考えられる。それとほぼ同時か遅れて、後円部中央部に小丘を造る。20cm程度の土を数回に分けて山状に積む（盛土単位a）。

②小丘上部に再度盛土（盛土単位b）を行い、その周囲（西・南・北部）も拡張するように盛土をする（盛土単位b～h）。東北部では、土手状盛土の上部に再度盛土（盛土単位e）を行い、小丘の間に土を充填するように埋めながら土を積む。

③小丘周辺部を拡張するように、数回以上の単位にわたって盛土をし（盛土単位h、mの外側）、墳丘裾部を成形する。
④後円部下部の造成（第1次墳丘）が終わり、上部は水平気味に整地がなされ、全体的な成形が完了する。

〈土手状盛土と小丘〉

　第1次墳丘の造成で重要になるのが、土手状盛土と小丘の存在である。小丘は、後円部のほぼ中央部に存在する。その規模は全体の3分の1程度あり、極めて目立つ存在であった。周辺部の土手状盛土は、北・東・南部において顕著であり、西部では確認できない。
　さらにB-E-E'ラインの土層状態を詳細に見ると、土手状盛土と小丘は大きく2回に分けて盛られていることが分かる。土手状盛土は262～266の土層を積んだ後、その上部に2回目の盛土を行っている。小丘においても253＋92の土層を積んだ後に、252～250の土層を積んでいることが分かる。
　B-B'東端の土手状盛土は、小刻みではあるが幾度となく外方から土が入れ込まれ、その都度土手状盛土の内部に土を補填しながら、同様の作業が繰り返されている。B-E-E'ラインでは、大きく2回に亘って上下の盛土が行われている。しかし、場所によってその作業が微妙に異なっている。
　前方部は残存率が悪いために明確ではないが、前方部の盛土は相対的に端部方向から内側に行われている。また、前方部C-C'ラインの土層（162・163）では、墳端部に幅約2m、高さ0.4mの盛り上がりが認められ、土手状盛土の可能性を示唆している。

3. 日本における古墳築造の東西差

　古墳の築造方法については、前方後円墳か否かを問わず、近年多くの研究者が論じている。まず1997年には、樋口吉文が百舌鳥大塚山古墳や三国の鼻1号墳の築造方法を検討し、墳丘内に一定の高まりを示す「小丘」が存在することを確認した。さらに複数の小丘の存在から、それを連結していく方法である「小丘連結工法」や、同様の作業を重層的に繰り返す「プレート積重工法」の存在も指摘しており、古墳築造方法の新たな視点を示した点で重要であろう〔樋口1997〕。
　その後2000年代になると、青木敬が古墳築造方法の総合的な検討を行っている。樋口の指摘した小丘に加えて、墳丘縁辺部に土手状盛土が存在するとした。こうした方法を古墳時代前期から検討し、さらに日本列島の東西によって大きく傾向が分かれることを示した。すなわち、小丘を基本に築造するのは東日本に多く、土手状盛土を築いて築造するのは西日本に多いということを論じ、これを東日本的工法、西日本的工法とした〔青木2003〕。東日本的工法は、墳丘中央部付近に小丘を築き、その外側に拡張しながら盛土を行い完成させる方法である。一方、西日本的工法は、墳丘の周辺部に土塁・堤状の盛土（土手状盛土）を行い、その内部を埋めながら盛土して平坦に整地していく方法である。

晩田山3号墳は、土手状盛土が見られることから、西日本的工法に属する。しかし、土手状盛土の幅は最大で4m以内、高さ1m強であり、土手というよりはなだらかに傾斜した土盛りである。中央部の小丘は、縁辺部の土手状盛土より規模も大きく入念に積んでいる。これだけを見ると、東日本的工法の小丘と遜色ないが、縁辺部の土手状盛土の間を埋めていくという点で、青木の言う西日本的工法と判断できるのである。

　時期的には5世紀末から6世紀初頭である。東日本的工法と西日本的工法は、古墳時代前期から存在しており、大型古墳の築造方法では一般的な工法であったようである。山陰地方では明確な例は確認されていない。晩田山3号墳は全長36mの極めて小型の前方後円墳であるが、当地方でこうした築造方法が確認出来た点は重要であろう。西日本だけではなく全国的な古墳造営の方法を享受しており、古墳時代の政治体制や交流を考える上でも貴重な資料として位置づけることができる。

4. 韓国の古墳築造研究の動向

　韓国の古墳築造に関する研究は、吉井秀夫による基本的な分類があり、主体部造成の前後を基準として墳丘先行型と墳丘後行型に大別している〔吉井2003〕。また曺永鉉は、自らの調査例を含めて精力的に墳丘の区画や区分盛土について検討を行っている〔曺2016〕。ここでは、これまで取り上げてきた日本と関連する築造方法の研究について紹介しよう。

　前述した青木敬は、韓国の墳丘築造方法についても検討し、日韓の共通点について整理している。それは、韓国にも土手状盛土や階段状工法が存在し、日韓の相互影響を考える必要があるというものである。階段状工法の他には、東日本的工法は確認できず、西日本的工法である土手状盛土のみが確認できるという貴重な指摘も行っている〔青木2005〕。

　韓玉珉は、全羅南道を中心にして古墳の築造方法の順序を整理している。特に、大型の円墳や前方後円墳については、墳丘外縁に土堤を先築するとし、次にその内部を埋めていく方法が認められるとした〔韓2016〕。

　洪潽植や沈炫喆は、韓国全体の古墳を概観しつつ、築造方法について整理をして、竪穴式石槨墓では、古墳縁辺部に一定の土手状盛土を施す例があることを指摘している。とくに釜山市蓮山洞M3号墳では外縁部をまず造り、順次墳丘を高めながら直径を絞っていくとし、墳丘の南北には作業路が確認出来るという。M6号墳では、「C」字形に土手状盛土を設け、M4号墳でも一部で土手状盛土が確認できるという〔洪・沈2016〕。

　林智娜は後述するように、チャラボン古墳の調査報告のなかで、墳丘全体に土手状盛土が存在することを指摘し、古墳の築造順序を復元している。また、韓国内の関連する前方後円墳の類例を紹介し、前方後円墳の築造方法や当該地方の特色について精力的に整理・検討を行っている〔李・林ほか2015〕。

5. 韓国前方後円墳の土手状盛土

　以上のように、韓国の古墳築造については土手状盛土と同様なものも多く存在し、活発に議論されるようになってきた。ここでは晩田山3号墳と共通する韓国の前方後円墳を紹介し、築造方法について整理しておこう。

　韓国の前方後円墳は、現在のところ全羅南道を中心にして17基確認出来るという。その中にはやや不確実なものもあり、それを除くと13基になるようであるが、今後もその数は増加する可能性が高い。この中で発掘調査がなされて築造方法が良好に確認できるものは、次の3古墳である。

　もっとも良好な資料は、霊巌泰潤里チャラボン古墳である（図3）。同墳は全羅南道潭陽郡に所在し、1991年の予備的な調査の後、2011年から本格的な調査が行われ、墳丘や石室の全容が明らかになった〔李・林ほか2015〕。全長37m、後円部径24m、後円部高さ4.6m、前方部長さ20m、高さ2.4mを測る。後円部の東西南北（四方）の土層断面で土手状盛土が確認できる。特に後円部と前方部との接合部では、幅約4m、高さ約1mの三角形状の土手が存在する。こうした土手は、南から東側にかけて顕著であり、北から西側においては、なだらかな傾斜になっている。土手状盛土の内側は、頂点付近まで水平気味に土が充填されて均されている。そして、さらにその上部には若干低いが、再び同様の土手状盛土を行い、同じような作業を繰り返している点が特徴である。前述した樋口吉文が示した「プレート積重工法」に通じる。

　前方部は、後円部ほど明確とは言えないが、中心部に向けて内傾した堆積が確認出来る。これを土手状盛土とするには問題もあるが、縁辺部に高まりを造りだしていることは確実であり、意識的な築造と言えよう。後円部の接合部あたりから前方部先端にかけては、全体的にほぼ水平に盛土を行っている。

　次に本格的な調査が実施されたのは龍頭里古墳である（図4）。同墳は、全羅南道海南郡に所在し、2008年に発掘調査が実施された〔趙・殷ほか2011〕。全長は41.3mを測り、墳丘端部の総ての箇所に土手状の盛土が確認できるという。調査報告では、全体的に土層単位が分厚く記録されており細部の盛土方法は不明と言わざるをえないが、後円部では、土饅頭状に高さ約2m程の盛土が認められるようであり、土手状盛土として判断される。前方部ではなだらかに内傾する堆積が認められる。

　明花洞古墳は、光州市に所在する全長33mの前方後円墳である。2次にわたって調査が行われている（図4）。前方部端に高さ1m程の高まりが記録されており、これを土手状盛土としている。後円部にも土手状盛土が存在するとするが、図面では極めて判断し難い。2次調査の図面においても不明確であるため、即断は避けておきたい。

6. 晩田山3号墳と韓国の前方後円墳

 以上、韓国の代表的な前方後円墳について紹介した。韓国の前方後円墳は、海南長鼓墳の76mを最長とし、咸平竹岩里長鼓墳が68m、咸平新徳古墳が51mであり、その他の古墳は50m未満のものが多い。上述した3古墳も33〜41mであり、韓国の前方後円墳は小型のものがほとんである。

 晩田山3号墳は全長が36mであり、規模的にはチャラボン古墳とほぼ同規模である。後円部径と前方部長はともに4m程差があるが、これは後世の掘削や計測部の差もあるため、内容的にはほぼ同規模の前方後円墳として良い。韓国の多くの前方後円墳が横穴式石室を設置しているのに対して、偶然にもチャラボン古墳の主体部は竪穴式石室の可能性があり、晩田山3号墳と共通しているといえる。

 古墳の築造方法については前述の通りであり、極めて近似している。チャラボン古墳の報告で林智娜は、築造工程を大きく6段階に分けている。後円部の第1次墳丘が完成するのは第2段階であり、その後前方部の造成と後円部上部の造成に移る。第2段階は次の4つの工程に分けている。①土手状盛土の設置、②その内部に土を充填(区画土の設置)、③上部に再度土手状盛土を設置して内部を埋める、④その上部の整地と全体に薄く盛土をするという。

 後円部中央部に区画のための盛土を施す点は、かなり特異であるが、第2段階の①、②の工程は、基本的に晩田山3号墳と同じ順序である。晩田山3号墳の場合は、中央部に小丘が築かれており、これが区画盛土に対応する。しかし、土量の格差は大きい。晩田山3号墳の小丘は、一気に盛り上げたのではなく、2回に分けて完成させている。この二次的な工程は、チャラボン古墳の2回に亘る土手の築造(プレート積重工法)と共通する役割が読み取れる。従って、晩田山3号墳もチャラボン古墳ほど整然ではないが、工程的には大きく2回の作業によって第1次墳丘を完成させたと考えられるのである。

7. おわりに

 小稿は、鳥取県に所在し、筆者がかつて調査に関わった晩田山3号墳の築造方法についての再検討を加え、近年、数多くの調査が行われている韓国の前方後円墳との共通性を整理した。韓国の前方後円墳は、殆どが5世紀末から6世紀前葉に築かれており、晩田山3号墳と同時期であることも重要な共通事項である。

 こうした技術がどちらから、どのようにして伝播したかという問題は、すぐに解決できるものではない。韓国での大型墳の出現は、ソウルの石村洞古墳群を除くと、新羅王陵と呼ばれる古墳群が嚆矢であろう。おおよそ5世紀後半代である。青木敬は、慶州の天馬塚に土手状盛土の存在を指摘するが、図面上では判断しがたい。大型墳の成立以降は、様々な築造方法が予測できるが、土手状盛土についていえば、今のところチャラボン古墳に

代表される前方後円墳を古段階と位置づけることが可能である。日本ではこうした築造方法が古墳時代前期から存在していることを考えれば、これらの技術は日本列島、特に西日本からの伝播として考えることも可能である。特にチャラボン古墳で見られた築造方法は、熟練した土木技術を有する集団によって作られたことは明らかであり、技術者の派遣や伝授が推測できよう。そうした技術の移動や交流を検討する有力な資料の一つとして、晩田山3号墳の存在を位置づけることが出来る。

　6世紀代になると、洪潽植や韓玉珉・林智娜が指摘するように、多くの古墳で墳端部の土手状盛土が確認でき、前方後円墳を問わず大型円墳にも積極的にこうした技術が採用されている。昌寧校洞7号墳では、周囲から中央部に向けて盛土がなされ、土手状盛土と同じような効果を認める例も多くある〔郭・趙他2014〕。明確な土手状盛土と中央部にむけて内傾する盛土方法とは、その差違を判断するのは難しい。しかし、中央部を低くして墳端部を重点的に盛っていく方法は、土手状盛土と同じ役割をもっていると考えられる。こうした築造技術が、以降は普遍的に行われていくのである。

　韓国では、三国時代には既に土城や山城の土塁、あるいは堤防築造等に見られる高度な土木技術が存在しており、古墳築造技術の関連も当然あったはずである。筆者はそうした関連性について論ずる力量は無いが、日韓の土木技術は各分野においてお互いに影響を与え、継続して交流が行われていくと考えられる。

　発掘調査の成果は、報告書の形で刊行される。刊行された報告書は、充分に資料的価値を有するものもあれば、必要な情報が提示されていないものもある。今回のような土手状盛土も、図面上でどこまで復元できるかは課題である。可能性は追求できたとしても、最終判断に躊躇することも間々ある。発掘現場において最大の努力をして、遺構等の性格を検討していくが、その成果を訂正する場合もあろう。小稿は、その一例として積極的に再検討をすることによって再評価をしたものである。また、日韓の前方後円墳築造方法に関して、共通性を再確認した覚書として記しておきたい。

〈付記〉
　工楽善通先生がいよいよ傘寿を迎えられる。誠にお目出度いことで、心よりお祝い申し上げます。奈良国立文化財研究所にお勤めだった先生は、訪問者を分け隔て無く迎え入れ、親しく交流をし指導をしてこられた。ふとしたご縁で1995年12月3～8日の5泊6日の日程で、黒崎直さんや田中清美さん、高野学さんの5名で韓国光州〜木浦方面の調査旅行にご一緒させていただいた。その時は、李健茂さんと趙現鐘さんのお世話により、数多くの遺跡や遺物、名所旧跡の案内をいただいた。図らずも、今回紹介した光州明花洞古墳や月桂洞古墳も一緒に見学させていただいた。また、夜な夜なお気に入りの屋台を見つけて通い詰めたことや、季節外れの大雪で帰国が危ぶまれたりと、毎日が珍道中の連続であり、とても楽しい愉快な旅行であったことを記憶している。それ以降、今日まで親しく

ご指導をいただいている。

　傘寿を迎えられても益々お元気のご様子で、今でも大和西大寺あたりまでは、愛車（自転車）で移動されている。これからもより一層ご健勝で、我々後輩を叱咤激励、ご指導いただきますよう心からお願い申し上げます。

参考文献
〈日文〉
青木　敬 2003『古墳築造の研究─墳丘から見た古墳の地域性─』六一書房
青木　敬 2005「韓国の古墳における墳丘構築方─墳丘断面からみた検討」『専修考古学』11 専修大学考古学会
青木　敬 2016「日本古墳における墳形と墳丘構築技術」『第4回共同研究会　韓日の古墳』日韓交渉の考古学─三国・古墳時代─研究会
青木　敬 2017『土木技術の古代史』吉川弘文堂
岩田文章・植野浩三 2000『妻木晩田遺跡』洞ノ原地区・晩田山古墳群発掘調査報告書（淀江町埋蔵文化財調査報告書第50集）淀江町教育委員会
樋口吉文 1997「古墳築造考」『堅田直先生古希記念論文集』堅田直先生古希記念論文集刊行会
吉井秀夫 2003「朝鮮三国時代における墳墓の構築過程について─墳丘先行型と墳丘考古型─」『古代日韓交流の考古学的研究─墓制の比較研究─』平成11年度～平成13年度科学研究費補助金　研究成果報告書

〈韓国文〉
郭鐘喆・趙晟元ほか 2014『昌寧校洞と松峴洞古墳群　第Ⅰ群7号墳および周辺古墳』（学術調査報告71冊）昌寧郡・ウリ文化財研究院
朴仲煥ほか 1996『光州明花洞古墳』（『国立光州博物館学術叢書』第29冊）国立光州博物館・光州広域市
趙現鐘・殷和秀ほか 2011『海南龍頭里古墳』（『国立光州博物館学術叢書』第63冊）国立光州博物館・海南郡
趙現鐘ほか 2012『光州明花洞古墳』（『国立光州博物館学術叢書』第64冊）国立光州博物館・光州広域市
曹永鉉 2003「古墳封土の区画築造に関する研究」『古墳構築の復元的研究』雄山閣
韓玉珉 2016「栄山江流域古墳の墳形変遷と内容」『第4回共同研究会　韓日の古墳』日韓交渉の考古学─三国・古墳時代─研究会
洪潽植・沈炫澈 2016「各種古墳別封墳形態と築造方法」『第4回共同研究会　韓日の古墳』日韓交渉の考古学─三国・古墳時代─研究会
洪潽植ほか 2014『蓮山洞M3号墳』─蓮山洞古塚古墳群2次調査─（『釜山博物館学術研究叢書第41集』）釜山博物館・釜山広域市蓮堤区
李暎澈・林智娜ほか 2015『霊巌泰潤里チャラボン古墳』─2・3次発掘調査報告書─㈶大韓文化財研究院・霊巌郡

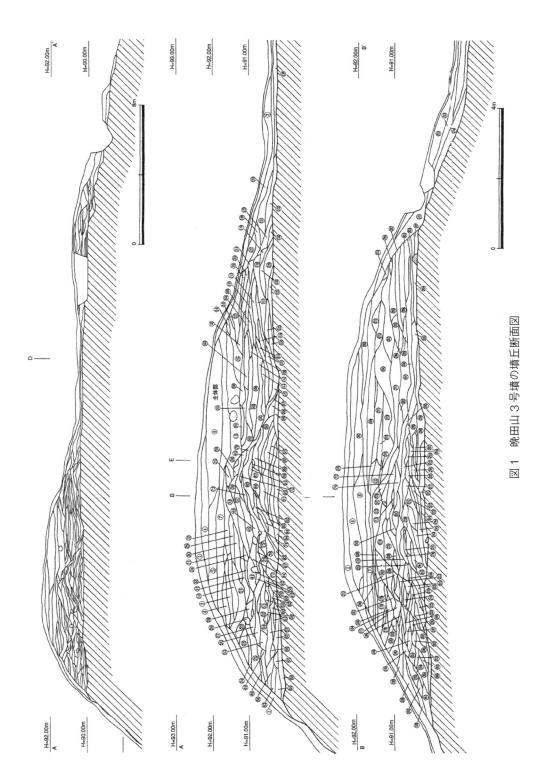

図1 晩田山3号墳の墳丘断面図

日・韓前方後円墳築造方法の覚書――鳥取県晩田山3号墳の再検討をかねて――

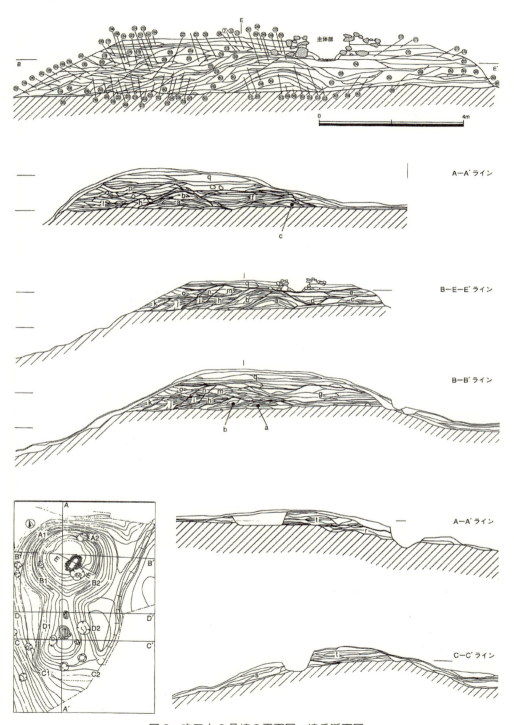

図2 晩田山3号墳の平面図・墳丘断面図

144

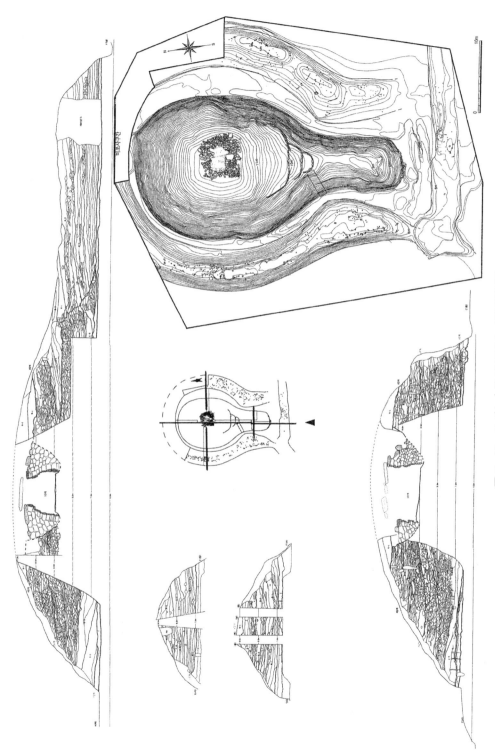

図3 チャラボン古墳の平面図・墳丘断面図

日・韓前方後円墳築造方法の覚書――鳥取県晩田山3号墳の再検討をかねて――

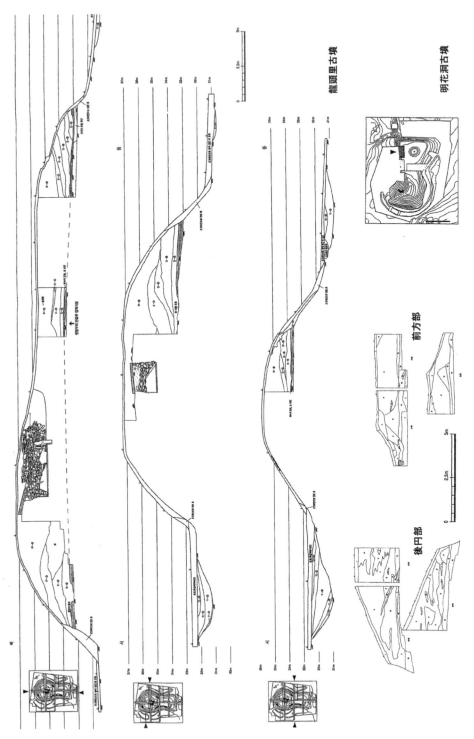

図4 龍頭里古墳・明花洞古墳の平面図・墳丘断面図

高句麗龕神塚の「天への階段」
―昇仙を表す壁画―

南　秀雄

1. はじめに

　2007年6月、筆者は大韓民国国立中央博物館で高句麗古墳の壁画模写を調査する機会をえた。同行は篠原啓方氏（現関西大学教授）であった。韓国中央博には、東京大学・東京芸術大学とともに、第二次大戦前に小場恒吉などが描いた高句麗古墳壁画の模写120余点が所蔵されている。そのとき見たなかで、とくに筆者が惹きつけられたのが龕神塚の前室西壁の壁画である（図1）。

　模写は高さ2.5mを越え、龕神塚の名の由来となった、前室の龕の神像（じつは墓主の肖像）を除く西壁の図像を天井まで見事に写し取っていた。本稿で「天への階段」とよぶ図像は、天井にある台と支柱、支柱を巻くようなZ字状の構造物である。台の上には正面向きの人物が座り、傍らに3人の女性がいる。韓国中央博の模写報告書〔国立中央博物館2006〕では、この図像について「西王母と侍女」と題し、「高句麗壁画古墳で西王母に該当する人物が発見された唯一の事例」と的確に解説している。龕神塚の壁画は、西王母がいる天の世界へ昇る過程を、きわめて具体的、視覚的に表現した図像と考えられる。

　これ自体は、1913年の調査後に報告された龕神塚前室の見通し図（図1左上）などで公表されていた〔朝鮮総督府1915〕。以降、西王母がのる台や支柱などは、墓室を建築物に模した柱や梁・枓栱の壁画と一連のものととらえられ、とくに注意されることはなかった[1]。龕神塚の壁画の劣化も進んだ。20世紀末から壁画模写の整理が韓日で進み、調査時の鮮明なようすを壁面一面の大画面で観察できるようになって、初めて注目されたのである。

　東潮氏や全虎兗氏がいうように、高句麗古墳の壁画でもっとも大切にされたのは、死後の昇仙への願いであった〔東1997〕〔全2000〕。筆者も徳興里古墳などの天井壁画を対象に、周到な構成に則って昇仙後の天空の世界が描かれたことを明らかにした〔南1995〕。龕神塚前室西壁の壁画は、古代の朝鮮半島以東でもっとも明瞭に昇仙思想を表した図像である[2]。小文では、この図像の壁画構成での位置と細部の分析により、その意義に注意を喚起したい。

高句麗龕神塚の「天への階段」──昇仙を表す壁画──

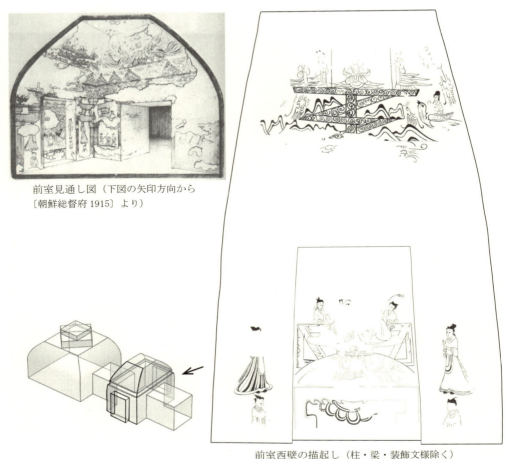

前室見通し図（下図の矢印方向から〔朝鮮総督府 1915〕より）

前室西壁の描起し（柱・梁・装飾文様除く）

図1　龕神塚前室と西壁壁画

2. 壁画の構成と「天への階段」図の位置

　まず、龕神塚の壁画全体の構成から「天への階段」図の描かれた位置の意味を明らかにする。

　龕神塚は、大同江河口の朝鮮民主主義人民共和国、南浦市臥牛島区新寧里に位置する。花上里古墳群でもっとも大きく、近くに壁画古墳の星塚がある。1912年の李王職・末松熊彦の調査を受け、1913年に関野貞・谷井済一・栗山俊一によって発掘された〔関野 1941〕。壁画の模写は1914年秋に小場恒吉らによって作成され、1912年調査時にもつくられたと推定される〔国立中央博物館 2006〕。韓国中央博には龕神塚の模写40余点がある。

　墓室は前室と後室からなる。前室は幅2.42m、奥行 1.51mの横長で、高さ2.16mである（数値は『朝鮮遺跡遺物図鑑』5）。東と西の壁に龕があり、天井は穹窿式である。後室は

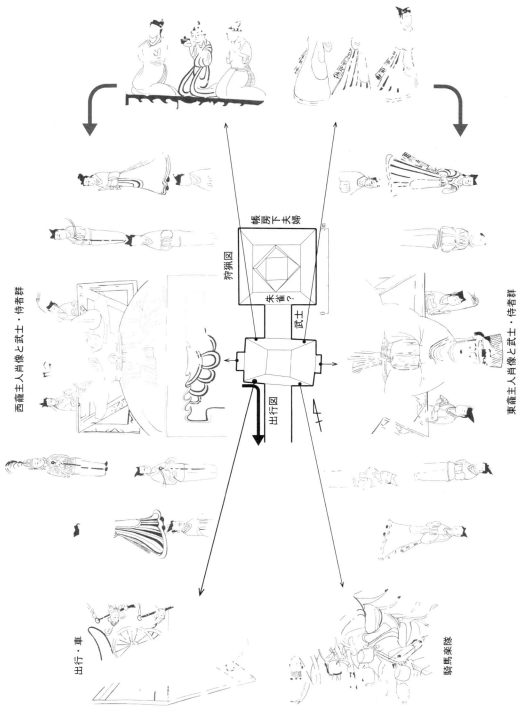

図2 龕神塚壁画配置図（南描起し）

2.73m四方で、高さ2.42m、天井は穹窿式に2段の三角持送りがのる。龕神塚の年代は、壁画内容と石室構造から5世紀前半頃と推定される。

　壁画の構成を前室からみると（図2）、墓室に入って左（西壁）の龕に、帳房の中の牀に座った正面向きの人物がいる。この人物は、左手を立て気味にして掌を外に向け、右手は小指を立て他の指は曲げているかに見える（図3拡大図）。印を結んでいるようであるが、その意味はわからない。牀は、独特の鋭角的な画法で奥行きが描かれている。現代人の目には違和感があるが、高句麗壁画に見られる遠近法である。龕中の人物を囲んで、牀の後ろや龕の側壁、龕の外側の西壁に、計10名の武士や男女の侍者が描かれている。西壁画面からつづく南壁西側には、この人物がのる車を囲んだ出行図が羨道へ向かう。羨道西壁には、出行図の前半部の騎馬や歩行の人物群がある。また北壁西側にも、龕の人物へ向かって3名の侍者が牀に座っている。以上が前室西半の壁部の壁画で、対面する東半の壁画の構成もこれと似ている。違いは、東龕の人物でいえば服のデザインと、手を袖手に組んでいることである（図3右）。人物の背景も西龕は「王」字の文様、東龕は蕨手文風と異なる。また、南壁東側には龕中の人物へ音楽を供する騎馬の楽隊がある。北壁東側には龕の人物へ向かう立位の3名の侍女が描かれている。

　前室の四隅には柱と枓栱が、壁と天井の境には梁と三角火炎文が描かれる。天井部の壁画で残るのは西壁と北壁である。西壁は一群の「天への階段」図で、これについては後述する。北壁には、3分の1ほどの蓮華をなかに向い合う鳳凰のような鳥が描かれている（図4）。2羽の間には6羽のかわいらしい雛鳥がいる。

　後室へ至る通路では、東壁に甲冑を着た大きな人物図がある。後室の入口を守る武士であろう。西壁の壁画は剥落しているが、対になる守衛武士があったかもしれない。

　後室は、柱や梁・枓栱の壁画は前室と同じである。壁画が残っているのは北壁と西壁である。北の壁部には帳房の下に正面向きの大きな座像があり、背景に「王」字の文様が見える。そのほかに侍者数名の壁画があったが、詳細はわからない。西の壁部は狩猟図である。簡略化された木々や山のなかで、騎馬の射手が虎や猪などを追っている。南壁では、梁上に大きな鳥の足の壁画のみが残り、朱雀の可能性もある。

　以上が龕室塚の壁画の概要で、関野貞の報告と対照すると、ほぼ1913年当時に残存していた壁画のすべてが模写として残されていることがわかる。このほかに、東京芸術大学には前室の見取り図・断面図などがある。まさしく小場恒吉らの優れた模写のお陰で、今日もその壁画内容をつまびらかに知ることができるのである。

　模写資料から知りうる龕神塚の壁画は、前半期の一般的な高句麗古墳の壁画内容で理解でき、朱栄憲氏のいう「人物風俗図墓」と通有のものである〔朱1972〕。後室北壁の壁部の大きな正面向き座像は、龕神塚の被葬者の肖像画で、夫婦のもう一方も描かれたはずだが、よく残っていない。後室北壁の肖像画が被葬者の私的場面を構成するのに対し、前室の肖像画は公的場面に位置する。龕神塚の全体の壁画構成からみて、前室の西と東の龕の

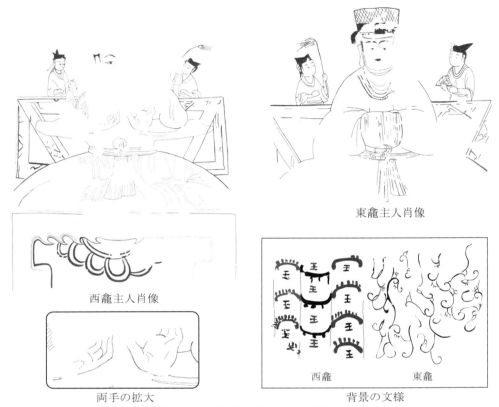

図3　前室東西龕の墓主像（南描起し）

図4　前室北壁の天井壁画（南描起し）

　大きな座像は、発掘当時にいわれた神像でなく、被葬者の肖像であることは間違いない。これが夫婦対で、西と東に向かい合わせに描かれたのである（図3）。被葬者の肖像画とそれを取り巻く場面は、高句麗の前半期の壁画古墳でもっとも大切な図像であり、前室の龕はそれを納めるために設けられた。

　高句麗壁画古墳では、西と東で壁画内容が区別される場合があった。例をあげると、安岳3号墳（357年頃築）では、前室の西と東に側室がつくられ、西側室には被葬者夫婦の

高句麗龕神塚の「天への階段」——昇仙を表す壁画——

肖像画があり、東側室には厨房や車庫・家畜小屋などが描かれている（図5）〔朝鮮民主主義人民共和国科学院1958〕。もっとも大切な図像は西側室にあり、東側室は屋敷を切り盛りする日常生活の場面で、西側室の方が一回り大きい。さらに西側室では、西壁（正面壁）に正面向きの墓主像が置かれ、南壁に、墓主の方を向いたやや斜め向きの墓主婦人像がある。安岳3号墳の石室は高句麗壁画古墳でもっとも大きく、構造も遼陽などの魏晋代の石室墓の影響が色濃い。龕神塚はそれに比べて規模が縮小し、構造もより簡略に高句麗化している。安岳3号墳の西側室にあたるのが龕神塚の西龕になり、龕神塚の西龕の人物図は、安岳3号墳の西側室西壁（正面壁）の墓主像の位置に相当する。龕神塚では、東西の龕に向かい合わせに被葬者夫婦の肖像があったが、安岳3号墳の例などから、なかでも西龕の人物が一段上に位置づけられたと推定される。古墳築造の契機となった墓主であろう。

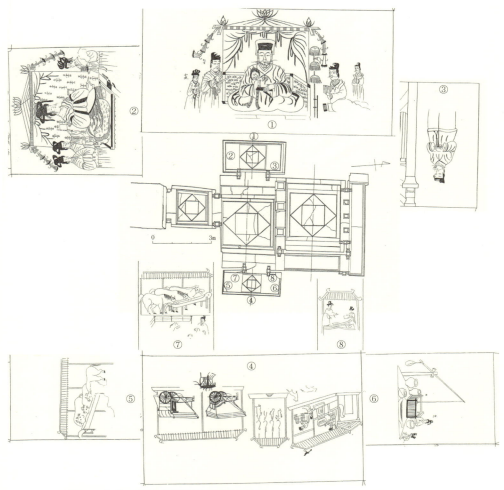

図5　安岳3号墳東西側室の壁画（〔朝鮮民主主義人民共和国科学院1958〕より）

西龕の人物は胸から上が剥落しており、冠帽や服飾などからは東西の優劣はわからない。ただ、西の人物の背景（描かれたのは刺繍等のある帳）が「王」字の文様であるのに対し、東の人物の背景がS字形の蕨手文であるのは、違いを意識した表現であろう（図3）。

　西王母が台にのる「天への階段」図は、龕神塚でもっとも重要視された西龕の人物図の頭の直上に配置されている（図1）。これはきわめて意図的な構図で、大切な意味がある。次に、「天への階段」図像群の細部について述べたい。

3.「天への階段」図像群の細部

　この図像は、柱に支えられた台、台上の人物群、山、鳥にのった人物、雲などから成り、「天への階段」とよぶのは、人物群をのせた台とそれを支える柱、Z字状の構造物である（図6）。まずZ字状の表現をよく見ると、柱の向こう、手前、向こうと、柱との遠近の関係を明らかに描き分けている[3]。柱の前と後ろをジグザグに通すことで、螺旋状に続くかのごとく立体的に表現されている。これは台へ上がっていく通路、階段のようなものを表していると考えられる。鋭角的な表現がぎこちないが、墓主が座る牀のように、これが高句麗期の遠近法である。安岳2号墳の大きな城郭図に同様の遠近法の好例がある〔朝鮮民主主義人民共和国科学院 1960〕。柱・台・通路が渦文で埋められているのも意味があると考える。林聖望氏は壁画に描かれた天の川を分析し、北燕の馮素弗墓と固原漆棺の天の川に多くの丸い渦巻きが描かれているのを、水というより「精気」の表現と推測した〔林 1999〕。この渦文はどこにでもありそうだが、龕神塚で描かれているのは唯一この場所のみで、他の空間を充塡するところでは別種の文様が使われている。壁画制作者の意図が感じられる。

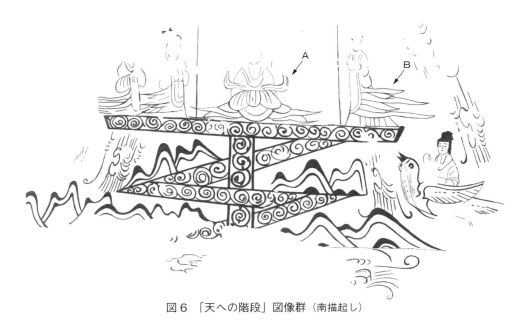

図6　「天への階段」図像群（南描起し）

高句麗龕神塚の「天への階段」——昇仙を表す壁画——

「天の階段」図には重畳した山岳が描かれている。山岳は三つあり、下段は帯状に長く、中段、上段と、Z字状の通路に沿って配置されている。山を越え、また越えて、高みに昇っていくのである。近代登山が克服するまで、高山は人間が踏み込めない世界であった。当時の壁画の構成では、山岳は、地上の人間の世界と天空の世界を分ける境界としての役割があった。高句麗では、徳興里古墳（408年築）の前室を取り巻く山岳・狩猟図にその良い例がある〔南1995〕。山々の右にある、鳥の背にのって飛ぶ人物は、もはや生身の人間でなく、天空にいる仙人の類である。

通路・階段を上がっていった台の上にいるのは、模写報告書のとおり西王母と侍女たちである。まず、図像は西にある。次に、墓主夫婦以外で唯一の正面向きの座像である。高句麗古墳の壁画では、正面向きの人物像は被葬者以外では採用されず、この人物の重要度を示す。西王母図にはいくつかのパターンがあり、崑崙山の上に座るもの、台や樹の上に座るものなどがある。仕える者は、侍女や九尾狐等の眷属などいくつかの種類がある〔小南1991〕〔曽布川1981〕。朝鮮半島の出土品では、楽浪王肝墓の永平12（AD69）年銘の漆盤に、岩か山のようなものに座る西王母がある〔原田ほか1930〕。龕神塚と同時期の壁画では、甘粛省酒泉丁家閘5号墓の前室西天井に、大きさや服飾がよく似た西王母図がある（図7）〔甘粛省文物考古研究所編1989〕。丁家閘5号墓でも、西王母図の下の壁に墓主の座像がある。この西王母は、三段になった崑崙山の上に座っている。龕神塚の西王母は、崑崙山でなく台の上にいる類型になり、山も台も段状になっている。龕神塚の場合、台だけでなく、被葬者が西王母のもとへ上がっていくための通路・階段まで表現されていることが、より具体的で特異なのである。

高句麗の壁画制作者は、高さの違いにとくに配慮を働かせた。例えば、集安舞踊塚の前室では、壁部の壁画（現世）に対し、天井最下段が地上（現世）と天空が交わる空間で（四神・人間・仙人が混在）、天井の中段以上は、生身の人間が踏み込めない天空の世界を表現していた（中段は瑞獣と仙人、上段は仙人と鳥のみ）〔南1995〕。この配慮は龕神塚の壁画においても同じで、西王母群像にも以下のように天空の存在を

図7　酒泉丁家閘5号墓の西王母
〔甘粛省文物考古研究所編1989〕より）

示す細かい描き分けがある。

　まず、西王母の胸の辺りからは、両側に棚引く布状のものが出ている（図6矢印A）。これは生身の人間でない、特別な印と考えられ、高句麗では狩猟塚の奥壁にある「仙覚」の字の下にある墓主などの男性らの胸に同様の突起がある〔南2007〕。また、台上の4人の人物の服には長い布のようなものがいくつか付いて棚引いている（図6矢印B）。これも壁部にいる普通の人物と違う点である。一番右の女性は、エプロンのような前垂れを付けている点に特徴があり、同じ服装の女性は壁にもあって龕中の被葬者に仕えている。両者の違いは、服に付いたこの長く棚引く布状のものだけで、天空の世界、仙界にある者の印のひとつと考えられる。

　以上、一連の「天への階段」図像群とは、西龕に描かれた墓主が、それを侍って西王母のいる天空の世界、仙界へ昇っていく、あるいはそこと行き来するためのものであった。それゆえ、墓主の肖像の頭の真上に描かれたのである。

　一方、東龕の人物の頭上の天井の壁画は剥落してわからない。ここにも西壁と同じく「天への階段」図があり、台にのっているのが西の西王母に対する、東の東王公であった可能性もある。

4. おわりに

　龕神塚の被葬者の一番の願いは、死後、天空の世界、仙界へ昇ることであった。一方、結印するかのような肖像から、仏教徒であった可能性がある。墓誌に「釈迦文佛の弟子」と記された、徳興里古墳の天井に描かれたのは道教的な天空の世界であり、その理想境で健やかに千歳・万歳の命を保つことが被葬者最大の願いであった。仏教は表の顔で、道教的・伝統的来世こそ本当の想いであったのか、あるいは仏教を信じていたとして、未だ来世においては、新来の仏教と従来の道教的信仰とは区別するものでなかったのであろうか。

　壁画古墳からは、高句麗の人々の天空にかける格別な想いが感じられる。龕神塚の「天への階段」図もそのひとつであろう。ハヌル・空への特別な想いは、現在の朝鮮・韓国の文化にも受け継がれているように思う。

註
(1) 韓国中央博での調査の直前である2007年5月に刊行された『東アジア考古学辞典』〔西谷編2007〕の「龕神塚」の項は筆者の担当であった。前室壁画の見通し図を載せながら全く認識がなく、肝心の西王母や「天への階段」図については言及がない。
(2) 同様の趣旨はすでに〔南2007〕〔南2010〕で述べたが、簡略な記述であった。
(3) 韓国中央博の収蔵庫で模写を熟覧した際、篠原啓方氏が即座に指摘したことである。

参考文献
東　潮 1997『高句麗考古学研究』吉川弘文館　東京
甘粛省文物考古研究所編 1989『酒泉十六国墓壁画』北京

国立中央博物館 2006『高句麗古墳壁画―国立中央博物館所蔵模写図―』ソウル
小南一郎 1991『西王母と七夕伝承』平凡社　東京
関野　貞 1941「平壌附近に於ける高句麗時代の墳墓及絵画」『朝鮮の建築と芸術』岩波書店　東京
曽布川寛 1981『崑崙山への昇仙』中公新書　東京
全虎兌 2000『高句麗古墳壁画研究』ソウル
朝鮮遺跡遺物図鑑編纂委員会 1990『朝鮮遺跡遺物図鑑』5　ピョンヤン
朝鮮総督府 1915『朝鮮古蹟図譜』第2冊　東京
朝鮮民主主義人民共和国科学院考古学及び民俗学研究所 1958『安岳第3号墳発掘報告』ピョンヤン
朝鮮民主主義人民共和国科学院考古学及び民俗学研究所 1960『安岳第1号及び2号墳発掘報告』ピョンヤン
朱栄憲（永島暉臣愼訳）1972『高句麗の壁画古墳』学生社　東京
西谷　正編 2007『東アジア考古学辞典』東京堂出版　東京
南　秀雄 1995「高句麗古墳壁画の図像構成―天井壁画を中心に―」『朝鮮文化研究』2　東京大学大学院人文社会系研究科・文学部朝鮮文化研究室紀要　東京
南　秀雄 2007『図像構成からみた高句麗前期の壁画古墳の特性と被葬者の出自の研究』平成17年度～平成19年度科学研究費補助金基盤研究(C)研究成果報告書　大阪
（http://www.occpa.or.jp/kenkyu/kaken/kaken_minami2005-2007_pdf/kaken_minami2005-2007.pdf）
南　秀雄 2010「高句麗壁画古墳の国際性」松藤和人・門田誠一編『よくわかる考古学』ミネルヴァ書房　京都
原田淑人ほか 1930『楽浪』東京
門田誠一 2011『高句麗壁画古墳と東アジア』思文閣出版　京都
林聖望 1999「中国北朝期の天文図試論―元乂墓を中心として―」『京都大学文学部美学美術史研究室研究紀要』20　京都

新羅僧侶の築堤事業
―『戊戌塢作碑』再論―

田中俊明

1. はじめに

慶北大学校博物館が所蔵・展示する『戊戌塢作碑』をもとに、そこにみられる築堤事業について述べてみたい。

『戊戌塢作碑』とは、任昌淳が、1946年に大邱市大安洞の徐太均宅前の路傍で偶然発見したもので、徐氏は、その家を日本人から買い入れて修理中に、厨房附近で発見し、文字があるため、そこに出しておいたという。任昌淳がそれをもらいうけ、勤務先の大邱師範大(慶北大学校師範大学の前身)に保管したものである。朝鮮戦争の際に一時、行方がわからなくなったが、1957年に同校水泳場付近で再発見され〔任1958〕、現在は慶北大学校の博物館に展示されている(図1)。

これについてわたしは、1983年に「新羅の金石文」という連載の第1回に採り上げて釈文を提示し、築堤が僧侶の勧進によるものであると論じたことがある〔田中1983a〕。

図1 戊戌塢作碑(慶北大学校博物館)

その後、この碑にみられる築堤事業がどのようなものであったのかについて、私見とは異なる見解が発表されることもあったが、議論が深まることはなかった。研究としては全体として低調なままであったが、2009年に、河日植が詳密な判読をし、また発見地点も、大安洞82-8、9番地であることを確認した〔河2009〕。さらに2015年に橋本繁が改めて詳細に釈読し、研究史を整理した〔橋本2015〕。後者にはわたしのかつての私見についての言及もあるが、本稿では、それをふまえつつ、改めて論じてみたい。

2. 築堤事業の主体

まず近年の新たな釈読、特には橋本繁釈文を参考にして、釈文を提示する。

```
          5         10        15        20        25
1  戊戌年十一月朔廿四日另冬里村且只□塢作記之此成在
2  人者都唯那寶藏□□□都唯那慧藏阿尼
3  大工尺仇利支村壹利刀兮貴干支上□豆尓利兮
4  道尺辱生之□村□□夫作村筆令一伐奈生一伐
5  居毛村代丁一伐另冬里村沙等乙一伐珎得所利村也温失利一伐
6  烏珎叱只村□□□一尺小工尺另所兮一伐伊叱等利一尺
7  伊助只彼日此塢大廣廿歩高五歩四尺長五十歩此作
8  起數者三百十二人功夫如十三日了作事之
9  文作人壹利兮一尺
```

わたしは、旧稿において私釈を公表してからまもなく、2行目の17字目が「尼」であることに気がついた（図2）。そのため、1983年当時、新羅金石文研究を通して知己となり、大邱在住であった金昌鎬に原碑での確認を依頼したこともあった。金昌鎬は当初否定的であったが、その後、「尼」字と判読するようになっている〔金1995〕[1]。その後1986年3月25日に慶北大学校博物館に展示されている碑を調査して実際にも確認した。

わたしは、そもそも当初から、この碑が僧侶の勧進によって塢が作られた記録であると考えていたが、「尼」字の釈読をもとに、その主体が尼僧によるものであると考えるようになった。ただし、それを発表する機会を得ないまま時間が経過し、2005年10月になって、第56回仏教史学会大会（於龍谷大学）において「新羅中古における僧侶の社会的活動」と題して報告し、尼僧であることにも言及した[2]。ただし、時間的余裕がなく、原稿に起こすことができないままさらに時間が経過し、2010年10月の狭山池博物館主催のシンポジウム「狭山池の誕生をさぐる」において「文字資料からみた韓国古代の築堤」と題して、ほかの築堤碑の内容もあわせて発表し、尼僧の勧進について述べた[3]。そのときの内容をもとに刊行された『狭山池の誕生をさぐる』には、原稿化したものを発表した〔田中2012〕。

しかし尼僧の勧進であったという点については、その通り述べたものの、十分に議論を展開していない。そこで、ここではそうした経緯もふまえ、あらためてこの塢作事業についての私見を述べることにしたい。

碑文は、一見して明らかなように、漢文ではなく、漢字を用いて新羅語を表現したものである。『戊戌塢作碑』と呼んでいるが、「戊戌」は冒頭に記すもので、建立年代を示している。新羅の地方

図2　「阿尼」部分

人に与えられる外位を記しており、7世紀中葉以前に限定できる。外位のなかに「干支」という表記がみえる。それは厳密には6世紀前半の表記法であるが、地方においては遺制がいくらか残ったとすれば、6世紀後半もありうるのかも知れない〔橋本2015〕。その意味では、戊戌は、578年とみるのが蓋然性が高い。

「塢」とは、中国では特に南北朝時代に、集落の防禦のために作られた簡単な牆壁を指すことばで、塢壁で囲まれたなかを自治的な集落として塢とよぶこともあったが〔石井2010など〕、新羅での用法は異なるようで、堤防やため池を指している。1968年に慶尚北道永川の「菁堤」と呼ばれる池の傍らで発見され、現在もそこに立っている『永川菁堤碑』の「丙辰銘」(536)に「大塢」とみえており、それはその池を指すと考えられる。池は現代にまで用いられている灌漑用のため池である。『永川菁堤碑』「丙辰銘」とは、ため池を作るための堤防の築造碑である〔田中1983b〕。扇状地形に堤防を築いていっぽうを遮断し、そこに水をためて池にするのであり、その築堤を菁堤と呼んでいる。そしてそれを「大塢」と呼んでいるのである。「塢作」とは、塢を作る、ということで、漢文の語順ではないが、まさにそのようなため池を作ることを言うものである。

碑は、明らかに戊戌年における另冬里村での築堤の記録である。そこに「此成在人者」とあることが重要である。この「人」字も、わたしが旧稿で初めて釈読したのであったが、こうして続けて読むことによって、塢の造営主体を明確に把握できることになる。

「成在」という句は、すでにいくつかの例が知られている。かつて対馬の国府八幡(厳原)にあって、明治初年の神仏分離の際に鋳つぶされたとされる『无盡寺鍾記』(745年)〔坪井1974〕に、

　　成在願旨者一切衆生苦離樂得教受。成在節唯乃秋長幢主。

とあり、もとは慶尚北道開寧にあったもので、国立中央博物館に移されている『葛項寺石塔記』(758年)には、

　　二塔天寶十七年戊戌中立在之。娚姉妹三人業以成在之。娚者零妙寺言寂法師在旀、姉
　　者照文皇太后君妳在旀、妹者敬信大王妳在也。

とある〔高2000〕。

この「成在」について、つとに鮎貝房之進が、『无盡寺鍾記』を解説して、「「在」は吏吐にて견(kiŏn)と読ませ「スル」「セル」の助動詞なり。古金石文に吏吐として最も多く他の意味に用ゐられ居れば、序ながら説明し置くべし」とし、『吏吐註釈』によりながら、「(二)過去分詞辞として用ゐたる」2例「爲在」と「是白在」をあげ、前者は「既爲セシコトヲ称スル過去辞」、後者は「自前如是セシモノヲ称スル辞」とし、「要するに「成在」は(二)の過去分詞辞한(han)と同義「鑄成セシ」と訳すべきものにて、下の「願旨者」の分詞辞なり」とする〔鮎貝1934a〕。分詞とは連体語で、下の名詞を修飾する。つまり、「成在願旨者」は、「成せし願旨は」、「成在節唯乃秋長幢主」は、「成せしときの唯乃は秋長幢主」ということになる。また、『葛項寺石塔記』を解説して、「過去分詞辞に用ゐ

らる、吏吐なるも、此処は「之」の結辞と合し「セリ」の過去終止辞として用ゐたるなり。即ち「立テリ」「成レリ」と訳すべし」とする。ただし、そのあとにみられる「在旅」「在也」については、「此の「在」は上に用ゐある「在」とは自ら意味を異にし、第一に上の諸例は動詞の助動詞として用ゐたるものなるも、此の方は名詞の助辞として用ゐたる相違あれば、吏吐註釈通りには解釈すべからず」「此処は名詞に添へたるものなれば、日本語「イマス」「アラセラル」など訳すべきものなり」とする〔鮎貝1934b〕。

　このように「在」を、終止形で用いるものと連体形で用いるものと、別に考えているが、新羅における王の居城であった月城を「在城」と呼ぶ。月城およびその附近からは「在城」銘の瓦当・平瓦が多く出土している。「在城」の意味は、「王がおられる城」ということで、下の名詞を修飾する、連体詞としての用い方である。『高麗史』巻82・志36・兵2・城堡に「〔太祖〕五年（922）、始めて西京の在城を築く」とあり、注に「在は方言の畎なり」とある。「畎」が上記の「견（kiŏn）」であり、第一の用例と同じである。とすれば「成在」というような場合も、単に過去形として「作った」というような意味だけではなく、尊敬の意味も含んでいるのではなかろうか。つまり「お作りになった」というような意味に受け取ることができるのではないかと考える。

　また、「成内」も、「成在」に準じて理解することができる。ソウルのLEEUMが所蔵する『華厳経写経』跋文（755年）に「成内願旨者」とみえ〔木村2004〕、朝鮮戦争時に壊れ、国立春川博物館に展示する『禅林院鍾（貞元廿年銘鍾）』（804年）に「貞元廿年甲申三月廿三日當寺鍾成内之」とみえている〔国立春川博物館2014〕。ほかにも、福井県敦賀の常宮神社が所蔵する『菁州蓮池寺鍾』（833年）に「菁州蓮池寺鍾成内節」とあり〔坪井1974、濱田2013〕、かつて対馬の海神神社にあり、上記の『无盡寺鍾記』と同じく神仏分離の際に鋳つぶされた『竅興寺鍾』（856年）に「大中十年丙子八月三日竅興寺鍾成内矣」とある〔末松1954、坪井1974〕。

　ただし「成在」に上記のような意味がなく、「作った」という過去の意味しかないという場合でも、「成在人」が、作った人、と言う意味であれば、塢の造営主体とみることはできる。それは次の2人である。

　　都唯那寶藏□□□
　　都唯那慧藏阿尼

3．2人の尼僧

　「都唯那」は、「都維那」の表記が一般的で、僧官とみて問題ないが、鮎貝房之進によれば、「三綱の僧職名として用ゐられ居るのみならず臨時碑塔造成梵鐘鋳成の時の事務監督の意味にも用ゐられ、又寺院外の郷職としても用ゐられたるなり」といい〔鮎貝1934c〕、必ずしも僧官に限定できないということである。ただしこの場合、2人目の慧藏には「阿尼」とも記されており、僧侶ということでよく、僧官とみてよい。

1人目の寳蔵の場合、つづく3文字が、かつては「阿尺干」と釈読され、新羅における第6等の官位（京位）「阿湌」を指すとみるのが一般的であった[4]。僧侶であると考えられる寳蔵が、なぜ官位を持っているのか、よく理解できなかったのであるが、橋本繁は「この箇所は、碑石の段差部分にあたっているため、釈読は非常に困難である」としつつ、「直接碑文にあたって確認できたのは、八字目では「氵」のような字画、九字目では右はらい、一〇字目では二本の横画のみであった。内容的にも、京位ではなく、一五・一六字の「阿尼」に相当する語句であった可能性も想定できる」とする〔橋本2015〕。実際にその箇所を見ると、石面がかなり凹んでおり、彫りにくいと思える形状である。ただし「寳蔵」の次の1字は凹面ではなく、それより上部であり「阿」と読めそうである。しかしその下部の凹面は、あるいは1字のみしかなかったとみることもできそうである。上で「寳蔵□□□」という釈読に従ったが、「寳蔵阿□」とあった可能性もあるということである。橋本のいう「二本の横画」からすれば、その末字は「尼」であったとみることもでき、すなわち「寳蔵阿尼」とあったという可能性が排除できないのである。ここでは、寳蔵も「阿尼」であったものと考えたい。
　とすれば、2人の僧侶である寳蔵・慧蔵は、「都唯那」であり、かつ「阿尼」であったということになる。
　『三国史記』巻40・職官志下・政官条に、

　　政官【或いは政法典と云う】。始め大舎一人・史二人を以て司と爲す。元聖王元年（785）に至り、初めて僧官を置く。僧中より才行有る者を簡び、之に充つ。故有れば則ち遞り、年限を定むる無し。
　　國統。一人【一に寺主と云う】。眞興王十二年（551）、高句麗の惠亮法師を以て寺主と爲す。
　　都唯那娘、一人。阿尼。
　　大都唯那、一人。眞興王、始めて寳良法師を以て之と爲す。眞德王元年（647）、一人を加う。
　　大書省、一人。眞興王、安臧法師を以て之と爲す。眞德王元年（647）、一人を加う。
　　少年書省、二人。元聖王三年（787）、惠英・梵如二法師を以て之と爲す。
　　州統、九人。
　　郡統、十八人。

とある。政官として、仏教統制の機関を記すもので、国統以下が僧侶から任命されるものである。ここに「都唯那娘」がみえ、つづけて「阿尼」と記している。「阿尼」については、具体的な尼僧の名に冠する語であるとみる説〔李基1978〕[5]、尼僧一般を指すことばとみる説〔中井1971〕などがある。宋・孫穆『鶏林類事』（1103年）では「尼を阿尼と曰う」とするが、新羅の表現が高麗まで残ったとみれば、尼僧のことであるとして問題ないことになる。ただしほかの僧官は、最初に任じられた僧の名をあげており、ここだけが異な

る。特異な点はそれのみではない。「都唯那娘」の記された位置であるが、次に記された「大都唯那」は、都唯那に対比されるものであろう。しかし都唯那はみえず、大都唯那のみがあり、しかもその大都唯那よりも、都唯那娘のほうが上に位置づけられている。このような記載順から、都唯那娘が大都唯那よりも上位にあったと解し、新羅仏教における特殊性を指摘する意見があるが（中井1971）、むしろこの前後の記事に何らかの錯簡がある、と考えたほうがよいのではなかろうか。「都唯那娘」の場合、最初に任じられた僧の名は欠落し、地位としてもこのままではないとみるのがよかろう。

　順序や記述に問題はあるとしても、都唯那娘が阿尼であること、つまり都唯那娘が尼僧から任命される僧官であるということは問題ないのではないかと思う。

　ただし寶蔵・慧蔵は、「都唯那娘」「阿尼」ではなく、「都唯那」「阿尼」である。とはいえ、それが別に存在したとみるのは困難で、「娘」が省略されたものか、なくても同じとみるべきであろう。つまり、寶蔵・慧蔵は尼僧で、「都唯那〔娘〕」の僧官を持っていたということになる。

　法号としてともに「蔵」字を含んでいることになるが、それはどうであろうか。梁・宝唱『比丘尼伝』を見ると、見出しとして採り上げられた尼僧にはいないが、銭塘斉明寺超明尼条に「法蔵尼」が登場する。日本の例としては、『日本書紀』敏達紀13年（584）是歳条にみえる「禅蔵尼」をあげることができる。禅蔵尼は、司馬達等のむすめ善信尼の弟子2人のうちの1人で、漢人の夜菩のむすめ、という。こうした例からすれば、尼僧の名として「蔵」字を含んでいてもおかしくないといえる。「慧」字は、2字の法号の上字によくみられ、宝唱『比丘尼伝』でも、「慧湛」「慧果」「慧玉」「慧瓊」「慧木」「慧濬」「慧耀」「慧緒」「慧勝」「慧暉」が記されている。むしろよく用いられる文字といえる。

　尼僧は、中国においては、正式に受戒して出家した比丘尼は4世紀半ばにはみられるようである〔塚本1968、佐藤1980、勝浦2000a・bなど〕。先にあげた朝鮮三国でいちはやく仏教を受容した高句麗では、明確な尼僧の記録はないが、『元興寺伽藍縁起并流記資財帳』〔竹内編1962〕には、上記の善信尼らに教育した師として「高麗老比丘名恵便と老比丘尼名法明」が登場する。つづく百済は、『周書』百済伝に「僧尼寺塔甚だ多し」、『隋書』百済伝に「僧尼有り。寺塔多し」とあるが、明確な尼僧の記録はない。ここで重要なのは新羅であるが、尼僧に関する記録は少なくない。『三国遺事』巻3・阿道基羅条にみえる「毛禄の妹、名は史氏。師に投じて尼と爲り、亦た三川岐に寺を創りて居る。永興寺と名づく。」とある史氏は、訥祇王代（417～458）の一善郡の毛礼（毛禄）の妹という。しかし新羅への仏教伝来の説話的な記事のなかに登場するもので、そのまま信用しがたい。法興王代に正式に仏教を受容して（通常、527年）以後、法興王妃が「〔法興王〕初めて〔興輪寺の〕役を興すの乙卯歳（535）、王妃も亦た永興寺を創り、史氏の遺風を慕う。王と同じく落彩して尼と爲り、妙法と名づく。亦た永興寺に住す。」（『三国遺事』巻3・原宗興法条）とあり、真興王妃も、「〔真興〕王、幼年にして位に即き、一心に奉佛す。末年に至るや祝

髪し僧衣を被て自ら法雲と號して以て其の身を終わる。王妃も亦た之に効い尼と爲り、永興寺に住す。」とあり（『三国史記』巻4・新羅本紀4・真興王37年条）、法興王のむすめで、法興王の弟立宗葛文王に嫁ぎ、真興王を生んだ只召夫人も「終時、髪を削り法衣を被て逝く」とあり（『三国遺事』巻1・真興王条）、王妃や王女が尼になる例がつづく〔福士1993〕。くだって、金庾信の夫人（武烈王のむすめ）も、夫の死後「後ち智炤夫人落髪し衣褐して比丘尼と爲る」とある（『三国史記』巻43・金庾信伝下）。

『三国史記』巻4・新羅本紀4・真興王5年（544）条には、

　春二月、興輪寺成る。三月、人の出家して僧尼と爲り奉佛するを許す。

とあり、王族に限らず僧尼となることを許している。『三国遺事』巻5・仙桃聖母隨喜佛事条に「眞平王朝に、比丘尼の智惠と名づくるもの有り、賢行多し。安興寺に住す。」とある。智惠がどのような出自の人であるかわからないが、特に王族と記されていないのは、そうでないことを示唆する[(6)]。

いずれにしても、塢作の時代の新羅において、尼僧がいたことはまちがいない。わたしはここに、寶藏と慧藏という2人の尼僧が、塢を作る主体として記されていたと考えるのである。

4. 築堤事業の性格

以上をふまえて碑文の全体を訳せば、次のようになる。

　戊戌年の十一月廿四日に、另冬里村の且只□塢を作り、記す。此れを成在（おつくりになった）人は、都唯那寶藏阿尼と都唯那慧藏阿尼である。大工尺は、仇利支村の壹利刀兮貴干支と上□豆尒利兮である。道尺は、辱生之□村□□夫作村の筆令一伐・奈生一伐・居毛村の代丁一伐・另冬里村の沙等乙一伐・珎得所利村の也温失利一伐、烏珎叱只村の□□□一尺である。小工尺は、另所兮一伐・伊叱等利一尺・伊助只彼日である。此の塢は大きさ廣廿歩、高さ五歩四尺、長さ五十歩である。此れを作る起數者三百十二人。功夫如十三日で、了作事之（つくりおわった）。文作人は壹利兮一尺である。

あらためて言えば、この塢を作った主体が、2人の尼僧であったということで、それ以外に塢作に関与した人たちは、大工尺・道尺・小工尺と文作人である。貴干支（4等）・一伐（8等）・一尺（9等）・彼日（10等）は、地方人に与えられる官位（外位）であり明確に地方人である。外位を持たない人もみえるが、それもことさら王京人とみる必要はなく、2人の尼僧以外、登場するすべての人が地方人であると考えられる。塢の所在地である另冬里村の沙等乙一伐以外は、他の村の人であるが、おそらく另冬里村近傍の村であり、塢によって恩恵を受ける地域の人たちとみるのが自然であろう。

いっぽう2人の尼僧であるが、另冬里村あるいはその近傍の出身であろう、とみる材料はなく、むしろこの地とは関係がないと想像される。王京において、都唯那〔娘〕という僧官を得ているのであり、王京からこの地にやって来た、ということであろう。王京人と

163

地方人が厳格に差別されており、地方人が自由に移動することはできなかった新羅社会ではあったが、僧侶はそうした制約からはずれるように思われる。しかし、僧官を持つこの2人は、基本的には王京人であるとみるべきであろう。

　これまでこの築堤事業の性格について、いくつかの見解が公表されている。

　まず石上英一は、いくつかの金石文資料をもとに、新羅の力役について考察しており、その一環で塢作碑をとりあげている。「労働編成の形態は、中央から派遣された二人の都維那が塢作工事を監督し、另冬里村及び周辺の村々から功夫が徴発されるものであった」「塢によって水利上の利益を受ける地域の村落首長による労働編成」で「この塢作のために特に臨時的に村落の首長層の徭役労働徴発権により徴発されたものであろう」とする。そして「都維那は中央の僧官であるが、塢作になぜ僧官が関与するのかは不明である」とする。中央から派遣された2人の都唯那が監督し、在地村落の首長層が徴発した人々によって工事がなされたとみるのである〔石上1974〕。

　それに対してわたしは「二人の都唯那こそが塢を作ることの発案者であって、それによって恩恵に浴する地域の人々を説得した」もので、「国家的な力役体制によって築造したものではなく、二僧侶の勧進になることを推測した」のであった〔田中1983a〕。

　その後、盧重國が、百済の統治組織を述べる中で、郷村の自治組織として香徒組織をあげ、「この碑文には香徒ということばはなくても僧侶と在地有力者たちを中心とする組織は癸酉銘阿弥陀仏三尊四面石像に上次乃末など在地有力者が恵明法師・信恵師などの僧侶とともに石像造成のための組織を作ったのと同じである」として、塢作を香徒組織によるものととらえた。香徒とは盧重國によれば「基本的に仏教と関係がある組織で祈仏や焚香のため、または造塔・造仏などの役事のために共同で組織した郷村の共同体組織」であるという〔盧1988〕。

　それに対して朱甫暾は、それならば僧侶は大邱附近の村落に位置する寺院に常住し、その僧侶の発議によって寺院の土地と関連する水利施設を築造するため信徒の組織体である香徒を動員したものということになるが、当時の大邱にそのような国家的寺院があったとは考えがたく、寺院があったとしても香徒が組織される程度に仏教が浸透していたか疑問であり、また香徒が関わるのは造塔・造仏など仏事に関連することのみで塢はおよそ関係がない、として否定し、中央の国家的寺院が、塢が所在する地域の禄邑主として禄邑地の生産力を向上させる目的で僧侶を派遣、彼らの主導で禄邑民である村落民を直接動員して築塢したもの、というように禄邑と関連させて解釈している〔朱1998〕。

　その後、李宇泰も、「この工事に動員された人員や工事の責任者が大部分地方人であることからみてこれは国家次元で計画された事業ではなく、地方人自らの必要によるもので、都唯那が所属した寺利で主管したものとみることができる」とするが、新しい点はない〔李宇1992〕。

　そこで改めて考えてみれば、2僧を中央から派遣したという考えは、「阿尺干」の釈読

が否定されれば弱まると思えるが、そもそも2人の尼僧が塢作の技術に優れているとは考え難く、その2人を監督者として派遣したということはまずなかったと考えるべきであろう。僧官を持ってはいるが、中央派遣とみる必要はない。重要なことは、2僧がおよそ技術的に関わりの無いと思える塢作の主体となっていることである。

禄邑説を含め、都唯那が所属した寺院で主管したという見解については、それならばなぜその重要な寺刹の名を記さないのか、まったく理解できない。2僧がいずれかの寺院に属していたことは十分にあり得ることであるが、作塢は、その寺院の事業として行われたものではないとみるべきである。

香徒集団によるという見解であるが、香徒が「祈仏や焚香のため、または造塔・造仏などの役事のために共同で組織した郷村の共同体組織」であるならば、朱甫暾が指摘するような点が問題である。盧重國がとりあげている「癸酉銘阿弥陀仏三尊四面石像」(673)には「香徒」の語はないが「知識」の語があり、別にとりあげている「癸酉銘石造三尊千仏碑像」(673)には「香徒」の語がある。それは、それぞれの石仏の造像に関わる組織である。「香徒」も「知識」も、仏教的善行を共同で行うための人的組織であり、日本でも古代において多くみられるが、竹内亮は、そうした知識結集の源流が朝鮮半島にあるとして、この2つの石像銘をあげている〔竹内2016〕。

新羅における「知識」「香徒」は、この事例も含めて、造塔・造仏など仏事に関連することに人々を結集したものがほとんどであるが、日本においては広く社会事業に関わるものとして、行基の行動がよく知られている[7]。塢作碑の場合、「知識」「香徒」というかたちでの結集はみられないが、それを介さなくても、2僧が事業を推進することは可能である。それは2僧が個人的に、作塢の必要性を説いたということで、それに応じた人たちが、在地の身分秩序には従いながら、作塢集団を組織したということであろう。以上のような点から、わたしは、塢作が2僧による勧進の結果であると考えるのである。

尼僧による事業として、これまで知られているものとして、例えば慶北浦項市神光面にある法光寺の石塔のなかから発見された蠟石製の石塔記(現在、国立慶州博物館所蔵)に、

　　大和二年戊申(828)七月、香照師・圓寂尼、財を捨して塔を建つ。寺の檀越成徳大王。典、香純。

とある〔朴2013〕。つまりその石塔の建造に、香照師とならんで圓寂尼が「財を捨して」いる例である(成徳大王は、神武王の父金均貞)。ただし石塔造営は仏事の一端である。しかし新羅の僧尼が社会的活動を行わなかったと考える必要は何もない。

5．おわりに──塢の位置推定

この塢がどこにあったものか。発見地点の附近に、該当しそうなものはない。そもそも立てられた状態で発見されているわけではなく、どこかから移されてきた可能性も十分にある。その場合、当然ながら手がかりとなるのは記された地名であり、特に「另冬里村」

である。
　「另」は、漢字として「レイ」と読むのが本来である。しかし新羅においては、「另」字は「武」字として用いられている。金庾信の祖父にあたる金武力は、金石文資料にも登場するが、その場合、「另力」として記される例がある。真興王の巡狩管境碑である『磨雲嶺碑』(568年)には「沙喙部另力智迊干」(図3)、『北漢山碑』(568年)には「沙喙另力智迊干」と記されている。『黄草嶺碑』は、その部分を欠いているため、わからない。『丹陽赤城碑』では「沙喙部武力智阿干支」、『昌寧碑』(561年)では「沙喙武力智迊干」としており、「武力」

図3 『磨雲嶺碑』
「另力智迊干」部分

と記す場合もあるのであるが、まちがいなく「另力」とも記すのである。

　従って「另冬里村」は、「武冬里村」と読んでもおかしくない。その場合、『三国史記』巻34・地理志1・尚州聞韶郡の領県である單密県が、

　　　單密縣。本と武冬彌知【一に曷冬彌知と云う】。景徳王、名を改む。今、之に因る。

というように、旧名「武冬彌知」であることが注目される。「彌知」は、地名の語尾としてほかにもみられるもので、梁柱東は「辺」という意味であるとする〔梁1965〕。従って語幹は「武冬」であり、「另冬」と一致する。

　單密縣は、現在の義城郡丹密面にあたる。大正7年(1918)陸地測量部の5万分1地形図「洛東」を見れば、そこには書堤洞・下堤洞・大堤洞・孝堤里・牛堤洞・連堤洞という地名があり、末只池・紅蓮池という池や無名の池もみえる。灌漑用ため池の多い地域といえる。そこにこの塢があった可能性は十分にある。

註
(1) 韓国国史編纂委員会の韓国史データベースでも、金昌鎬の釈読は「尼」となっている。
(2) 大会報告のタイトルは「彙報」(『仏教史学研究』48-2　2006)に掲載。
(3) 当日はレジュメのみを要旨集に掲載。田中俊明2010「文字資料からみた韓国古代の築堤」(『狭山池シンポジウム　狭山池の誕生をさぐる』大阪狭山市教育委員会)。
(4) 『三国史記』巻38・職官志上に17等官位の各名称・異称をあげているが、「六に阿湌と曰う【或いは阿尺干と云う。或いは阿粲と云う】」とあり、阿尺干が第6等官位阿湌の異表記であることを記している。そもそもその異表記は『隋書』新羅伝にみえるものである。
(5) 勝浦2000bでは、『日本書紀』崇峻即位前紀6月甲子条の善信尼を「善信阿尼」とする例をあげ、「尼に親愛の語である「阿」をつけたものである」とする。
(6) 安興寺の位置については柳1971が仙桃山聖母祠と近いのではないかとみて、仙桃山(西岳)南麓の三重石塔や附近の斗垈里磨崖仏をあげているが、明確ではない。
(7) 行基に関する研究蓄積は膨大であるが、例えば、平岡定海・中井真孝編1983『行基　鑑真』(日本名僧論集第一巻、吉川弘文館)が便利である。

参考文献
鮎貝房之進 1934a「夫只山村无盡寺鐘記」『雑攷』第六輯俗文攷・上編
鮎貝房之進 1934b「開寧葛項寺塔記」『雑攷』第六輯俗文攷・上編

鮎貝房之進 1934c「平昌上院寺鐘記」『雑攷』第六輯俗文攷・上編
石井　仁 2010「六朝時代における関中の村塢について」『駒沢史学』74
石上英一 1974「古代における日本の税制と新羅の税制」朝鮮史研究会編『古代朝鮮と日本』龍溪書舎
勝浦令子 2000a「東アジアの尼の成立事情と活動内容」『日本古代の僧尼と社会』吉川弘文館
勝浦令子 2000b「東アジアの尼の地位と役割」『日本古代の僧尼と社会』吉川弘文館
河　日植 2009「戊戌塢作碑追加調査および判読校訂」『木簡と文字』3
木村　誠 2004「統一新羅の骨品制―新羅華厳経写経跋文の研究」『古代朝鮮の国家と社会』吉川弘文館
金　昌鎬 1995「古新羅の仏教関連金石文」『嶺南考古学』16
高　正龍 2000「葛項寺石塔と舎利容器」『朝鮮古代研究』2
国立春川博物館 2014『禅林院鍾・廉居和尚塔誌』国立春川博物館所蔵品調査研究報告書Ⅰ 国立春川博物館
佐藤達玄 1980「中国初期仏教における比丘尼教団」飯田利行博士古稀記念論文集刊行会『飯田利行博士古稀記念東洋学論叢』国書刊行会
朱　甫暾 1998「郡司・（城）村司の運営と地方民の身分構造」『新羅地方統治体制の整備過程と村落』新書苑
末松保和 1954「竅興寺鐘銘」『新羅史の諸問題』東洋文庫
竹内理三編 1962『寧楽遺文』上巻　東京堂出版
竹内　亮 2016「知識結集の源流」『日本古代の寺院と社会』塙書房
田中俊明 1983a「新羅の金石文　第1回　戊戌塢作碑」『韓国文化』5-1
田中俊明 1983b「新羅の金石文　第2回　永川菁堤碑・丙辰銘」『韓国文化』5-3
田中俊明 2012「文字資料からみた韓国古代の築堤」(『狭山池の誕生をさぐる』狭山池シンポジウム2010記録集、大阪狭山市教育委員会)。
塚本善隆 1968「尼僧教団の成立発展」『中国仏教通史』第一巻　鈴木学術財団
坪井良平 1974『朝鮮鐘』角川書店。
中井真孝 1971「新羅における仏教統制機関について」『朝鮮学報』59
任　昌淳 1958「大邱で新発見された戊戌塢作碑小考」『史学研究』1
朴　南守 2013「新羅「法光寺石塔記」と御龍省の願堂運営」『韓国古代史研究』69
橋本　繁 2015「戊戌塢作碑釈文の再検討」『国立歴史民俗博物館研究報告』194
濱田耕策 2013「新羅鐘銘の再検討―敦賀市・常宮神社所蔵の「鐘の記」と菁州蓮池寺鍾」『朝鮮古代史料研究』吉川弘文館
福士慈稔 1993「新羅に於ける仏教受容の諸問題―王族の出家を中心として」『学習院大学東洋文化研究所調査研究報告』39
李　宇泰 1992「新羅の水利技術」『新羅文化祭学術発表論文集』13
李　基白 1978「三国時代仏教受容とその社会的意義」『新羅時代の国家仏教と儒教』韓国研究院
柳　奭佑 1971『慶州市誌』（慶州市史編纂委員会）
梁　柱東 1965『増訂古歌研究』一潮閣
盧　重國 1988『百済政治史研究』一潮閣

三国から朝鮮時代前期にかけての溜池の類型とその歴史的背景

小山田宏一

1. はじめに

　韓国は10月から5月にかけての降水量がきわめて少なく、水田稲作農業を安定的に経営するためには灌漑が必要であり、なかでも溜池（堤堰）灌漑が整備されてきた。

　宮嶋博史によると、史料から溜池の数と分布が知られる朝鮮時代後期は慶尚道、全羅道、忠清道が水田稲作の発達した地域で溜池の集中する地域である。慶尚道は面積が狭く水深の深い山谷型堰堤が、全羅道は面積が広く水深の浅い平地型堰堤が優勢という〔宮嶋 1983〕。

　しかし、灌漑域の地形環境は一律でない。忠清南道の唐津合徳堤、全羅北道の金堤碧骨堤などに代表される西海岸平野部の溜池は、宮嶋博史が分類する「中国の塘、あるいは日本の皿池にあたるもので、平地部を掘って、その土を周囲に堤として盛上げて造られる」平地型堰堤ではなく、沿海低地に臨む低丘陵間の谷底平野を塞ぎ止めたダム式であり、開発地は河口や内湾に発達した塩性湿地の潮汐平野である〔小山田 2008・2013・2015 a・2015b、李保京 2014〕。

　韓国にみられる溜池の基本形は河谷、谷底平野、低丘陵などの立地環境を問わず、上流側に築堤し、傾斜を利用して重力灌漑をおこなうダム式である。平地部を掘って周囲に築堤する池は、「穿池於宮南」（『三国史記』巻27、百済本記5、武王35年〈634〉条）とある宮南池に代表

1 南大池／黄海道　　　7 恭倹池／慶尚北道
2 合徳堤／忠清南道　　8 影池／慶尚北道
3 黄登堤／全羅北道　　9 菁堤／慶尚北道
4 碧骨堤／全羅北道　　10 慶山林堂古碑／慶尚北道
5 訥堤／全羅北道　　　11 戊戌塢作碑／大邱広域市
6 義林池／忠清北道　　12 薬泗洞堤防／蔚山広域市
　　　　　　　　　　　13 旧位良池／慶尚南道

図1　三国から朝鮮時代前期の溜池と関連水利施設

される宮苑池に限られる。

したがって韓国の溜池は基本的にダム式に分類されるものであり、その地域性と成立にかかわる歴史的背景は、開発地の地形環境に応じた溜池灌漑の工学的適応の類型化によって明らかになる。なお、本稿で取りあげた溜池は発掘調査資料と、史料的にひろく知られている事例に限られることをあらかじめ断っておく（図1）。

2. 地形環境・開発方式からみた諸類型

自然灌漑の困難な段丘面を開発する段丘面開発型、天水に依存する谷底平野を開発する沖積平野開発Ⅰ型、井堰灌漑の困難な氾濫原を開発する沖積平野開発Ⅱ型、河川灌漑を補完・増強する沖積平野開発Ⅲ型、灌漑と除塩の用水を確保する沿海低地開発型の5類型を設定した（表1）。

段丘面開発型　忠清北道堤川市義林池である〔国立中原文化財研究所 2014〕。義林池は龍頭山の水を集める河谷を塞ぎ止めた本格的なダム式である（図3・4）。下流には扇状地性段丘面がひろがる。

初築年代は、堤の基礎を固める地盤補強工法の敷設材である粗朶のAMS年代によるとA.D.180年～410年である。現時点でさらに年代を絞りこむことは難しいが、本稿では後述するように三国時代4・5世紀頃と考えている〔小山田2018b〕。

李弘鐘は下流域の古地形について、①龍頭山の渓流が義林池付近から大きく3方面（西、中央、東）に分流し沖積地を形成した、②気候変動で海面が低下し東西河道の下方浸食が進み、沖積地は段丘化して中央河道が埋没した、③その結果、中央河道の流域でおこなわれていた農耕を維持するために義林池を築造し水源を確保したと分析し、義林池は地形環境の変化に対して農耕を継続的に維持するために築造されたと考えた〔李弘鐘2010〕。

しかし地表調査[(1)]によると、東河道右岸には比高約5mの階段状の段丘崖が発達し、その河床高度の変化は相当の年月を要しているようだ（図2）。李弘鐘が想定する

図2　義林池東河道跡が形成した河岸段丘

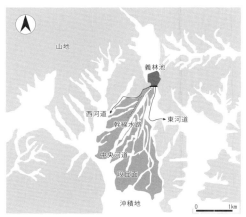

図3　義林池下流域の古地形
（李弘鐘2010を改変）

土地利用プロセスは検討の余地がある。本稿では、耕地化が困難で放置されていた原野の段丘面を開発するにあたり、農業用水を安定的に確保するため築造されたのが義林池だと理解している。

現在、義林池下流の段丘面は圃場整備が完了し、整然とした水路網が整備されている。このような段丘面の微地形を克服した本格的な農地造成は近代の所産である。1918年総督府陸地測量部地形図で確認できる幹線水路が中央河道跡の谷筋に沿うことから〔李弘鐘 2010、박지훈 2014〕、主要な開発地は、段丘面を樹枝状に刻む狭長な谷底平野（旧河道）の緩傾斜面であったと推定することが妥当である（図3）。

沖積平野開発型Ⅰ　慶尚北道慶州市影池を取りあげる。影池は南川支流院洞川流域の谷底平野の谷頭を塞ぎ止めたダム式である。現在、用水は丘陵裾に開削された用水路から、谷底平野の緩傾斜面を灌漑して谷底の余水路に落ちる。影池は、谷川の水量が乏しく天水に依存する谷底平野を開発するために築造されたものである。影池は、北東約4kmにある仏国寺の釈迦堂にかわわる説話に登場する池として知られた存在であり、仏国寺によって造成された可能性がある〔盧重国 2013〕。

沖積平野開発Ⅱ型　蔚山広域市薬泗洞堤防遺跡（以下、薬泗洞とする。）、慶尚北道永川市菁堤である。薬泗洞は東川に臨む丘陵の谷筋を塞ぎ止めたダム式で、堤体の補強土工法で敷設した粗菜などの炭素年代から築造の上限が680年と判断され、統一新羅時代の初期にあたる〔ウリ文化財研究院 2012〕。主な開発地は、東川とその支流である薬泗洞川に挟まれた氾濫原（後背湿地）である（図4）。

1918年総督府陸地測量部地形図によると、川幅（高水敷）が200～300mほどの東川河口部は、河床勾配が緩やかで両岸には自然堤防が発達している。このような規模の河川に対して工学的に対応した大型井堰（頭首工）は、戸板（堰板）を開閉して洪水の流入を防ぐとともに取水量を調節する樋門を備える。日本でこのような水利技術の運用が始まるのは中世である。これを参考にすれば、当時の韓国においても河岸の堤や水制設備、開閉式の水門などを整備する水利技術は未発達であり、薬泗洞は氾濫原開発の水源として築造されたと理解できる。

このような河川地形は、慶尚北道永川市菁堤の灌漑域に確認できる。菁堤は洛東江支流琴湖江左岸の丘陵の谷筋を堰き止めたダム式である。後述するように536年に築造された堰に近い「塢」が7世紀頃に「堤」に改造されて成立した。菁堤の灌漑域は、琴湖江曲流部の氾濫原（後背湿地）にあたる。現在の琴湖江は堤防で固定された河川敷約500mの大河である。連続堤防が未整備であった古代は、砂州の移動や河床変化によって複列の自然堤防が形成され、河川からの取水が困難であったと推定される。

沖積平野開発Ⅲ型　慶尚北道尚州市恭倹池〔慶尚北道文化財研究院 2013〕と慶尚南道密陽市旧位良池〔慶南文化財研究院 2014〕を取りあげる。恭倹池は洛東江水系の銅川上流に形成された盆地状にひろがる低湿地の水を集める溜池であったが、現在は銅川から引水す

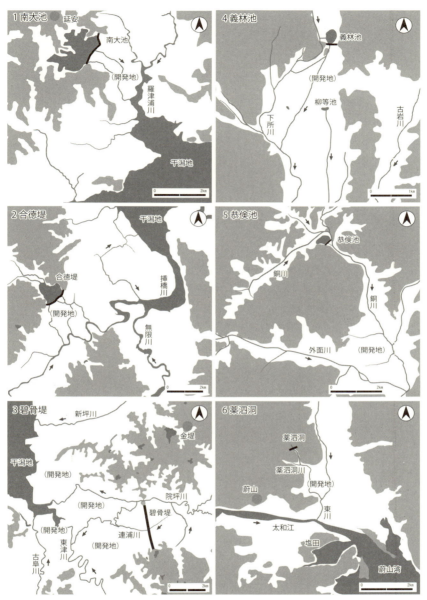

図4 三国から朝鮮時代前期の溜池の灌漑地

る河道外貯留池に改造されている（図4）。東南部に残る築造当初の堤の下層から自然河道（旧銅川）が確認され、低湿地の出口にあたる丘陵間狭窄部を通過する銅川を塞ぎ止めたことが知られる。初築年代は、堤の基礎を固める地盤補強工法の敷設材である粗朶のAMS年代（A.D.676年～690年）から7世紀後半である。

　恭倹池の灌漑システムは、河道を利用して用水を送り、河道に設置した井堰から耕作地

に分水するのが特徴である。現在の灌漑域は上流部に井堰を構え、丘陵沿いの幹線水路から分水する。余水は銅川・外西川に落とし反復利用している。

　このような恭俭池は、灌漑期間中に一定流量を供給することで不安定な河川灌漑を補完・増強する溜池である。1959 年、恭俭池は西約 2km の地点に五大池が建造されて水源の機能が縮小し、1964 年に西半分が埋め立てられた。

　慶尚南道密陽市旧位良池〔慶南文化財研究院 2014〕は、低山地帯裾部の丘陵に囲まれた小盆地の出口を塞ぎ止め、渓水と雨水を貯めるダム式である。堤下の扇状地を灌漑するほか、西を流れる堤大川（密陽川支流）に給水する。初築年代は、堤基礎部の地盤補強工法で敷設した粗朶の AMS 年代（A.D.530 年～540 年）から 6 世紀前半である。現在、堤大川の水源は旧位良池の西約 350m に築造された佳山貯水池である。

　沿海低地開発型　西海岸の沿海低地に臨む低丘陵間の谷底平野を塞ぎ止めた溜池であり[(2)]、堤下は感潮河川河口部の潮汐平野（史料は「海沢」と表記する）である。黄海道延安市南大池は羅津浦川、忠清南道唐津市合徳堤は挿橋川、全羅北道金堤市碧骨堤は東津江、同扶安郡・井邑市訥堤は古阜川の河口部に位置する（図 4）。

　南大池（臥龍池）は、高麗文宗年間（1046 年～1083 年）に翰林学士李霊幹が修築しており（『新増東国輿地勝覽』巻 43、黄海道延安都護府山川）、高麗時代には成立していた。合徳堤[(3)]は初出史料に「合徳堤堰、自前朝始築」とあり、高麗時代の築造である（『成宗実録』巻 2、

表 1　三国から朝鮮時代前期の溜池

名称	所在地	立地	年代	領域	開発対象地	機能
段丘面開発型						
義林池	忠清北道堤川	内陸部	4・5 世紀と推定（AMS：A.D.180～410 年）	百済	段丘面（旧扇状地）	治水・灌漑
沖積平野開発 I 型						
影池	慶尚北道慶州	内陸部	統一新羅	統一新羅		
沖積平野開発 II 型				統一新羅		
菜洒洞堤防	蔚山広域市	内陸部	AMS：A.D.680 年	統一新羅	沖積平野（氾濫原・後背湿地）	治水・灌漑
菁堤（貞元銘）	慶尚北道永川	内陸部	798 年	統一新羅	沖積平野（氾濫原・後背湿地）	治水・灌漑
沖積平野開発 III 型						
恭俭池	慶尚北道尚州	内陸部	AMS：A.D.676～690 年	統一新羅	沖積平野（扇状地・氾濫原）	治水・灌漑
旧位良池	慶尚南道密陽	内陸部	AMS：A.D.530～540 年	伽耶？	沖積平野（扇状地・氾濫原）	治水・灌漑
沿海低地開発型						
南大池	黄海道延安	臨海部	高麗時代	高麗	河口部潮汐平野（「海沢」）	灌漑・除塩
合徳堤	忠清南道唐津	臨海部	高麗時代	高麗	河口部潮汐平野（「海沢」）	灌漑・除塩
碧骨堤	全羅北道金堤	臨海部	高麗時代（貯水池改造年代）	高麗	河口部潮汐平野（「海沢」）	灌漑・除塩
訥堤	全羅北道扶安・井邑	臨海部	高麗時代	高麗	河口部潮汐平野（「海沢」）	灌漑・除塩

表 2　琴湖江流域の塢とその類似施設

菁堤丙辰銘	慶尚北道永川	内陸部	536 年	新羅	沖積平野（氾濫原・後背湿地）	灌漑
戊戌塢作碑	大邱広域市	内陸部	578 年	新羅	谷筋、沖積平野（氾濫原）	灌漑
慶山林堂古碑	慶尚北道慶山	内陸部	6 世紀	新羅	沖積平野（氾濫原・後背湿地）	灌漑

4年（1473）10月己未条）。碧骨堤は、三国時代の防潮堤が高麗時代に貯水池に改造され、朝鮮時代太宗15年（1415）には朝鮮王朝の直轄工事として水門・洪水吐などの水利施設と水利網が大規模に整備された〔小山田2008・2013・2015a・2015b〕。訥堤は碧骨堤と一連の国家事業として再築された溜池である（『世宗実録』巻3、1年（1419）、2月庚子条）。前年の『太宗実録』巻35、18年（1418）戊戌条には「古阜之地訥堤、古置三大水門」とあり、高麗時代には成立していた。

　史料から堤下の環境が知られる碧骨堤は「堤下漫漫、広迴沃饒」（『太宗実録』巻16、8年（1408）9月壬戌条）、「堤上之田、所没雖多、幾至三倍」（『太宗実録』巻35、18年（1418）1月甲子条）とあるように、「海沢」は肥沃であり開墾すれば生産性の高い耕作地になると認識されており、当時の「海沢」に対する農学的評価がうかがえる。

　「海沢」開発は、土壌中の塩分を洗浄する用水を確保しなければならない。沿海低地開発型は立地からみて、「海沢」開発の水源であることは間違いない。「海沢」開発は、「平沢県海沢築堰（堤）作田」（『世宗実録』巻33、8年（1426）9月癸巳条）、「浜海州郡海沢築隄、可作水田之地頗多」（『世宗実録』巻92、23年（1441）1月乙丑条）とあるように海浜に防潮堤を建造した。また史料の記述はないが、用水路の出口には潮汐の変化に応じて戸板を開閉し蓄排水を調節する水門が想定できる。沿海低地開発型は、「海沢」開発に対する工学的適応の水利施設である。

3. 諸類型の歴史的背景

段丘面開発型　義林池は考古学年代の知られる韓国最古の溜池で、韓国の溜池灌漑は段丘面の開発から始まったことが知られる。発掘調査が行われた密陽旧位良池は6世紀前半、尚州恭倹池は7世紀後半、蔚山薬泗洞は7世紀末の築造であり、半島造池活動の中心年代は6・7世紀となろう。

　義林池は、初築年代が2〜4世紀に上がる可能性が残るものの、そのような年代を与えると、義林池は半島のなかで年代的に孤立した存在になる。義林池は、地盤補強工法を用いて堤基礎部を固めるなど土木技術的に完成度の高いダム式溜池で、高度な水利技術を掌握し運用する政治権力が不可欠である。

　このような義林池は、南漢江流域の堤川に所在することに注目して、漢城百済期の王権が中原の鉄資源を掌握するために展開した南漢江流域経営のおける水利開発事業（屯田的経営拠点の開発）として4・5世紀頃に建造したものであり、その土木技術や維持管理情報は、外交関係のある東晋・南朝から供与されたと推定できよう〔小山田2018b〕。したがって、義林池は在地勢力が堰などの伝統的な治水灌漑施設を工学的に改良したのではなく、百済漢城期の領域拡大政策を背景として出現したと歴史的に評価できる。

沖積平野開発型　沖積平野開発型がどの地域に出現し発達したのかは、資料が僅かであり今後の課題である。このような中で、事例が確認できるものとして新羅ではまず琴湖江

流域において、堰と同義の河川を堰き止めた貯水施設である「塢」の造営から貯水池の歴史が始まっていることに注目したい。その後、新羅では、①支配下に組み入れた堤川義林池を修築した[(4)]、②7世紀前半は尚州恭儉池、7世紀末には蔚山薬泗洞を築造した、③元聖王6年（790年）は全州等七州から労働者を徴発して金堤碧骨堤の防潮堤を大規模に増築し（『三国史記』新羅本紀、巻10、元聖王6年条）、元聖王14年（798）は菁堤の損傷部を修築した（「菁堤貞元銘」）、④9世紀は『三国史記』新羅本紀、巻11、憲徳王2年（810）条、『三国史記』新羅本紀、巻11、憲安王2年（869）条にあるように河川堤防の改修命令を下したなどの歴史があり、その水利施設の広がりと整備は、領域拡大と不可分の関係にある王権を強化する勧農政策であったと理解できる。

「塢」は中国大陸から伝わった水利施設で〔村松2013〕、その名称は法興王23年（536）の「永川菁堤丙辰銘」（以下、永川は省略する。）と、大邱広域市の「戊戌塢作碑」（578年）に残されている[(5)]。「菁堤丙辰銘」の塢は、中央から派遣された官人の指揮監督のもとに、周辺整備工事を含むと思われが、7000人が動員された。またその灌漑地は王室直轄領の可能性があり〔河2005〕、塢の建設は王権主導の事業とみなせる。一方、「戊戌塢作碑」の塢は公権力による灌漑事業ではなく、碑文に登場する僧侶の勧進〔田中1983a〕、あるいは在地寺院が主導した工事〔橋本2015〕であり[(6)]、新出の「塢」灌漑は各階層に定着し運用されていた。

「戊戌塢作碑」の「塢」のその後の歴史は不明である。一方、中央から官人が派遣され、「斧尺夫」136人、力役・軍役にかかわる法幢軍団の「法功夫」14,140人が動員された貞元14年（798）の菁堤の修築は、地方支配の再編あるいは王権の権威を高める国家的事業であり、その記念碑である「菁堤貞元銘」には「謂状堤傷故所内使以見令賜矣」とあるように、菁堤丙辰銘段階の塢は貞元の修築以前にすでに菁堤に改造されていたことが知られる。少し説明しておくと、「謂状」の「状」（碑文2行5字目）は「洑」と読まれ、「洑堤」が損傷したため修築したと解釈されてきた。しかし、字画から「洑」ではなく「状」と読むことが妥当であり〔田中1983b〕、「堤」が損傷したため修築したとなる。つまり「菁堤丙辰銘」の「塢」は、貞元14年の修築以前に「堤」と呼ぶにふさわしいダム式溜池の菁堤に改造されていたのである〔小山田2018a〕。

古代菁堤は、丙辰年（536）に「塢」を築造した古代菁堤第1段階、「塢」を菁堤に改造した古代菁堤第2段階、貞元14年（798）に損傷した菁堤を修築した古代菁堤第3段階にわかれる〔小山田2018a〕。新羅で沖積平野開発Ⅱ型が出現したのは、この古代菁堤第2段階にあたる。「塢」は構造的に堰に類似しており、貯水機能があるものの、降水量の増大時に洪水水量を吐き出すことで堰体を保護し、下流域への水害を防ぐ洪水吐機能が不十分である。このような事情から「塢」は、本格的な治水灌漑機能のある沖積平野開発Ⅱ型に造り替えられたのだろう。古代菁堤第2段階の年代は、尚州恭儉池、蔚山薬泗洞など造池活動が活発になる7世紀代とみなすのが実情に即した理解である。

沿海低地開発型　高麗時代後期は半島西海岸で沿海低地開発が活発になる時代である。

塩分洗浄と灌漑用水を確保する水源として延安南大池、唐津合徳堤、古阜訥堤などが築造され、金堤碧骨堤では防潮堤から貯水池に改造された。朝鮮時代前期には、国家の直轄事業として碧骨堤と訥堤が大改修された。

　高麗時代後期から朝鮮時代前期は、中国江南で発達した沿海低地開発の水利技術と農学情報を受容した時代であり、農業技術史上の重要な画期である〔小山田 2013〕。史料としては、高麗王朝恭愍王 11 年（1362）に「江淮之民為農、而不憂水旱者水車力」（『高麗史』巻七九、食貨二、農桑）とあるように、密直提学の白文宝が江淮の農民が水旱を心配しないのは水車（龍骨車・翻車）のおかげであり、その活用と普及を建議したこと、また朝鮮王朝世祖 9 年（1463）には「今送唐稲種於沿海諸邑、有醎気海沢耕種」（『世祖実録』巻 30、9 年（1463）1 月戊午条）とあるように、「唐稲」と称される塩性土壌に強い品種を輸入し、沿海部の開発地に分給したことなど知られる。

　日本でも 12 世紀頃に沿海低地開発が本格的に始まる。開発地は「潮出入之跡」（12 世紀、摂津国猪名荘、『尼崎市史』第 4 巻史料 37）、「潮損不熟之常々荒野」（12 世紀、備前国南北条荘・長沼荘・神崎荘、鎌倉遺文 789）、「塩入荒野」（13 世紀、安芸国沼田荘、鎌倉遺文 5322）「海浜之牟田」（13 世紀、肥後国大慈寺領、鎌倉遺文 15325）などと描写された潮汐地帯であり、潮汐の変化を利用して蓄排水する潮汐利用型樋門を構えていた。また 11 世紀後半〜14 世紀頃に、江南の「占城稲」に由来する不良環境に強いインディカ型の「大唐米」が導入された〔嵐 1974〕。

　「海沢」の認識は「海沢之田、所出倍多」（『世宗実録』巻 88、22 年（1440）3 月乙丑条）からも知られるが、これについても「沿辺海岸築壁、或樹立椿橛、以抵潮泛、田辺開溝、以注雨潦、旱則灌漑、謂之「甜水溝」、其之稼収比常田、利可十倍」（『王禎農書』巻 11、農器図譜 1、田制門、塗田）とあるように、防潮堤を築いて海潮を防ぎ、用水路の「甜水溝」で灌漑すると、その稼収は常田に比べて十倍ばかりになるという、泥沙地に開発した浜海新田の「塗田」の情報によるものだろう。

　沿海低地開発型の大型溜池は、維持管理することが困難であったようだ。碧骨堤は太宗 15 年（1415）に周辺の郡県に用水を送る溜池に大改修されたが、「大風雨、金堤郡碧骨堤決、損堤下田二千九十八結」（『世宗実録』巻 9、2 年（1420）9 月戊寅条）とあるように、改修後わずか 5 年で決堤し、「本朝十五年更築、以利小弊多、尋堕之」（『世宗実録地理志』全羅道金堤郡条）とあるように廃絶した。

　太宗 15 年改修後の碧骨堤は、最大貯水域が全周 68.6km、総面積 34.5km²と復元される超大型溜池であり〔鄭 2012〕、防潮堤時代の構造を再利用した水門は、構造的に緊急時の洪水水量をスムーズに排出できなかったようだ。訥堤も同様な結末をむかえており、東津江河口部の大規模再開発計画は頓挫したようだ。

　碧骨堤と訥堤は、『大東輿地図』（19 世紀）などに水域が描かれるが、それは池跡が沼沢地と化した景観である。合徳堤も別名が連池であり、水深が深く浚渫などの維持管理が不

十分であった。したがって沿海部低地開発型の大型溜池は比較的短命であり、その後は小規模な溜池と「洑」を設置した河川灌漑が主要な水源になったのだろう。

4. おわりに

　三国から朝鮮時代前期の溜池を取り上げ、開発地の地形環境によって、自然灌漑の困難な段丘面を開発する段丘面開発型、天水に依存する谷底平野を開発する沖積平野開発Ⅰ型、井堰灌漑の困難な氾濫原を開発する沖積平野開発Ⅱ型、河川灌漑を補完・増強する沖積平野開発Ⅲ型、灌漑と除塩の用水を確保する沿海低地開発型の5類型を設定した。

　最後にまとめと課題を述べておく。

　1）百済漢城期の4・5世紀頃に段丘面開発型、7世紀以降の新羅に沖積平野開発型、高麗時代後期から朝鮮時代前期の西海岸に沿海低地開発型が確認できる。

　2）百済と新羅の溜池は、王権の強化と領域拡張政策のもとに出現したと理解できる。

　3）沿海低地開発型は、中国江南で発達した沿海低地開発の水利技術・農学情報が東アジア世界に拡散する中で成立した。

　4）半島最古の溜池が段丘開発型の義林池であることは動かしがたいが、半島のダム式溜池は特定の領域から拡散したのか、あるいは多元的に成立したのかは重要な課題である。筆者は新羅領域について、次のように想定している。

　琴湖江流域の菁堤が、7世紀頃に「塢」灌漑から治水灌漑機能をもつダム式溜池に変化したと推定できることは先述したとおりだが、①「塢」灌漑以前に、すでに百済では段丘面開発型の義林池が出現している、②新羅は領域を拡張する中で、支配下に組み入れた義林池で修築をおこない、沖積平野開発Ⅲ型の旧位良池を造営していた伽耶[7]を併合したことなどから、新羅のダム式溜池（沖積平野開発型）は半島内の先行事例から情報を入手し成立した可能性がある。

　このような仮説の検証については、義林池、旧位良池、恭倹池、薬泗洞などに、時代や領域をこえて拡散した地盤補強工法などの土木技術を比較研究することも有効であろう。筆者は土木技術から系譜関係を分析する研究を進めたい。

　5）本稿で挙げた事例は、国家、地方官、仏教教団などが造営した溜池であり、農民的経営による小規模な貯水池の実態についても明らかにする必要がある。

　謝辞

　本稿は科研費（18K01077）の助成を受けたものである。韓国の溜池調査は、工楽先生にご一緒していただく機会が多く、細部にわたってご指導していただくとともに、先生の積極的なお姿には常に励まされました。工楽先生の学恩に深く感謝します。現地調査では、盧重国・崔完奎・郭鐘喆・権五栄・金武重・成正鏞・金在弘・権純康・李保京、柳本照男（当時韓国東洋大学）の諸先生から、常に刺激的な議論をいただきました。心から感謝します。

註
(1) 2014年10月25日、郭鐘喆、権純康、李保京、工楽善通、柳本照男の諸先生と実施した。
(2) 『正祖実録』巻50、正祖22年（1798）戊午条に「柳聲遠曰、扶安之訥堤、臨波之碧骨堤、萬頃之黄藤堤、是謂湖南三大堤」とある全羅北道益山市黄藤堤（黄登堤、別名腰橋堤・腰橋湖、）も沿海低地開発型の溜池であるが、今回は初築年代が不詳なので取りあげていない。
(3) 現地の堤は、18世紀後半から19世紀前半頃の築造である（忠南大学博物館 2002『唐津合徳堤』）。
(4) 堤の修築部から新羅系単脚高杯が出土し、義林池の管理が百済から高句麗を経て6世紀代に新羅に交代したことが知られる（国立中原文化財研究所 2014）。
(5) 慶山市林堂遺跡出土の林堂古碑も新羅水利事業の記念碑である（篠原啓方 2010「慶山林堂遺跡出土古碑の内容とその歴史的背景」『東アジア文化交渉研究』3）。碑文は摩耗が著しく「塢」の字そのものは確認できないが、「菁堤丙辰銘」と同様に長さの単位として「尋」を意味する「得」がある。林堂古碑は「塢」または「塢」に類似する貯水施設の建設を記念して建立されたのだろう。
(6) 行基、空海・重源などの僧侶が土木技術に精通していたのは周知の事実である。「塢」の導入についても、すでに指摘されているが（村松 2013）、筆者も南朝（梁）に深く関係する僧侶が介在していたと想定している。
(7) 旧位良池が築造された530～540年頃、密陽は新羅勢力圏に組み込まれていた可能性がある。しかし旧位良池は百済と通交していた在地勢力が技術を保持し築造したと推定している。

参考文献
（韓国語）
㈶慶南文化財研究院 2014『密陽旧位良池』
㈶慶尚北道文化財研究院 2013『恭儉池堤防遺蹟』
国立中原文化財研究所 2014『堤川義林池試掘・発掘調査報告書』
박지훈 2014「堤川義林池の自然地理学的研究」『堤川義林池試掘・発掘調査報告書』
㈶ウリ文化財研究院 2012『蔚山薬泗洞遺跡』
李保京 2014「貯水池堤防の築造工程と土木技術」『水利・土木考古学の現状と課題』
李弘鐘 2010「義林池沖積地の古地形分析」『義林池（ウイリムジ）学術大会発表資料』
河日植 2005「新羅王室直轄地の初期形態に関して―菁堤碑丙辰銘の精密判読と分析」『東方學志』132

（日本語）
嵐　嘉一 1974『日本赤米考』雄山閣
小山田宏一 2008「碧骨堤の太宗15年の改修とそれ以前」『大阪府立狭山池博物館研究報告』5
小山田宏一 2013「「東アジア海」が結ぶ沿海低地の開発方式」『東アジア海文明の歴史と環境』東方書店
小山田宏一 2015a「三国から高麗時代に見る治水灌漑施設の歴史的語彙」『森浩一先生に学ぶ―森浩一先生追悼論集―』（同志社大学考古学シリーズⅪ）
小山田宏一 2015b「古代日本水利施設と碧骨堤」㈶全北文化財研究院編『東アジア古代農耕水利と金堤碧骨堤の位相』
小山田宏一 2018a「古代菁堤の基礎的研究」『大阪府立狭山池博物館研究報告』9
小山田宏一 2018b「古代日韓補強土工法の俯瞰的整理」『纒向学研究』6
田中俊明 1983a「新羅の金石文 永川菁堤碑・丙辰銘」『韓國文化』42
田中俊明 1983b「新羅の金石文 永川菁堤碑・貞元銘」『韓國文化』44
鄭充淑 2012「金堤碧骨堤の文化的生産力と規模」『狭山池シンポジウム2010　狭山池の誕生をさぐる』

橋本　繁 2015「戊戌塢作碑釈文の再検討」『国立歴民俗博物館研究報告』194
宮嶋博史 1983「李朝後期の農業水利―堤堰（溜池）灌漑を中心に―」『東洋史研究』41-1
村松弘一 2013「塢から見る東アジア海文明と水利技術」『東アジア海文明の歴史と環境』
盧重国 2013「古代韓国の水利灌漑」『狭山池シンポジウム 2011　東アジアの水利灌漑と狭山池』

5・6世紀における渡来民社会の形成とその後

福岡澄男

1. 本稿で渡来民居住を認定する考古資料

　渡来民の居住を考える場合に最も有効な考古資料は、日常生活品としての土器である。弥生時代についで渡来文化波及の第2の波があった古墳時代中期には、朝鮮半島からの大量の文物と多くの人々の渡来があったことを推測させるに十分な考古学的資料が蓄積されてきている。それらの資料は社会的性格から2つに大別できる。1つは支配層が欲しった軍事的なものや、きらびやかな服飾品であり、他は階層の区別なく人々に受け入れられた厨房などでの日常生活用具である。文字や馬は当初は前者の性格をもつものであったが、後には後者に属することとなる、きわめて重要な渡来文物といえよう。

　しかしこのような資料の蓄積が行われたのは、たかだかここ半世紀ほどの間に行われた発掘調査がもたらした結果でもある。例えば今日、渡来民と深くかかわると研究者に認識されている、我々が「韓式系土器」と呼ぶ土器についてみると、大阪府では40数年前には、1961年刊行の豊中市史第1巻に藤澤一夫氏が「漢式土器」として1小片を紹介されたのを知るぐらいであった。その後、大規模発掘調査の件数の増加とともに当該土器の出土も増大の一途をたどることとなった。完形品や復原可能な資料が次々と発掘されたことで、研究者の韓式系土器に対する認識もいっそう深まり、今日では大阪府、特に河内地域では、古墳時代中期の集落遺跡に対するそれなりの面積の発掘調査を行うと、多少の差はあれ必ず韓式系土器が出土すると言っても過言ではないくらい一般的な資料になっている。

　『韓式系土器研究』誌に「渡来人の戸籍作り」という言葉のもと、各地で出土した当該土器が報告紹介されてきたことも、韓式系土器が全国的に認識される上で重要な役割をになっている。これは組織的基礎研究として重要なものであるが、韓式系土器研究会のメンバーである中野咲氏が大部の集成を行った労作を発表している〔中野2007〕。

　韓式系軟質土器の器種と調整技法は従来の土師器には認められないもので、ほぼ5世紀代をとおして存続する。6世紀になると各種のタタキ具による調整技法はほとんど消滅して土師器に一般的なハケ目技法に変わるが、器種、器形は若干変化しつつも長胴の甕と把

手付の鍋と甑は平安時代まで存続する。古墳時代における韓式系軟質土器の全国的分布を概観すると近畿地方が中心であり、その中でも大阪府と奈良県の密度が濃く周辺に行くにつれ薄くなる傾向がある。この分布傾向は今後多少の変化はあるにしても大勢は変わらないであろう。

　古墳時代中期の韓式系軟質土器の製作地について、出土資料が少ない頃には、当該土器に酷似する朝鮮半島の軟質土器が搬入されたという考えもあったが、出土土器の中に大阪府の中河内地域特有の胎土になるものが確認されたことや、各地で発掘される日常生活用具としての韓式系軟質土器を搬入品と考えることはあまり合理的でないことから、現在では大部分が渡来民によって日本で製作された土器とみられている。5世紀代の約100年を経た後、製作技法が土師器化することの説明は、渡来民の家族が数世代を重ねるうちに日本社会に同化したり、日本全体あるいは近畿地方を中心とした地域における土器生産体制が変化したと考えるのが妥当であろう。

　以上のようにみてくると韓式系軟質土器は古墳時代中期における渡来民研究のため重要な歴史的史料といえるのである。前述のごとく5世紀の終り頃をもって当初の様式がほぼ消えるのであって、6世紀以降においては渡来民の所在を証明する資料とはなりえない。しかし後述するように、6世紀に顕著になる渡来民社会の形成時期について、5世紀代にはなかったという証明をしうる資料にもなるのである。

　韓式系軟質土器の他、5・6世紀に渡来民が居住したことを示す考古資料としては、ミニチュア炊飯具、下駄、竈焚口枠、大壁造り建築なども有効である。これらについては以下の各章でふれることにする。

　前述したごとく、過去50年近くの間に渡来民居住を示す考古資料は飛躍的に増加した。しかし彼等がどのような社会的環境の中に居住していたのか、あるいはどのようなコミュニティーを構成していたのか、そしてその後、彼等の社会はどのようになったのかという点についてはあまり議論されてこなかったように思う。それは考古学からアプローチすることの困難があるからである。小稿ではそれらを承知の上で、先行研究に導びかれながら以下3つの事例の検討を試みたい。

2. 大阪府蔀屋北遺跡の検討

　蔀屋北遺跡は大阪府四條畷市に所在し、令制下には河内国讃良郡に属する。『書記』には河内馬飼首、川内馬飼造、沙羅羅馬飼造、菟野馬飼造等の名がみえ、『日本霊異記』に更荒郡馬甘里、『和名抄』（高山寺本）に牧岡郷の地名をのせている。大阪府教育委員会によって遺跡の発掘調査が行われ、大部の調査報告書が刊行された〔大阪府教育委員会2010〕。また調査員の1人である、藤田道子氏による大阪歴史学会考古部会での報告が『ヒストリア』誌上に掲載されている〔藤田2011〕。

　それらによると古墳時代中・後期の住居址をはじめとする多くの遺構と、陶質土器、韓

式系土器、須恵器、土師器、竈焚口枠、移動式竈、製塩土器、鉄製品、木製品、骨角製品、石製品、玉類、動物遺存体等の多様な遺物が大量にみつかっている。注目を集めた代表的なものは、馬葬坑と馬具、竈焚口枠等であった。韓式系土器の出土により、5世紀代には渡来民の居住地であったことが明らかになったことに加え、土器の調整に鳥足文タタキの痕跡が幾つか認められ、鳥足文タタキの故地である百済に出自する渡来民が居住していたことも判明したのである。彼等が馬飼と呼ばれた人々であったことも、死馬の埋葬習俗や実用的な木製馬具の存在から容易に推測できるのである。

5世紀に到来した渡来文化の中で、乗馬の風習は古墳を営むほどの支配層が強く欲っしたものであった。馬の飼育生産と管理には専門の知識と技術を必要とする。蔀屋北遺跡の居住者はそれを身につけた特殊技能民であったのだ。とすれば、たまたまこの地に渡来し牧を営んだということは考えにくく、中央政権が適地を確保し特殊技能集団を居住せしめたのに違いない。

発掘遺物の整理全般を担当した藤田道子氏は、1期から5期にわけて遺構変遷図と土器類の時期別消長表を提示した〔藤田2011〕。消長表は各種土器について器種、器形を型式細分したものとなっている。1～5期の区分について須恵器の型式区分と対応させると、1期がⅠ-2以前～Ⅰ-2、2期が若干Ⅰ-2を含むもののほぼⅠ-3、3期がⅠ-3を含むがⅠ-4～Ⅰ-5が主体、4期はⅠ-5～Ⅱ-1が主体で若干Ⅰ-4とⅡ-2を含む、5期はⅡ-2～Ⅱ-3が主体で若干Ⅱ-4を含む、となるようである。須恵器型式の実年代はⅠ期がほぼ5世紀、1～5の細分についてはそれぞれおおむね初葉とそれ以前、前葉、中葉、後葉、末葉、Ⅱ期がほぼ6世紀で1～4の細分に対しておおむね各々4半世紀を与えることができよう。なお5期をもって「出水のため集落は廃絶し」たようである。

1～5期の変遷の中で注目される時期は3期（5世紀後半）である。藤田氏によれば「3期には新しい斉一性のある韓式系土器群が出現している。器種は壺・甕、甑、鍋、羽釜、移動式カマドそしてU字形板状土製品である。（中略）3期には新しい土器群を使用する渡来人の移住があり、（中略）土師器・須恵器を使用する在地人と共存したと思われる。この土器群に含まれるU字形板状土製品の出土数は破片が600以上、復元すれば少なくとも20個体以上になる。朝鮮半島出土例と比較すると栄山江流域出土例に最もよく似ており、このことから新しく渡来した集団は栄山江流域と強い関係をもつ集団と思われる。」という〔藤田2011〕。少し長くなったが同氏の文章を引用させていただいた。ここに言うU字形板状土製品とは竈焚口枠のことである。小稿では權五榮氏の提案〔權2013〕に従ってこの用語を使用する。竈焚口枠は現在までのところ、国内での出土は蔀屋北遺跡が大半をしめ、ほかには大阪府内の数遺跡から各々1～数点、大阪府以外では奈良県で1遺跡が報じられている程度である。その大半は酸化炎焼成になるが、陶邑古窯址群中のON231号窯から1点、還元炎焼成された資料が出土している。朝鮮半島では百済の領域に分布し、風納土城での発掘結果から造り付け竈の焚口に取り付けられたと推定されている〔權五榮2013〕。

5・6世紀における渡来民社会の形成とその後

　ところで藤田氏が3期に新しく渡来したとする集団とは、いったいどれくらいの規模を想定しうるであろうか。私はこの点については大変消極的なみかたをしている。それは第1点目として、韓式系土器における新しい器種構成の出現という変化は必ずしも新たな大勢の人間集団の渡来を意味しないこと。第2点目は、2期と3期の全体図を比較すると、居住区毎に若干の異同が認められるものの、3期に居住施設が著しく増加したとは考えがたいこと。3点目は3期のほうが2期よりも土器の出土量が多いとしても、共伴する須恵器の型式幅が大きいのであるから、存続時間の長さから当然の結果とも言いうることなどによる。

　では次に居住者の数について考えてみよう。2期以降の各期別の竪穴住居数を藤田氏作成の表〔藤田2011〕でみると、4期の8棟から2期の18棟までの間にあり、3期と5期はともに10数棟となっている。他に掘立柱の建物があり、これを住居と考えるか否かによって居住人数の推定は違ってくる。ただ掘立柱建物には馬の飼育等に必要な物資の保管倉庫も含まれているとみなければならない。厳密な数を知ることはできないが、竈焚口枠の数も参考にすると、ごく大まかに見積って10名前後の家族が各期を通じて数家族から多くて10数家族というふうに私は推測している。

　最後に、6世紀代をもって消滅した蔀屋北遺跡の居住民のその後に想いをはせてみよう。渡来民達は在地の先住民と共同して村落を形成していたとしても、渡来民は馬の生産

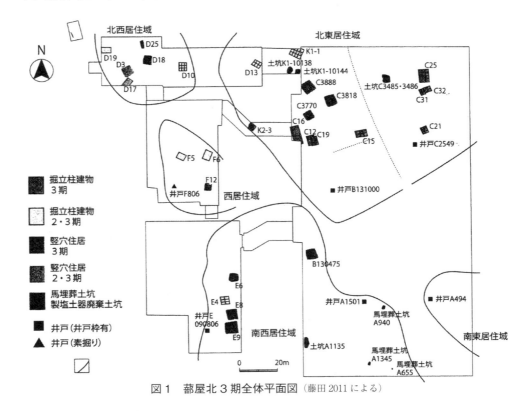

図1　蔀屋北3期全体平面図（藤田2011による）

を主導する特殊技能民として共同体の中核をなしていたに違いない。その意味で渡来民社会を形成していたと言えよう。

　村落消滅後の彼等の動向については空想するしかないが、特殊技能と無関係の生活を送った可能性は低いと考える。令制下においては官牧の制度が整えられ、厩牧令や延喜式には詳細な規定がみられるが、飼育に関する部分は令制前にも通じると考えられる部分が多々認められる。村落を廃棄した後、彼等は馬の需要の増大にともない各地に拡散発展していく牧の運営のために、その専門知識・技術とともに再編成されたのではなかろうか。

3. 大阪府陶邑古窯址群の検討

　陶邑古窯址群は、大阪府南部の泉北丘陵一帯に5世紀初頭前後から平安時代にかけて形成された、我が国最大の窯業生産遺跡として知られる。ここで生産された須恵器は韓国の陶質土器を直接のルーツとするもので、その技術体系を導入した年代については、日本の研究者の間では現在のところ5世紀初頭あるいは4世紀に遡るとするみかたが有力である。これは初期須恵器と共伴出土した木製遺物の年輪年代を参考にしている。これに対し韓国の研究者の中には、年輪年代測定された木製遺物の出土状態に問題点を指摘した上で、韓国陶質土器の年代観をもとに5世紀中頃以降とする強力な意見もある。いずれにしても初期須恵器窯は北部九州から瀬戸内海両岸、大阪湾岸にかけての地域で点々とみつかっているが、その中で陶邑古窯址群のみが以後も継続的に生産が行われて、古墳時代を通じて全国最大の地位を築いているのである。

　陶邑古窯址群の中で初期窯の分布は百舌鳥古墳群にほど近い、海岸よりの地に集中していて、陶邑開窯と同古墳群の被葬者との間に密接な関係があることを示唆している。

　かつて岸俊男氏は4世紀以降の大和政権の対朝鮮半島交渉に紀氏が深く関わり、瀬戸内海の海上交通も掌握していたことを文献史料を中心に論証した〔岸1962〕。その中で和歌山県の大谷古墳出土遺物等、幾つかの考古資料も上げている。半世紀余り後の今日、北部九州から大阪湾にかけての地域で、朝鮮半島由来の考古資料をかなり追加することができる。窯業技術導入に関連するところでは、まず岸氏が取り上げた和歌山県六十谷出土の陶質土器以外に、広島県池の内3号古墳、岡山県榊山古墳、大阪府野中古墳、同持ノ木古墳、奈良県南山4号古墳、同宮山古墳等から出土した陶質土器を数えることができる。そして陶質土器の分布域と重なるように初期須恵器窯が点在する状態は、植野浩三氏作成の図にみるとおりである〔植野2010〕。なお兵庫県出合窯や大阪府上町谷1・2号窯、また窯址自体はみつかっていないが大阪府茄子作遺跡を加えることができよう。以上の陶質土器出土古墳と初期須恵器窯に関わる氏族が対朝鮮半島交渉に関与していた可能性に高い。

　これらの初期須恵器窯の開窯と生産活動に渡来民陶工が関わっていたことは、高度の専門性を必要とする手工業である以上、まず間違いのないところである。そして各地の窯の製品の間には、型式的な共通性とともに違いも認められる。木下亘氏は、和歌山県に分布

5・6世紀における渡来民社会の形成とその後

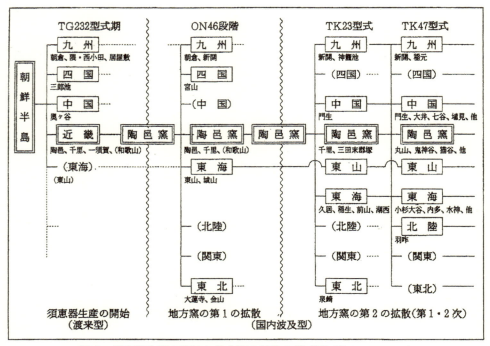

図2　須恵器生産の開始と地方窯の拡散の模式図（植野2010による）

する初期須恵器の楠見式土器を再検討し、顕著な型式的特徴を明快に指摘した上で、韓国各地の陶質土器にみられる地域的特徴との比較も行った。そして楠見式土器の窯が紀ノ川流域の小規模なものであることを想定した〔木下2015〕。

　それでは点在する各地の初期須恵器窯が後に続くことなく、なぜ陶邑窯だけが継続拡大していったのだろうか。私は各地の陶工が陶邑に吸収再編されたためだと考えている。それを行ったのはほかならぬ百舌鳥古墳群の被葬者であっただろう。渡来陶工の再編については『書紀』にも記事がある。記事の内容をそのまま史実とは思えないが、各地に散在した渡来民陶工を中央政権膝下の陶邑に吸収再編して生産の拡大をはかったことは、十分にありえたことであろう。やがて地方に須恵器生産が拡散していく過程については植野氏の図が参考になる。そして須恵器製作にも一定の規範が生まれたようであり、かつて田辺昭三氏は定型化ということを主張された〔田辺ほか1966〕。私は鳥形土器が鳥形𤭯に統一されてくる現象等もその一環と考えている。

　陶邑の窯業経営全般を考えれば、当初から渡来民陶工と在地先住民が共同で従事していたとみるのはむしろ当然のことといえる。しかし陶邑発展の原動力となったのが渡来民陶工とその子孫であったことも間違いないであろう。

　岡戸哲紀氏は陶邑の陶工集団と集落の動向について1つのモデルを呈示している〔岡戸2010〕。渡来民陶工の意識のありようという点では、陶邑開窯前後の彼等が小地域にまと

		大庭寺	万崎池	小阪	伏尾	深田	野々井	豊田	集落の特徴
出現期	TG232	■	■						・渡来系集団を中心とした工人集落の出現。
発展期	ON232 TK73	■	■	■	■		■		・渡来系集団と倭系集団が混在した工人集落の出現。
完成期	TK216 TK208 TK23	■	■	■	■	■	■	■	・掘立柱建物を中心として構成される大規模集落の出現。 ・古墳の築造。 ・泉北丘陵に展開する在地有力集団の須恵器生産への積極的な関与。

表1　陶邑における集落の動向（岡戸2010による）

まっていた頃には、小地域全体を自分達を中心とするコミュニティー、渡来民社会と認識していたと思う。しかし陶邑が大きく拡大した6世紀段階においては、陶邑全体を渡来民社会と認識することはなかったのではなかろうか。せいぜい末端の単位として家族が幾つか集まった集落、もしくは近隣の幾つかの集落群がコミュニティーとしての対象範囲だったのではなかろうか。

陶邑の陶工は時代が経過する中で多様な製品を生産している。6世紀代にみられるイイダコ壺は大阪湾に近い陶邑ならではの製品といえよう。令制下同様、大化前代においても彼等は中央政権と在地の政治勢力による2重の支配を受けていたと考えられるが、イイダコ壺は沿岸漁民との間で直接生産物交換を行っていたことを示す資料といえよう。

谷山池第12号窯址からは紀氏の同族である坂本氏の氏寺とされる禅寂寺跡で出土した屋瓦のうち、藤澤一夫氏によって第1類に分類〔大阪府教育員会1966〕されたものと同范の端丸瓦が出土している〔大阪府教育委員会2001〕。ただし12号窯の製品ではなく近くに所在する別の窯の製品と推定されている。いずれにしろ坂本氏の陶邑陶（瓦）工への関与をうかがわせる考古資料として興味深い。

大野池34号窯から出土した7世紀前半の陶棺片には作家名が記されていた。幸い全文が遺存して、2行にわたって2人の名を並記しその下に作の1文字を記している。略体字を使用しているが、藤澤一夫氏は右行を「伊飛寅」、左行を「安留白」と読まれたと聞く。左行第2字の字体は中国では各時代の碑文中にみられ、日本では前

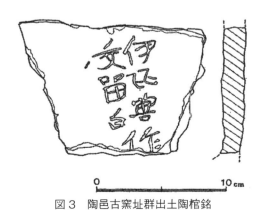

図3　陶邑古窯址群出土陶棺銘

図4　刻書円面硯拓本　実物の2/3（森内2013による）

期難波宮の和歌木簡等に例を知る。右行第2字に類似のものとしては、羅振鋆・振玉の『増訂碑別字』に唐杜君妻崔素墓誌に「乥」字があると記されている。2人の人物が作ったとする表記は法隆寺金堂の四天王像光背にも例があり特殊なものではないが、陶棺に作家名を記した例は他に知らない。注文主が特別の人物であったなど、いろいろな事情を推測することもできるだろうが、残念ながら酸化炎焼成の段階で破損してしまったというわけである。

　ところでこの2名の陶工の名は渡来民のそれとみてまず間違いないと考えられるが、第1字をウジ名とした場合、朝鮮半島において陶工がいつウジ名を持つようになったかということを考えれば、5世紀の早い段階で陶邑に定着した子孫であるかどうかは一考を要するところである。陶邑からは統一新羅の土器も出土しており〔大阪府教育委員会・㈶大阪府文化財調査研究センター 1998〕、5世紀以降も陶邑と朝鮮半島諸国との間に断続的にしろ交流があったことも視野に入れておく必要があろうかと思う。

　注文主らしい人物名を記した奈良時代の円面硯の小片が兵庫県大田町遺跡から出土していて、三辻利一氏の胎土分析結果によれば陶邑産であるという〔森内2013〕。記載文字は「荒田郡中〔長〕富里荒田マ直徳□」と釈読され、森内秀造氏は遺跡が所在する神戸市西部に居住した人物と考えている。

4. 滋賀県大津北郊地域の検討

　現在では竈、釜、甑等のミニチュア炊飯具を副葬する古墳の被葬者を渡来（系）氏族とする考え方は一般化していると思う。こうしたみかたを決定的にしたのは水野正好氏である。水野氏は滋賀県大津北郊に群在する横穴式石室墳を分析するにあたり、史書や記録、文書等の文献史料をもとに同地域に分布居住する古代氏族が在来氏族と渡来系氏族の間で地域的住み分けをしており、石室の形態差がそれに対応していることを論じた際、ミニチュア炊飯具を副葬する古墳も渡来系氏族の分布域に限られていることを指摘したのであった。初めの発表は1970年刊行の発掘調査報告書であり〔水野1970〕、翌年発表の論文でも詳論している〔水野1971〕。考古資料の分析だけでは成立しない結論であった。

　ところで古墳出土のミニチュア炊飯具は通常、実用品に比べはるかに小さく、古墳副葬用の明器とされる。しかし黒崎直、田村陽子、水野和雄、大川和夫等の諸氏によって発掘調査と報告書作成が行われた、大津北郊所在の大通寺1・2号古墳には集落遺跡から出土するのと同様の大きさの炊飯具が副葬されていた〔滋賀県教育委員会事務局文化財保護課・㈶滋賀県文化財保護協会 2005〕。この資料も明器であることは間違いない。少し横道にそれ

るが、明器について簡単にみておこう。『礼記』に明器の語がみえ、中国では早くから土や木で作った器物を副葬していた。『後漢書』礼儀志大喪には明器の種類や数量、大きさ等が記されているが、容器等には必ずしもミニチュアサイズとは思えないものがある。炊飯具に関しては瓦竈2、瓦釜2、瓦甑1とある。考古資料としては秦代には既にミニチュア炊飯具の副葬がみられる。西安市長安区茅坡村郵電学院124号墓から出土したミニチュア竈には、前述の竈焚口枠のような表現があって興味深い〔NHK・NHKプロモーション・朝日新聞社2015〕。

韓国での明器には鴨形土器をはじめ船形、角杯形等のさまざまな形象土器が知られているが、近年になって冷水里古墳や余方里古墳で炊飯具形明器が出土している。韓国では明器に限らず集落遺跡出土の移動式竈の出土例も少ない現状にあるが、最近の出土例として、辻川哲朗氏が土器製作技術に関する論文の中で、忠清南道の唐津城山里遺跡の住居址出土資料を紹介している〔辻川2016〕。今後の資料増加を待ちたい。

日本の古墳出土の明器としては船形土器や鳥形土器等が、僅かではあるが5世紀代の古墳から出土しており、ミニチュア炊飯具の副葬は6世紀になって始まる。しかし古墳に副葬される多量の須恵器も本来の意味からすれば明器と言うべきであろう。

国鉄湖西線建設に先だち田辺昭三氏を団長とする調査団が行った発掘調査は、西側の丘陵に渡来系氏族の古墳が群集する、大津北郊の複合扇状地を南北に縦断するかたちで行われた。古墳時代の遺構、遺物の多くは6世紀代のものであったが、木製下駄の多さは他に例をみないもので注意をひいた。調査団では渡来系氏族との関連も考えていたが、当時は朝鮮半島での出土下駄は知られていなかった。そのあたりのことは下駄の整理を担当した江口千恵子氏が発掘調査報告書の中で述べている〔田辺編1973〕。

ごく最近、韓国の遺跡から下駄が発掘されているが、未だ数遺跡と数は少ない。日韓出土の下駄について、本村充保氏が徹底した集成と分類をもとに研究を行っている〔本村2006・2010〕。5・6世紀代の日本における出土下駄の分布は近畿地方に濃密である。これは韓式系土器の分布傾向と重なっており、下駄が5世紀代に朝鮮半島からの渡来民によってもたらされたことはまず間違いないであろう。

「大壁造り」と呼称される古代の建築様式が渡来民に関わるという認識は多くの研究者が共有している。じつは湖西線関係の発掘調査においても「大壁造り」の遺構が検出されていた。しかし当時はそれがどのような性格の遺構なのか理解できていなかった。その後、宮本長二郎氏は大津北郊に所在する穴太遺跡の建築遺構を取り上げ、大壁造りの建築学的特徴を説明している〔宮本1996〕。「大壁造り」の用語は近世以降の民家にも使用されている。古代の大壁造りが近世以降のそれと異なる顕著な部分は、縦木舞を設置するための溝をめぐらせていることである。考古学の分野では花田勝広氏や青柳泰介氏が研究を主導している。

韓国での大壁造り建築の発掘例は、李南奭氏によれば20余遺跡から60〜70余が確認

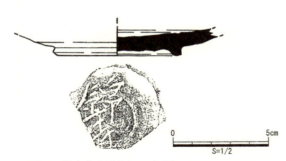

図5　箆書土器実測図・拓影（松浦2012による）

され、漢江流域、公州、扶餘、益山、完州等の地域でみられる。泗沘期には溝があるものとないものとが混在しているという〔李2012〕。

大津北郊地域では5世紀代の渡来民の居住を示す韓式系軟質土器は殆どみつかっていない。したがって6世紀代になってこの地に渡来民社会が形成されたことはほぼ間違いない。7世紀後半には彼等の氏族寺院が林立する。南滋賀廃寺の近辺で採集された平安時代の緑釉土器片に「錦寺」と記されていた〔松浦2012〕ことはそのことを如実に物語っている。

渡来民社会形成の時期差が意味する歴史的問題や、渡来民の別の存在形態の検討については他日を期すほかない。

付記　工楽善通先生が傘寿を迎えられるにあたり、今後一層のご壮健を祈念し、日頃の学恩に対する感謝の気持をこめて小稿を献呈したいと思う。

なお小稿関係資料について、植野浩三、岡戸哲紀、木下亘、權五榮、孫明助、崔完圭、辻川哲朗、中野咲、水野和雄、本村充保、李南奭、李暎澈の諸氏からご高配を賜わるところがあった。記して謝意を表する。また小稿の概要について、2018年2月16日に大阪で開催された、NPO法人国際文化財研究センター主催の第94回なみはや歴史講座で同じ標題のもとに発表した。

参考文献

NHK・NHKプロモーション・朝日新聞社 2015『特別展始皇帝と大兵馬俑』
植野浩三 2010「初期須恵器窯の様相」『地域発表及び初期須恵器窯の諸様相』大阪朝鮮考古学研究会
大阪府教育委員会 1966『禅寂寺（坂本寺）跡調査概要』
大阪府教育委員会 2001『陶邑・谷山池12号窯』
大阪府教育委員会 2010『蔀屋北遺跡Ⅰ』
大阪府教育委員会・㈶大阪府文化財調査研究センター 1998『大庭寺・伏尾遺跡』
岡戸哲紀 2010「大庭寺231・232号窯、茄子作遺跡出土の初期須恵器」『地域発表及び初期須恵器窯の諸様相』大阪朝鮮考古学研究会
岸　俊男 1962「紀氏に関する一試考」『近畿古文化論攷』橿原考古学研究所編『日本古代政治史研究』（1966）塙書房に収録
木下　亘 2015「楠見式土器の再検討」『友情の考古学』故孫明助先生追慕論文集刊行委員会
權五榮、坂靖訳 2013「住居構造と炊事文化からみた百済系移住民の畿内地域への定着とその意味」『古代学研究』197　古代学研究会
滋賀県教育委員会事務局文化財保護課・㈶滋賀県文化財保護協会 2005『滋賀県緊急雇用創出特別対策事業に伴う出土文化財資料化収納業務報告書Ⅱ-2 大通寺古墳群』

田辺昭三ほか 1966『陶邑古窯址群Ⅰ』平安学園
田辺昭三編 1973『湖西線関係遺跡調査報告書』滋賀県教育委員会
辻川哲郎 2016「古代における土器製作技術の一側面―長浜市横山城遺跡出土カマド形土器を中心にして―」『紀要』29 (公財)滋賀県文化財保護協会
中野 咲 2007「近畿地域・韓式系土器集成」『渡来遺物からみた古代日韓交流の考古学的研究』和田晴吾編集・発行
藤田道子 2011「蔀屋北遺跡の渡来人と牧」『ヒストリア』229 大阪歴史学会
松浦俊和 2012「大津市南滋賀出土の匏書土器について―「錦寺」が意味するもの」『淡海文化財論叢』4 淡海文化財論叢刊行会
水野正好 1970「滋賀郡所在の漢人系帰化氏族とその墓制」『滋賀県文化財調査報告書』4 滋賀県教育委員会
水野正好 1971「素描・漢人系氏族の古墳をめぐって」『アジア文化』8-2 アジア文化研究所
宮本長二郎 1996『日本原始古代の住居建築』中央公論美術出版
本村充保 2006「遺跡出土下駄の全国集成に基づく編年および地域性の抽出に関する基礎的研究」『考古学論攷』29 奈良県立橿原考古学研究所
本村充保 2010「日韓における履物文化について―日韓における木製履物の受容と展開―」『百済研究』52 忠南大学校百済研究所
森内秀造 2013「再考神戸市大田町出土刻書円面硯について」『兵庫県立考古博物館研究紀要』6
李南奭、土田純子訳 2012「百済大壁建物の現況と意味」『季刊明日香風』124 ㈶古都飛鳥保存財団

渡来系氏族の動向
―奈良時代を中心にして―

佐藤興治

1. はじめに

　渡来系氏族のもっともさかのぼる記録は応神朝の項で、ついで5世紀後半の雄略朝には多数の「今来の才伎」とよばれる技術者が移住・渡来してきた。秦氏、漢氏などの多くは大和、河内に集住し須恵器生産をはじめ、綾・錦などの高度の機織・築堤などの土木技術、鍛冶技術による鉄生産を広めたことは周知の事実である。また6世紀に入り、百済、高句麗、新羅から仏教が伝わると、僧侶をはじめ、仏寺・寺院に伴う建築技術、彫刻・工芸技術、書芸、絵画など多方面にわたる。新来の技術者集団は次第に組織化されて品部として支配組織に組み込まれ、渡来僧は仏教普及の先導者となった。

　このような渡来の流れについてはすでに上田正昭氏〔上田1965〕をはじめとして多くの先学によって論じられているので、本稿では8世紀の奈良時代における渡来系氏族の動向の一側面について述べてみたい。

2. 帰化氏族への対応

　表1は7～9世紀にかけての渡来の記録をあげているが、①～⑤は663年の白村江の敗戦と百済滅亡にともなって集団で渡来、帰化してきたことを示している。このときの渡来者は将軍（将李）から、百済国の一等官に当たる佐平・余自信（近江国蒲生郡に移住）などの高官、さらには徳率国骨富（大仏鋳造師・国中君麻呂の祖父）、達率・答本春初（長門国山城築城）、達率・憶良福留（筑紫大野城築城）の技術者から農民までの広汎な人々が含まれていた。

　すでに説かれているように、渡来系氏族の帰化への対応については7世紀には大化の詔勅、庚午年籍（670）などによって以下のような対応が行われ、公民化が進められた〔岸1966、上田2013a〕。

1) 戸籍や戸に編入し、班田民として定着させる。数年間の調庸を免除する。
2) 新たに郡、郷を設ける（⑨、⑩、⑭）

表1　7〜9世紀の渡来記録（出典『日本書紀』、『続日本紀』、『日本後紀』、『新撰姓氏録』）

西暦	年号		事　項
665	天智 4	①	百済の男女400人を近江国神前郡に移し、田を給う。
666	〃 5	②	百済の男女2000余人を東国に居らしむ。
610	〃 8	③	佐平余信、佐平鬼室集斯等男700余人を近江国蒲生郡に移し住まわせる。
684	天武13	④	化来の百済僧尼、俗男女23人、皆武蔵国に安置する。
685	〃 14	⑤	大唐人、百済人、高麗人併せて147人に爵位を賜う。
687	持統 1	⑥	投下の高麗56人を常陸国に、新羅14人を下毛野に、新羅の僧尼百姓等22人を武蔵国に賦田し生業を安んじる。
689	〃 3	⑦	投下の新羅人、下毛野国に置く。
690	〃 4	⑧	帰化の新羅沙門詮吉・級飡北助知等50人、新羅の韓奈末許満等12人、武蔵国に居らしむ。
715	霊亀 1	⑨	尾張国人外従八位上席田君迩近及び新羅人の74家を美濃国に貫し、席田郡をつくる。
716	〃 2	⑩	駿河、甲斐、相模、上総、下総、常陸、下野の七国の高麗人1799人を武蔵国に遷し、始めて高麗郡を置く。
724	神亀 1	⑪	官々に仕奉る韓人部一人二人にその負ひて仕うべき姓名を賜う。
733	天平 5	⑫	武蔵国埼玉郡新羅人徳師等男女52人、請により金姓となす。
758	天平宝字2	⑬	帰化の高麗人、大和国の男女96人、近江国の男女1155人、請願により史を改め、直の賜姓を許される。
〃	〃 〃	⑭	帰化新羅僧32人、尼2人、男19人、女21人を武蔵国の閑地に移し、始めて新羅郡を置く。
760	〃 4	⑮	帰化新羅人131人を武蔵国に移す。
766	天平神護2	⑯	上野国に居住する新羅人193人に吉井連の姓を賜う。
814	弘仁 5	⑰	新羅人辛波吉知等26人筑前博多津に漂着、帰化する。
815	〃 6	⑱	左京、右京、五畿内の姓氏1182のうち帰化系は373氏あり、漢族179氏、百済119氏、高句麗48氏、新羅17氏、任那10氏あり。
820	〃 11	⑲	遠江・駿河に配した新羅人700人が反乱す。
824	天長 1	⑳	新旧を論ぜず、陸奥の空地に新羅人を遷す。
834	承和 1	㉑	新羅人筑前に泊着、百姓これを悪しみ、弓を引いて新羅人を射傷す。新羅人は放還す。
842	承和 9	㉒	藤原衛の起請により新羅人が国内に入るのを禁断す。

3）職業集団の品部、雑戸に組み入れる。（漢陶部、漢手人部、衣縫部など）

4）賜姓。渡来系氏族には造・直（旧カバネ）、連・忌寸（新カバネ、天武朝以後）の姓が与えられた。

　以上の4項目によって帰化氏族は在来民に同化する政策が行われ、公民化しているが、百済・高句麗滅亡後に渡来した農民のなかにはこれらの政策の恩恵に与れなかった人々が相当数生じたようである。8世紀には、帰化後の定住地から集団で東国へ移住している例（⑥、⑦、⑩、⑫）の理由は不明だが、最初の定住地が適地でなかったのかも知れない。また本来、氏姓のない渡来者のなかには高麗人、新羅人など族名で戸籍に登載された無姓者があり、⑫の新羅人徳師のように金の姓を与えられた例もあって安定していなかった。

3. 帰化氏族に対する賜姓

庚午年籍によって渡来系氏族、帰化人も氏姓が与えられ公民化したことから、8世紀・奈良時代には原則として無姓者は存在しなくなった。しかし、前記したように帰化氏族の処遇のうち、無姓者への対応として三度の勅令が出されている。

- ・神亀元（724）年「宮々仕奉韓人部一人ニ人尓其負而可仕奉姓名賜」（⑪）
- ・天平17（745）年「筑前、筑後、豊前、豊後、肥前、肥後、日向七国、無姓人等、賜所願姓」
- ・天平宝字元（757）年「其高麗百済新羅人等、久慕聖化、来附我俗、志願給姓、悉聴許之、其戸籍記無姓及族字、於理不隠　宜為改正」

この一連の賜姓令によって渡来系の官出仕者と下級官人層、未整備であった西海道諸国の渡来氏族にも賜姓・改姓が及ぶことになった。さらにこれを契機にして、従来は造・直・連と連・忌寸（天武以後）に限られていた渡来系氏族の姓は拡大し、あらたに朝臣（百済氏、高麗氏、菅原氏など）、宿禰（清村、昆解、阿刀、朝原など）、連（13氏）・造（33氏）が賜姓を受けているほかに無姓から連を賜った58氏がある。

また、宝字元年の賜姓拡大に際して族姓または出自を示す前部、上部、高麗、楽浪、高などから中山連、松井連のように和姓への改姓が急増している。なかには渡来系氏族でありながら⑱の『新撰姓氏録』には吉志・摂津皇別、秦忌寸・山城神別などのように・皇別、神別に入っている氏族がある。出自をより古く遡らせて皇・神に近づける意図でもある。

天武朝の八色の姓の制は、階級、家柄を表すカバネが原則であったが、奈良時代後半にはこの原則が崩れ、異なる姓を持つ同族の出現や勲功を得て改氏姓する例が増大し、帰化系氏族か否かの判別がつかなくなる〔平野1971、前川1991a〕。

4. 新羅人の受け入れ停止

8世紀後半の新羅は王権の不安定と新旧貴族間の抗争と数度の反乱によって、混乱状態にあった。9世紀に入ってもこの状況が続き、不作・飢饉時には奴婢として唐に売られる者や国外へ移住する農民も出てきた。しかし、この一方で、新羅使の来朝は奈良時代には10数回に及び、宝亀5（774）年の新羅使は総勢235人の大船団であった。しかし9世紀半ばからは状況は一変し、それまでは公認されていた私貿易だが、新羅商人と大宰府との間で紛糾事件があっただけでなく、866年の応天門の変に発した新羅軍侵略の疑心暗鬼の噂が西国から中央政界に広がり、両国の関係は急速に悪化し、承和9（842）年には新羅人の入国が禁止された。表1-⑮、⑲、⑳はこれに関連して起こった移住と反乱とみられる。以後、九州や山陰に来着あるいは漂着した新羅人はすべて帰国させている〔佐伯1970、井上秀1980〕。

5. 渡来系僧侶

　飛鳥時代の仏教伝来の際には道昭をはじめとして多数の僧侶が来日、帰化（観勒）しているが、多くは老齢化あるいは遷化しており、8世紀初頭には新たな渡来僧は極端に減少している。奈良時代には7世紀に渡来した帰化僧の弟子、渡来系氏族出身者及び唐・新羅への留学僧が帰朝後に仏教界の指導中心的な役割を果たすようになる。

　その中には行基、東大寺僧・明一、興福寺僧・行賀、大安寺僧・審祥のように渡来系氏族出身の僧を多く輩出している（入唐僧、第2次～16次で83人、奈良時代は18人、うち渡来系氏族出身は9人。）。

　良弁（689-773）　近江国百済氏出身（元享釈書、七大寺巡礼私記）。相模国漆部氏（東大寺要録）ともされる。東大寺初代別当。多くの弟子を輩出した義淵僧正に師事し、法相宗七上足の一人でもある。良弁は東大寺の前身の金鐘山房、金鐘寺、金光明寺、盧舎那仏造立へと活動の場を広げ、天平勝宝4（752）年の大仏造営では中心的役割を果たしている。大仏開眼供養で東大寺別当となり、ついで大僧都、天平宝字8（764）年に僧正になっている。また華厳教学の興隆に寄与し、僧綱の意見を国家政策に反映させるなどの功績があった。なお、良弁の弟子で長谷寺を創建した道明・道徳のうち、道明は唐国僧で俗姓は六人部氏で川原寺の僧であったと云い、道徳は俗姓は辛矢田部米麻呂で播磨国の出身ともされるが正確なところは不明である〔岸1980、堀池1973a〕。

　菩提僊那（704-760）　名は婆羅遲。インド・南天竺国伽毗羅衞城の婆羅門出身の僧。伽毗羅衞（カピラヴァストゥ）は釈迦が育った王城で、玄奘三蔵が訪ねた時には王城（カピラ城）は廃墟となり、寺院跡は千余所、宮城の傍らに一寺あり、僧徒三十余人とある。菩提僊那は西域を経て五台山を巡礼し、文殊菩薩を拝むために唐に来たが、遣唐大使多治比広成と学問僧理鏡に懇請されて、林邑僧・仏徹（哲）、唐僧・道璿とともに天平8（736）年に来朝し、大安寺に住している。大仏開眼会では起居が不自由な聖武天皇の代理として導師となり、大仏の眼に筆を添えている。来朝から開眼会までの16年間には行基と親しく会したといい、華厳経を教授し、梵語に通じ、呪術に長じたとある。僧正となり、東大寺造立にかかわる四聖（聖武・菩提僊那・良弁・行基）の一人として尊崇される[1]。

　仏徹（哲）　生没年不明。「大安寺菩提伝来記」によると「瞻婆国僧林邑北天竺国」とあり、瞻婆（波）は中インド、林邑は現在のベトナムで、7～8世紀には一部が隋・唐の領域になっていた。幼少より仏教を学び、方機を悟り神理を分かつなど呪術に長けたとされ、菩提僊那を師として流沙と峻路を越えて唐国にきたが、さらに使者の誘いに従って日本に到来したという。多くの密部（教）をもたらし、大安寺の僧として梵語の経論を著し、林邑樂を伝えた。大仏開眼会では雅楽の師として瞻波国で修得した菩薩舞・部侶・抜頭などの舞儛を伝習させている（「大安寺菩提伝来記」）。

　道璿（699-757）　唐の河南・許州の人。洛陽の大福光寺で受戒・得度し、長安・華厳寺

に於いて禅および華厳を受ける。伝戒の師を求めて渡唐した栄叡と普照の来日要請を受け、菩提僊那・仏徹とともに遣唐大使多治比広成の船で来朝した。経・律・論の三蔵とくに律に精通し、内外の事情に博通、人を導くことを厭わずとされた〔常磐1928〕。大安寺西塔院に住し、梵網経、律蔵等を講義した。のちに律師となり、大仏開眼会では呪願師を務めている。晩年には病を得て吉野の比蘇寺に隠棲している。『集註菩薩戒』3巻、『集註梵網経』3巻の著作がある。

智鳳 奈良時代前半の新羅出身の僧。大宝2(702)年の粟田真人を執節使とする遣唐船で智鸞、智雄とともに入唐し、名声高い河南・濮陽の智周大師に法相宗を学び(玄坊も学ぶ)、さらに玄奘に法相大乗を学んだとされる。帰朝後には維摩講師となり、法相の教義を広め、道昭・智通・智達につぐ法相宗第三伝者とされる。岡寺の義淵僧正も門下であったとされる。

慈訓(691-777) 河内の人で俗姓は船氏。興福寺の別当となる。宮中講師の時に聖武天皇看病禅師として天皇不予の際には心力を尽くして労勤したことから少僧都となるが、道鏡によって少僧都職を解任された。道鏡の失脚後には復任している。法相宗に加えて華厳講師でもあり、両宗兼学の学僧であった〔佐久間1983〕。

審祥 大安寺僧で、学問僧として新羅に派遣され、義湘・元暁の新羅華厳学を修めて帰朝する。玄昉、良弁が主宰した金鍾寺華厳経講説の最初の講師となっており、慈訓と共に華厳興隆の祖師で、青丘留学華厳大徳と称された。また入唐して香象大師に華厳経を学んだとの記録もあるが、錯誤の可能性がある。『妙法蓮華経釈』を著す。出自は不明だが、河内または大和の渡来系氏族とみられる〔堀池1973a〕。

明一(728-798) 大和の人で俗姓は和仁部臣。東大寺の僧で法相の学識高く、仏乗の玄匠、法王の大宝と評された。『最勝王経注疏』10巻などがある。在唐31年で帰朝した僧行賀(のちに興福寺別当、大僧都、法相六祖)が宗義についての試問に解答が得られなかったために、両国の経費を費したにも拘わらず、なお学殖が浅庸であると罵り、行賀は大いに恥じたという[2]。

弁正・朝元 弁正は奈良時代初期の僧。生没年不明。俗姓は秦氏。大宝2(702)年に遣唐学問僧として入唐したが、在唐中に還俗・病没した。即位前の玄宗皇帝(李隆基)と囲碁で親交を得て厚遇されたという。漢詩「五言、朝主人に与ふ」、「五言、唐に在りて本郷を憶ふ」の2首が『懐風藻』にある[3]。第二子の朝元は養老2(718)年に帰朝し秦忌寸朝元となる。医術に長け、漢語を教授し、外従5位下となり、天平5(733)年には遣唐判官として渡唐し、玄宗皇帝に謁見し、父弁正との縁故でとくに優遇、賞賜されたとある。帰朝後には図書頭、主計頭になっている。なお朝元の女(秦源)は藤原宇合の孫・浄成に嫁し、種継を生んでいる。弁正と同名で、道昭とともに入唐留学し、のちに僧正となった弁正がいるが、これは別人。

常楼(741-814) 山城国葛野郡の人。俗姓は秦氏。玄昉の弟子で秋篠寺開基とされる善

珠の弟子として、興福寺において内教および外伝を学んだ30年間に、法華経12万余巻を転読したという。延暦4 (785) 年、勅によって秋篠寺に住した

　勤操 (754-827)　大和国高市郡の人。俗姓は秦氏。12歳で大安寺に入り、三論宗を学び16歳で得度する。のち奈良・高円山下の石淵寺で法華八講を創始し、以後300余会の八講を講じたという。「三論宗は祖君の宗、法相宗は臣子の教え」として三論宗の復興に力を注ぎ、律師となり、川原寺別当を経て東寺、西寺創建の別当の任に当たっている。また空海の師でもあり、和泉・槙尾山寺で空海の得度・受戒をしている。西寺北院で示寂し、僧正位を贈られた〔堀池1973b〕。

　最澄 (766-822)　近江国滋賀郡の人。俗姓は三津首広野。父は百枝、母は藤原氏と伝える。三津氏は応神朝に来朝し、滋賀郡三津に居住した漢系氏族である。15歳で得度し、延暦4 (785) 年、20歳の時、東大寺で具足戒を受け、比叡山に入山し天台経学の修得をめざし、延暦23 (804) 年に遣唐使船で空海らとともに渡唐する。在唐中には明州、台州、天台山、越州で天台の密教修法を学び、翌年に460巻の経典等を携えて帰朝し、天台宗を確立する。入滅後、伝教大師となる〔田村1988〕。

6. 鑑真と共に来朝した僧

　戒律の師を求めて渡唐した興福寺僧栄叡と大安寺僧普照は洛陽の大福先寺の道璿を遣唐使に託したのち、さらに師を求めて揚州の大明寺の鑑真に会い、来朝を懇請した。渡海を決意したのは鑑真が55歳の時で、官権の阻止と5回の遭難、栄叡の死など苦難を重ねて来朝・入京したのは天平勝宝6 (754) 年で66歳の時であった。経典ほか多数の招来品をもたらし、東大寺戒壇を立て聖武太上天皇をはじめ授戒者は80余僧に上るという。唐招提寺を創建し戒律を確立させている。僧都・僧正となり、天平宝字7 (763)、76歳で入寂している。来朝後の活動に関してはよく知られているので、ここでは鑑真に同行してきた24名の僧尼 (僧14、尼3、在俗7) の所伝について述べておきたい。なお同行の僧たちは唐招提寺の整備が進むまで (天平宝字3〈759〉年頃か) 東大寺唐禅院に止宿していた〔安藤1967〕。

　思託　台州 (浙江省) 開元寺僧。生没年不明。沂州の人。天台山に入り、のち鑑真に天台と律を学ぶ。同行僧のうち最年長であったか。法進とともに渡航の船を四度造ったという。律師となり、唐招提寺建立に力を尽くしたとされる。苦難の渡航を記した「大唐伝戒師僧名紀大和上鑑真伝」を著した。鑑真の戒を受け、思託の弟子となった大安寺の忍基は東大寺東院において経典の講義をしていたが、夢中に講堂の棟梁が折れるのを見て大和上の遷化の相と知り、諸弟子を率いて御影を模させたという。

　法進 (709-778)　揚州 (江蘇省) 白塔寺僧 (709-778) 申州 (河南省) 羅山の人。鑑真の渡日に賛同し、渡航に必要な備品調達をするなど率先して行をともにしており、来朝2年後の天平勝宝8 (756) 年756年には学業優富・戒律清浄として褒賞を受け、律師となる。次いで天平宝字3 (759) 年に鑑真が僧綱を辞した後は戒壇院と唐禅院の運営を任される。

天平宝字7年には初代戒和上となる。小僧都（天平神護2〈766〉年）、大僧都（宝亀5〈774〉年）となる。宝亀9（778）年、70歳で入滅した。

義静 泉州（福建省）超功寺（揚州興雲寺）僧。生没年不明。宝亀年間に完成したとされる金堂安置の盧舎那丈六像を造像（『扶桑略記』、『建立縁起』）したとされることから、造仏の技術を持っていたようである。年次は不明だが、鑑真の招来に功のあった普照とともに義静、延慶、昱静が和上位を賜ったとある（『東大寺要録』）。

法載 衢州（浙江省）霊耀寺僧。初期から行をともにして来朝。鑑真の臨終にあたり、義静、如宝とともに後事を託され、寺の衆務を執り、唐招提寺の二世となる（「相承住次第」では法載を二世とする）。

曇静 泉州超功寺僧。来朝後の僧位等は不明だが『招提千歳伝記』には思託と共に金堂盧舎那仏を造ったとされ、諸国に放生池を作り捕魚を禁じるよう請い許された。また、正倉院から唐曇浄法師名で呵梨勒10枚、檳榔子15枚、芒硝4両が出された薬の記録（延暦6〈787〉年）は曇静のこととされる

恵雲 揚州（江蘇省）白塔寺僧。来朝当時は若年で他僧の使いをしていたが、唐禅院に住し、44年後の延暦17（798）年に律師、同23年に伝燈大法師位となり、晩年には屋島寺の開基になった。

安如宝 胡国（西域、イランか）の人。来日時には優婆塞であったが、東大寺戒壇院で受戒し、下野薬師寺に数年間派遣されている。鑑真示寂の年（天平宝字7〈763〉）に帰京し、法載・義静とともに寺の後事を託されたとされる。唐招提寺の充実に努め、僧房経楼鐘楼等の増・新築をおこなっており、金堂の造営にも着手している。延暦25（806）年には律師から小僧都になり、金堂薬師如来像、千手観音像の造立につくしている。空海とも交流があり、弘仁6（815）年入寂。卒伝に、戒律を固持し、呪願は天下に並ぶ者なく、大国の風あり、一代の檀師に堪える者とまで評されている〔小野1964〕。

軍法力 崑崙国（甘粛省のタリム盆地の南辺地方、または雲南省昆明付近か）の人。『扶桑略記』によると、講堂に安置の丈六弥勒像、脇侍菩薩像を造ったとあり、『招提千歳伝記』には梵天帝釈四天王も軍法力作と記している。なお、旧講堂安置の薬師如来像ほかの諸仏は檜材であり、建築余材で丈六仏を造ったという記事が造像経過を示している。

善聴 瞻波国の人。瞻波（チャンパ）は中インド地方で、玄奘三蔵の『大唐西域記』には、国は方円四千余里あり、北に磚で築いた大都城あり、数十の寺があり、200余の僧徒が小乗仏教を教習し、道教の神廟も二十余所ありと記し、『五天竺図』には人性淳質、伽藍数十、僧三百人、小乗を学ぶとある。来朝後の動静は明らかでない。

恵基、恵雲 鑑真たちが唐招提寺に移った後、唐禅院に住した僧。あるいは法成一門の僧か（東大寺要録・唐禅院）。

法智 来朝時は沙弥。鑑真が新田部親王の旧宅の地を訪れた時、その土を嘗め、寺を建つべきと知り、法智に、これ福地なり、伽藍を立つべしと語ったという。

延慶　華厳宗の学僧。大安寺僧か。薩摩国秋妻屋浦に到着した鑑真一行を迎え、太宰府、入京、大仏礼拝まで訳語として先導した。この時は大宰府の官人で、天平宝字2（758）年に従六位下の爵位を辞している（続紀）。藤原仲麻呂の第六子・刷雄を通じて仲麻呂に優遇されたらしく、武智麻呂伝を書いている。

以上のほかに来朝後の消息が明らかでない僧に法成等十四人（宝州・貴州省開元寺僧法成と一門の僧）、尼智首等三人（藤州通善寺尼）、潘仙童（揚州優婆塞）、さらに『招提千載記』などに載せる9人を加えると17僧になり、東征伝が記す14僧より3人多くなる。

7. 大仏造営

東大寺大仏本体の鋳造は天平19（747）年に開始され、鋳成を終えているが、鋳造に携わった技術者6人の名が残されている。

- ・大仏師従四位下国公麻呂　　・大鋳師従五位下高市真国
- ・従五位下高市真麿　　　　　・従五位下柿本男玉
- ・大工従五位下猪名部百世　　・従五位下益田縄手

（大仏殿碑文・東大寺要録）

国公麻呂（国中連君麻呂）は663年の白村江での敗戦後に帰化した国骨富の孫で、仏工として金光明寺・東大寺、石山寺の造仏に従事し、東大寺造仏長官、造東大寺司次官・従4位下となった。大鋳師高市連真国、高市連真麿はともに大和国の人で、真国（大国）は大仏鋳造の功により正五位下に叙位され、のちに従4位下となり、東大寺領掌となり、河内守を兼ねた。真麿は外従五位上となっている。

大工猪名部百世は伊賀国の人とされるが、本貫は造船、木工を職掌とした百済系の渡来氏族・猪名部氏（摂津）の出身である。大仏完成後には木工寮長上となり、従四位下で伊勢守兼東大寺領掌使になったとされる。

益田縄手は木工を専門とする大工で、もとは越前国足羽郡の人であったが、東大寺の庄園経営に当たった足羽郡大領の生江臣東人・同じく東大寺写経所舎人から越前国史生となり桑原庄の勘定経営に当たっていた安都宿禰雄足の推挙で造東大寺司に属することになる。優れた大工であったらしく、大仏の完成後も大仏殿院建築工事の指揮、石山寺の造営にも関与し、天平勝宝9（757）年に造営功労者として外従5位下に叙位された。ついで西大寺の造営にも関わり、遠江員外介、連の姓を賜り従5位上となった〔井上1966〕。なお、飛騨地方は良木材の生産・加工地として知られるが、その中心は益田郡（貞観12〈870〉年に大野郡より分立、現在の下呂市）にあり、「飛騨の匠」の祖に益田一族が関係していたのかも知れない。

8. 黄金献上の周辺

大仏の鋳造は天平勝宝元（749）年にほぼ終了していたようであり、『東大寺要録』によ

ると同4年には鍍金が始まった。聖武天皇は大仏造立の時からこの国には金の産出がないので鍍金ができないと案じ、近江の石山に伽藍をつくり、良弁を派遣するなどして神仏に祈願し、その加護で下野国より金が出たと伊勢神宮の奏聞があったという[4]。このような中で陸奥国から黄金献上の朗報が届き、天平21年(749)を天平感宝に改元(4月)、続いて孝謙の即位で天平勝宝と改元(7月)し、鍍金工事が続けられた。また藤原清河を大使とする第10次・天平勝宝4(752)年出発の遣唐使は大仏鍍金用の黄金を求めるための派遣であったともいう〔前川1991b、青木・岡田2006〕。

しかし、金の不足から大仏の鍍金は未完のまま752年の開眼会を迎えている。陸奥の黄金献上の経過はやや長くなるが、以下の通りである。

1) 大宝元(701)年3月：遣追大肆凡海宿彌麁鎌于陸奥冶金。
2) 天平21年2月：陸奥国始貢黄金。於是奉幣以告畿内七道諸社。
3) 天平勝宝元年4月：幸天皇東大寺。御像前殿北面像対。…黄金、斯国無物念。…東方陸奥国守従五位上百済王敬福是部内小田郡黄金出在奏献。是聞食驚悦貴念。盧舎那仏慈賜。…朕金少念憂在三宝勝…出見金人及陸奥国々司郡司百姓至治賜。天下百姓衆撫賜恵賜。…<u>授従五位上百済王敬福従三位</u>。
4) 天平勝宝元年4月：陸奥国守従三位上百済王敬福貢黄金<u>九百両</u>。
5) 天平勝宝元年5月：鰥寡孤独及疾病之輩不能自存者給穀五斗。…陸奥国者免三年調庸。小田郡永免。其年限者待後。
6) 天平勝宝元年閏5月：陸奥国介従五位下佐伯宿禰全成。鎮守判官従五位下大野朝臣横刀並授従五位上。大掾正六位上<u>余足人</u>。獲金人上総国人丈部大麻呂並従五位下。左京人旡位朱牟湏賣外従五位下。私度沙弥小田郡人丸子連宮麻呂授法名応宝入師位。冶金人左京人戸浄山大初位上。出金山神主小田郡日下部深淵外小初位下。
7) 天平勝宝2年3月：駿河守従五位下楢原造東人等。於部内盧原郡多胡浦浜。獲黄金之献。練金一分 沙金一分 於是東人等賜勤臣姓。
8) 天平勝宝2年12月：授駿河国守従五位下勤臣東人従五位上。獲金人旡位三使連浄足従六位下。賜絁四十屯。正税二千束。出金郡免今年田租。郡司主帳已上進位有差。
9) 駿河金献時机覆。長七尺一寸　三幅　天平勝宝二年三月廿十五日　東大寺
　　　　　　　　　　　　　　　　　　　　　　　　　　　（正倉院文書）
10) 天平勝宝3年2月：陸奥国調庸者。多賀以北諸郡令輸黄金。其法。正丁一人四両。以南諸郡依旧輸布。
11) 天平勝宝9歳正月：
　　「造東大寺司沙金奉請文」
　　　　○沙金弐仟壱拾陸両。在東大寺
　　　　　　　右、造寺司所請如件、

　　　　天平勝宝九歳正月十八日、
　　　　　　巨万朝臣「福信」
　　○「宜」
　　　　以同月廿一日依数下
　　　　長官佐伯宿禰「今毛人」　判官紀朝臣「池主」
　　　　竪子巨萬朝臣「福信」　　葛木連「戸主」

（『寧楽遺文』中）

　以上のうち、1）は官人・凡海宿禰麁鎌を陸奥に派遣し、採金させたとあり、朝廷では早くから陸奥の産金に注目していたことを示す史料である。

　2）は天平の黄金発見の第一報であり、3）は天皇による盧舎那仏への黄金献納報告と国守・百済王敬福（着任は738年）への二階特進記録である。産地の小田郡小金山は現在の宮城県遠田郡湧谷町黄金迫黄金山神社付近である。4）は献納された金の総量900両（約33.5kg）を示す。『東大寺要録』によると大仏の鍍金に要した金は練金10,446両（約389kg）とあり、献納の金はその10分の1に満たない。

　5）は黄金献納の年は陸奥国が米の不作のため、賑給があり、小田郡は特に調庸を永年免除されている。6）は黄金発見の功労者への昇叙と褒賞である。このうち、陸奥国介・佐伯宿禰全成は大仏開眼会で久米舞頭を務め、天平15年に上総国守に転出した百済王敬福の後任として陸奥国守となるが、のちに橘奈良麻呂の謀反加担の嫌疑で査問されて自殺している。判官・大野横刀は東国（上野国ヵ）出身の官人で、大野氏は天武朝以来、武人を輩出し、陸奥・出羽の経営に関わる武人を輩出した氏族で、横刀もこの一族とみられる。

　大掾・余足人は百済朝臣足人に改姓し、陸奥介兼鎮守副将軍、右衛士督、従四位下・右京大夫となっている。以上の人物はいずれも官人であり、無位から従五位下に特進をした丈部大麻呂は関東に多く分布し、軍事的性格を持つ丈部出身であり、いずれも産金に関する知識があったとは思われない。また実際に金を採取したのは大麻呂、朱牟須賣、私度沙弥・丸子連宮麻呂であったとされるが、彼らは何者であったのであろうか。陸奥産金関係のいずれの研究書でも渡来、帰化人であるから産金・鉱山の知識があったとしていることに疑問が残る。

　7）、8）は大仏の鍍金用金の不足分の貢納を諸国に督促した結果、駿河国多胡浦浜（現在の静岡県清水区蒲原の海岸）からもたらされた黄金と褒賞の記録である。東人は功により、勤臣の姓を賜わったが、九経に通じた儒家であった。ただ、貢献された金量は僅か（2分＝約93.3g）であった。9）駿河献納の金を納めた机覆いに付された墨書付箋である。10）は小田郡で以後、陸奥での沙金の発見と採掘を奨励するために調庸を金に替えたことを示している。11）は正倉院蔵の砂金を大仏鍍金用に充てた文書であり、開眼会から5年後にも鍍金工事が継続していたことになる。

　以上の記録から、大仏の鍍金は開眼会には間に合わず、開眼会以後にも継続し、鍍金が

完了したのは天平勝宝9年以後のこととなる。
　元々陸奥の産金は続日本紀・天平の産金をきっかけにして以後の産金が見込まれたために、9) のように陸奥の砂金が調庸として貢納されることになった。採金を奨励し、得られた金を国司が正税で交易し、遣唐使派遣の資金ともなった〔前川 1991b、桑原 2006〕。平安時代には陸奥の金は律令財政の一環としてさらに重要視されることになる。

9. 造仏と画師

将軍万福と秦牛養　興福寺のもと西金堂の十大弟子・阿修羅像をふくむ八部衆の諸仏は、正倉院文書から仏師将軍万福、画師秦牛養の制作（天平5〈733〉年）とされる〔福山 1944〕。ともに造東大寺司の仏師である。万福の名は他史料にみられないが、将軍の姓を持つ人物には東大寺写経師の将軍水通、兵部省史生で写経に従事した将軍陽生などがおり、出自はいずれも欽明15年に来朝した百済の下部杆率将軍三貴を祖とする後裔である。
　唐招提寺の盧舎那仏乾漆像の作者は『扶桑略記』、『建立縁起』には思託、義静とあるが、盧舎那仏台座の蓮肉下敷き茄子の内部枠板に「造物部広足生」、「造漆部造弟麻呂」、「沙弥浄福」、「練奥子□　道福」、「漆部雀甘」などの墨書と籠書があることから、造像には木工の広足と漆工の弟麻呂があたり、思託あるいは義静が監修したと解釈される。なお、弟麻呂と雀甘は相模国の漆部氏出身かとみられる。相模の漆部からは東大寺大仏殿の建立に材木知識として布2万端を寄進し官人として進出し、修理次官、玄蕃助、鼓吹正、尾張守を歴任し、相模国造家の宗家となった漆部直伊波（768年・相模宿禰に改氏姓）、良弁、法花寺作金堂所に出仕した漆部枚人のほかに漆部姓の下級官人がいる。
　造東大寺司にはこのほか、大仏殿天井板・須理板の彩色をした秦朝万秦呂、秦連稲村、秦龍万呂など秦氏出身の画師が多数いた。

10. 伎楽面師・将（相）李魚成

　正倉院には百数十面の伎楽面が伝存しているが、その多くは天平勝宝4年（752）の大仏開眼会に使用した各種の面とされる。将李魚成は力士面、酔胡従面などの3面に「相李魚成作　天平勝宝四年四月九日」の朱墨書の銘文がある。ほかに同巧の作品を含めて6点が将李魚成の作とされる〔岡 1960〕。同姓に東大寺の厨子の彩色・丈六観世音菩薩像の造立、同金堂塑造四天王像の造像に従事した画師相李田次麻呂がいる。彫刻と漆芸を専門にする一族とみられる。

11. 高麗氏の一族

　668年の高句麗滅亡後に渡来した氏族で、初めは表1-⑩のように駿河、甲斐などの7ヶ国に分置居住していたが、霊亀2（716）年に武蔵国に高麗郡を新設して大挙の移住となった。高麗氏ははじめ肖奈姓を名乗っているが、これは高句麗の五部のひとつの消奴に

由来している。武蔵国への移住に際しての統括者であった若光のほか福信、大山、広山らの8人は天平19 (747) 年に功労としての王姓を賜わり、天平勝宝2 (750) 年には高麗朝臣の氏姓が与えられている。武蔵国への移住後、一族の一部は上京し官人と学者を輩出することになる。官人となった人物には第15次遣唐副使に任命された高麗朝臣広山がある。ただし風波の便なく渡航は中止されている。その後広山は外従5位下、右兵衛府佐となっている。また高麗朝臣福信は少年時に伯父背奈公公文とともに上京し、官吏となり、右兵衛大志、中衛士小将を経て春宮亮・従四位下、山背守、武蔵守、但馬守を歴任するなど藤原仲麻呂の信が厚かったようである。なお光仁期には息子の石麻呂と楊梅宮の造作を宝亀4 (773) 年2月に完成し、天皇は新宮に移居している。その功によって高倉朝臣となる。現在集中的におこなわれている東院地区の発掘調査では苑池・庭園をはじめ大型建物、大型石組井戸、厨房跡などが確認されているが、一連の遺構群と福信の造作との関係はまだ明らかでない[5]。

　また福信の伯父の背奈公公文は学問に精励し、養老5 (721) 年には明経第二博士・正7位上となり、神亀4 (727) 年には従5位下・大学助となっている。長屋王宅の新羅使の宴で新羅使に贈った五言詩がある（『懐風藻』）。

12. 百済王氏の一族

　百済最後の王・義慈王の王子・善光を始祖とする氏族で、欽明朝に来日していたが、百済の滅亡によって日本にとどまり、持統5 (691) 年に王姓を賜わる。以後、百済王族として優遇され、多くの人物を輩出し、桓武朝に至るまでに正史に名を残す人物は46名、五位以上の官位を得た者は34名を数える。一族の特徴は文武両面にわたり、家伝の百済樂の継承、武人としての活躍、女性の進出などである。なかでも一族進出の契機となったのは初代善光の孫で、刑部卿になった敬福（698-760）である。陸奥国守在任中に大仏鍍金用の黄金を献上して聖武天皇を感服、安堵させた人物である。以下一族の主だった人物をあげておきたい。

百済王敬福　天平勝宝元 (749) 年に陸奥国守敬福は黄金900両を献上した功によって従五位上から従三位に叙され、翌天平勝宝2年には宮内卿となる。常陸国守・検習西海道兵使であった天平宝字元 (757) 年には仲麻呂暗殺謀議に連座した橘奈良麻呂以下の窮問にあたり黄文王・道祖王などは杖下に死したという。ついで仲麻呂の乱の際には孝謙上皇の命で兵を率いて中宮院を囲んで淳仁天皇を捕えている。最後の職は刑部卿であった〔今井1965、上田2013b〕。

百済樂と舞　百済王家は代々百済樂を伝えていたようで、『続紀』では天平12 (740)、聖武天皇が難波宮に行幸した際に百済王慈敬と全福が風俗樂を奏したのが初見である。以後、天皇の行幸と百済樂の奏樂をあげると、

・天平16年天皇摂津・安曇江に幸し、百済王女天・慈敬・孝忠・全福等が百済樂を奏す。

・天平神護元（765）年称徳天皇行幸に際し、河内・弓削寺で唐樂、高麗樂とともに百済王敬福・利善・信上・文鏡・文貞が百済樂を奏す。
・延暦2（783）年桓武天皇、交野の大納言に行幸し、百済王利善・武鏡・元徳・明信・真善が供奉す。
・延暦6年桓武天皇、継縄別業に行幸し、玄鏡・元真・善貞・忠信・明本が種々の樂を奏す。
・延暦10年桓武天皇、は継縄別業に行幸し、百済王玄風・善貞・貞孫が百済樂を奏す。
・弘仁6（815）年交野行幸に百済王等が奉献す。
・天長10（833）年、紫宸殿に於いて百済王勝義が百済国風俗舞を舞う。

　このような度々の交野行幸と奏樂は、交野に藤原継縄の別業があり、継縄の室が敬福の孫・明信であることによるもので、明信は夫継縄の死後、桓武天皇の尚侍となるなど夫妻で桓武の信頼が厚かった。

　武人を輩出　百済王家からは陸奥、出羽など東国経営にあたる国守や兵衛に関係する人物を多く出している。東国との関わりは陸奥国守であった敬福の祖とされる善光の子または孫の遠宝が文武4（700）年に常陸国守、後に左衛士督に任じられている。また、敬福は黄金献上の後に検習西海道兵使、奈良麻呂の乱では過酷な問責をし、仲麻呂の乱では淳仁天皇を捕える役割りに当たるなど、武人的素質があったようである。天平宝字〜宝亀年間には三忠、文鏡、武鏡の3人が出羽国守となり、うち三忠は「荒夷馴従」の功で1階を進められた。敬福の孫の俊哲は蝦夷の反乱が続発した宝亀6（775）年から、征夷のために陸奥鎮守副将軍として活動している。一時左遷されたが、再び坂上田村麻呂の下で東北に下り、陸奥鎮守将軍を兼務し、延暦14（795）年に卒した。また遠宝の孫で慈敬の子英孫も征夷の功で陸奥鎮守権副将軍に任じられている。この他に衛門介・近衛員外少将となった仁貞、右兵衛督となった玄鏡、大同3（808）年に鎮守府将軍兼陸奥介となった教俊（俊哲の子）がいる。教俊は国府の多賀城にとどまり、前線の胆沢城に出向かない事を咎められている。

　天皇外戚への進出　百済王家の女性の宮中への出仕は桓武朝になってからで、敬福の孫・明信が藤原継縄の室になり、夫妻がともに桓武天皇に重用・親任されたことによるもので、桓武の後宮に入ったのは敬福の孫・教仁（太田親王を生む）、恵信（尚侍）、教法（女御）、真善（女嬬）があり、俊哲の娘・貴命は嵯峨天皇の女御となり、基良・忠良親王、基子内親王を生む。忠良親王は天皇の第4子で、二品式部卿、太宰帥となる。また、教俊の娘慶命は嵯峨天皇の寵愛を受け、源朝臣定・鎮・善姫を生む。定は長じて右近衛大将、大納言となる。教俊の娘、永慶は仁明天皇の女嬬となっている。

13. 遣唐使船で来日、帰化した人物

　大陸の文物を学ぶために派遣された遣唐使にはその目的から漢学や語学の素養のある人物が優先選抜されたことは勿論であり、この条件に合致するのは東漢氏や西漢氏をはじめ

とする渡来系氏族出身者であった。養老元（717）年の派遣から最後の派遣まで、7回のいずれにも副使、留学生、漢・新羅訳語として渡来系氏族の子弟が渡唐している。

ここでは反対に遣唐使船に乗って日本に来た人物について述べてみたい。もちろん鑑真一行も遣唐使船に便乗して来日しているのであるが、以下の人物は来朝の動機や目的が異なり、帰国できずに止むを得ず日本に留まった人もいた。

李元環 天平6（734）年帰朝の遣唐使船で吉備真備らとともに来朝した唐の人。唐樂を特技とし、天平勝宝2（750）年に外従5位下となる、天平宝字5（761）年には李忌寸の姓を賜リ、天平神護2（766）年に法華寺舎利会で皇甫東朝、袁晋卿と唐樂を奏して従5位上・織部正になり、出雲員外介を経て正5位上になっている。なお、後裔は清宗宿禰と改姓している。

皇甫東朝 天平8（736）年帰朝の中臣朝臣名代の遣唐使船で来朝しているが、出自は不明。皇甫姓は周の宰相皇甫に由来し、百家の書に通じたという西晋の学者・皇甫謐や隋の誠節の臣・皇甫誕（甘粛省安定の人）、中唐の文人・皇甫湜（河南省新安の人）がいる[6]。また『三国志』「列女伝」中に甘粛省安定郡の人で皇甫規の名がある。来日直後に遣唐副使以下とともに位階を授かり、天平神護2（766）年には法華寺舎利会で皇甫昇女と唐樂を奏して従5位下・雅楽員外助兼花苑司正となるなど、樂人の道を歩んでいる。昇女は東朝の娘であろうか。なお職員令には園池司はあるが花苑司は他にみないので、この頃にあらたに設けられた官司であろうか。神護景雲3（769）年には従5位上に昇り、宝亀元（770）年には越中介となっている。なお2009年、西大寺旧境内の溝から多数の木簡とともに「皇甫東朝」と記した墨書土器が出土している。同時に石上宅嗣の位官木簡や神護景雲2年の年紀木簡があり、西大寺の造営が一段落したところで不要となった物品とともに投棄されたようである。皇甫東朝が西大寺に関係していたことを示す貴重な資料でもある〔森下・久保2011、奈良市教育委員会2012〕。

なお、この溝からは平城京では初めてのイスラム陶器片が出土している。

李密翳 天平8（736）年帰朝の遣唐使船で皇甫東朝とともに来朝したペルシャ人。同年に位階を授かり、造

写真1 「皇甫東明」墨書土器
（奈良市教育委員会許可済）

写真2 「破斯清通」木簡
（奈良文化財研究所許可済）

仏所もしくは造東大寺司に属した官人となったとみられるが、詳細は不明である〔鈴木1985〕。『続紀』にみえる波斯人は李密翳のみであるが、近時解読された平城宮出土木簡の「破斯清通」は二人目のペルシャ人となっている〔奈良国立文化財研究所1986〕。

清通は大学寮所属の員外大属の官人で、宿直人事の記録である。木簡の紀年は天平神護元（765）年で、李密翳と同一人とすると来朝から30年が経過しており、別人またはその子である可能性が高い〔鈴木1985〕。

袁晋卿 天平8（736）年に皇甫東朝、李密翳とともに来朝した。出自は陳州（河南省許昌県）。その時は18、9歳であったという。天平神護2（766）年の法華寺舎利会で皇甫東朝とともに唐樂を奏して従5位下となる。その後、音博士、大学頭となり、神護景雲3（769）年には日向守、宝亀9（778）年玄蕃頭・従5位上となり、清村宿禰に改めた。延暦4（785）年に安房守になる。語学に優れ「文選・爾雅」の音韻に通じ、両京の言葉も自在であったと称賛されたという。9男の浄豊は伊予親王の文学（進講役）についている。

沈惟岳ほか 遣唐大使藤原清河の帰国を迎えるために派遣された高元度に伴って天平宝字5年に来日した唐の官人。差押水手官で大使の沈惟岳等9人と水手30人の一行が太宰府に到着して饗を受けている。翌天平宝字6（762）年に沈惟岳に対する内紛が起こり、翌年には送唐客使とともに帰路に就こうとしたが、風波のため帰国できず、また唐国内の荒乱（安史の乱）が起こったため、帰国をとどめて太宰府に安置されている。なお帰国を願う者には船を手配するように太宰府に勅している。沈惟岳等12人は帰国を断念、入京して官人となった。沈惟岳は宝亀11（780）年に正従5位下に叙せられ、姓を清海宿禰に改め、延暦8（789）年には美作権掾になっている。

副使・晏子欽（栄山忌寸）と押水手官の徐公卿（栄山忌寸）、吾税児（永国忌寸）、孟恵芝（嵩山忌寸）、張道光（嵩山忌寸）、沈庭昴（清山忌寸）、盧如津（清河忌寸）の7名は正六位上と忌寸の賜姓を受け、水手の沈清庭、王維倩、王朱政、馬清朝、王希庭の5名が忌寸の賜姓を受けている（『姓氏録』左京・右京諸蕃）。ほかの者はおそらく渤海使や高麗使の船に便乗して帰国したとみられる。なお、来日から37年後の延暦17年の張道光その他に関する記録には晏子欽が従五位下となり、改名して子の代になっている者もある。それぞれは官について職を得ているものの、生活は苦しく、特別に援助して欲しい旨が記されている。

・「唐人外従五位下嵩山忌寸道光、大炊権大属正六位上清川忌寸是麻呂。鼓吹権大令史正六位上栄山忌寸諸依、造兵権大令史正六位上栄山忌寸千鳥等、遠辞本蕃、帰投国家。雖領品秩、家格猶□乏。宜特優恤。随便賜稲。」

（『類聚国史』日本後紀逸文・延暦十七年六月条）

14. 結びにかえて

表題に氏族の動向としたものの、大部分は人物の紹介にとどまってしまった。とくに官人、学者、大化前代以来の代表的氏族であった秦氏に関しては、紙数が大幅に超えてしま

い、割愛したことをお詫びしたい。秦氏については多くの論著があるのでそれらを参考にしていただきたい。

註
(1)「南天竺婆羅門僧正碑并序」『寧楽遺文』下・人人伝。
(2)『日本紀略』延暦22年、行賀卒伝
(3)『寧楽遺文・下』詩集。
(4)『扶桑略記』、『東大寺要録』
(5) 奈良文化財研究所による最近の東院地区の発掘調査成果を参照。『奈良文化財研究所紀要』2018ほか。
(6) 皇甫謐、湜については『中国人名事典』皇甫誕については「唐　欧陽詢　皇甫誕碑『書跡名品叢書』80　二玄社、1962。

参考文献
安藤更生 1967『鑑真』人物叢書　吉川弘文館
井上秀雄 1992『古代朝鮮』NHKブックス
井上 薫 1966『奈良朝仏教史の研究』吉川弘文館
今井啓一 1965『百済王敬福』綜芸舎
上田正昭 1965『帰化人』中公新書
上田正昭 2013a『渡来の古代史』角川書店
上田正昭 2013b「百済王の軌跡」『渡来の古代史』角川書店
岡　直巳 1960「伎楽面に就いて」『南都仏教』8
小野勝年 1964「鑑真とその周辺」『仏教芸術』54
岸　俊男 1966『日本古代政治史の研究』塙書房
岸　俊男 1980「良弁伝の一駒」『南都仏教』43・44
青木和夫・岡田茂弘編 2006『古代を考える　多賀城と古代東北』吉川弘文館
佐伯有清 1970「九世紀の日本と朝鮮」『日本古代の政治と社会』吉川弘文館
佐久間竜 1983『日本古代僧伝の研究』吉川弘文館
鈴木靖民 1985「ペルシャ人李密翳」『古代対外関係史の研究』吉川弘文館
田村晃祐 1989『最澄』人物叢書　吉川弘文館
常盤大定 1928「伝教大師の法祖道璿の日本仏教史に於ける位置を簡明す」『寧楽』10
奈良国立文化財研究所 1986『平城宮木簡』4　（解説）
奈良市教育委員会 2012『西大寺旧境内発掘調査報告書I』（文字資料篇）奈良市埋蔵文化財調査研究報告第3冊
平野邦雄 1971「八世紀の帰化氏族にたいする賜姓」『大化前代社会組織の研究』吉川弘文館
福山敏男 1944「奈良時代に於ける興福寺西金堂の造営」『日本建築史の研究』桑名文星堂
堀池春峰 1973a「華厳経よりみた良弁と審詳」『南都仏教』31
堀池春峰 1973b「弘法大師と南都仏教」『仏教芸術』92
前川明久 1991a「八姓の制定と崩壊」『日本古代政治の展開』法政大学出版局
前川明久 1991b「八世紀における陸奥産金と遣唐使」『日本古代政治の展開』法政大学出版
森下恵介・久保邦江 2011「西大寺旧境内（第25次）の発掘調査」『日本考古学』31号

始まりの推古朝

森本　徹

1. はじめに

　前方後円墳の築造停止に代表される推古朝における古墳の変容は、古墳時代の終焉にどのように位置付けることができるのか。古墳時代を古代国家の成立過程と位置付ける視点においては、古墳の変容をただ古墳時代の理解に止めるのではなく、他のさまざまな状況と対比させつつ、古代国家の形成にどのように作用したのかを追求する視点が不可欠といえる。古代史の面においても大きな画期とされる推古朝のさまざまな変革的な様相は、近年の考古学的資料の増加により、一層具体的に確認することができる状況といえる〔森本編2013〕。本稿ではそのような古墳の変容以外の事象を整理することにより、古墳時代が終焉に向かう過程について検討したい。

2. 推古朝における古墳の変容

　推古朝における古墳の変容として第一にあげることができる事象は、前方後円墳の築造停止であろう。古墳時代の始まり以来、約350年間にわたり列島各地に営まれた前方後円墳は、その独特な平面形と、個人を葬るにはあまりに大きな規模から、極めて政治的な性格の強い墳墓と理解される。さらにそれが、平面形と規模による重層的な階層を示す古墳秩序の頂点に位置し、なおかつ日本列島各地に広がってることから、広範囲に形成された首長層による政治的連合を示すものとしての理解も定着している。いうまでもなく、相対的に最大規模を持つ前方後円墳は奈良県もしくは大阪府にあり、この両地域を核とする近畿地方中央部が古墳時代の政治的中心地であって、大王を中心とするヤマト王権が近畿地方中央部に形成されたと理解する根拠ともなっている。このように、古墳時代において最も重要な墳墓といえる前方後円墳が、須恵器の形式でいうTK43形式段階を最後に営まれなくなる。大王墓級と目される古墳での最後の前方後円墳は奈良県五条野丸山古墳や平田梅山古墳と考えられるが、この次の段階の有力者の古墳は大形方墳、大形円墳として営まれるとともに、首長クラスの古墳の築造数は減少する〔白石1982〕。

首長層の古墳築造数の減少は、大王墓クラスの古墳により形成される古墳群の構成に顕著といえる。6世紀前半から中頃の古市古墳群の終焉期に、摂津、あるいは大和に大王墓が営まれたのち、7世紀前半頃には磯長谷古墳群に大王墓が集中して営まれる。いうまでもなく大王の古墳が集中する王陵群が形成されたものとみなされるが、百舌鳥古墳群や古市古墳群と比較すると、大王墓以外の大形古墳がみられない点が注意される。用明天皇陵とされる春日向山古墳、また推古天皇陵とされる山田高塚古墳のいずれも、文献によると当初奈良盆地に営まれた陵からの改葬によるものであり、天皇陵だけを抽出して構成された王陵群であるといえる〔白石2005〕。百舌鳥・古市古墳群が大王墓のみならず、おそらくともに王権を構成していたであろう有力層のものと思われる前方後円墳や、初期群集墳とする小規模墳を含んだ構成をみせることと対照的である。古墳群形成を王権の中枢に限定する意識をみることができる。

　古墳の築造数の減少は群集墳においても顕著である。いわゆる後期群集墳は6世紀後半段階に築造の最盛期を迎えたのち、7世紀に入ると急激に形成を停止する。大型の群集墳では、構成する支群レベルのまとまりにおいて7世紀以降あらたに形成を開始する群もあり、古墳の築造が続いているようにみえる群もあるものの、それらの支群は単独で分布する「終末期群集墳」と同じ内容をもち、単純な築造の継続ではなく、異なる築造契機により群形成を開始するものとみなす方が良い〔森本2010〕。すなわち前方後円墳の築造停止に一段階遅れるTK209形式段階を持って群集墳の形成もひとまず終了するものとみなされる。

　推古朝以降に営まれる古墳は墳丘形態のみならず、埋葬施設や副葬品にも大きな変化を認めることができる。埋葬施設としては岩屋山式横穴式石室や横口式石槨の採用であり、副葬品についてはその種類と数が極端に減少する。とりわけ副葬品の減少はその配置場所の変化とも関連し、喪葬儀礼の大規模な変化を示すものと理解できる。筆者は古墳における喪葬儀礼を、「被葬者の遺骸を特定の副葬品と共に厳重に密封する儀礼（第一の儀礼）」、「棺の周囲への器物の配置などにより、被葬者の生前の活躍を示す儀礼（第二の儀礼）」、「埋葬施設内への食器類の配置に示される、飲食をともにする儀礼（第三の儀礼）」という、大きく三つに類別するが〔森本2013〕、そのうち第二、第三の儀礼が古墳に痕跡を残さないようになるものと理解している。

3. 推古朝の諸現象

　前節で例示した古墳の変容と比較する目的で、推古朝の諸変革とされる事項の中から、いくつかを抽出し、状況を整理したい。

a. 古代寺院の建設

　崇峻元年（588）に造営が開始された飛鳥寺は我が国最初の本格的寺院としてよく知られている。飛鳥寺をめぐる多くの研究をここで振り返ることはできないが、伝来から約半

世紀を必要とした経緯は国際社会に一般的な様相〔倉本 2014〕であっても、推古朝に至って国家的援助の元、大規模寺院が顕現したことの意味は大きいと考える。推古朝における仏教興隆を推し進める政策と無関係ではない。また、飛鳥寺が蘇我氏の氏寺として造営されたことも、かかる大規模建築事業の主体が直接的には国家ではなく、王権の中枢を担った有力氏族にある点で注目される。また、飛鳥寺に続き、大王家はじめ地域の有力氏族の発願による四天王寺をはじめとする諸寺院が建設されていく。

b. 水利と耕地の変革

狭山池の築造年代が発掘調査による出土木樋の年輪年代により推古 24 年（616）と確定したことで、史料に記載される様々な地溝開発の確実な定点として推古朝を位置付けることができるようになった。日本書紀に記載される 5 世紀代の地溝開発記事の中にも、推古朝の事績を投影したものがあることも指摘されるところである〔仁藤 2011〕。狭山池の役割には治水も挙げられるものの、主たる目的は灌漑施設としての溜池であり、大規模な耕地開発を念頭に置いた施設といえる。同様に年代について様々な意見のある古市大溝についても、やはり古市古墳群の造営段階のものではなく、推古朝のものであろう。筆者は石川からの取水を前提とした灌漑水路説〔広瀬 2000〕には懐疑的であり、羽曳野丘陵上の湧水、雨水を蓄える溜池として推古朝に掘削されたとする指摘〔小山田 1999〕に同調する。他にも大規模な灌漑水路と考えられる溝の調査事例はみられ、推古朝が灌漑水路の掘削を積極的に推し進めた時代であることを示している。ただし、灌漑用水に関わる土木事業は認められつつも、いまだ耕地そのものの変革が顕著ではない点は注意しておきたい。

c. 集落の移動

古墳時代における集落遺跡の実態は不明なところが多いものの、近年、細かな調査事例の蓄積を踏まえた集成作業により、少なくともその消長については一定の理解が進みつつある〔埋蔵文化財研究会 2012、大阪歴史学会 2017、古代学研究会 2017〕。またすでに先行研究として示されているように、おおむね 6 世紀段階までの低地性の集落が廃絶を迎え、やや高い土地に新たな集落が出現する傾向があり、それまで集落を営んでいたような地形を耕地化するための集落再編とする見方が有力である〔広瀬 1989〕。またそのような集落立地の変動が比較的広い範囲で同じように認められることから、それらはそれぞれの地域における耕地の拡大を志向した集落動向として把握されるのではなく、さらに広い範囲で同じように施行されたものと理解される。集落移動の時期についてはやや古く見積もる意見もみられるものの、やはり推古朝とする方が良いと思われる〔大阪歴史学会 2017〕。

d. 道路網の整備

よく知られている推古 21 年（613）の大道設置記事にみられる難波と大和をむすぶ道路については、一般的には近世の竹内街道と同じルートとされることが多い〔岸 1970〕が、異論もみられ〔安村 2012・2015〕、筆者もそれに同調する。大和川今池遺跡の調査で示されたように、天武朝段階には難波大道とされる直線道路の存在は認められるし、それ以前に

大阪湾に面する住吉地域と大和を結ぶ東西方向の路線が存在した可能性は高いと考えるものの、難波津周辺と大和を結ぶルートとして古墳時代に主流であったと考えられる旧大和川下流域の河川、もしくはそれに沿ったと推測されるルートが、どのような段階を踏んで直線を志向する難波大道や丹比道に移動するのかは明らかにはなっていない。筆者は大和川の水運を陸上交通に置き換える段階がそもそもの国家的道路事業の始まりと推測するが、いずれにしても経済拠点である難波と政治拠点である飛鳥地域をむすぶ道路を、国家的事業として整備した点は推古朝の状況として重要である。

e. 宮の飛鳥への固定化

考古学的な確認はほとんど進んでいないものの、文献史料を手掛かりにすると6世紀までの王権は、大王の代替わりに応じて政治拠点である宮を遷していた可能性は高い。宮の位置は特定できないが、中には河内地域に宮を設けた大王の記載も存在する。しかし推古天皇の豊浦宮、小墾田宮を皮切りに以後の宮が地理的に飛鳥に集中することは考古学的な検討からもみとめられ、宮の地理的な固定が推古朝に始まったと考える〔舘野 2010〕。

f. 外交

中国大陸との交渉においても推古朝は大きな画期といえる。589年に中国大陸を統一した隋に遣隋使を派遣し、朝貢ではない外交を試みたことはよく知られている。その実態を考古資料で詳らかにすることは難しいが、少なくとも倭の五王が南朝に求めたと考えられる同型鏡群のような、列島内の政治的関係の維持に用いられる器物が多量にもたらされた痕跡はない。東国の7世紀代の古墳から出土する金属製容器がそれに該当する可能性はあるものの、むしろ物質資料としては遺存しない制度や知識などが、多く取り入れられたことを文献史料からよみとることができる。さまざまな政治制度が遣隋使派遣の直後に実施されていることや、推古朝における国書の編纂が、隋との交渉を契機とした可能性が指摘されていること〔倉本 2014〕も興味深い。

4. 諸現象の指向性

前節において垣間見たように、推古朝の諸変革はそれまでにない大きな変革であったとみることができる。しかし、それらの変革は全て推古朝において完結するものではなかった。本節ではそのような変革が、どのような方向性を志向したものであるのかについて、整理しておきたい。なお、本稿の主題である古墳の変容についての志向性は最後にまとめることとしたい。

a. 古代寺院の建設

仏教の伝来が、単なる文化的要素のひとつとしての宗教の伝播だけではなく、国家における戦略的な意味合いを持つものであるとすると、伝来以来半世紀を経たうえでの本格的な寺院造営や、王権による仏教興隆の方針の表明は、基層信仰とは別に、国際的にスタンダードな宗教である仏教を国家的な宗教として位置づける意図を見いだすことができる。

本格的な寺院の造営が王権主導でありながらも、それを構成する有力豪族の氏寺として進められたことは、本来保守的な基層信仰に対する抵抗もあろうかと思われるが、目的とするところは国家的寺院の造営であり、基層信仰に変わる位置づけであろうと考えられる。また、寺院の造営が、大規模な木造建築の建設技術をはじめ、基壇建物、礎石建物、瓦葺屋根などに関わる産業の進展をもたらすことも指摘できる。

b. 水利と耕地の変革

推古朝の大規模土木事業のうち、溜池や灌漑水路の整備が、従来耕地化が困難であった段丘上の開発を志向するものであることは理解しやすい。さらに、すでに耕地として利用されていた低地域においても集落の移動にみられる耕地の拡大が推測されることは、牛馬耕を念頭に置いた耕地の平坦化、すなわち古墳時代まで一般的であった小区画水田からの脱却であることも認められる。またこれらの動きが、地域における既存の水利関係を発展させる形で進められるだけではなく、さらに広範な地域を対象とした大規模な灌漑水路網の整備を伴っている点は、耕地の開発が、地域レヴェルを超えた国家的規模へと移行する方向性をもつものと理解される。

c. 道路網の整備

推古朝以前より流通経済における必要性から道路網が存在したことは疑いないが、推古朝における道路の設置記事が強調される背景には、難波津から飛鳥まで、隋からの使者を迎えるといった外交的な経緯とともに、経済活動に必須の流通路を国家が把握すること、すなわち経済活動の国家的掌握が志向されたものと考えられる。古墳時代において頻繁に用いられる「地域勢力や王権による交通の要衝の掌握」といった状況から、地域勢力の影響力を排除する方向性ともいえる。いうまでもなく律令体制の根幹である税制確立のためには税の貢納経路が安定的に確保される必要があり、その過程に地域勢力の影響が生じる状況は好ましいとは言い難い。

d. 宮の飛鳥への固定化

墳墓地の移動とともに、歴代遷宮ともいえる宮の移動は、ヤマト王権内部においても固定的な血縁原理による王権の世襲的状況が成立しておらず、政治連合的なまとまりの中における盟主権の移動とでもいうべき状況を反映したものと考えられるが、中国や朝鮮半島諸国がすでに固定的な政治拠点を整備していることからみると後進的であることは否めない。王権を構成する諸勢力の影響を排除するためにも、王都の固定化が志向されたものと考えられる。

e. 外交

すでに述べたように、外交における考古学的検討の余地は多くはないが、外来文物を用いた古墳副葬品の需給関係を基軸にする政治的関係性の表示が破棄されたことは明らかで、むしろ政治制度を中心とした情報の導入を図る点に積極的な方向性をみることができる。また、朝鮮半島諸国を介した外交ではなく、直接外交を志向した点、さらに国家の由

来や外交の履歴について、国内に対して以上に中国に対して明確に示す必要性を意識したことも認められる。

5. 諸現象の結末

前節において、推古朝の諸変革とされるさまざまな事業がどのような志向性を持つものであるのかを簡単に検討した。その上で、その志向性がその後、どのような形でまとまっていくのかを、やはり項目ごとに検討したい。

a. 古代寺院の建設

飛鳥寺をもって始まった倭国における仏教寺院の造営は、その後、飛鳥時代を通じて新たな寺院の造営が重ねられるとともに、政治あるいは国内の支配構造の中でも重みを増していく。依然、各地で有力氏族による氏寺の造営も続くが、国家的寺院として百済大寺の造営が舒明11年（639）に始まる。これは舒明朝のこととなるが、やがて天武朝にはその後を受けた大官大寺として藤原京内に計画的に配置されるに至る。

b. 水利と耕地の変革

狭山池の築造にみられるような、広範囲を対象とした灌漑水利の整備は、段丘上の耕地化という形で結実し、大規模な耕地の拡大につながったものと考えられる。耕地の拡大を実際に示す考古資料はそれほど多くはないが、近年の調査成果の蓄積によれば、狭山池からの配水が想定される河内台地においては、真福寺遺跡や観音寺遺跡において、飛鳥時代に斜行地割、奈良時代に南北方位を持つ地割の存在が推測され、このような条里型地割の施行は、その段階の耕地の存在を示唆する〔阪田2009〕。道路遺構の所でも触れる大和川今池遺跡では、難波大道とされる道路遺構の年代が7世紀中頃以降とされており〔大阪府文化財センター2009〕、周辺にこれを取り込んだ条里地割が施行されていることから、この段階以降には段丘上でも耕地化が達成されていた可能性がある。また比較的低地に近い所でも池島・福万寺遺跡で確認された、恐らくは耕地を伴う最古段階の条里型地割が飛鳥Ⅲ段階にあり〔大阪府文化財センター2002〕、7世紀の後半に位置付けることができることも、河内地域では遅くとも天武朝には耕地の拡大が一定の成果を収めたものと考えられる。なお、長原遺跡で確認されている条里型地割の坪内部の小区画水田の状況は、条里区画内の高低差の克服が不十分であることを示唆しており、段階的に条里型水田が完成していく状況を示していると考える。長原遺跡でも微高地上での灌漑水路の掘削は7世紀初頭から始まっており、灌漑水路の設置による水利確保がまず行われ、それを踏まえて耕地の整備、拡大が進められる様をみることができる〔高橋1999〕。

c. 道路網の整備

日本書紀に記載の推古21年の大道が、丹比道、難波大道といった直線志向の道路につながる現在の竹内街道ではない可能性はすでに触れたが、難波宮、難波京の中軸線の延長となる難波大道が難波京の設計以後、それほど間をおかずに設けられた可能性は高い。直近

の発掘調査では直接の年代を示す遺物の出土は無かったようであるが、7世紀中頃には道路として機能していたと推測されている。外港である難波津から飛鳥へ向かう直線志向の道路が天武朝には整えられたことになり、次に都と列島各地をつなぐ道路網の整備が始められたことも、近年の研究で指摘されるところである。推古朝に始まる国家主導の道路整備が、天武朝には完成し、さらに全国への展開がすすめられたものと理解できる〔近江 2013〕。

d. 宮の飛鳥への固定化

推古朝に始まる飛鳥地域への宮の固定傾向は、歴代遷宮の形を残しながらのものであったが、672年の天武天皇による岡本宮（飛鳥浄御原宮）の造営が歴代遷宮に終止符を打ったとされる〔舘野 2010〕。その後、新益京の造営を計画し、後継の持統天皇に引き継がれる。さらに平城京において古代宮都の形は完成をみせる。

e. 外交

推古朝における国書編纂の事業は最終的には日本書紀の編纂という形で結実したものと考えられる。日本書紀の完成そのものは養老4年（720）のこととなるが、編纂を指図したのは他ならぬ天武天皇であった。日本書紀がとりわけ朝鮮半島情勢への対応を細かに記していることは、かかる歴史書の意味が、国内において必要であったとするよりも、外交において必要と意識されていたことを示していると考えられる。また、日本書紀には古墳の政治的側面に関わる記載が全くみられない点も注目される。

6. 結末の天武朝

極めて簡略にではあるものの、推古朝の諸現象をその方向性と達成点を意識して整理してきた。本稿で理解した方向性が妥当なものであれば、その多くは7世紀後半段階には一定の成果を得、まとまりを持って完成を迎えるものと判断される。また道路網の整備にみられるように、それまでの方向性を維持しつつ、さらに発展的に継続する事業もある。ひとまずここで推古朝の諸変革の有する方向性が、天武朝に至って完成を迎えたと理解すると、推古朝における古墳の変容は天武朝においてどのように展開しているであろうか。

大王墓並びに有力首長層の古墳について、前方後円墳という、列島の大部分の地域で共有された墳墓形式を廃止することに始まった古墳の墳形にみる変容は、大形方墳、大形円墳の築造を経て、大王墓については舒明天皇陵より多角形化する〔白石 1982〕。八角形墳が大王墓に限られた墳形とは言い切れないとしても、それを意識した墳形の選択であったとみることは可能と考える。また、有力氏族の族長の古墳は段階的に減少し、大王墓に匹敵する規模、内容の古墳は天武朝にはみられなくなる。実質的に大王墓のみが古墳として築造されるに至り、その後を継いだ持統天皇は火葬され、古墳そのものが終焉を迎える。群集墳についても終末期群集墳の築造が天武朝までにすべて終焉するとは言い切れないまでも、古墳と呼ぶことができる構造の墳墓はみられなくなり、実質的に終焉を迎えている〔白石 1982〕。終末期群集墳における初期火葬墓の営造は、割合としては高いと考えるが、

古墳とは異なる墓制の創出にかかる現象と理解でき、古墳時代が継続しているということではない〔森本 1999〕。

　推古朝にみられた葬送儀礼の変容、すなわち第二、第三の儀礼が古墳に痕跡を残さなくなる状況は、第一の儀礼のみが頑なに維持されたまま天武朝に至る。古墳において本質的に必要とされた儀礼が、被葬者の遺骸を厳重に護る行為にあることを示しているわけであるが、この儀礼の終焉はいうまでもなく意図的な遺骸の消失、すなわち火葬の始まりにあるのであり、古墳の終焉と軌を一にしている。

　このような儀礼の変革は、単にそれらの儀礼が行われなくなったということを示しているだけではない。第二の儀礼とした亡き首長による儀礼は、推古朝以降に宮廷における就任儀礼の整備が進むことにより必要がなくなったものと理解され、第三の儀礼とした飲食儀礼はやはり推古朝以降の殯の盛大化により古墳から距離を置くものとなったと考えられる。そして、第一の儀礼における遺骸の厳重な保護は古墳時代の始まりより一貫して維持されてきた儀礼であり、首長権の継承に必要な古墳の機能そのものであるという筆者の理解の上では、それに代わる継承儀礼が推古朝以降に宮廷における就任儀礼の整備という形で進行し、天武天皇による大嘗祭の開始という形で結実したものと考える〔森本 2013〕。天武天皇の喪葬儀礼はもはや古墳を必要としないものであったのではないか。

　このように推古朝から天武朝に至る古墳の変容を考えると、そこには古墳の築造とそこで執り行われる儀礼により維持される社会から脱却し、古墳を必要としない社会が成立する過程を認めることができる。古墳時代の始まりより古墳の様相は段階的に変化はしているものの、3世紀後半から6世紀末までのおよそ350年間は古墳を必要とする社会であり続けた。とりわけ6世紀後半段階は群集墳を含めるとおそらく最も多くの古墳が同時期に築造された時代であり、ある意味では古墳時代の最盛期ともいえる。その直後、推古朝から天武朝に至る100年にも満たない期間で古墳時代を終焉させるための試みが強力に進められたのである。その契機が対外関係にあることは明らかで、朝鮮半島諸国の盛衰が倭国における他山の石となり、隋の建国が直接の引き金となったものと考えられる。

　先行研究で示された「推古朝の喪葬規制」〔水野 1970〕は確かにあったと考える。しかし、そもそも古墳とは、「築造したいもの」である以上に、「社会にとって築造しなければならないもの」であるとする筆者の視点に立ち、古墳の築造は被葬者側が希求するものであるという前提から解放されるとき、その規制とは、「古墳の築造を禁止する規制」ではなく、「築造する必要のある古墳だけを築造させる」という内容のものであったと考える。その意味では7世紀に営まれた「終末期古墳」は、被葬者の性格はともかく、最後まで築造が必要な古墳であって、なんらかの形で王権の中枢に帰属する古墳であろう。それは王権にとっては終わらせるべき古墳時代の残像であって、おそらくそれを7世紀に至っても残そうとしていた蘇我本宗家の淘汰は必然であった。それが実現した段階で古墳時代を終わらせる上での残された対象は大王家内部に限られるのであり、「大化の薄葬令」が必要

な状況を見いだすことはできない。

7．おわりに

　推古朝に進められた諸変革は、天武朝に結実する。水利の整備から耕地の整備、また道路網の整備といった経済的な分野や、国際的宗教といえる仏教の浸透という精神的分野、史書の編纂という外交的分野、宮都の整備という政治的分野など、様々な分野において古代国家の確立に向けた動きが加速されていく。推古朝の諸改革がその延長線上に中央集権的な律令国家を形成させることに否定的な指摘〔倉本2014〕もあるものの、推古朝の水利開発の延長線上に天武朝の条里開発が位置付けられるように、おそらく当初より長期的な計画が存在したものと考えられ、この間の様々な政治的変動が直接的に計画の変更を促したようにはみられない。古墳時代の終焉過程も推古朝に始まり、天武朝に完成する。古墳時代を終わらせる取り組みもまた、古代国家形成のための必然として、急速に推し進められたのである。

　工楽先生の傘寿の記念であれば、先生に縁の狭山池に関わるものを、と考えたものの、内容はほぼ思いつきを羅列しただけのものとなってしまいました。猛省するとともに、今後も検証を続けていくことをお約束することで、ご寛恕賜りたいと思います。ただ、水田遺跡の調査に始まり、国際交流など様々な場面で先生からご指導頂いたことが、いろいろなものごとを考えるときのベースにあるように思っています。これまでのご厚誼に感謝申し上げるとともに、これからのご健康を祈念いたします。

参考文献
近江俊秀 2013『古代道路の謎―奈良時代の巨大国家プロジェクト―』祥伝社新書
㈶大阪府文化財センター 2002『池島・福万寺遺跡2』
㈶大阪府文化財センター 2009『大和川今池遺跡Ⅰ―難波大道の調査―』
大阪歴史学会 2017『ヒストリア』265
岸　俊男 1970「古道の歴史」『古代の日本』5　近畿　角川書店
倉本一宏 2014「大王の朝廷と推古朝」『岩波講座　日本歴史』2　古代2　岩波書店
古代学研究会 2017『古墳時代から飛鳥時代へ―集落遺跡の分析からみた社会変化―』資料集
小山田宏一 1999「古代の開発と治水」『狭山池　論考編』狭山池調査事務所
阪田育功 2009「南河内における古代の斜方位直線道路と周辺地割」『大阪府立狭山池博物館研究報告』6
白石太一郎 1982「畿内における古墳の終末」『国立歴史民俗博物館研究報告』1（のちに同題で2000『古墳と古墳群の研究』塙書房　所収）
白石太一郎 2005「磯長谷古墳群の提起する問題―敏達・石姫合葬墓の問題を中心に―」『館報』9　大阪府立近つ飛鳥博物館（のちに2007「磯長谷古墳群の大王墓―敏達・石姫合葬墓の問題を中心に―」として『近畿の古墳と古代史』学生社　所収）
高橋　工 1999「長原遺跡および北部周辺地域における古墳時代中期～飛鳥時代の地形環境の変化と集落の動態」『長原遺跡東部地区発掘調査報告』Ⅱ　㈶大阪市文化財協会

舘野和己 2010「天武天皇の都城構想」『律令国家史論集』塙書房
仁藤敦史 2011「文字史料からみた古墳と王権」『講座日本の考古学7 古墳時代(上)』青木書店
広瀬和雄 1989「畿内の古代集落」『国立歴史民俗博物館研究報告』22
広瀬和雄 2000「耕地の開発」『古代史の論点1　環境と食料生産』小学館
埋蔵文化財研究会 2012『集落から見た7世紀』第61回埋蔵文化財研究集会資料
水野正好 1970「群集墳と古墳の終焉」『古代の日本』5　近畿　角川書店
森本　徹 1999「群集墳の変質からみた古代墳墓の成立過程」『古代文化』51-11　㈶古代学協会
森本　徹 2010「一須賀古墳群の終焉」『館報』13　大阪府立近つ飛鳥博物館
森本　徹 2013「喪葬儀礼の変化からみた終末期古墳」『歴史研究』50　大阪教育大学歴史学研究室
森本　徹編 2013『考古学からみた推古朝』大阪府立近つ飛鳥博物館図録61
安村俊史 2012「推古21年設置の大道」『古代学研究』196　古代学研究会
安村俊史 2015「竜田道の変遷」『河内古文化研究論集』2　柏原市古文化研究会

貢納塩木簡の一試論

積山　洋

1. はじめに

　古代の塩にはふたつの形態がある。散状塩と固形塩である。前者は鉄製容器で煎熬した粗塩であり、斛斗升の単位で計量され、地方から中央に納められた調庸の貢納塩である。後者は粗塩を土器で焼き固めた「堅塩」であり、顆（果）で個数を数え、民間に流通した交易塩である〔積山 1994・2017〕。私はこれまで主に土器製塩を論じてきたが、今回は都城で出土する調庸塩木簡をとりあげ、律令制下の貢納塩の実態を探ってみたい。

　延長 5 年（927）の『延喜式』には、巻 24 主計上、諸国調に「塩三斗」、同諸国庸に「塩一斗五升」という徴税規定があり、正丁人別年三斗の調塩、同一斗半の庸塩が課せられ、若狭・参河以西の 18 ヶ国が調庸塩の貢納国に指定されている。

　一方、藤原・平城宮で出土する塩の木簡には「調塩三斗」・「庸塩一斗五升」などと記されているため、『延喜式』の規定が大宝令に遡ることが確認される。正倉院文書神亀 6 年（729）の「志摩国輸庸帳」でも、庸塩が人別年一斗半であったことが知られる。このように『延喜式』の信頼性は高く、これまでは調塩三斗・庸塩一斗半が前提とされてきた。

　一方で、貢納塩木簡の出土は増加している。岸本雅敏が初めて取り上げた際は、貢納国が判明する藤原・平城宮出土の木簡は 117 点〔岸本 1992〕、その後の再検討では 130 点であった〔岸本 2005〕。今回、奈良文化財研究所の「木簡データベース」に依拠して集計すると、都城の出土例は 143 点に達している[1]。それらを仔細に検討すると、『延喜式』と合致しない、あるいは『延喜式』には記されていないことが判明することがある。本稿はそのような異例に注目し、飛鳥奈良時代の調庸塩の実態を素描することを目的としたい。

　なお、木簡の釈読と各種記号[2]、出典記載[3]、国郡郷名の候補地[4]については、木簡データベース（2018 年 6 月以降は「木簡庫」にリニューアル）にしたがうこととする。

2. 評制下の塩木簡

　飛鳥時代の塩木簡としては、飛鳥と藤原京の出土例がある。

(1) 飛鳥出土の塩木簡
1.　多可□□□〔五十戸ヵ〕塩一□〔古ヵ〕　飛鳥池遺跡出土　飛鳥藤原京1-204
2.　田田塩二斗　石神遺跡出土　木研30-15頁

　1は、飛鳥池遺跡北地区南北大溝SD1130から出土した「五十戸」の表記を伴う木簡である。SD1130の年代は、紀年銘等から天武5～7年を含む数年間とされる〔市2010a〕。「多可」の地名の候補地は多数あるが、塩業が可能な海浜の地としては常陸国多珂郡多珂郷があげられている(5)。ただ、それでは『延喜式』の規定とはまったく異なるので、疑問が残る。また、「塩一古」とあるのは、前期難波宮で出土した「宍々一古」（ししいっこ、「宍〈肉〉一籠」の意）の類例〔栄原・高橋2014、大阪文化財研究所2015〕から、「塩一籠」の意であろう。
　2は、石神遺跡第19次調査で出土したもので、「五十戸」「里」が省略された例とされる。出土位置は4時期に区分される遺構群のⅣ期（藤原宮期）に属する東西溝と南北溝の合流点であった。「田田」の地名候補は複数あるが、塩を貢納しているため、のちの紀伊国名草郡多田郷が候補地にあげられている。

(2) 藤原京出土の「塩二斗」等の木簡
3.　三方評竹田部里人○／粟田戸世万呂／塩二斗‖　藤原宮出土　荷札集成-135
4.　・丁酉年若狭国小丹生評岡田里三家人三成　・御調塩二斗
　　　　　　　　　　　　　　　藤原宮出土　荷札集成-127（藤原宮1-147）
5.　・己亥□□□〔年若狭ヵ〕国小丹→　・御調塩二→　藤原宮出土　藤原宮3-1168
6.　己亥年□□玉□〔杵ヵ〕里人若倭部身塩二斗　藤原宮出土　藤原宮3-1166
7.　戊戌年／□□□□〔若狭国小ヵ〕丹□〔生ヵ〕評□〔岡ヵ〕方里人／□□□〔秦人船ヵ〕□調塩□〔二ヵ〕斗‖　藤原宮出土　藤原宮3-1165
8.　三方評／竹田部里人／和尓部大伴塩二斗‖　藤原宮出土　藤原宮3-1170
9.　野里中臣部□人塩二斗　藤原宮出土　藤原宮3-1167
10.　山田評之太々里○□□□□〔邑内塩入ヵ〕　藤原宮出土　荷札集成-30

　まず注意されるのは、10を除く評制下の木簡3～9がすべて「塩二斗」の木簡だという点である。4「丁酉」年は697年であり、5・6「己亥」年は699年、7「戊戌」年は698年である。しかも4・5・7には飛鳥の木簡ではみられない「調塩」と明記されている。
　塩の産地をみると、3～9は若狭から搬入されている。3・8の「三方評」はのちの若狭国三方郡であり、6は若狭国遠敷郡玉置郷、9も若狭国遠敷郡野里郷である。10の「山田評」はのちの尾張国山田郡が候補地であるが、こちらは「二斗」ではなく、藤原宮への搬入の仕方が変則的だったようである。
　念のため藤原で出土している塩木簡を見渡すと、評制下の塩木簡に「三斗」の貢納例はない。一方、「郡」表記、つまり大宝令制下の木簡では、下記11の如く三斗である。「塩

三斗」とのみ記された例も2点、また「塩二斗」「塩一斗」の例が各1点（後掲）ある。
11. ・安芸国安芸□〔郡ヵ〕□里・倉椅部□□〔名代ヵ〕調□〔塩ヵ〕三斗
　　　　　　　　　　　　　　　　　　　　　　　藤原宮出土　藤原宮3-1188

（3）小結
　木簡の地名表記の変遷は律令政府の地方支配機構の変遷を示す。それは、①「国―評―五十戸」（持統朝初年まで）、②「国―評―里」（天武朝末～大宝元年）、③「国―郡―里」（大宝元年～養老元年）、④「国―郡―郷―里」（養老元年～天平11年頃）、⑤「国―郡―郷」（天平12年頃以後）の順に推移することが明らかとなっている。この①・②の書式をとるのが評制下の木簡である。以下にいくつかの論点を述べる。
　第一に、「調塩」の成立が、遅くとも大宝令成立前の藤原宮期であったとみることができる。それはいうまでもなく飛鳥浄御原令の規定であろう。ただ、1にみられる五十戸制下の木簡の存在から、個別人身賦課税としての調自体の成立は天武朝とみられている〔市2010b〕こと、また塩の貢納自体が古くからあったことは疑いないことなどを考慮すると、今後はさらに古い貢納塩木簡が出土する可能性がある。
　第二に、評制下の塩木簡に「三斗」の記載例がなく、10点中、変則的な1・10を除く8点がみな「二斗」であり、しかも藤原宮期に属することから、浄御原令制下での調塩の貢納量は人別年二斗であった可能性が高い。後述するように、「調塩二斗」の表記は大宝・養老令制下の木簡にもあるが、基本は「三斗」の表記である（「調塩三」や「塩三斗」を含む、以下、同じ）。
　第三に、藤原宮に搬入される貢納塩に若狭の塩が圧倒的多数を占めている〔岸本1992〕ことは追認されるが、紀伊（2）や尾張（10）を候補地とする塩が貢納されていることにも注目すべきである。成立期の律令国家による塩の収取は若狭を中心としつつも、広く諸国にも及んでいたようである。
　第四に、「塩一古（籠）」（1）について、少し考えてみたい。正倉院文書には東大寺が交易した塩に「籠」の用例が多数ある。

　　塩一籠〈三斗〉　千二百巻金剛般若経々師等食米并物雑納帳　大日古14-55
　　塩二筥〈六斗〉　写千巻経所食料雑物納帳　大日古13-253
　　塩一籠〈受三斗〉　後一切経料雑物下充帳　大日古25-283
　　塩二斗七升〈一籠〉　千二百巻金剛般若経々師等食米并物雑納帳　大日古14-59

　上にあげたのはその一部に過ぎないが、大半の用例は1例目のように〈三斗〉という割注がついている。2例目・3例目も籠別三斗である。このように「籠」の単位は斛斗升の計量単位と併せて用いられる例が多く、その塩は散状塩とされる〔関根1969、廣山2003〕。しかし散状塩なら、単純に「塩三斗」とだけ記せばよいはずであり、わざわざ〈三斗〉の割注が必要なのは、習慣的に籠別三斗と読替えているからではないかとの疑念が湧く。つ

まり「目分量」で三斗としているのではないか。それでも、中には三斗とみなせない籠もあったようで、それが4例目の二斗七升の例だとみることができよう。

そもそも籠は竹や蔓などの植物素材で作られ、隙間があるのが特徴なので、散状塩の容器としては不適当である。そうであれば、「塩一古（籠）」とは「堅塩」（固形塩）をいくつか収めた籠である可能性が考えられる。

3. 大宝・養老令制下の塩木簡

(1) 調塩二斗の木簡

大宝・養老令制の調塩の貢納が人別年三斗であることを裏づける木簡は多数あるが、2018年現在で「（調）塩二斗」と記された木簡が10点ある。

12. 〈〉里人大伴部□〔乙ヵ〕万呂塩二斗　藤原京左京出土　飛鳥藤原京 2 - 1603
13. ・備前国児嶋郡三家郷　・／牛守部小成／山守部小廣‖二人調塩二斗

　　　　　　　　　　　　　　　　　　　　　　　平城宮出土　平城宮 1 - 321
14. 周防国大嶋郡美敢郷田部小足調塩二斗／○／天平十七年九月‖　平城宮出土　城 37 - 29頁
15. ・周防国大嶋郡美敢郷凡海阿耶男御調塩二斗　・○《》○天平十七年

　　　　　　　　　　　　　　　　　　　　　　　平城宮出土　平城宮 1 - 327
16. ・←国海部郡可太郷／戸主海部□〔名ヵ〕夫□〔戸ヵ〕秋田／御調塩二斗‖　・○天平□〔元ヵ〕年□〔九ヵ〕月　平城宮出土　城 37 - 29頁
17. ・遠敷郡遠敷郷／車持小角／御調塩二斗‖　・○九月　平城宮出土　城 19 - 22上（199）
18. 三方郡美々里壬生部手知古塩二斗　平城京左京出土　城 27 - 19下（274）
19. ・竹部〔田ヵ〕部里別〈〉　・塩二斗　平城京左京出土　城 27 - 19下（275）
20. 備□□□□〔中国浅□ヵ〕郡大嶋郷□〔塩ヵ〕二斗□□□□〔海部大万呂ヵ〕

　　　　　　　　　　　　　　　　　　　　　　　平城京左京出土　城 22 - 38上（407）
21. □□□／○／御調塩二斗入一古‖　宮町遺跡（信楽宮跡）出土　宮町 - 49頁 -（A63）

これらの塩の産地をみると、若狭（17～19、19は若狭国三方郡竹田部郷）・備前（13）・備中（20）・周防（14・15）・紀伊（16、紀伊国海部郡加太郷）であり、その分布に特段大きな特徴はみられない。紀年銘としては天平元年（16）・天平17年（14・15）などがみられる。なお、13は二人で調塩二斗を納めているので、実質的には人別一斗となり、次項と同様のものといえる。

(2) 調塩一斗の木簡

「（調）塩一斗」の木簡は多数あり、16点を数える。

貢納塩木簡の一試論

22. ・□□□□□□□□○塩　・□□〔一斗ヵ〕　藤原宮出土　藤原宮1-188
23. 讃岐国□□□〔那珂郡ヵ〕調塩一斗　平城宮出土　木研3-62頁-2
24. 英比郷□塩一□　平城宮出土　平城宮2-2188
25. ・備前国児嶋郡賀茂郷　・○三家連乙公調塩一斗　平城宮出土　平城宮1-323
26. 参河国渥美郡／大壁郷海部□〔首ヵ〕万呂／○調塩一斗‖　平城宮出土　平城宮1-324
27. ・周防国吉敷郡神埼郷戸主阿曇五百万呂口同部　・□麻呂進上調塩一斗天平十七年九月八日　平城宮出土　平城宮1-329
28. □□□□□〔参河国渥美郡ヵ〕／《》／調塩一斗‖　平城宮出土　平城宮1-333
29. ・□〔讃ヵ〕岐国山田郡海郷《》　・葛木部龍麻呂□□□〔調塩一ヵ〕斗
　　　　　　平城宮出土　平城宮1-348
30. 若狭国遠敷郡／小丹生郷三家人波泉／調塩一斗‖　平城宮出土　平城宮2-2835
31. ・尾治国知多郡賛□□　・白髪部馬見塩一斗　平城京左京　木研17-162頁-（9）
32. ・若狭国遠敷郡／嶋郷□部□□万呂／塩一斗‖　・○景雲□□〔四年ヵ〕
　　　　　　平城宮出土　平城宮4-4663
33. ・若狭国遠敷郡／遠敷里□□果□／調塩一斗○□□‖　・和銅四年四月十→
　　　　　　平城宮出土　平城宮7-12639
34. 遠敷郡○／玉置郷伊波里／□□若屋御調塩一斗‖　平城京左京出土　城22-33下（332）
35. ・参河国渥美郡大壁郷松間里丈部煮得調塩一斗　・○天平八年七月六日
　　　　　　平城京左京出土　城24-24上（225）
36. ・遠敷郡野郷／委部椋人御／調塩一斗‖　・○神護景雲三年九月
　　　　　　平城宮出土　城42-10上（59）
37. ・津守郷／戸主物部廣田戸口同／入鹿調塩□〔一ヵ〕□‖　・○□□〔天平ヵ〕八年十月　平城京左京出土　城31-28下（409）

塩の産地は、尾張（24・31、24の英比郷は尾張国知多郡）・参河（26・28・35）・若狭（30・32～34・36）・越前（37、越前国敦賀郡津守郷）・備前（25）・周防（27）・讃岐（23・29）・不明（23）があげられ、越前の木簡が目をひく（後述）。紀年銘には、和銅4年（33）・天平8年（35・37）・天平17年（27）・神護景雲3年（36）・神護景雲4年（32）などがみられ、藤原宮期（22）から神護景雲4年（770）まで、まんべんなく散らばっている。

(3) 顆塩の木簡

このほか、「顆（果）」や「尻」の単位で貢納された例もある。

38. 若狭国三方郡竹田郷／丸部里竹田部首乙／○知○志○御○調○塩○五○顆‖
　　　　　　平城宮出土　平城宮1-332

39. ←□調□〔塩ヵ〕二顆　平城宮出土　平城宮1-351
40. 若狭国□□〔遠敷ヵ〕郡／□□□〔佐分郷ヵ〕式多□〔里ヵ〕三家人乙末呂／顆塩五
　　後○養老六年‖　平城宮出土　城44-23下（平城宮7-12642）
41. 伊予国神野郡海乎知人□□〔知訓ヵ〕調塩二顆　平城京左京出土　城31-31上
　　（454）
42. 大嶋村調果塩　平城宮出土　平城宮7-11530
43. 周防国大嶋郡美敢郷凡海直薩山御調尻塩　平城宮出土　平城宮1-328
44. ・尾張国知多郡／御宅里／□□□‖　・大塩尻　平城宮出土　平城宮3-2896

　分布は尾張（44）・若狭（38・40）・周防（42・43）・伊予（41）・不明（39）であり、紀年銘には養老6年（40）がみられる。
　奈良時代になると、斛斗升系の計量単位は散状塩に用いられる一方、丸いものの個体数を数える「顆（果）」も現れ、固形塩（堅塩）の個数単位としている〔積山1994〕。44「尻塩」・45「塩尻」については、尻はカウであり、顆に通ずるので堅塩だとされる〔廣山2003〕。しかし、38・39・41に「調塩某顆」、42には「調果塩」、43には「御調尻塩」と、調塩であることが明記されている。固形塩が貢納されていたという異例である。

（4）延喜式にない国の木簡

　『延喜式』に記された調塩の貢納国は、伊勢・尾張・若狭・播磨・備前・備中・備後・安芸・周防・紀伊・淡路・讃岐・伊予・肥前・薩摩である。ここでは、この規定と異なる木簡をあげる。

37. ・津守郷／戸主物部廣田戸口同／入鹿調塩□〔一ヵ〕□‖　・○□□〔天平ヵ〕八年十月　（再掲）
45. ・丹生郷□良里三□千嶋　・調塩三斗　平城京左京出土　城31-28下（412）
46. ・松原駅／戸主鴨部□戸口山君／少君調塩□斗‖　・○天平八年十月
　　　　　　　　　　　　　　　　　　　　平城京左京　城31-28下（410）
47. 答志郡答志郷塩三斗　平城宮出土　城16-5下（11）

　37の津守郷が越前国にあることは述べたが、45の丹生郷も越前国丹生郡丹生郷であり、46の松原駅は越前国敦賀郡松原駅である。この3点は『延喜式』に規定のない越前から、奈良時代に調塩が貢納されていたことを物語る資料である。
　また、47の答志郡答志郷とは志摩の地名である。志摩は『延喜式』にない庸塩の貢納国であることが「輸庸帳」からわかる（先述）が、この木簡では三斗を納めていることから、それは調塩であった可能性を示す。とすれば、奈良時代の志摩は調塩貢納国でもあった可能性がある。ただし、後掲49のように2名で庸塩三斗を納めた例があるので、確実とは言えない。なお、前掲12[(6)]も、「塩を貢進していること、大伴部（膳大伴部）が分布する地域であることから、志摩国の荷札木簡の可能性」が指摘されている。

(5) 庸塩木簡

『延喜式』に記された庸塩の貢納国は、伊勢・尾張・参河・備前・備後・安芸・筑前である。庸塩木簡の出土例は極端に少ない。

48. ←郡大□〔壁カ〕郷□□里／海部麻呂養老四年庸塩一斗五升／○「□」

平城宮出土　平城宮3-2892

49. ・備前国児嶋郡加毛郷・／原里鴨部〈〉／菅生里鴨部〈〉‖○庸塩三斗

平城京左京出土　木研37-8頁

48は、35と同じく参河国渥美郡大壁郷である。49は、加毛郷の原里に住む鴨部某と、同郷菅生里に住む鴨部某の2名で三斗を納めているので、人別一斗半の規定通りである。この2点は『延喜式』の規定に一致するが、庸塩木簡がわずか2点しか出土していないことが、かえって疑問を呼ぶ。また、正倉院文書に「志摩国輸庸帳」(神亀6年)があることは、『延喜式』とは異なる奈良時代の庸塩貢納国の実態を示すものである。

(6) 小結

大宝・養老令制下の様々な貢納塩の異例木簡をみてきた。

まず、計26点に上る塩二斗、塩一斗の木簡の意味するところを考えてみたい。貢納量がわかる132点中、正規の貢納量である「三斗」表記の調塩木簡は106点で80%、二斗が10点で8%、一斗が16点で12%(小数点以下四捨五入)であり、二斗・一斗で20%にも達する。その分布も年代にも大きな偏りはない。これはもはや異例とは言えないのかもしれない。それでは、いかなる理解が可能なのかということが問題であるが、今回は下記の可能性をあげるにとどめたい。

これらの木簡には、「調塩二斗」「調塩一斗」と明記している例があるように、規定の量に足りなくとも、調塩の貢納が成り立ったのかもしれない。俗に言うなら「未進よりはマシ」として中央政府も受け入れたということであろうか。もしそうであるなら、二斗や一斗の木簡が早くも藤原宮期に現れている(12・22)[7]ことから、調庸制は当初から充分に機能していなかったことを示すのかもしれない。

次に「顆」や「尻」で調塩を収めた例であるが、尾張や若狭のような土器製塩が盛んな地のみならず、飛鳥時代以後は土器製塩がみられない伊予からも搬入されている。しかし問題は、これら諸国の調塩は、通常散状塩で貢納されていることであり、なぜ、こうした異例がみられるのであろうか。この点も全く不明であり、現時点では、散状塩での貢納の不足分を補うものという憶測をあげ、後考に備えたい。

越前の塩木簡については、先掲の3点(37・45・46)を以て、越前が奈良時代の調塩貢納国であったといえるであろうか。現在のところ、『延喜式』の塩貢納国中、塩木簡の出土例が少ないのは、備中が2点、伊勢・安芸が各1点、備後が0点などであるが、備後はともかく備中・伊勢・安芸が塩の貢納国であることを疑う必要はないであろう。よって、

越前は『延喜式』以前の奈良時代には調塩貢納国であったといえる。また、志摩（12 ？・47）も、断定できないが、その可能性がある。

最後に、庸塩について検討してみたい。まず、しばしば触れた「志摩国輸庸帳」（『寧楽遺文』上巻所収）は、志摩が『延喜式』にない庸塩貢納国であることを雄弁に物語っている。全文は以下の通りである。記述の都合上、①②の記号を追加した。

　　志摩国司解　神亀六年輸庸事
　　管郡二、課丁一千六十二〈正丁九百卅二　次丁一百卅〉
　　　　輸庸塩一百四十九斛五斗五升①
　　　神戸三所、課丁一百四十一〈正丁一百廿五　次丁一十六〉
　　　　輸庸塩一十九斛九斗五升
　　　伊勢大神宮課丁一百三十〈正丁一百一十五　次丁一十五〉
　　　　輸庸塩一十八斛三斗七升五合　六十一籠七升五合②
　　　粟嶋神戸課丁五〈正丁〉
　　　　輸庸塩七斗五升　二籠一斗五升
　　　伊雑神戸課丁六〈正丁五　次丁一〉
　　　　輸庸塩八斗二升五合　二籠二斗二升五合
　　　公納課丁九百二十一〈正丁八百七　次丁一百一十四〉

①では、次の計算により、奈良時代の庸塩は正丁人別年一斗五升、次丁人別年七升五合と確認できる。

　　（正丁932×1斗5升）＋（次丁130×7升5合）＝149石5斗5升

これが志摩の答志・英虞二郡が納めた正丁・次丁の庸塩である。これに続く「神戸三所」から納めた庸塩も、同様である。

ところが、その次の伊勢大神宮以下の記載には「籠」の記載を伴う点が異なっているので、その点を検討する。②は正規の貢納量に基づけば、

　　（正丁115×1斗5升）＋（次丁15×7升5合）＝18石3斗7升5合

となるが、さらに籠を用いた塩量が記されている。これも籠別三斗とすると、②は、

　　（61籠×3斗）＋7升5合＝18石3斗7升5合

となり、正規の貢納量と一致する。「六十一籠七升五合」とは、正規の塩量を三斗入りの籠数で読替えたことがわかる。以下、粟島神戸、伊雑神戸も同様である。

では、なぜこのような読替えが行われたのであろうか。それは、籠入りで納めたのが実態だったからではないだろうか。先述したように、籠入りの塩とは堅塩であった可能性が高いから、籠別三斗の読替えにより、正規の数量に数字を揃えたのが②の記載とみられる。以上から、神亀６年に志摩国が納めた庸塩には散状塩と固形塩があったことが推測される。

しかしここでの問題は、志摩に該当する焼塩土器がみられないことである。よく知ら

れている志摩式製塩土器は伊勢・志摩・伊賀に広く流通しているもが、その年代の中心は8世紀末～10世紀前半であり〔新名2013〕、神亀年間（724～729）まで遡る例は極めて少ない。

　志摩全体の貢納量189石4斗5升のうち、散状塩169石5斗（89.5％）に対して固形塩は19石9斗5升（10.5％）とかなり少ない。またそこから、伊勢大神宮が志摩国に納めた18石3斗7升5合（9.7％）を差し引く[8]と、粟島神戸と伊雑神戸[9]が所在する志摩の国内で生産された堅塩は計1石5斗7升5合（0.8％）と僅少であり、さほど問題にはならないであろう。

　さて、最後の疑問は、なにゆえ庸塩木簡の出土が、わずか2点しかないのか、である。この点も、さまざまな可能性が考えられる。その第一案は、今は庸塩木簡が少ないが、いずれは増えてくるとする考えである。第二案は、調塩が盛んに貢納されたのに対して庸塩の貢納は低調だった、つまり未進が多かったのかもしれないという見方である。その変形として、第三案は、2点の庸塩木簡の地名表記がともに先述した地方支配機構の変遷の④「国―郡―郷―里」制の書式をとっていること、また「志摩国輸庸帳」もその期間のものであることに注目したい。すると、天平年間前半ごろまでは庸塩の貢納は行われており、それ以後廃れたという見方もありうる。第四案は「志摩国輸庸帳」の記載から、庸塩は国単位で一括して搬送・貢納された可能性があり、それなら荷札木簡はわずかしか必要なかったのかもしれない。私は、庸塩木簡が極端に少ないのは第三・第四案の複合によるのではないかと予想する。

4. 終わりに

　異例の貢納塩木簡を取り上げて縷々述べてきた。以下にまとめておく。

　第一に、調塩の貢納は、大宝令以後は人別年三斗であったのに対し、飛鳥浄御原令制では人別年二斗であった可能性が高いことが指摘された。それが大宝令で三斗に増えたのはなぜであろうか。大宝令が施行された藤原京はかつてない巨大な都城であった。おそらく、官人層をはじめ都への人口の集中も大きく進んだであろう。その結果、塩の需要が大きく増加したのではないかと考える。

　第二に、大宝・養老令制のもとでは、『延喜式』と異なる調庸塩の貢納国が浮かび上がった。それは越前が調塩を貢納し、志摩も庸塩貢納国であったことである。志摩はさらに調塩も納めていた可能性がある。

　第三に、木簡や正倉院文書にしばしばみられる運搬用具の「籠」は、通説では散状塩を運んだものとされるが、実は固形塩を収めていたと考えた。正倉院文書の「籠」にわざわざ「三斗」の注が付せられるのは、そのように読替える習慣があったものとみた。

　第四に、いくつか課題を残した。調塩木簡に「二斗」や「一斗」で貢納された例が多いのは、なぜか。顆（果）塩・尻塩など不正確な計量しかできない堅塩が、なぜ堂々と調塩

として貢納されたのか。また、庸塩木簡が極端に少ないのはなぜか。これらの疑問には、一応の試案を提示したものの、まだまだ検討が必要である。本稿を「一試論」と題した所以である。

付記

工楽善通先生は、私が大阪市立大学で習った唯一の考古学の先生です。たいへんお世話になり、思い出は尽きません。その後38年も経ちましたが、先生は今もお元気で活躍しておられます。今後も変わらぬご健勝をお祈り申し上げます。

註
(1) 塩木簡の検索は、奈良文化財研究所が提供している「木簡データベース」に拠った（2018年5月）。その際、「塩三斗」と記された例は調塩のことと判断した。また、本文で述べた143点以外に、郡郷里名が判読でき、かつその地名がある国が複数にまたがる例が8点ある。木簡データベースにはその複数の候補地もあげられている。
(2) 記号の凡例は以下の通り。／：割書の始まりを示す。〃：割書についての割書（二重の割書）の始まりを示す。〵：割書や割書についての割書（二重の割書）の終わりを示す。・：木簡の表裏に文字がある場合、その区別を示す。□：欠損文字のうち字数が確認できるものを示す。《　》：欠損文字のうち字数が推定できるものを示す。〈　〉：欠損文字のうち字数が確認できないものを示す。←、→：記載内容から見て上、または下に少なくとも1文字以上の文字を示す。○：文字が書かれていない部分を示すが、省略した場合がある。「　」：異筆・追筆を示す。〔　〕：校訂に関する注のうち、本文に置き換わるべき文字を含むもの。カ：編者が加えた注で疑問の残るもの。
(3) 出典の凡例は以下の通り。木研1～37：木簡学会『木簡研究』。藤原宮1～3：奈良国立文化財研究所『藤原宮木簡』。飛鳥藤原京1～2：奈良文化財研究所『飛鳥藤原京木簡』。平城宮1～7：奈良（国立）文化財研究所『平城宮木簡』。城4～44：奈良（国立）文化財研究所『平城宮発掘調査出土木簡概報』。荷札集成：奈良文化財研究所『評制下荷札木簡集成』。宮町：甲賀市教育委員会『紫香楽宮跡関連遺跡発掘調査概報　甲賀市・宮町遺跡』。
(4) 以下、特に引用のない国郡郷里名の推測は木簡データベースによる。
(5) 本稿では、釈読と地名の候補地等は木簡データベースの見解に全面的にしたがう。
(6) 12については、里名から書き始める書式から、評制下の木簡である可能性が残ると指摘されている〔市 2010b〕。そうであれば、異例とは言えないので注意が必要である。
(7) 12については前掲註6参照。
(8) 伊勢大神宮の御焼塩所の位置は現在の御塩殿神社（伊勢市二見町）付近であろうから、志摩国に納めた堅塩は伊勢国で生産されたのであろう。伊勢大神宮から志摩国に堅塩が搬入され、それが庸塩となるには特殊な経緯があったらしく、興味ある課題である。
(9) 粟島神戸は粟嶋伊射波社（式内社、鳥羽市安楽島町）、伊雑神戸は伊勢神宮内宮の別宮井雑神社（志摩市磯部町）に関係する神戸であろう。いずれも伊勢神宮と異なり、志摩国に所在する。

参考文献
市　大樹 2010a「木簡からみた飛鳥池工房」『飛鳥藤原木簡の研究』塙書房
市　大樹 2010b「飛鳥藤原出土の評制下荷札木簡」『飛鳥藤原木簡の研究』塙書房
大阪文化財研究所 2015『難波宮址の研究』20

岸本雅敏 1992「律令制下の塩生産」『考古学研究』39-2　考古学研究会
岸本雅敏 2005「特論　塩」『列島の古代史　ひと・もの・こと』2　暮らしと生業　岩波書店
栄原永遠男・高橋　工 2014「難波宮で日本最古級の荷札木簡が出土」『葦火』171　大阪文化財研究所
新名　強 2013「古代東海地方における製塩状況―伊勢の事例を中心に―」『第16回古代官衙・集落研究会報告書　塩の生産・流通と官衙・集落』奈良文化財研究所
関根真隆 1969「調味料」『奈良朝食生活の研究』吉川弘文館
積山　洋 1994「律令制期の製塩土器と塩の流通」『ヒストリア』141　大阪歴史学会
積山　洋 2017「日本古代塩業技術の諸問題」中村浩先生古稀記念論文集刊行会編『考古学・博物館学の風景』芙蓉書房出版
廣山堯道 2003「古代の塩の形態」廣山堯道・廣山謙介『古代日本の塩』雄山閣

歌は世につれ　世は歌につれ
——難波津の歌に詠われた〈この花〉——

伊藤　純

1. はじめに

　　難波津に　咲くやこの花冬籠り　今は春べと　咲くやこの花

平安時代・10 世紀初頭に成立した『古今和歌集』仮名序に登場する歌である。『古今和歌集』は以下のように記す。

　　難波津の歌は、帝の御初め也。〔割注〕大鷦鷯帝、難波津にて、親王と聞えける時、東宮を、互ひに譲りて、位に即き給はで、三年に成りにければ、王仁と言ふ人の、訝り思て、詠みて、奉りける歌なり。この花は、梅の花を言ふなるべし。」安積山の言葉は、采女の、戯れより詠みて、（割注省略）この二歌は、歌の父母の様にてぞ、手習ふ人の、初めにもしける。
　　そもそも、歌の様、六つなり。唐の詩にも、かくぞ有るべき。その六種の一つには、そへ歌。大鷦鷯の帝を、そへ奉れる歌。
　　　難波津に　咲くやこの花冬籠り　今は春べと　咲くやこの花
　　と、言へるなるべし。

〔割注〕部分は古注といわれ、藤原公任（きんとう）（966～1041 年）が加えたとされる〔西村 1997〕。難波津の歌に詠い込まれた〈この花〉を、平安時代中期・11 世紀前半に生きた藤原公任は梅と断じている。

　近年、各地の発掘調査によって難波津の歌を記した木簡・墨書土器などが多く知られるようになった。考古史料によって、難波津の歌は 7 世紀中頃から平安時代を通して書き（詠い）つがれていることが判明している〔犬飼 2008〕。長きに亘って書き（詠い）つがれている〈この花〉は、『古今和歌集』古注が断ずるように、常に梅をイメージして書き（詠い）つがれていたのであろうか。

2. 出現した難波津の歌

墨書土器・木簡などの発掘資料で難波津の歌が確認される以前、難波津の歌を最も古く記していたのは『古今和歌集』である。一方、4,516首の歌が掲載される『万葉集』には難波津の歌は掲載されていない。

『古今和歌集』以外で難波津の歌が発見・認識されたのは、1947年（昭和22）に行われた法隆寺五重塔の解体修理中であった。1947年5月14日に五重塔初層の天井板の裏側に文字があることが確認された。10月26日、福山敏男氏が実見したが、墨色が薄く「奈□□都」くらいしか判読できなかったとのこと。翌1948年1月17日、小川晴暘氏が米軍から提供された赤外線フィルムでこの墨書を撮影し、初めの文字が「奈尓波都」読めるとの新聞報道がなされた。この年の3月27日、福山氏は「奈尓波都」の文字が『古今和歌集』の難波津の歌の一部であると気付いた。福山氏は1948年7月に「法隆寺五重塔落書の和歌」（『国立博物館ニュース』11）、1949年11月に「法隆寺五重塔落書の和歌と万葉集」（『史迹と美術』18-7）を書いた〔福山1971〕。

五重塔完成の下限は和銅4年（711）なので、福山氏の発見によって、難波津の歌は711年以前に存在していたことが判明したのである。

その後、難波津の歌が記された考古史料が次々と確認され、〔東野1978〕は難波津の歌が手習い、習書として用いられた歌であったことを明らかにした。

3. 植物としての梅

『古今和歌集』古注、平安時代中期に梅と断じられた〈この花〉であるが、ここで植物としての梅を確認しておきたい。

木村陽二郎『図説花と樹の大事典』（柏書房　1996年）
ウメ　バラ科の落葉高木。中国原産で、奈良時代以前に薬木として渡来したと考えられる。

『APG原色牧野植物大図鑑Ⅰ』（北隆館　2012年）
ウメ　中国中部の原産。花は観賞、果実は食用として広く各地で栽培される落葉高木。

植物学の分野では、梅は日本列島に自生している植物ではなく、中国から渡ってきた植物と説明されている。木村陽二郎氏は奈良時代以前に渡来したとする。

文献史料に「梅」という文字が記される時期を確認することは、梅がいつ日本に渡来したかを知る有力な手掛かりになるはずである。

712年に成立した『古事記』、720年に成立した『日本書紀』、これら2書には「梅」の文字はない。

梅が文字として確認できるのは『懐風藻』(天平勝宝3年＝751年の序)である。
　葛野王。二首。
　王子は、淡海帝の孫、大友太子の長子なり。母は浄御原帝の長女十市内親王。器範宏邈(ばく)、風鑒秀遠。材は棟幹に称(かな)ひ、地は帝戚を兼ぬ。少(わか)くして学を好み、博く経史に渡らす。頗(すこぶ)る文を属(つづ)ることを愛(この)み、兼ねて書画を能くす。浄御原帝の嫡孫にして、浄太肆を授けられ、治部卿に拝(め)さる。
　…(中略)…
　五言。春日、鶯梅(おうばい)を翫(はや)す。一首。
　聊(いささか)に休暇の景に乗り、苑に入りて青陽を望む。素梅素靨(えう)を開き、嬌(おう)鶯嬌声を弄ぶ。此れに対かひて懐抱を開けば、優に愁情を暢(の)ぶるに足る。老の将に至らむとすることを知らず、但春觴(しゅんしょう)を酌むを事とするのみ。

　(かりそめに休暇を利用して園に入って春色を眺めた。白梅は白いえくぼを開き、美しくい可愛い鶯は、美しくあでやかな声をもてあそぶ。この風景に対して自分の胸のうちを開くと、のびやかにゆったりと愁いのある心をやわらげるに足りる。老いの年波がやってこようとするのを忘れて、ただひたすら春の酒杯を傾けることを事とするだけである。)

　梅の園に遊び、白梅を愛で、鶯の声を楽しんでいる葛野王は、『続日本紀』巻3慶雲2年(705)12月20日条に

　　正四位上葛野王卒しぬ。

とある。慶雲2年12月に没した葛野王が梅を見ていることから、705年以前に梅が日本に渡来していることは明らかである。おそらく、藤原の都の一角に梅園がつくられ、そこで渡来したばかりの梅が植えられ育てられた。春一番に咲く梅の花を、葛野王をはじめとする貴族たちが愛で、楽しむことが始まったのであろう。
　『古事記』、『日本書紀』に「梅」の文字が見えないこと、705年に没した葛野王が梅を見ていることを重ね合わせると、梅は藤原宮(694〜710年)の時代、705年に近い時に日本にもたらされたと考えるのが自然であろう。

4.〈この花〉＝桜の時代

　梅が700年頃にもたらされたとすれば、それ以前、梅が日本にない時代に、すでに難波津の歌が流布していた事実が確認できる。以下、いくつかの史料を紹介したい。
中宮寺跡出土文字瓦　7世紀中頃〜後半頃
『史跡中宮寺跡発掘調査報告書』斑鳩町教育委員会　2013年(正誤表により訂正した報文)

歌は世につれ　世は歌につれ——難波津の歌に詠われた〈この花〉——

文字瓦1　平瓦の側端面に記された和歌の一部で、「…ツ尓佐久□〔移カ〕□…」（「移」は主として7世紀半ばごろまでを中心に使われたヤの古い音仮名。）の部分（長さ約9.5cm）が確認できる。これは紀貫之が古今和歌集の仮名序において、和歌を習得する際には必ず学ぶ和歌として紹介されている王仁作の「難波津に　咲くやこの花　冬ごもり　今は春べと　咲くやこの花」を万葉仮名で表記したものである。…（中略）…焼成は良好で、色調は明黄橙色を呈している。これらの瓦の観察から、7世紀中頃〜後半頃を推定。

山田寺出土文字瓦　7世紀末〜8世紀初頭
『山田寺発掘調査報告』奈良文化財研究所　2002年
4　…「奈尓皮（なにわ）」は難波の仮名表記であろう。単なる地名ではなく、「難波津に　咲くやこの花　冬籠り　今は春べと　咲くやこの花」の歌を踏まえるのであろう。…（中略）…瓦は7世紀末から8世紀初頭であり、「奈尓皮」と書く最古例の一つとなろう。

徳島・観音寺遺跡出土木簡　天武朝あるいはそれ以前
『木簡研究』21号　1999年

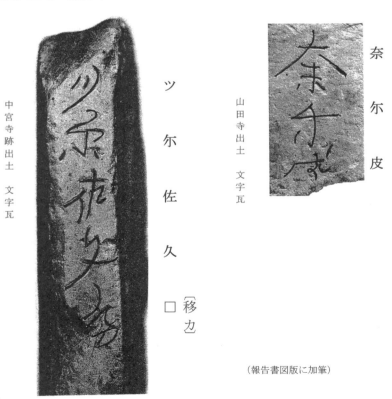

中宮寺跡出土　文字瓦
ツ尓佐久□〔移カ〕

山田寺出土　文字瓦
奈尓皮

（報告書図版に加筆）

(2) 奈尓波ツ尓作久矢己乃波奈×

(2) は確実に天武朝、あるいはそれ以前に遡るものなので、目下のところ、(2) を難波津の歌を記した最古の資料とみなしてよいだろう。

石神遺跡　東西溝 SD4089（堆積土）出土木簡　7世紀後半
『木簡研究』26　2004年
・奈尓波ツ尓佐児矢己乃波奈□□×
・奈尓皮
　移久佐□×（天地逆に書かれる）

藤原京跡左京7条1坊池状遺構 SX501 出土木簡　大宝2〜3年（702〜703）
『飛鳥藤原京木簡2（解説）』吉川弘文館　2009年
・奈尓皮ツ尓佐久矢己乃皮奈布由己母利伊真皮々留了ア止
　佐久□□□　□　□□

考古史料の限界があり、いずれの史料も正確な暦年代を示すことは難しいが、梅が文字史料で確認できる以前に難波津の歌が存在していることは極めて重要である。上記の文字史料は、日本に梅が存在していない時期に書かれたものであり、難波津の歌に出てくる〈この花〉の花は、梅ではなく、桜をイメージして書か（詠ま）れていたことはまちがいない。

5. 梅の賞玩が盛んになる時代

『万葉集』4,516首のうち梅は119首、桜は44首詠われている。このうち『万葉集』巻5の「梅花の歌三十二首」では同時に32首が詠われているので、これを一組として1首と数えても、それでも梅は88首で、桜の44首の倍も詠われているのである。

「梅花の歌三十二首」では、天平2年（730）正月13日に、九州大宰府の大伴旅人邸で行われた梅見の宴での詠われた32首（815〜846）が載っている。

藤原宮の時代である700年頃に渡来した梅は、730年には九州大宰府でも梅見の宴が行われるほどに、梅を賞玩する風が貴族層の間に広がっているのである。

また、天平10年7月7日（『続日本紀』巻13）には

（聖武天皇が）因て殿の前の梅樹を指し、右衛士督下道朝臣真備と諸の才子とに勅して曰はく、「人皆志有りて、好む所同じからず。朕、去りぬる春よりこの樹を翫ばむと欲へれども、賞翫するに及ばず。花葉遽かに落ちて、意に甚だ惜しむ。各春の意を賦して、この梅樹を詠むべし」とのたまふ。文人卅人、詔を奉けたまはりて賦す。

とあり、聖武天皇自らが臣下の者を集め、梅を見、歌を詠えと促しているのである。
　〈この花〉の花、かつては桜をイメージして詠われていたが、奈良時代・8世紀代を通じて、〈この花〉は桜から梅へと変化していったものと思われる。

6. 桜から梅　そして桜へ

　建暦2年（1212）～建保3年（1215）年頃に成立した『古事談』の第6「亭宅諸道」には以下のような記述がある。

　　一　南庭の桜樹・橘樹の事
　　南殿（紫宸殿…伊藤）の桜の樹は、本は是れ梅の樹なり。桓武天皇遷都の時、植えらるる所なり。而して承和年中に及びて枯れ失せり。仍りて仁明天皇改め植えらるるなり。其の後天徳四年九月二十三日、内裏焼亡に焼失し了んぬ。仍りて内裏を造る時、重明親王式部卿、家の桜の木を移し植うる所なり。件の木は、本は吉野山の桜の木、と云々。橘の木は本自生の託く所なり。遷都以前、此の地は橘大夫の家の跡なり。

　この記述によって、平安宮南殿前に植えられた樹種が変化する過程が分かる。
　平安遷都の794年に朝廷の中心に梅が植えられる→承和年中（834～848年）にこの梅が枯れてしまう→仁明天皇（在位833～850年）は改めて梅を植える→天徳4年（960）直後、梅に替わって桜が植えられる。これ以降「右近の橘、左近の桜」となるのであろう。

7. まとめ　〈この花〉の変遷

　これまで述べてきたところをまとめると、以下のとおりである。
　梅渡来以前・7世紀代には、難波津の歌に詠まれる〈この花〉は桜であった。
　奈良時代・8世紀代には貴族層に梅を賞玩する風が広まり、〈この花〉のイメージは桜から梅へと変化していく。
　平安遷都・8世紀末以降、平安前期・10世紀前半には〈この花〉は梅となる。
　平安中期・10世紀中頃～11世紀中頃、再び〈この花〉のイメージは梅から桜へと戻る。
　『古今和歌集』に加えられた古注の時期、平安中期・11世紀前半～中頃には、〈この花〉のイメージは、梅から桜へ移り変わる時期であるが、古注の著者・歌人藤原公任は、〈この花〉が梅であった古き頃を懐かしんで、あえて〈この花〉を梅と主張したのだろう。
　難波津の歌の〈この花〉のイメージは固定していたものではなかった。時々の書き（詠い）手の〈この花〉に対する思いが変化しており、〈この花〉は桜であったり、梅となったり、また桜となったりしていたのである。
　時代の風によって、〈この花〉のイメージは変化していたのである。

8. おわりに

　日本列島に梅が渡来した時期を 700 年頃とした。文字史料に「梅」の字が見えない時代には日本には梅はなく、「梅」の文字が出現する頃に梅が渡来したと考えた。「梅」の文字が確認できない時代であっても、考古学の発掘調査によって、梅の実や、梅の花粉が確認されたならば、私説は根拠を失うことになる。

　「梅」の文字が確認されないことから「7世紀代に日本には梅はない」という、「無い」ことに依拠した私説である。「無い」ことに依拠した私説が危ういことは、自覚しているつもりである。「有る」ことを論拠にして論を展開するのが学問の王道であることは言うまでもない。

　私説が少しでも生きのびていくために、発掘調査によって7世紀に梅の存在が実証されないことを、姑息ながら願っているのが、私の本音である。

　なお、難波津の歌が記された木簡をはじめ、「和歌」を記した木簡を材料にして、歌の記し方、万葉集の文字との比較、歌を記した木簡の使われ方、文字文化のひろがりなどなど、多岐にわたる議論がなされていることは周知のとおりである。しかし、私にはこれらの議論に加わる力はなく、長きに亘って書き（詠い）つがれた〈この花〉のイメージを探ってみたかった次第である。

〈追記〉

　本稿の内容を友人との勉強会・題無会（題名の無い勉強会）で報告したところ、垣内健太郎さんが弥生時代から梅が確認されていることを教えてくれた（有岡利幸「香散見草（梅花）のこと」『香散見草』28　近畿大学 1998 年）。

　有岡利幸『ものと人間の文化史　梅Ⅰ』（法政大学出版局 1999 年）によれば、大阪の亀井遺跡では、弥生時代中期の溝から梅の自然木が発見されており、西日本を中心に弥生時代以降古墳時代まで 10 箇所を越える遺跡で梅が確認されているとのこと。しかし、寺院・宮都が発達する飛鳥時代＝ 7 世紀代には未だ梅の発見はないようである。

　自身の不勉強を恥ずかしく思うが、本稿はまだ少しは生き長らえるだろう。7世紀代の遺跡から栽培された梅＝梅園が確認されたならば、本稿は一時(ひととき)に咲き、一気に散ってしまう桜花のように、短命の駄文になってしまうのか。

2018 年 10 月 25 日記

参考文献（発行年順）
福山敏男 1971「法隆寺五重塔の落書の和歌」『日本建築史研究　続編』墨水書房
東野治之 1978「平城京出土資料より見た難波津の歌」『萬葉』99（『日本古代木簡の研究』所収）
西村加代子 1997「古今集仮名序『古注』の成立」『平安後期歌学の研究』和泉書院
犬飼　隆 2008「出土物に書かれた『歌』たち」『木簡から探る和歌の起源』笠間書院

中世の河内平野における島畠発達の背景

井上智博

1. はじめに

　島畠は、中世の河内平野における耕地開発を理解するための重要な資料のひとつである。従来、島畠は近世の綿作との関連で取り上げられることが多かったものの、近年の発掘調査の結果、その起源と変遷過程が明らかになってきた。筆者はこれまで、池島・福万寺遺跡の事例を中心に河内平野における島畠の変遷過程を整理し、島畠が発達した背景についても、社会的要因と自然環境的要因の両面から検討してきた。

　一方、気候変動に関する研究が、最近になって大きく進展してきた。中塚武は、年輪の酸素同位体比が「夏の降水量」と強い負の相関をなすことに着目し、1年ごとの降水量変動の実態を明らかにしつつある。現在のところ、近畿地方を含む中部日本においては、BC600年からAD2000年までの降水量変動が1年単位で明らかになっている。降水量変動は河川活動の様相と密接に関連しており、地形形成過程や耕地開発にも大きな影響を与えた可能性が高い。

　こうした研究の現状をふまえて、本稿ではまず、筆者がこれまでおこなってきた島畠に関する研究の概要をまとめ、それと降水量変動との関連について検討してみたい。そのうえで、島畠の発達は、自然環境的要因と社会的要因が相互に関連しあって進行したことを明らかにし、中世の耕地開発において島畠が果たした役割について見通しを述べてみたい。

2. 中世の河内平野における島畠研究の現状

　分類　島畠の類型区分に関しては、金田章裕〔1992〕の分類を参考にして、図1のように、耕作地地下げ型・洪水復旧型・微高地開発型に分類している〔井上編2017〕。今回、このうちの耕作地地下げ型について、以下のように細分したい。すなわち、水田化できない沖積リッジ（河川活動の結果、砂礫の堆積によって形成された高まりの総称）や扇状地ローブ（扇状地を構成する舌状ないし紡錘形の高まり）などにおいて、畠として利用されていた部分を水田化する際に造成されたものをA類とする。一方、水田として利用されていた場所を

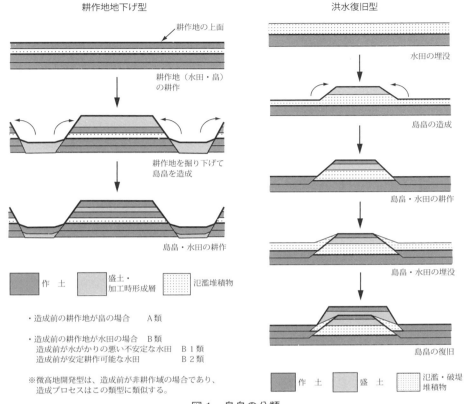

図1　島畠の分類

地下げして造成されたものをB類とするが、沖積リッジ縁辺など、水がかりが悪い場所の水田に造成されたものをB1類、立地条件から考えて、安定して耕作可能な水田に造成されたものをB2類とする。なお、中世の関東平野では、掘上田の造成に伴って、掘り潰れを掘削して得られた土砂を水田面よりも高く盛り上げた島畠が存在した〔原田1999〕。こうした、掘上田とセットで造成された島畠は、前述のいずれの類型にも当てはまらないため、掘上田随伴型としておきたい。その類例は、河内平野では見つかっていない。

また、島畠間は水田として利用するのが基本であるが、畠として利用される場合もあった。これは、用水不足などの理由により、本来水田として利用していた部分を畠に転換したものと推定している。

変遷過程　池島・福万寺遺跡において島畠の原型というべき、水田域内に造成された細長い高まりが出現したのは、11世紀後半～12世紀前半（福万寺地区、FJ第7-3a層段階）のことである〔井上編2010〕。これは、弥生時代後期～古墳時代初頭に形成され、10世紀～11世紀前半には畠が営まれていた沖積リッジの埋没が進行し、わずかに高くなっていた場所に造成されたものであり、水田を造成する際に発生した土砂を畦畔部分に

かき寄せ、畦畔の幅を太くしたものであった。これは弥生時代後期～古墳時代初頭に堆積した砂礫層を削り出して造成されていたが、沖積リッジ上の畠が泥層の堆積によって埋没した後、新たな水田開発の過程で造成されているため、前述の分類では耕作地地下げ型A類には当てはまらない。また、砂礫の堆積によって新たな沖積リッジが形成されたわけでもないため、洪水復旧型にも当てはまらない。したがって、これは微高地開発型に含めて考えたい。この部分には、12世紀前半～後半（同、FJ第7-1a層段階）にも、同様の高まりが造成された〔井上編2002〕。

　池島・福万寺遺跡以外における同様の人工的な高まりとしては、吉田遺跡（12世紀後葉）、大竹西遺跡（12世紀後半～13世紀）があり、いずれも微高地開発型に含まれる〔井上1999〕。池島・福万寺遺跡の調査範囲で検出された高まりの数は少ないが、こうした事例を参考にすると、その西方にある玉串川右岸に存在した沖積リッジの縁辺にも、同様の高まりが造成されていた可能性がある。その場合、それらは微高地開発型・耕作地地下げ型A類・B1類のいずれかであったと想定される。なお、12世紀後半に氾濫堆積物によって埋没したFJ第7-1a層上面の高まりは、肩部に砂を残して幅を拡張し、復旧されていた〔井上編2002〕。これは洪水復旧型にみられる特徴であり、洪水復旧型の発想も既に存在していたことを示している。こうした技術的な特徴や、この段階以降、上位層準においても同様の高まりが造成され続けることから考えて、この人工的な高まりは島畠の系譜の出発点に位置づけられる。

　問題は、こうした高まりが畠として利用されたかどうかである。その用途については、花粉分析結果が参考になる。池島・福万寺遺跡の花粉分析データでは、FJ第7層においてソバ属花粉が検出され始め、それ以降の層準でも連続的に検出される〔井上2002、辻本・辻2002〕。ソバ属花粉は虫媒花で生産量が少ないため、少量であっても近くでソバの栽培がおこなわれた可能性を示す。また、花粉分析で栽培作物が特定できる事例は少ないので、ソバ属花粉の存在は、他の作物も栽培されていた可能性を示唆する。分析試料採取地点は水田域内にあたり、近くに沖積リッジなどは存在しないため、ソバの栽培がおこなわれた場所としては、この高まりが候補となる。なお、「摂津国垂水西牧榎坂郷田畠取状」（1189年）には「壟」という表現がみられ、水田域内にある高まりを示し、荒地に準じた扱いを受けていた場所と推定されている〔金田1999〕。これらのことをふまえれば、水田域内に造成された高まりは、当初は用途が定まっておらず、畠として利用される場合もあったと考えられる。

　池島・福万寺遺跡においては、水田域内の高まりは12世紀後半～13世紀（FJ第6-3a層段階）に増加した。これらは前段階よりも規模が大きくなっており、この段階になると次第に畠として利用されることが多くなっていったと推定される。この段階のものは、玉串川から供給された氾濫堆積物によって沖積リッジが形成されたことを直接の契機として造成されており、洪水復旧型といえる。この遺跡では、この段階以降、14世紀後半

（FJ第6-1a層上面段階）にかけて洪水復旧型島畠が発達した。これと同様の状況は、長瀬川左岸に位置する田井中遺跡でも確認されている。この遺跡では13世紀前半～中葉以降、14世紀前半にかけて、沖積リッジの形成に伴って洪水復旧型島畠が発達した〔井上編2014〕。このように、12世紀後半～14世紀における島畠の特徴は、洪水復旧型の発達にある。このことは、そうした島畠造成技術が、氾濫・破堤に伴って形成された沖積リッジの開発にあたって大きな役割を果たしたことを示している。

池島・福万寺遺跡の調査範囲では、14世紀後半～15世紀中頃にかけては島畠が減少した。これは、沖積リッジを形成するような砂礫の堆積が調査範囲では起こらなかったためである。ただし、調査範囲の北西端では、依然として島畠が存在しており、玉串川右岸の「沖積リッジⅡA」〔井上2013〕縁辺では、多数の島畠が存在していた可能性がある。

池島・福万寺遺跡において、再び島畠が増加するのは、15世紀後半～16世紀（FJ・IK第3層）のことである。この時期は、玉串川や恩智川が供給した砂礫によって形成された「沖積リッジⅢ」と、生駒山地から流下した箕後川や恩智川が供給した砂礫によって形成された「沖積リッジⅣ」の発達に伴って、洪水復旧型島畠が発達した〔井上2010a〕。この遺跡では、恩智川の左岸などにおいて、洪水復旧型島畠は17世紀まで存続した。

中世末～近世初頭にかけて洪水復旧型島畠が発達したことは、池島・福万寺遺跡だけでなく、讃良郡条里遺跡〔近藤・山本編2006〕、大県郡条里遺跡〔島崎編2013〕などでも確認されている。前者は枚方丘陵西側の扇状地ローブ、後者は玉串川左岸の沖積リッジの発達に伴うものである。さらに、瓜破遺跡西部においても17世紀頃に洪水復旧型島畠が造成されたことが明らかになっている〔井上編2017〕。

栽培作物　島畠で栽培された作物に関しては、前述した花粉分析結果が示唆するように、ソバ属のほか、以下のようなものがあげられる。まず、池島・福万寺遺跡のFJ第3層段階（15世紀後半～16世紀）における島畠脇の水田作土層および島畠作土の花粉分析では、ソバ属とともにゴマ属花粉が検出されている〔辻本・辻2002〕。さらに、田井中遺跡では、14世紀前半の島畠間につくられた畠作土から、メロン類（マクワ・シロウリ型）・ナスなどの種実が検出されている。これらについては、島畠で栽培されたのではないかもしれないが、島畠の作物を考えるうえで参考になると思われる。

なお、池島Ⅰ期地区95-2調査区における花粉分析では、IK第3-1a層上面（16世紀前半）の島畠作土上部においてアブラナ科が多産し、少量のワタ属花粉が伴っている〔井上1998〕。これについては、かつて近世につながる栽培作物の変化の出発点ととらえたが、他地点のデータをみると、IK第3層の最終段階で同様の変化を示すデータは得られていない。また、95-2調査区の島畠作土下部では、アブラナ科は低率で、ワタ属は存在しない。問題の島畠作土上部は18世紀の作土層であるIK第2-1a層に接しており、分析試料に上層の堆積物の一部が入り込んでしまった可能性がある。

栽培作物に関しては、微化石では種レベルでの同定が難しいものがほとんどであるた

め、今後は種実の分析を進める必要がある。ただし、現在得られているデータからすれば、島畠ではソバをはじめとして、様々な作物が栽培されたと考えられる。こうしたありかたは、ワタやアブラナといった商品作物の栽培を主体とする近世の状況とは、異なっていることに注意しておきたい。

なお、生駒山地西麓の扇状地ロープに立地する北島遺跡では、古代から中世にかけて畠が営まれ、砂礫や泥で埋没するたびに復旧されていた〔松田編 1996〕。この遺跡では、花粉・植物珪酸体分析結果から、平安時代に関しては、ソバ属、イネ属、オオムギ族（コムギ・オオムギを含む）、シソ属などが栽培されていた可能性が考えられる。このような水田化できない場所に営まれた畠と島畠における栽培作物は、共通する部分があるが、異なる部分もあるかもしれない。これについては、今後の検討課題としておきたい。

3. 中世における降水量変動の実態

総合地球環境学研究所の気候適応史プロジェクト（プロジェクトリーダー：中塚武）によって明らかにされた、BC600年からAD2000年までの中部日本における1年単位の降水量変動のデータは、『気候変動から読みなおす日本史』（全6巻、臨川書店）において公表される予定である。既に、中塚〔2017〕などにおいて概略が示されており、ここでは、その挿図をもとに、中世における降水量変動の概要をまとめることにする。

中世初頭にあたる10世紀末から12世紀にかけて、降水量はほぼ一方的に増加し続け、湿潤化していった。12世紀後半から14世紀は全体として降水量が多かったが、その量は数10年周期で大きく変動し、乾燥した時期と湿潤な時期が数10年周期で繰り返された。

15世紀から16世紀前半は、降水量の少ない年を数年〜数10年間隔で挟みながらも、全体としては降水量が多い状況が続いた。その後、16世紀中頃は降水量が少なく、乾燥化した状況となったが、16世紀後半以降は降水量が増加し続け、湿潤化が進行した。この傾向は17世紀後半〜18世紀前半ごろまで継続した。

4. 中世における島畠発達の背景と今後の検討課題

筆者は島畠の発達に関して、人間活動と自然環境変化の相互作用の結果として生じたと論じてきた〔井上 2010c〕。これは、15世紀後半〜17世紀における洪水復旧型島畠の増加を念頭に置いた推論であった。その後、田井中遺跡における13世紀〜14世紀前半の洪水復旧型島畠や、高精度の降水量変動データといった新たなデータが得られたことにより、11世紀後半〜12世紀前半以降の変遷過程の背景についても検討することが可能になった（図2）。

河内平野では、11世紀中葉以降、長瀬川と玉串川の間にある楠根川や、玉串川と生駒山地西麓の扇状地の間にある恩智川といった排水路を設定したうえで、灌漑水路網を整備して水田開発が進められた〔井上 2013・2016〕。こうした開発の仕方には、降水量増加と

それに伴う地形変化が影響を与えたと考えられる。11～12世紀には、河内湖の名残である湖沼周辺や旧大和川流域の後背湿地では、泥質堆積物（シルト～粘土）が堆積するようになった。これは、水位の上昇によって湿地が広がったことを意味する。その原因は、降水量が増加して湖沼に流入する水量が増え、大阪湾への出口が狭まっていた湖沼が排水不良となったことにあると思われる〔井上編2010・2016・投稿中〕。

この開発においては、荒地として放置されていたり、畠や不安定な水田が営まれていたりした沖積リッジにも、安定した水田を広げることが目指された。島畠の原型となる高まりが出現したのは、こうした水田開発の過程においてであった。前述したように、この段階では高まりの用途は定まっていなかったと思われるが、ソバ属花粉の出現傾向から、この段階にも畠として利用されたものがあったと考えられる。

12世紀後半～14世紀には、河川活動によって沖積リッジが形成された部分の再開発にあたって、洪水復旧型島畠が発達した。新たに形成された沖積リッジにおいて、水田領域をできるだけ広げると同時に、ソバなどの畠作物を栽培する空間を確保したものと思われる。

この時期の洪水復旧型島畠の発達に関しては、降水量の増加と数10年周期変動に起因する地形変化と密接に関わっていたと考えられる。13世紀～14世紀前半の田井中遺跡にみられるように、旧大和川の分流路周辺では沖積リッジが形成され、洪水復旧型島畠が発達した。田井中遺跡では、13世紀前葉～中葉の島畠出現後、14世紀前葉までの50～70年程度の間に7回もの洪水が襲い、そのたびに島畠が復旧された〔井上編2014〕。この場合、単純計算ではあるが、比較的規模の大きな洪水が10数年に1回程度の割合で発生したことになる。こうした状況は、池島・福万寺遺跡でも確認できる。福万寺地区におけるFJ第6層は大きく3つの水田作土層に細分されているが、そのうちのFJ第6-1層は部

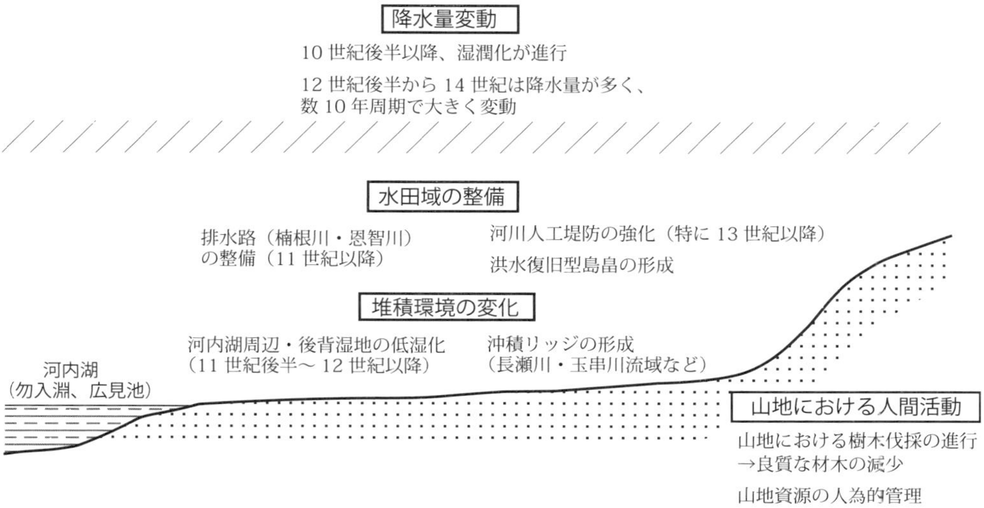

図2　12～14世紀における島畠発達の背景

中世の河内平野における島畠発達の背景

分的に3層準の作土層に細分され、合計6層準の作土層が確認されている〔井上編2010〕。これらの作土層は砂の堆積後に形成されたものであり、洪水が少なくとも6回起こったことを示している。FJ第6層段階の継続期間は12世紀後半～14世紀後半と推定されており、比較的規模の大きな洪水が30年に1回程度の割合で発生したと思われる。

ただし、この時期には長瀬川など旧大和川の分流路では人工堤防が築かれており、堤防の弱い部分で氾濫・破堤が頻発するなど、河川活動のあり方も築堤の影響を受けていた可能性が高い。したがって、この時期の地形変化には、降水量変動の影響だけでなく、人間活動の影響も考慮しなければならない。

15世紀後半から16世紀、さらに17世紀に至る洪水復旧型島畠の発達（図3）は、山地における人間活動の活発化が引き起こした自然環境変化への対応の結果である〔井上2010c〕。

近畿地方では、11世紀後半には材木の商品化の萌芽がみられ、13世紀後半になると本格的に商品化した〔大村2016〕。材木調達方法の変化の原因は、近畿地方において山地での樹木伐採が進行し、良質な材木が減少していったためである。また、河内平野における花粉分析結果をみると、12～13世紀以降はマツ属が急増して、温帯性針葉樹が減少したことがわかる。そして、その時期以降、15世紀半ばにかけては樹木花粉組成がほとんど変化しない。これは、成立した二次林が遷移せずに維持されていたことを意味し、人間が二次林を維持管理していた可能性を示唆する〔辻本・辻2010〕。すなわち、人間によって山地の資源管理がおこなわれていたことが考えられるのである。このように、山地における人間活動は中世前半から積極的におこなわれていたが、15世紀後半以降は植生が大きく変化しており、人間活動の質が変化した可能性が高い。この動きは17世紀にピークを迎える

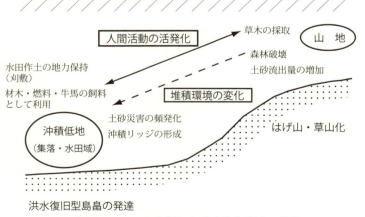

図3　15～17世紀における島畠発達の背景

ため、近世前期の史料を参考にすれば、燃料や材木の入手だけでなく、刈敷のための草・葉、あるいは牛馬の飼料としての草が採取され、草山を維持するために火入れもおこなわれたと想定される〔水本2003、武井2015〕。また、マツ属が増加すると、燃料とするために松の根が採取されることもあったようである〔村田2009〕。そのような活動は、低地における水田・畠の耕作と密接に関わっており、低地における農業形態の変化も反映している可能性が高い。これによって、生駒山地には裸地が広がり、マツ属を優占種とする単純な樹種組成の疎林か、草山の状態に変化していったと推定される。このような状況では大雨の時に土砂流出が起こりやすく、下流に供給された土砂が扇状地ローブや沖積リッジを形成した。こうした堆積環境の変化への対応策が、洪水復旧型島畠の造成であった。

この時期の降水量は、少ない年を数年～数10年間隔で挟みながらも、全体として多かったことがわかっている。降水量の特に多い年も数年から数10年間隔で訪れており、こうした周期で河川の氾濫・破堤が起こりやすくなった可能性がある。この点で注目されるのは、池島・福万寺遺跡のFJ・IK第3層段階の各水田作土層（7層準）の継続期間である。それらは、長くても30～40年程度であり、10～20年程度しか耕作されなかった層準も存在すると推定される〔井上2010b〕。また、16世紀後半から17世紀後半にかけて、降水量が増加し続けたことも注意される。讃良郡条里遺跡や大県郡条里遺跡では16～17世紀に洪水復旧型島畠が造成されており、そのもとになった扇状地ローブや沖積リッジの発達の原因として、山地における人間活動の活発化とともに、降水量の増加があげられる。

この時期の地形変化は、山地での人間活動と降水量変動という自然環境要因が結びついて起こり、形成された扇状地ローブや沖積リッジの土地利用法として洪水復旧型島畠が選択されたと考えられる。ただし、その選択の前提には米と畠作物をめぐる社会・経済情勢があり、稲作とともに畠作も重要な生業と位置づけられていたことがあった。

このように、島畠の発達には、人間活動と自然環境の双方が影響を与えていた。両者は別々に作用したのではなく、人間活動の影響で自然環境が変化し、その自然環境変化に応答して人間活動のあり方が変化するといったように、相互に関連しあっていた。

今後は、こうした人間活動と自然環境の要素をひとつひとつ精査し、それらの関係を具体的に整理していくことが必要である。前述したように、池島・福万寺遺跡や田井中遺跡においては、出土遺物やAMS年代、発生年が知られている地震の痕跡などをもとに、洪水復旧型島畠の変遷過程に数10～50年程度のオーダーの年代を与えている。今回紹介した降水量変動データは1年ごとのデータであるので、両者を比較することで、洪水復旧型島畠の変遷過程と降水量変動の関係をより詳しくとらえることができると思われる。

また、史料の分析結果との対比も、今後の重要な課題である。高橋一樹〔2016〕は、中世後期の農業生産の特徴をよく示す要素として、畠地を水田化した「畠田」を取り上げ、その地目としての位置づけと耕地としての実態を検討している。この中では、東大阪市川

俣付近に比定される河俣御厨に関する15世紀の史料が取り上げられている。この地域では、長瀬川および菱江川周辺に沖積リッジⅡAと思われるものが確認できるため、この史料は、沖積リッジⅡA縁辺に存在した畠地が水田化された事情を反映している可能性が高い。また、高橋は河俣御厨における畠地の水田化の進行について、「公文ら荘官層が主導した集団的な開発」と推測している。このような史料には、耕作形態の具体的な様相や開発主体などを知る手がかりが存在しており、今後の研究では中世史の研究成果もふまえて検討をおこなうことが必要である。河俣御厨に関しては、今回は検討する余裕がなかったが、今後、地形分類図の作成や周辺の調査データの検討をおこない、「畠田」の実態や、今回整理した島畠の動向との関連を明らかにしたい。

　島畠の発達過程は、中世の河内平野における耕地開発のあり方と密接に関連している。したがって、島畠を詳しく理解することは、中世における耕地開発の変遷過程を明らかにすることにつながると思われる。今後は、池島・福万寺遺跡で検出された、用水不足などにより水田を畠に転換した事例〔井上1998〕など、島畠以外の資料も検討して、中世における農業生産の実態を明らかにしていきたい。

〈付記〉
　工楽善通先生には、池島・福万寺遺跡の発掘調査に従事し始めた1990年以来、水田遺構の調査に関してご指導いただいている。その過程で、地理学・農学・土壌学など、様々な分野の専門家、あるいは中国・韓国などの外国の研究者をご紹介いただき、視野を広げることもできた。ここで改めて工楽先生にお礼申し上げたい。

参考文献
井上智博 1998「花粉分析の概要」『池島・福万寺遺跡発掘調査概要』ⅩⅩⅠ　財団法人大阪府文化財調査研究センター　pp.50-54
井上智博 1999「島畠の考古学的研究―池島・福万寺遺跡の事例の再検討―」『光陰如矢』荻田昭次先生古稀記念論集　pp.193-200
井上智博 2002「古代～近世における耕作地景観の動態」『池島・福万寺遺跡』2　財団法人大阪府文化財センター調査報告書第79集　pp.545-550
井上智博 2010a「池島・福万寺遺跡における表層地形の形成過程」『大阪文化財研究』36　財団法人大阪府文化財センター　pp.11-18
井上智博 2010b「池島・福万寺遺跡における中世～近世の層序対比」『大阪文化財研究』37　pp.11-22
井上智博 2010c「断続する農耕―池島・福万寺遺跡の調査から」『ユーラシア農耕史』5　臨川書店　pp.57-71
井上智博 2013「恩智川の形成過程」『大阪文化財研究』43　公益財団法人大阪府文化財センター　pp.7-18
井上智博 2016「河内平野北東部における弥生時代以降の地形形成と土地利用」『大阪文化財研究』48　公益財団法人大阪府文化財センター　pp.9-26
井上智博（投稿中）「気候変動・地形変化と農地開発」『気候変動から読みなおす日本史』1　臨

川書店
井上智博編 2002『池島・福万寺遺跡』2　財団法人大阪府文化財センター調査報告書第 79 集
　　pp.70-71
井上智博編 2010『池島・福万寺遺跡』10　財団法人大阪府文化財センター調査報告書第 211
　　集　pp.13-14、84-96、200-201
井上智博編 2014『田井中遺跡』3　公益財団法人大阪府文化財センター調査報告書第 249 集
　　pp.14-26、32-55、90-100
井上智博編 2017『瓜破北遺跡』2　公益財団法人大阪府文化財センター調査報告書第 285 集
　　pp.172-176
大村拓生 2016「中世畿内における材木流通の展開」仁木　宏編『日本古代・中世都市論』吉川
　　弘文館　pp.108-136
金田章裕 1992『微地形と中世村落』吉川弘文館　pp.203-204
金田章裕 1999『古地図からみた古代日本―土地制度と景観―』中公新書　pp.139-142
近藤章子・山本正和編 2006『讃良郡条里遺跡』Ⅳ　財団法人大阪府文化財センター調査報告
　　書第 138 集　pp.127-129
島崎久恵 2013『大県郡条里遺跡』公益財団法人大阪府文化財センター調査報告書第 241 集
　　pp.7-16
高橋一樹 2016「畠田からみた十四世紀の農業生産―畿内近国を中心に―」中島圭一編『十四
　　世紀の歴史学―新たな時代への起点―』高志書院　pp.323-349
武井弘一 2015『江戸日本の転換点―水田の激増は何をもたらしたか―』NHK ブックス
　　pp.112-122
辻本裕也・辻　康男 2002「池島・福万寺遺跡の古環境復元」『池島・福万寺遺跡』2　財団法
　　人大阪府文化財センター調査報告書第 79 集　pp.361-410
辻本裕也・辻　康男 2010「蔀屋北遺跡周辺の古環境解析」『蔀屋北遺跡』Ⅰ　総括・分析編
　　大阪府教育委員会　pp.189-206
中塚　武 2017「酸素同位体比年輪年代法から見た災害の歴史」『遺跡に探る災害史と被災文化
　　遺産の継承』文化財科学が解き明かす自然災害Ⅴ　日本文化財科学会　pp.7-12
原田信男 1999『中世村落の景観と生活―関東平野東部を中心として―』思文閣出版　pp.279-
　　283
松田順一郎編 1996『北島遺跡の耕作地跡と古環境』財団法人東大阪市文化財協会　pp.71-130
水本邦彦 2003『草山の語る近世』日本史リブレット 52　山川出版社　pp.19-84
村田路人 2009『近世の淀川治水』日本史リブレット 93　山川出版社　pp.17-22

中国福建省平潭県の明代「九梁Ⅰ号」沈没船遺跡

辻尾榮市

1. はじめに

　福建省平潭県嶼頭郷碗礁海域の島嶼地域には未発見の沈没船が多く、そのひとつが「九梁Ⅰ号」沈没船である。これまでの調査から沈没船の規模は全長約20mと考えられているが、発掘調査によって得られた情報ではない。同規模と考えられる沈没船には、やはり福建省泉州市の泉州湾后渚港で発見された宋代の沈没船が手掛かりとなろう。后渚港沈没船の全長は24.20m、幅9.15mである。この「九梁Ⅰ号」沈没船は、以下に紹介するように貿易船と考えると后渚港沈没船にかなり近い規模の船と考えられる。

　『夢梁録』〔呉2000〕に記されているように、「船に乗り外国へ行って商売をするなら、泉州から船出する。ゆくゆく七洲洋を過ぎ、船中から測ると、70丈余りもある。もし、昆崙、沙漠、蛇竜、烏豬などの海原を経由すると、神々がそこで雨を降らせる。空にむくむくと雲が湧き、竜が全身を現わす。眼は稲妻のように光り、角や爪は絵にかいた通り、ただ尻尾だけは見えない。たちまち大雨が注ぎかかり、風浪は天にとどかんばかりで、恐怖の極まりとなる。海洋とても、山礁に近ければ水深が浅く、暗礁に突き当れば船は必ず壊れる。すべて羅針盤が頼りで、わずかでも間違うと、魚の腹に葬られてしまう。昔から船人たちは「ゆきは七洲を怕れ、かえりは昆崙を怕る」という」とあり、泉州湾を出港して間もない沿岸の島嶼間には浅い礁石があり、航行を誤ると座礁してしまう。さらに沖合航行中では、縄に鉤を付けた水深測りを頼りに航行しなければ更なる危険が海洋で待ち構えているという現実がある。「九梁Ⅰ号」沈没船は、まさに島嶼での事故であったと考えられる。

　この平潭県嶼頭郷碗礁海域では、「福建沿海水下考古調査隊」による調査が進められており、その成果が鄧啓江によって「福建平潭九梁Ⅰ号沈船遺跡水下考古調査簡報」に報告されている〔福建沿海水下考古調査隊2010〕。その概要を〈要約〉紹介して沈没船の状況を概観しておきたいと思う。

2. 平潭県九梁Ⅰ号沈没船の調査

(1) 海域状況と位置

　平潭県沖合の海域にある〈「九梁Ⅰ号」沈没船遺跡の位置は、福建省平潭県嶼頭郷碗礁と称している海域にあり、西方の5,756mには嶼頭島があり、東方の6,126mには平潭県大練島があり、その東北の3,437mには平潭県小練島がある。この沈没船遺跡は東北部約40mの所に1ヶ所の紅色航標があって、西北距離の1,607mには2005年に発掘調査した「碗礁Ⅰ号」沈没船遺跡があり、東方の5,461mには2007年発掘調査した大練島の元代沈没船遺跡がある（図1）〉海域である。

(2) 調査経過

　この平潭県の海域にある〈「九梁Ⅰ号」沈没船遺跡の水中考古学調査はすでに2回行われている。第1次の調査としては全面的に海域調査が行われており、2006年8月、中国国家博物館水中考古研究センター、福建博物院文物考古研究所、福州市文物考古工作隊連合組織である福建沿海水中考古調査隊、同時に招集された湖北省、安徽省、遼寧省、江西省、寧波、福建省など諸地域の水中考古研究者によって、福建沿海水中文物考古調査の作業が展開された。漁民によって提供された手掛かりにより、水中考古調査隊による関連海域を広範囲に注意深く、しかも水中捜索に対しては手探りによって進められた。水中考古調査隊員の限られた数日のたゆみない努力を経て、沈没船の船体部分の地点を探すことに成功している。続いてGPSを使用して全世界定位システムにより比較的精確な定位置を決め、すでに表面に出現した船体と沈没船遺物の散乱面積の初歩的測量と図面を描いて、部分的に沈没船遺物の採集をしている。かつて2005年には、付近の海域で発見した1艘の清代の古代沈没船を発掘して「東海平潭碗礁Ⅰ号」沈没船遺跡と名付けており、当時この新発見の沈没船遺跡を、しばらく「碗礁Ⅱ号」沈没船遺跡と名付けていた。その後の確認を経て、当地ではこの沈没船遺跡の具体的地点を「九梁」礁と称していたため、これを「九梁Ⅰ号」沈没船遺跡と改名したのである。

　この九梁Ⅰ号沈没船遺跡の第1次水中考古調査時には、すでに発見したこの沈没船以前に盗掘にあっており、遺跡上に大量に破壊された遺物の破片が散乱していた。船体の一部分である隔壁船艙板は海床の表面に現れ、依然として船体の元の位置は残っているが、表面は目前で黄色を呈しており、材質は比較的しっかりしている。船底板、舷側板ともに露出しておらず、船体の遺存は比較的良い状況である。

　第2次は水中考古学による重点調査であり、2008年8月、国家文物局の指示により、福建沿海水中考古調査隊はもう一度「東海平潭碗礁Ⅰ号」沈没船遺跡に対して、船体の測量と実測図の作成を行っている。同時に第3次の全国文物全面調査での水中遺物調査に合わせて、再度この九梁Ⅰ号沈没船遺跡の重点的な調査を進行したのである。この時の調査

中国福建省平潭県の明代「九梁Ⅰ号」沈没船遺跡

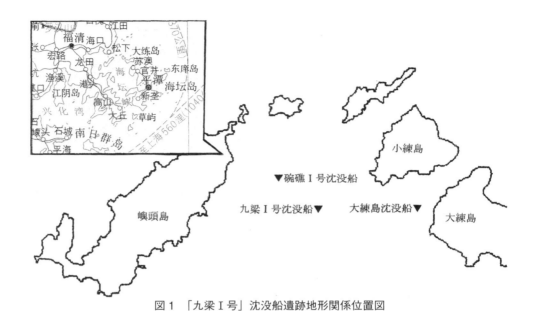

図1 「九梁Ⅰ号」沈没船遺跡地形関係位置図

の主要な作業は船体遺存の長さ、幅、船艙室深度、船体部分の遺物堆積の状況および遺物の船外散布状況のおおよその面積であり、さらに一歩下げて水中考古学発掘調査の立案をし、保護計画のため詳細な資料を提供することであった。今回の調査中、はじめて試みたROV（水中遠隔操作機械）を遺跡の調査と録画を進めるために使用し、ROVの使用と操作上で一定の経験を積み重ねたのである。

　第2次調査における発見は、この沈没船遺跡が2006年の水中考古学調査の後、さらに盗掘と破壊を受けていたことである。遺跡表面には散在した遺物破片がさらに多く、隔壁船艙板部分はすでに引き抜かれて元の位置を離れており、遺跡の東端の船体上部はすべて破壊され、遺物は掘り尽くされ、船底板はすでに海床表面に露出しているという状況であった〉のである。

(3) 沈没船の水中環境

　この〈「九梁Ⅰ号」沈没船遺跡の東北部には、一塊の高さが2mくらいある巨大な礁石があり、沈没船遺跡の位置はちょうどこの塊の礁石の下方向にある。船体は東側に一段高く傾き、表面には塊石が非常に多く見られる。中央部には沈没船遺物の堆積が部分的に隆起となって現れており、西側の方向に段々と下部分に延び深さを増しており、表面は塊石がさらに多く見られる。沈没船遺跡の南側の遺物分布区域では船体がやや低く、西南側は一段高く傾き、その表面には砂底の間に大きな塊の礁石がある。沈没船遺跡は満潮時、東端の船底板位置の水深が16.8m、中央部の隔壁船艙板の位置での水深は17.2m、西側部分の遺物分布密集区域での水深は19.2mである。満潮と干潮の潮差は4mくらいある。この

海域の海底は大部分が海砂と礁石であり、通常の状況下では水質が比較的よく、水中の視界はよく見え0.5mくらいに達する〉環境である。

(4) 沈没船遺跡
① 沈没船船体の遺構
　この「九梁Ⅰ号」の〈沈没船遺跡での遺構の主体は船体である。「九梁Ⅰ号」沈没船の船体は基本的に東西方向を示している。すでに発見した海床表面の隔壁船艙板6ヶ所は露出しており、最長の1ヶ所の長さは約4.0m、厚さ20cm、他の埋蔵物によって遺物堆積、あるいは海床砂層下によってその長さは不詳である。一部分の整理を経て、この塊った隔壁船艙板の上部から船底板までの深さは約40cm、船艙室間の幅は80cmほどである。東側部分で出土している数ヶ所の船底板の露出は、まだ発掘調査を行っておらず、その厚さは不詳であり、東端の断裂は明らかに断裂痕跡と分かる。東側部分の船体両側の露出部分は舷側板と見られる。西側部分の船体は大量の遺物堆積によって覆われた下部にあり、延長する範囲は不詳である。ただし海床表面の地形によれば、東端より船底板断裂の所から西側に向かって12mの地形が比較的高くなり、そこに大量の沈没船遺物が堆積している。しかも12m外の地形は突然、高低差が1mくらいに変化し、海床表面の沈没船遺物はかなり少なく、大量の塊石があり、推測では船体部分のこの位置が断裂を発生した可能性がある〉と推測している。

② 遺物の堆積
　この〈「九梁Ⅰ号」沈没船遺跡の遺物散乱範囲は比較的広く、南北25m、東西32m、全体では800㎡の範囲内で発見されており、その全体が沈没船遺物の分布となる。分布区域の北側部分は、間近に船体部分での沈没船遺物の散布が比較的密集し、大量の白釉罐（安平壺）が主体であり、青花磁器は比較的少ない。分布区域の南側部分はほとんどまとまっておらず、沈没船遺物を除いて白釉罐以外には一定数量の青花磁器がある。

　分布区域における北側部分の沈没船遺物は主に2ヶ所の区域があり、1ヶ所は密集区域で船体を中心とする広さ約70数㎡の範囲であり、沈没船遺物の多くは白釉罐であり、比較的少ないが青花磁器を発見している。船体の隔壁船艙板付近の堆積が最も厚く、船体より南側部分の断面では、その堆積の厚さは1.5mくらいが見られる。この他1ヶ所の沈没船遺物密集区域の位置は東側部分の断裂の船底板西側20mの所であり、分布面積は約30㎡であり、白釉罐と青花磁器のすべてが見られる。この区域の海床表面でに船材が発見されていない。

　分布区域の南側部分の沈没船遺物の主な分布は、1ヶ所の面積が約40㎡の範囲内であり、発見される沈没船遺物は少なくはなく大量の白釉罐があり、青花磁器も非常に多くある。青花磁器の種類は、将軍罐、盤、碗などを包括しており、完全に整った遺物は比較的少なく、多くは破片であり、この地点での船材の発見はない〉と報告している。

中国福建省平潭県の明代「九梁Ⅰ号」沈没船遺跡

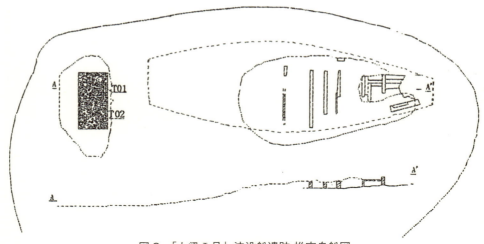

図2　「九梁Ⅰ号」沈没船遺跡 推定舟船図

(5) 出土遺物

　この〈「九梁Ⅰ号」沈没船遺跡の発掘調査は進んでおらず、現在、すでに進めている第2次による水中考古学調査の作業においてすべてを調査し、従って大規模な遺構から沈没船遺物を引き揚げることはなく、僅かに沈没船遺跡の位置を変え選択しながら、部分的に違った型式、違った装飾の遺物を採集している。

　ここで採集した沈没船磁器の遺物は、釉薬色のできるだけ違った白釉、藍釉、青花、青花釉里紅のそれぞれ4種類を分類ごとに紹介する。

　白釉磁器　1点を除く碗の他、その他は全部罐である。

　罐（2008FJJLⅠ・1）：真っ直ぐな口部、尖った唇部、肩部で折れ、傾斜した弧形の胴部、小さな平底は僅かに内に凹んでいる。全体は口沿部と底部外を除いて全部灰白釉が施され、素面で無紋、器体部に大量の刺し痕跡が見られる。口径5.4cm、底径5.8cm、高さ14.2cmを測る。

　碗（2006FJJLⅠ・1）：完形ではない。広口、円い弧形の胴部、圏足。全体に灰白釉が施され、素面で無紋。口径8.8cm、底径3.4cm、高さ3.5cmを測る。

　藍釉磁器　この型式には僅かに高柄杯と圏足杯がある。

　高柄杯（2008FJJLⅠ・2）：杯身は真っ直ぐな口部でやや広く、円い弧形の胴部、小さい平底、喇叭形の柄があり、柄下部内にひとつの小台が納まり、柄底部内は凹んでいる。器体外壁は深藍色釉が施され、杯身内壁は白釉が施され、口沿上部にはひとつの青花連珠紋の彩色を帯びている。口径6.6cm、底径3.4cm、高さ6.9cmを測る。

　圏足杯（2006FJJLⅠ・2）：広い口部、円い唇部、弧形の胴部、小さい圏足、碗底部は平らである。器体外壁は深い藍色釉が施され、素面で無紋、内壁は青白釉が施される。口径8.7cm、底部径3.4cm、高さ3.6cmを測る。

青花釉里紅磁器 これらはすべて圏足の小碗である。

椀（2008FJJLⅠ・3）：広い口部、円い弧形の胴部、圏足。器体外壁は3組の青花花卉紋を飾り、枝葉は藍色であり、花は紅色で紅釉はすでに脱落している。内壁は白釉を施し、無紋である。口径9.2cm、底部径3.5cm、高さ3.7cmを測る。

椀（2006FJJLⅠ・3）：口部は欠け、型式は装飾紋で紹介した碗（2008FJJLⅠ・3）とよく似ており、この型式はすこし小さい。底部径3.4cm、高さ3.4cmを測る。

青花磁器 種類は杯、瓶、盤、将軍罐、碗などが含まれる。

① 杯

直口杯（2006FJJLⅠ・4）：真っ直ぐな口部は僅かに広く、弧形の胴部、小圏足。外壁の口沿部には藍色の帯状が1筋あり、圏足に近い所に藍色の帯状が2筋あり、その間に丹頂鶴、さまざまな雲紋などの紋様飾りが配されている。口径6.3cm、底部径2.4cm、高さ3.6cmを測る。

直口杯（2006FJJLⅠ・5）：真っ直ぐな口部は僅かに広く、弧形の胴部、小圏足。外壁の口沿部には藍色の帯状が1筋あり、圏足に近い所に藍色の帯状が2筋ある。その間に麒麟、さまざまな雲紋などの紋様が配される。口径6.2cm、底部径2.4cm、高さ3.0cmを測る。

直口杯（2006FJJLⅠ・11）：真っ直ぐな口部は僅かに広く、弧形の胴部、小圏足。外壁の口沿部には藍色の帯状が1筋あり、圏足に近い所に藍色の帯状が2筋ある。その間に松、竹、梅花紋などの紋様が配されている。口径6.2cm、底部径2.2cm、高さ3.5cmを測る。

直口杯（2006FJJLⅠ・13）：口部は欠け、真っ直ぐな口部は僅かに広く、弧形の胴部、小圏足。外壁の口沿部には藍色の帯状が1筋あり、圏足に近い所に藍色の帯状が2筋あり、その間に竹枝紋の飾りが配され、外側底部に「大明成化年制」と青花色銘がある。底部径2.3cm、高さ2.8cmを測る。

深胴杯（2006FJJLⅠ・6）：深い胴部の杯、開いた口部、ひょろ長く深い胴部、小圏足。杯身の外壁に菊花、梅花、蓮花紋などの紋様が飾られる。口径7.5cm、底部径3.2cm、高さ6.4cmを測る。

敞口杯（2006FJJLⅠ・7）：広い口部、弧形の胴部、小圏足。外壁は山水、房室などの紋様を飾り、外側底部に「大明成化年制」と青花色銘がある。口径8.9cm、底部径3.8cm、高さ4.2cmを測る。

敞口杯（2006FJJLⅠ・8）：広い口部、口沿部が外に開き、小圏足。外壁は雲龍紋を飾る。口径5.2cm、底部径2.1cm、高さ3.6cmを測る。

敞口杯（2006FJJLⅠ・9）：口部が欠け、広い口部、口沿部が外に開き、小圏足。外壁は双龍紋様を飾り、内底に花卉紋を飾り、外側底部に「大明成化年制」と青花色銘がある。口径3.8cm、高さ4.5cmを測る。

敞口杯（2006FJJLⅠ・10）：口部が欠け、広い口部、口沿部が外に開き、小圏足。外壁は菊花紋を飾り、外側底部に「大明成化年制」と青花色銘がある。底部径3.1cm、高さ

3.8cmを測る。

敞口杯（2006FJJLⅠ・12）：口部が欠け、広い口部、弧形の胴部、小圏足。外壁は蘭花、昆虫などの紋様を飾り、外側底部に「片玉」と2字の青花色銘がある。底部径4.0cm、高さ3.7cmを測る。

② 瓶

瓶（2006FJWJⅡ・14）：瓢箪瓶、型式は瓢箪形であり、口部は欠け、臥足、器体には全体的に枝が絡みついた花卉紋が飾られる。底部径1.8cm、全高さ4.2cmを測る。

瓶（2006FJWJⅡ・15）：開いた口部、細長い頸部、太鼓のような胴部、小圏足。外壁口沿部と圏足に近い所にそれぞれ藍色の帯状が2筋あり、その間には竹枝紋が飾られる。口径3.5cm、底部径3.4cm、全高さ3.9cmを測る。

瓶（2006FJWJⅡ・16）：真っ直ぐな口部、口沿部は折れており、痩せ長な頸部、下部は欠失している。瓶口部に連続魚鱗紋が飾られ、頸部には芭蕉葉紋が飾られる。口径3.2cm、残高12.5cmを測る。

③ 盤

盤（2006FJJLⅠ・17）：口部は欠け、花のような口部の大盤、花弁口部、浅い胴部、圏足、平底。外壁に開いた花卉紋、内壁に八花弁紋、魚鱗紋を用いて綬帯紋と魚鱗紋、雲雷紋を相互に組み合わせて各4組を間に用い、中間には菊花紋、寿桃紋が描かれる。内底外部に魚鱗紋、雲雷紋を描き、中央部には仮山、牡丹花卉紋、二羽の鵲紋が描かれる。底径26.5cm、高さ6.4cmを測る。

盤（2006FJJLⅠ・18）：口部は欠け、広い口部、浅く折れた胴部、圏足、平底。外壁には簡略化した花草紋が描かれ、内壁に八花弁、魚鱗紋、綬帯紋を相互に組み合わせて間に用いて描き、中間には花卉紋、芭蕉葉紋などの花紋が描かれる。内底外部に魚鱗紋、雲雷紋を描き、中央部には仮山、花鳥紋を描く。底径18cm、高さ5.5cmを測る。

盤（2006FJJLⅠ・19）：口部は欠け、広い口部、浅い胴部、圏足、平底。外壁には簡略化した花草紋が描かれ、内壁に八花弁、魚鱗紋、綬帯紋を相互に組み合わせて間に用いて描き、中間には花卉紋、芭蕉葉紋などの花紋が描かれる。内底外部に魚鱗紋、雲雷紋を描き、中央部には寿桃紋を描く。底径14.2cmを測る。

④ 罐

罐（2008FJJLⅠ・4）：大きい罐は欠けており、僅かに残った部分は口沿部と器体である。真っ直ぐな口部は僅かに広く、短い真っ直ぐな頸部、なで肩。頸部に花卉紋を描き、肩部に雲雷紋を用い、その間隔に開いた寿桃紋、胴部に古松、山、雲などの紋様を描く。口径18cmを測る。

罐（2008FJJLⅠ・5）：将軍罐の蓋で僅かに半分しかない。窄まった口部、円い唇部、折れた口沿部、弧形の頂部、頂部にはひとつの丸い紐があり、僅かに残っている。蓋器体は四方に開いた寿桃紋である。口径12.4cm、残高6.2cmを測る。

罐（2008FJJLⅠ・6）：小さい罐は欠けており、僅かに器体の下部と圏足が残っている。太鼓のような胴部、圏足。器体には3組の綏帯紋を間隔に用い、装飾には三方に開いた寿桃紋がある。底部径9.8cm、残高14cmを測る。

⑤ 碗

碗（2006FJJLⅠ・20）：小さな碗で口部が欠けている。広い口部、口沿は外に開き、弧形の胴部、圏足。外壁には山水、花草、飛鳥紋が描かれ、外側底部に「大明成化年制」と青花色銘がある。底部径4.5cm、高さ5.6cmを測る。

碗（2006FJJLⅠ・21）：小さな碗で口部が僅かに欠けている。広い口部、口沿は外に開き、弧形の胴部、圏足。外壁には葦、野鴨、飛鳥などの紋様が描かれ、口沿部および圏足の所には2筋の藍色の帯状があり、外側底部に「大明成化年制」と青花色銘がある。口径9.2cm、底部径3.6cm、高さ4.8cmを測る。

碗（2006FJJLⅠ・22）：小さな碗、口部が欠けている。広い口部、口沿は外に開き、弧形の胴部、圏足。外壁には蘭草紋様が描かれ、口沿部および圏足の所には2筋の藍色の帯状があり、外側底部に「大明成化年制」と青花色銘がある。口径9.2cm、底部径4cm、高さ4.9cmを測る。

碗（2006FJJLⅠ・23）：小さな碗、口部が欠けている。広い口部、口沿は外に開き、弧形の胴部、圏足。外壁には雲龍紋様が描かれ、口沿部および圏足の所には2筋の藍色の帯状がある。口径4.5cm、底部径4.3cm、高さ4.7cmを測る。

碗（2006FJJLⅠ・24）：八角の小さな碗、口部が欠けている。広い口部、口沿は外に開き、弧形の胴部、圏足。外壁には開いた菊花、蓮華、牡丹、梅花など四季の花卉紋が描かれ、口沿部には1筋の藍色の帯状があり、圏足の所には3筋の藍色の帯状がある。口径9.6cm、底部径3.8cm、高さ4.8cmを測る。

碗（2006FJJLⅠ・25）：花弁口の大きな碗、口部が欠けている。広い口部、斜めの弧形胴部、圏足。外壁には綏帯紋、魚鱗紋を用い、間隔には牡丹、寿桃、蓮華、梅花などの紋様が描かれ、内壁と外壁の花紋は同じであり、内底には花鳥紋が描かれる。底部径16.2cm、高さ15.2cmを測る。

碗（2006FJJLⅠ・26）：大きな碗、欠けている。広い口部、斜めの弧形胴部、圏足。外壁には「赤壁賦」と青花色銘があり、内壁口沿部と底部には1周に巻かれた菊紋が描かれ、内底中央部には「永楽年制」と青花色銘がある。口径15.8cm、底部径7.4cm、高さ6.5cmを測る。

碗（2006FJJLⅠ・27）：大きな碗、欠けている。広い口部、斜めの弧形胴部、圏足。外壁には雲龍紋が描かれ、内壁口沿部に1筋の花卉紋の色帯状があり、内側胴部と底部には魚藻紋が描かれる。口径14.1cm、底部径6.1cm、高さ5.5cmを測る。

碗（2006FJJLⅠ・28）：浅い胴部碗、広い口部、浅い胴部、圏足。口沿部外壁には巻枝紋が描かれ、胴部に山水紋が描かれ、外底部には「雅」と青花色銘があり、内底部に水鳥

山水紋が描かれる。口径12.8cm、底部径6.2cm、高さ3.5cmを測る。

　碗（2006FJJLⅠ・29）：浅い胴部碗、広い口部、浅い胴部、圏足。口沿部外壁には巻枝紋が描かれ、胴部には山水紋が描かれ、外側底部に「大明成化年製」と青花色銘があり、内底には水鳥山水紋が描かれる。口径13.8cm、底部径7.1cm、高さ4cmを測る。

　碗（2006FJJLⅠ・30）：口部は欠けており、浅い胴部碗。広い口部、浅い胴部、圏足。口沿部外壁には巻枝紋が描かれ、胴部には山水紋が、内底には水鳥山水紋が描かれる。底部径6.2cm、高さ3.6cmを測る〉と紹介されている。

(6) まとめ

　この「九梁Ⅰ号」沈没船遺跡は、〈すでに海床表面上に隔壁船艙板が露出していることから見れば、しかもその比較的長い1材がすでに全部露出し、その長さは4mくらいあり、その上、発見した一番北側部分の舷側板から、この沈没船の幅が5〜6mくらいと推測できる。遺跡の東端の船底板材はすでに露出している状況にあるが、明らかな断裂痕跡と見なすことができる。西側部分に大量の沈没船遺物が覆い被さっていることから、その延伸する具体的な長さは不詳であるが、ただ遺物から東西両方向に広がる範囲がおおよそ船の全長であり、約20mと推測できる。

　沈没船遺跡で採集された青花磁器碗の底部紀年銘部分により、それらに「永楽」「成化」「嘉靖」「万暦」などが含まれていることから、これら僅かな紀年銘と水中出土の青花磁器の特徴から判断すると、この沈没船の年代は明代晩期ころと見られ、沈没原因はこの岩礁に接触したことであると断定できる。万暦年間は鎖国状態が真っ盛りの時期であり、青花磁器の生産地が景徳鎮の民窯であり〔余1997〕[1]、白釉罐（安平壺）の生産地のひとつが福建省北部に所在する邵武四都窯であることは明確である〉と船が沈没した時期を出土磁器から結論づけている。

3. おわりに

　この沈没船は明らかに貿易船であろう。積載された景徳鎮磁器から見えてくる「九梁Ⅰ号」沈没船は、当初、宋代の后渚港沈没船にかなり近い規模を考えていたが、海底に埋もれたままの船艙隔壁板から幅が5〜6mくらいと報告しており、そのことから推測すると后渚港沈没船より一回り小型の海洋船であることが窺える。

　この沈没船遺跡で採集された青花磁器については景徳鎮で生産された磁器であることは明らかであり、景徳鎮はすでに宋代には官府に御器として精選された民窯の磁器を貢いでいたが、明代初期には官窯の設立となり、そこで発達した青花染付けなどの釉下彩色技術と磁器特有の釉薬である釉上技術の洗練さを確立し、それらを官府の需要に応じるところとなった。官窯として必要以上に品質要求が厳しくなったことは事実である。

　明代の磁器は、青花染付けと釉里紅に代表される釉下彩色技術と、豆彩・三彩・五彩な

どのように釉上彩色技術を確立した時期でもあった。洪武窯から永楽窯の時期では、鄭和の西洋下りによって貿易品である青花染付けが普及し、磁器が芸術、技術において確立しはじめた。さらに官窯の生産規模は宣徳年間には拡大され、宣徳窯の時期においては官窯銘「款識」として「大明宣徳年制」、さらに「大明成化年制」などの銘を入れ、海外で知られるようになった。

　景徳鎮における磁器の発達は、官窯とする官営と民窯とする民営との歴史的な連携が民窯を発達させた要因があるが、こうしたことは生産性の高い民窯へ移行する原因をつくり、このことによって海外貿易品としての価値が高くなり、さらに朝貢貿易としての商品として磁器は、絹や茶とともに最も一般的な貿易商品であったことは事実である。また海外貿易品としての運搬は極めて手数のかかることではあったが、利益を得るために高価な品質の磁器が選ばれ、生産され輸出するようになったのである。

　このような大量の磁器運送については課題を残す問題である。『浮梁県志』巻1「古蹟」条に、「兀然亭。在景鎮、僉事繆宗周詩、陶舎重重倚岸開、舟帆日日蔽江来、工人莫献天機巧、此器能輪郡国財。（景徳鎮がそれに臨んでいる昌河の両岸には、あまたの陶房が軒を連ねて展開しており、河面には陶土運搬の帆船や商品仕入れの商船が絶え間もなくこの景徳鎮めざしてやってくる）」〔藍1987〕という状況が見てとれる。昌河から運送する舟船運の賑わいは想像するべくもないが、こうした輸送交易経路の問題は課題を残すことになった。

註
（1）窯跡は邵武市に分布する遺跡から白磁、青白磁を主とし、南宋時代には盛焼していたことが知られ、明代まで続き、白磁小壺は「安平壺」の早期類例と言われる。

参考文献
呉　自牧 2000『夢梁録2—南宋臨安繁昌記—』巻12（梅原郁訳注）東洋文庫676　平凡社
福建沿海水下考古調査隊 2010「福建平潭九梁Ⅰ号沈船遺跡水下考古調査簡報」「福建文博」第1期「福建文博」編輯委員会
余　家棟 1997『江西陶磁史』河南大学出版社
藍　浦 1987『景徳鎮陶録2』（愛宕松男訳注）東洋文庫465　平凡社

近世京都における土地造成方法の一例
―京都市崇仁地区の調査事例から―

李　銀眞

1. はじめに

　近世都市京都の歴史は794年に長岡京から遷都された平安京に始まり、16世紀末の豊臣秀吉による大規模な都市改造が骨格となって近世へと展開していく。聚楽第の造営、方広寺の建立、禁裏の修造と公家町の形成、寺町の造営、新道による町割りの改造などが行なわれるが、その総仕上げとして、天正19年（1591）に洛中を土塁と堀とで囲む御土居が築造される。御土居は外敵の襲来に備える防塁と、鴨川の氾濫から市街地を守る堤防として築かれたが、これにより御土居の内側は洛中、外側は洛外とに明瞭にわけられた。

　本稿で紹介する発掘調査地の京都市崇仁地区は、御土居の外側、洛外にあたる（図1）。その位置から推して鴨川の水害に度々見舞われた所と容易に想像がつくが、中世から河原者・非人・穢多・庭者・清目などと称され、卑賤視されてきた人々の居住地としても知られる。現代の被差別部落の一角で、かつて警刑吏や死牛馬の解体・皮革の製造などを担ってきた。

　近年、牛馬解体遺構や多様な職能民の集落など、被差別民の活動を示す考古学遺跡が多数見つかっており、動物考古学の手法を通して彼らの具体的な生業活動を明らかにする研究もなされてきた〔松井1987・1997、久保1999、大阪の部落史委員会編2005、別所2005〕。ところが、従来、洛外で居住した彼らの土地利用の在り方については、これまで考古学的な発掘調査の事例がなく、文献史学からの援用及び単に現代社会の先入観的な経験則によって推定する場合が多かった。

　そこで最近、筆者はその地区の発掘調査を担当する機会があり〔山下・李2018〕、江戸時代後期から昭和時代初頭にかけての整地層とそれに伴う建物跡を検出した。周知のごとく、現在のところ京都市域では、平安京域もしくは他の遺跡指定された地域での調査以外には、近世遺跡だけを対象とする行政発掘調査は出来ないのが実情である。そうした中で、今回の発掘調査事例は珍しく、この紙面を借りてその成果の一部を紹介したい。最後に史料や絵図との照合などから、近世京都における土地造成方法や宅地割りについて若干の考察を述べることにする。

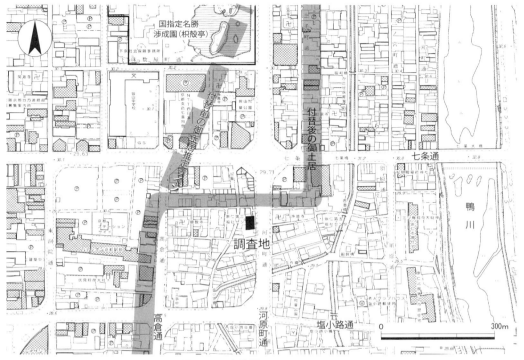

図1　調査位置図（S=1：10,000）

2. 調査経緯および歴史的背景

　京都市崇仁地区における発掘調査は、2023年度に京都市立芸術大学が現在の西京区洛西地域から下京区崇仁地域に移転整備することが決まり、それに先立ち行なわれている。

　調査地はJR京都駅から北東へ約500m、七条通の南、高倉通の東に位置し、平安京左京八条四坊八町跡および御土居跡にあたる（図1）。東側の600mの地点には鴨川が流れ、鴨川の西岸域である当地は、氾濫源で砂礫層が厚く堆積する。周辺では、過去の試掘・立会・発掘調査が数件実施されているが[1]、奈良時代以前の遺跡は知られておらず、平安時代の居住者などを記述した史料はない〔山田1994〕。

　安土桃山時代には、上記のように豊臣秀吉が京都の都市改造の一環として、洛中を土塁と堀で囲む御土居を築造する。東は鴨川、西は紙屋川、北は鷹峯、南は東寺に至る東西約3.5km、南北約8.5km、総延長22.5kmにわたり、10箇所の開口部があったとされる。

　江戸時代になると、世の中が安定し、防御施設としての機能が薄れ、御土居の開口部の新設、土塁の削平や堀の埋め立てなどが行なわれ、当初の姿を変えていく。江戸時代に描かれた御土居に関する絵図などの研究から、当地周辺の御土居が付け替えられたことが指摘されている〔石田1978〕。それは寛永18年（1641）の東本願寺別邸である渉成園造営を

契機に、その南東部の一部で付け替えが行われる。これにより現在の六条あたりで北東から南西方向に斜行し、七条通と高倉通の交差点に向かい、高倉通で南北方向に延びていたとされる。築造当初の御土居は、渉成園東側で南北方向に付け替えられ、七条通南側で西折し、高倉通付近で当初の御土居に接続した。これに関連して、2013年度の発掘調査では、江戸時代前期に東西方向に付け替えられた御土居の土塁基底部を検出したが、堀を伴わず土塁裾部に沿って溝が検出された〔近藤2014〕。また2015年度の発掘調査では、その御土居南裾部の東西溝の延長を検出した〔近藤2016a〕。今回の調査地点は、東西方向に付け替えられた御土居の南側にあたる。

御土居の付け替えに伴って、慶長19年（1614）に角倉了以によって御土居沿いに開削された高瀬川も流路が変更され、付け替え後の御土居東縁に沿って南流するようになる。これにより、現在の河原町通西、七条通にあった船溜まりは、御土居の内側に取り込まれ、「内浜」の呼称の由来となる〔京都部落史研究所1986・1988〕。また内浜の周辺には材木問屋や倉庫が建ち並び、現在も材木町、納屋町という町名が残る。この内浜と高瀬川を繋いだ水路が現在、調査地点の西側に通る南北道にあたる。2015年の発掘調査では、当時の舟入と江戸時代後期の整地層と建物跡を検出した〔近藤2016b〕。

江戸時代中期以降、河原町通から鴨川間の五条通―七条通の一帯では、新地開発を契機に、御土居の土塁削平や鴨川河原地の集落立ち退きなどが行われた。六条村は、五条通―六条通間の河原地に位置したが、宝永4（1707）、七条通の南側に移転する。今回の調査地点は六条村移転地にあたる〔野田1971・山本尚1991〕。

調査地付近は、正徳3年（1713）には天部村領の耕作地であったが、文化12年（1815）に六条村が天部村より皮張り場として一部を借り受けている。その後、天保14年（1843）には六条村から独立した大西組が立村され、御土居の土塁南側は宅地化される〔野田1971・山本尚1991〕。

明治10年（1877）に神戸―京都間の鉄道が開通したことを契機に、路面電車や京阪電気鉄道なども開通する。これらが要因となり大阪―京都の物資輸送手段は、鉄道志向へと傾き、内浜は大正元年（1912）頃には埋め立てられる。また高瀬川の水運機能も大正9年（1920）に廃止され、内浜と高瀬川を繋いだ水路も埋め立てられる。その後、近代化への流れの中で調査地付近は宅地化が加速されていった〔柳原銀行記念資料館2013〕。

3. 発掘調査成果

基本層序（図2）から述べると、現地表面から0.4mまでが現代盛土で、その下は江戸時代末期から明治時代初頭の遺構面である。その下には0.2〜0.3mの厚さで焼土層が堆積する。元治元年（1864）に起きた禁門の変で被災した後の整地層である。さらにその下には江戸時代後期から末期の遺構面となる。その下は約0.2〜0.35mの厚さで黒褐色シルトからなる江戸時代後期の造成の作業面を確認した。その下層には砂礫もしくはシルトの基盤

図2　基本層序図 (S=1:40)

層となる。基盤層上面の標高は28.8〜28.9mである。

　調査は、3面に分けて行なった。第1面は江戸時代末期から明治時代の遺構面で、礎石建物跡4棟、円形の漆喰井戸2基がある。第2面は江戸時代後期から末期の遺構面で、第3面は第2面の居住面を形成するために行なった造成の作業面として検出した。以下では、江戸時代後期に限って、第2・3面の検出遺構のみ取り上げ、概略を述べる。

(1) 第2面（図3）

　主な遺構には、建物跡、排水施設、収納施設、風呂、カマド、井戸、水甕などがある。建物跡は計4棟検出したが、いずれもその西側は調査区外に広がるため、全体の規模は不明である。すべて礎石立ちの建物であるが、火災の跡を示す多量の炭とともに、熱を受けて赤く変色し割れた礎石と、赤く焼けた土間を検出した〔山下・李 2018：15、図19〕。以下では、土地造成と関わる建物跡や排水施設のみ取り上げ、詳細を述べることにする。

　建物5　間口2.72m以上、奥行8.0m以上ある。建物の中央部に土間が位置し、幅2.1m、奥行5.7mある。細かい炭が多量に含まれた黒色〜黒褐色の砂を0.06m程度の厚さで幾層にも叩き締めてある。土間が途切れた南側には礎石と思われる石が0.96m間隔で2個並んでおり、建物6と共有していたと考えられる。礎石の中では大きさ0.4〜0.7mの大きい石を使用しており、被熱した痕跡がある。

　建物6　間口約5.4m、奥行8.4m以上ある。東側の礎石列は撹乱によって失われている。北・南側の礎石列は建物5・7と共有していたと考えられる。建物の東側には平面長方形の木枠をもつ収納施設29とカマド10・12、南側には円形の木枠の井戸27、西側には漆喰製の水槽36を検出した。

　建物7　間口4.0m、奥行7.2m以上ある。建物の北半に土間が位置し、幅2.5m、奥行4.8mある。細かい炭や黄色粘質土を多量に含まれた黒褐色の砂を0.02〜0.05m程度の厚さで突き固めてある。土間の中央にはカマド状遺構13があり、土間が途切れた南側には0.25〜0.3mの河原石6個、北側には4個が約0.6m間隔で並んでいる。また東側の入り口には礎石列とともに幅0.9mで暗褐色に固く焼き締めたタタキが帯状になっている状況を

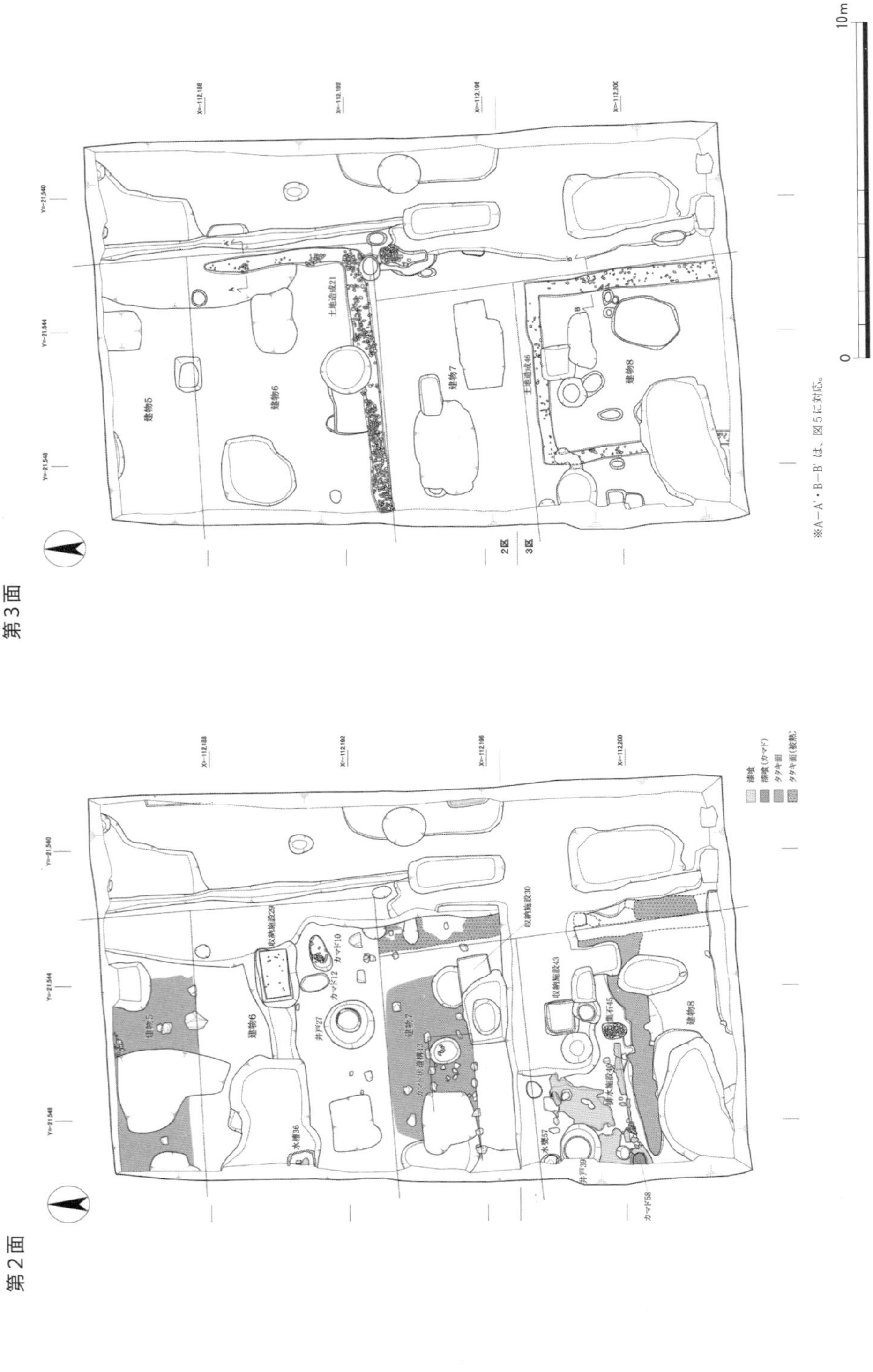

近世京都における土地造成方法の一例──京都市崇仁地区の調査事例から──

図3 第2面・第3面平面図（S=1：200）

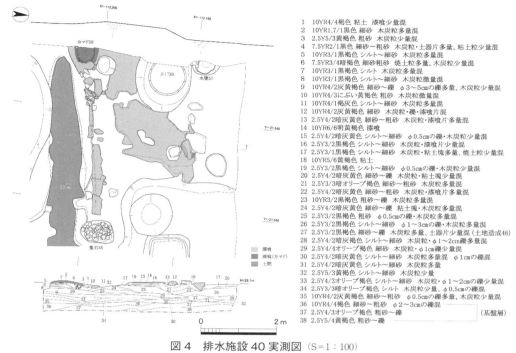

1	10YR4/4褐色 粘土 漆喰少量混
2	10YR1.7/1黒色 細砂 木炭粒多量混
3	2.5Y5/3黄褐色 粗砂 木炭粒少量混
4	7.5YR2/1黒色 細砂〜粗砂 木炭粒・土器片多量、粘土粒少量混
5	10YR3/1黒褐色 シルト〜細砂 木炭粒多量混
6	7.5YR3/4暗褐色 細砂粗砂 焼土粒多量、木炭粒少量混
7	10YR3/1黒褐色 シルト 木炭粒多量混
8	10YR3/1黒褐色 シルト〜細砂 木炭粒微量混
9	10YR4/2灰黄褐色 細砂〜礫 φ3〜5cmの礫多量、木炭粒少量混
10	10YR4/3にぶい黄褐色 細砂 木炭粒微量混
11	10YR4/1褐灰色 シルト〜細砂 木炭粒多量混
12	10YR4/2灰黄褐色 細砂 木炭粒・礫・漆喰片混
13	2.5Y4/2暗灰黄色 細砂〜粗砂 木炭粒・漆喰片多量混
14	10YR6/6明黄褐色 漆喰
15	2.5Y4/2暗灰黄色 シルト〜細砂 φ0.5cmの礫・木炭粒少量混
16	2.5Y3/2黒褐色 シルト〜細砂 漆喰片少量混
17	2.5Y3/1黒褐色 シルト〜細砂 木炭粒・粘土塊多量、焼土粒少量混
18	10YR5/6黄褐色 粘土
19	2.5Y3/2黒褐色 シルト〜細砂 φ0.5cmの礫・木炭粒少量混
20	2.5Y4/2暗灰黄色 細砂〜礫 木炭粒・粘土塊少量混
21	2.5Y3/3暗オリーブ褐色 細砂〜粗砂 木炭粒・漆喰片多量混
22	2.5Y4/2暗灰黄色 細砂〜粗砂 木炭粒・漆喰片多量混
23	10YR3/2黒褐色 粗砂〜礫 木炭粒多量混
24	2.5Y4/2暗灰黄色 細砂〜礫 粘土塊・木炭粒多量混
25	2.5Y3/2黒褐色 粗砂 φ0.5cmの礫・木炭粒多量混
26	2.5Y3/2黒褐色 シルト〜細砂 φ1〜3cmの礫・木炭粒多量混
27	2.5Y3/2黒褐色 細砂〜礫 木炭粒多量、土器片少量混(土地造成46)
28	2.5Y4/2暗灰黄色 シルト〜細砂 木炭粒・φ1〜2cm礫多量混
29	2.5Y4/4オリーブ褐色 細砂 木炭粒・φ1cm礫少量混
30	2.5Y4/2暗灰黄色 シルト〜細砂 木炭粒多量・φ1cmの礫混
31	2.5Y4/2暗灰黄色 シルト〜細砂 木炭粒多量
32	2.5Y5/3暗灰黄色 シルト〜細砂 木炭粒少量
33	2.5Y4/3オリーブ褐色 シルト〜細砂 木炭粒・φ1〜2cmの礫少量混
34	2.5Y3/3暗オリーブ褐色 シルト 木炭粒少量、φ0.5cmの礫混
35	10YR4/2灰黄褐色 細砂〜礫 木炭粒多量、木炭粒少量混
36	10YR4/4褐色 細砂〜粗砂 φ2〜3cmの礫混
37	2.5Y4/3オリーブ褐色 粗砂〜礫 (基盤層)
38	2.5Y5/4黄褐色 粗砂〜礫

図4　排水施設40実測図（S=1:100）

検出した。出格子か駒寄せを設けた可能性がある。

　建物の東側に収納施設30を設けるが、最下層の床土には粘質粘土で貼られており、埋土から江戸時代後期から末期までの遺物が多量に出土した。

　土間の中央にあるカマド状遺構13は、平面形が円形のものであり、据えられている2列の石列のうち、西側の石が強く火熱していることから、西側に焚口が開くと考えられるが、五右衛門風呂の可能性がある。

　建物8　間口6.0m以上、奥行7.2m以上ある。土間は建物の中央部で検出し、幅0.7m、奥行6.6m、厚さは0.03mほどある。東側へ広がる土間が途切れる地点に、固く焼き締めたタタキを幅1.1mほど検出した。入口と考えられる。建物の北半には、収納施設43とともに、排水施設40に伴うものと思われる水甕57、円形の瓦積み井戸39、カマド58、集石45を設ける。

　排水施設40（図3・4）　調査区西部で検出した漆喰貼りの排水施設である。南側は撹乱を受け、遺構の西側は調査区外に広がるため全体的な規模は不明である。平面形は不正形で、検出範囲は東西3.6m以上、南北2.6m以上ある。北側はほぼ平坦に作るが、径約0.3mの石を1個、径約0.5mの石を1個、平坦面を上にして据える。南側に長さ約3.0mの溝が取り付き、東側へ水を流せるようになっている。その先端には集石45が取り付く。検出規模は東西0.5m、南北0.72m、深さは最大0.28mで、径0.03〜0.12mの石が詰まる。

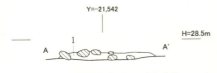
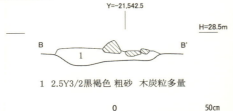

※A−A'・B−B'は図3に対応

図5　土地造成21・46実測図（S=1:20）　　　写真1　土地造成21・46検出状況
（上：調査区北半、北東から　下：調査区南半、西から）

　断面観察から、南側の土間と排水施設40は土地造成とともに一連の作業工程で施工されたものと考えられる。厚さ0.05m前後の単位で水平にシルト細砂層と炭層を交互に積み上げたのち、土手状の土間を敷き、漆喰を貼り、溝を据える。最後に土間と溝の間に粘土で固めているのも確認できた。カマド58・井戸39・水甕57が取り付いていることから、風呂関連施設に伴う排水施設である可能性もあると考えられる。

(2) 第3面（図3）

　土地造成21・46（図3・5、写真1）　上述したように第3面は、第2面の居住面を形成するために行った造成の作業面とし、調査区全域で土地造成21・46を検出した。造成土（図2の8〜11層）は、厚さ約0.3〜0.45mを測るが、その上に構築されている。調査区の南北2箇所で、畝状の造成単位を検出した。

　土地造成21は、東西に伸びてから南北へ垂直に曲がり、径約0.05〜0.1mの石が詰まる。検出規模は東西7.8m、南北4.7m以上あり、幅0.5〜0.7mあり、深さは0.04〜0.15mほどある。南北に伸びる部分は撹乱により削平を受けているが、さらに北へ伸びる可能性が高い。

　土地造成46は、ほぼ正方形に曲がっているのを確認したが、南側は調査区外に伸びるため、全体規模は不明である。検出規模は、東西5.6m、南北5.7m以上、幅0.3〜0.62mある。深さは0.03〜0.05mほどある。

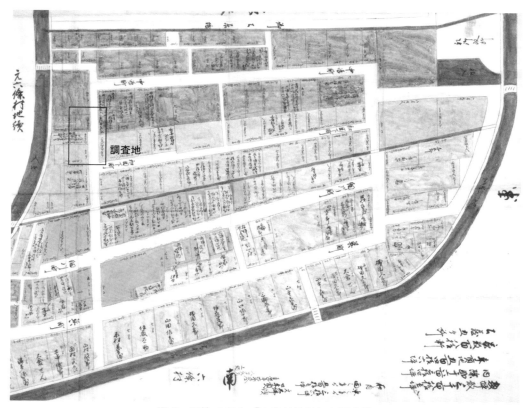

図6 明治4年と『六条村絵図』と調査地

4. 近世京都における崇仁地区の土地造成や宅地割り

　以上、京都市崇仁地区における発掘調査成果の一部を紹介した。冒頭でも述べたように、当地は、中世から卑賤視されてきた人々の居住地として、鴨川の氾濫により度々水害に見舞われた所である。

　今回の発掘調査では、自然堆積の砂礫層の上に江戸時代後期の造成作業面を検出しており、江戸時代後期以前の明瞭な遺構は検出していない[(2)]。しかしながら、史料によると、宝永4年(1707)に五条―六条間の鴨川河原付近に存在した六条村が当地に移転したことが記されている〔野田1971、京都部落史研究所1986・1988、山本尚1991〕。六条村の領主は京都市東山にあった妙法院であったが、ここを新しく開発したいという町人の申し出をうけて、妙法院が奉行所に願い出たものであった。新しい居住地は妙法院領の中から選ぶことになったが、七条通りの南にあった柳原庄という村の一部で、東西と南を高瀬川に、北を御土居に囲まれた三角形の土地が移転地として選ばれたそうである。六条村は公役である刑警吏と皮革業という安定した仕事をもっていたため、刑場や牢屋敷などから遠いこと、

移転先が窪地で水がつきやすいことを理由に難色をしめす。しかし、六条村は移転にあたり3尺の地上げを行なうことと、銀1,050枚を受け取ることを条件に承諾した。そのため妙法院が土入れを行なったことが史料に記されている〔山本尚1991：23〕。

今回、調査区で検出した江戸時代後期の造成土は、厚さが3尺には満たないものの、一定の高さごとに木炭粒を多量に入れた層と細砂層を交互に積み上げていることが、調査区全域で確認されている。上記の背景から、鴨川の氾濫による排水性および湿気抜けを意識した土地造成と考えられる。

また、その上面で検出した土地造成21・46は、それぞれ建物6・8の建築造成単位と連動している可能性が高い。加重のかかる建物の柱筋に、断面畝状に石や土を詰め上げたと考えられるが、排水施設40の作業工程と考え合わせると、手の込んだ地盤改良作業が、上面の建築造成とともに計画的に行なわれたことを示している。

なお、今回の発掘調査では江戸時代後期の整地層とそれに伴う建物跡を検出したが、全体的に西側を一画として、南北方向に並んで密に建物が配置されている。このような宅地割りは昭和時代初頭までほぼそのまま踏襲されていることが分かった。この一帯の人々の暮らしの歴史がわかる史料として、明治4年（1871）の『六条村絵図』（図6）〔今村家文書研究会編2016〕には、当時の街路と宅地割が描かれ、個々の宅地の家主も記されている。それによると、建物2と3の間口は2間半（約5m）と記されている。これは調査で検出した建物跡の間口の幅とほぼ一致しており、1間の幅は約2m（六尺五寸）を測り、いわゆる「京間」であることがわかった。おそらく調査区の東半が撹乱によって失われているのは、絵図で確認されるように街道で画しているためと考えられる。

5. まとめにかえて

最後に、現時点では、江戸時代における土地造成を論じるための材料は欠くが、類似事例として、平安京左京二条四坊十町跡の土蔵684〔山本・上村2001〕、淀城跡の土蔵基礎[3]、二条殿廃絶後に建てられた大型土蔵（建物10）の基礎〔山本尚2002〕が挙げられる。いずれも掘り込み地業なのか、断面畝状に石や土を詰め上げて造成したのか、造成方法については再検討が必要である。しかしながら、「口」字形の溝がめぐる平面形をなし、その中に河原石を密に詰めることは注目される。

繰り返しになるが、今回の発掘調査地は中世から卑賤視されてきた人々の居住地に当たり、鴨川の氾濫による軟弱な地盤を強化するための土地造成を行なったことは明確である。このような土地造成が調査地周辺で、土蔵のみならず、宅地造成を行なうにあたって大々的に計画的に行なわれたか、この点は今後の調査によって確認できるものと考えている。しかし土地造成の技術的系譜を追求する上で、直接その造成作業に携わった彼らの生業・暮らしと併せて今後検討すべき課題は多い。文献史料からは窺えない近世京都の実像が考古学資料を通して、今後より明解に提示されることを期待しながら今後の課題としたい。

註
（1）調査地周辺における全ての調査地点と概要については、近藤 2016b を参照されたい。いずれも流水性の砂礫層などが広範囲で検出されており、鴨川の旧河道や洪水層と考えられる。
（2）土地造成土内からは染付けの小片が少量出土したのみで、時期判定には至らなかった。
（3）『山州淀城府内之図』（京都府立総合資料館蔵）や『朝鮮人来聘記付図』などの江戸時代の資料から「米蔵」に相当すると考えられている〔内田 2004〕。

参考文献
石田孝喜 1978「近世初期の洛中絵図に関する考察㈣・㈤」『月刊古地図研究』97号・98号　日本地図資料協会
今村家文書研究会編 2016『今村家文書史料集 下巻 近代編』思文閣出版
内田好昭 2004『長岡京跡・淀城跡』京都市埋蔵文化財研究所調査報告 2003-13　㈶京都市埋蔵文化財研究所
大阪の部落史委員会編 2005『大阪の部落史　第一巻　史料編　考古／古代・中世／近世1』解放出版社
京都部落史研究所 1986「4 史料近世1」『京都の部落史』阿吽社
京都部落史研究所 1988「5 史料近世2」『京都の部落史』阿吽社
久保和志 1999「大坂の骨細工職人」『続・部落史の再発見』解放出版社
近藤章子 2014『平安京左京八条四坊八町跡・御土居跡』京都市埋蔵文化財研究所発掘調査報告 2013-11　�公財京都市埋蔵文化財研究所
近藤章子 2016a『平安京左京八条四坊八町跡・御土居跡』京都市埋蔵文化財研究所発掘調査報告 2015-12　�財京都市埋蔵文化財研究所
近藤章子 2016b『平安京左京八条四坊九町跡・御土居跡』京都市埋蔵文化財研究所発掘調査報告 2015-11　�財京都市埋蔵文化財研究所
野田只夫 1971「京都柳原町史」『日本庶民生活史料集成 第十四巻 部落』三一書房
別所秀高 2005「河内国大江御厨供御人の多様な活動とその消長─大阪府西ノ辻遺跡の事例より─」『部落解放研究』165 部落解放・人権研究所
松井　章 1987「養老厩牧令の考古学的考察─斃牛馬の処理をめぐって─」『信濃』39-4　信濃史学会
松井　章 1997「考古学から見た動物利用」『部落解放なら』8　奈良県部落解放研究所
山下大輝・李銀眞 2018『平安京左京八条四坊八町跡・御土居跡』京都市埋蔵文化財研究所発掘調査報告 2017-7　�財京都市埋蔵文化財研究所
山田邦和 1994「第3章　左京と右京」『平安京提要』角川書店
柳原銀行記念資料館 2013「上司進達綴」（京都市歴史資料館蔵）第25回特別展図録
山本尚友 1991「六条村小史」『柳原銀行とその時代』崇仁地区の文化遺産を守る会
山本雅和 2002「中世京都のクラについて」『研究紀要』8　㈶京都市埋蔵文化財研究所
山本雅和・上村和直 2001『平安京左京二条四坊十町』京都市埋蔵文化財研究所調査報告第19冊　㈶京都市埋蔵文化財研究所

カトリックとマジョリカ陶器
―大坂出土の色絵フォグリー文アルバレルロの生まれた背景―

松本啓子

1. はじめに

　大坂出土品（図1-1）は17世紀半ば～後半の土壙出土の色絵フォグリー文アルバレルロ形壺で、日本で出土・伝世する色絵フォグリー文アルバレルロは2のように同一型式のものが多く、同様のアルバレルロは茶道の水指として伝世する。出土品は17世紀第半ば～末の大名や将軍、富裕な商人に関連する遺跡から出土する。鎖国直前から直後の輸入品と

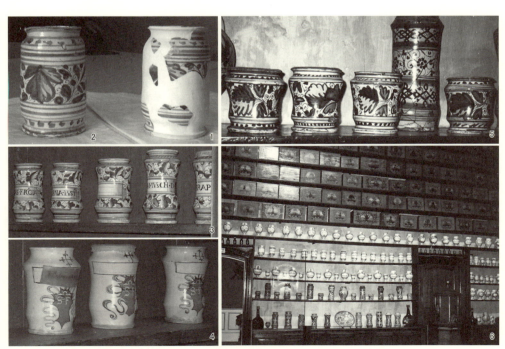

1：大坂出土色絵フォグリー文アルバレルロ（17世紀中頃～後半）、2：森忠彦氏所蔵色絵フォグリー文アルバレルロ、
3・4：サンタ・フィーナ修道院薬局 Spezieria di Santa Fina のフォグリー文（1550-70年）と紋章（1505-07年）アルバレルロ、
5・6：トロワ修道院薬局 Apothicairerie de l'Hôtel-Dieu-le-Comte の薬棚と色絵フォグリー文アルバレルロ（16世紀後半）
図1　日本の色絵フォグリー文アルバレルロとヨーロッパの修道院薬局のアルバレルロ
（写真は筆者撮影）

考えられるものである。

　ヨーロッパでアルバレルロは薬局の薬壺として使われ、同一型式の壺がずらりと並ぶ。例えば、イタリア・サンジミニャーノのサンタ・フィーナ修道院薬局では、16世紀初頭の紋章を描く4や、16世紀後半の青白フォグリー文の3などがあり、フランス・トロワ修道院薬局の薬棚6には16世紀後半の色絵フォグリー文アルバレルロ5などがある。これらのアルバレルロは一括注文で誂えたと考えられる。

　さて、大坂出土品1であるが、ヨーロッパでは同一型式のアルバレルロは知られておらず、筆者は各国をまわって実物比較した。その結果、大坂出土品は、壺本体の作りが17世紀型、色絵フォグリー文が16世紀型という奇妙な壺だとわかった。しかし、17世紀前半にアムステルダムで本体の作りが非常によく似たものが流通していたことがわかり、近辺で16世紀の意匠を真似て作られたものではないかと考えるに至った〔松本 2016〕。今回は、意匠を中心にマジョリカの流れを確認し、大坂出土品製作の背景について考えてみたい。

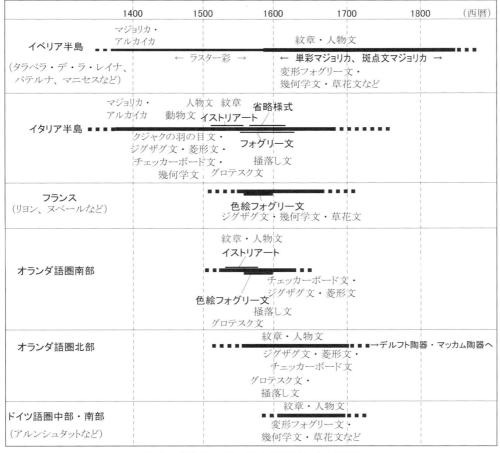

図2　各地のマジョリカ盛行期と主な意匠

カトリックとマジョリカ陶器——大坂出土の色絵フォグリー文アルバレルロの生まれた背景——

イタリアのマジョリカ（7：15世紀、8・9：15世紀末〜16世紀初頭、10：16世紀後半〜17世紀前半、11：17世紀前半）

アントワープのマジョリカ（12：1547年、13・14：16世紀半ば〜後半、15〜18：16世紀末〜17世紀初頭）

イベリア半島のマジョリカ（19：16世紀後半、20：18世紀、21・22：17世紀）　ドイツのマジョリカ（23・24：17世紀）

＜所蔵機関＞7〜10：Museo Archeologico e della Ceramica di Montelupo Fiorentino, 11：Museo Internazionale delle Ceramiche in Faenza, 12〜15・18：Vleeshuis museum, 16・17：Stad Antwerpen Stadsontwikkeling, 19〜21：Museo Nacional de Ceramica y]Artes Suntuarias Gonzalez Marti, 22：Museu Nacional de Arte Antiga, 23：Thüringisches Landesamt für Denkmalpflege und archäologie Weimar, 24：Deutsches Apotheken-Museum, Schloß Heidelber（＊12は the Baillet Latour Fund の支援で修復した。）

図3　ヨーロッパ各地のマジョリカ陶器
（12は Vleeshuis museum 提供、24は〔Thüringer Museums Eisenach und Schloßmuseums Arnstadt 1997〕より転載、他は筆者撮影）

2. ヨーロッパのマジョリカ陶器

・各地のマジョリカと盛行期（図2・3）

　イタリアのマジョリカには多様な意匠がある。14世紀末頃はイスラムの影響を受けたマジョリカ・アルカイカ7、15世紀末には人物文8、ジグザグ文9、孔雀の羽の目文、紋章文26、チェッカーボード文などが流行した。16世紀前半には最高級品の写実的な絵画を描くイストリアートやグロテスク文など、精細な意匠が流行した。だが、高級すぎて注文が減り始めると、陶工が離散し始め、精細さを欠く省略様式10やフォグリー文11などが16世紀後半に主流となり、マジョリカは衰退に向かった〔C.R.Guidotti 2001〕。

　16世紀前半にイタリアのマジョリカ陶工が移住したアントワープでは、デン・サルム工房の大作・イストリアートのタイル壁画「聖パウロの改宗」（1547年銘）12など、イタリアのマジョリカを引き継ぐ製品は好評を博した。巡礼者像13や色絵フォグリー文アルバレルロ14も同じ頃のアントワープの優品である。しかし、16世紀末頃になると、退化したグロテスク文15・聖母子像17や、搔落し文16・ジグザグ文18などの線描き文が増加し、オランダ語圏のイタリア系譜のマジョリカは衰退していった。

　イベリア半島やドイツ語圏は16世紀までイタリア製品を輸入したが、17世紀に本格的なマジョリカ生産が始まり、イベリア半島では紋章（21はカルメル修道会）や、斑点文19・単色釉20・幾何学文22、ドイツ語圏では白地に藍彩の線描き文23・24といった、イタリア製品・オランダ語圏製品とは趣が異なるマジョリカを生産するようになった。こういった流れを簡単にまとめると図2のようになる。

・フォグリー文と唐草文、草花文（図2、4）

　大坂出土品の色絵フォグリー文の出自を探るため、ヨーロッパのフォグリー文の流れを見ておこう。　先行する草花文には15世紀後半のパセリ文25、16世紀前半の中国磁器風唐草文27、花輪文26などがある。16世紀中頃にファエンツァで薄青地（ベレッティーノ・ブルー）に藍彩のフォグリー文28・29が焼かれ、遅くとも16世紀後半には白地・藍彩のフォグリー文が定着した。32・34はアントワープ産、3・11・35はトスカーナ産、33はトロワの伝世品で、白地・藍彩のフォグリー文は17世紀前半頃まで用いられた。イベリア半島やドイツ語圏では17世紀に線描きの草花文36・24が描かれた。

　一方、大坂出土品1に似た太い輪郭線の色絵フォグリー文は、16世紀中頃～後半のアントワープ産の14・30、アムステルダム出土品31、リヨン産5などがあるが、17世紀には作られていない。これらは大坂出土品の年代より50～100年古い16世紀型の意匠である。

　そして、これらのフォグリー文は、修道院の薬局に並ぶ同一規格の薬容器に多く採用された。

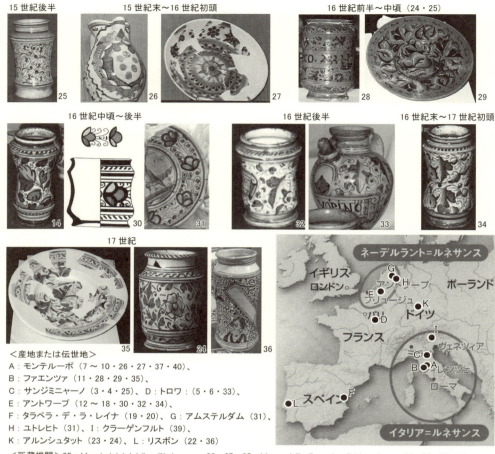

図4　各地のフォグリー文・草花文
(30は〔J. Veeckman & C. Dumortier 1999〕より転載、他は筆者撮影、成美堂出版編集部2006の地図に加筆)

・カトリック関連の意匠（図5〜7）

　前述のとおり、16世紀前半の高級品の注文が頭打ちになると、マジョリカ工房は「修道院の容器」と称された薬容器（アルバレルロやシロップ壺など）の一括注文に望みを託し、より一層修道院に依存していった。元来、ヨーロッパで薬局や病院は修道院から派生した施設で、修道院はカトリックにしかない。つまり、カトリックが大のお得意様ということになる。実際、マジョリカには薬容器やカトリック関連の意匠が多くあり、アントワープやユトレヒトの発掘調査でマジョリカではカトリック関連施設の出土例が多い〔松本2010・2014〕。次に、カトリック関連の意匠をみてみよう。

　プロテスタントは図像使用を抑制しているので、タイル壁画「聖パウロの改宗」（1547

Ⅰ・H・S文（37～42）、カルメル修道会紋章（43）、ドミニコ修道会紋章（44）、フランシスコ修道会（45）、修道士像（46）、聖アンナのモノグラム（47）、キリスト磔刑の十字架（48）、修道院薬局容器シロップ壺（49・50）

<所蔵機関・出典>37：アムステルダム・WLO155出土（Monuments and Archaeology, City of Amsterdam、同機関提供）、38：ユトレヒト・アウデヒュラヒト窯出土（Gemeente Utrecht Stads Ontwikkeling Erfgoed、同機関提供）、39：アントワープ市庁舎駐車場出土（Archeologie en monumentenzorg Stad Antwerpen Stadsontwikkeling）、40：スペイン産鉛釉陶器壺（バレンシア国立陶芸博物館）、41：コインブラ伝世聖水入（ポルトガル国立古美術館）、42：アントワープ産〔D. Korf 1981〕、43：アルベルタス修道院（ポルトガル国立古美術館）、44：リスボン伝世品（ポルトガル国立古美術館）、45：平安聖母修道院、1794年（ポルトガル国立古美術館）、46：デルータ産、1623年（公立デルータ陶芸博物館）、47：ロッテルダム伝世品〔D. Korf 1981〕、48：メッヒェレン伝世品〔D. Korf 1981〕、49・50：アントワープ産（ロッテルダム国立博物館）

図5　カトリック関連の意匠　（出典を明記したもの以外は筆者撮影）

年銘）**12** は、カトリック向け製品といえる。キリストを表すⅠ・H・S文も、反宗教改革の旗手でアウグスブルク・フッゲライの司祭のペトルス・カニシウスの肖像**68**に描かれている。また、ハイデルベルクのイエズス会教会はプロテスタントとの間で揺れたのだが、カトリックの時にⅠ・H・S文を修道会の紋章として使用した**72**。Ⅰ・H・S文は16世紀中頃～18世紀中頃のマジョリカや鉛釉陶器にも描かれた（**37～42・54**）ほか、1477-1490年刊行の修道者の日々の信仰スケジュールを記した『時祷書』にも15世紀末頃の典型的な意匠・形態のマジョリカが描かれ、Ⅰ・H・S文も描かれている〔David Gaimster ed. 1999〕。イベリア半島にはカルメル会（**21・43**、17世紀前半）、ドミニコ会（**44**、17世紀後半）、フランシスコ会（**45**、1794年）の修道会派の紋章を描くものがあり、オランダ語圏では聖アンナのモノグラム**47**（17世紀初頭）、キリスト磔刑の十字架**48**（16世紀後半）、イタリア・デルータには修道士像**46**（1623年）などがある。シロップ壺**49・50**（16世紀後半）

は「修道院の容器」であるほか、ヘルケンローデ修道院ではペトルス・フランス・ファン・ベネディッグ工房製（1532・33年）のマジョリカ陶器のタイル画が出土した。

このように、イタリアのマジョリカ工房は遅くとも15世紀末には経済力のあるカトリックと取引し始めたが、マジョリカが高級品になったがゆえの販売不振に陥ると、各地へ離散した陶工や、修道院から同一型式の製品を一括受注することで生き残った工房が出てきた。このうち、オランダ語圏南部のアントワープに移住した陶工はイタリアのマジョリカを継承して成功したが、経営は依然として修道院頼みであった。ところが、折しも起った宗教改革の嵐の中、頼みの綱の修道院が衰退した。この煽りを受けて一部の陶工がオランダ語圏北部へと避難し、その後、衰退に向かった様子が、マジョリカの時期別分布や文献記録から窺えた〔松本2016、C. Dumortier 1999〕。

イタリアとオランダ語圏ではマジョリカはカトリックと繋がりが深かったが、ゆえにオランダ語圏は16・17世紀に吹き荒れた宗教改革の嵐に翻弄され、17世紀に経営の転換を余儀なくされたのである。

一方、17世紀から操業を始めたイベリア半島とドイツ語圏であるが、イベリア半島は宗教改革の影響は少なく、16世紀代は主にイタリアやアントワープのマジョリカを輸入し、17世紀になって自分たちにあった意匠、例えば紋章21を採用し、それ以外に斑点文19や単色釉20などの独自のマジョリカを、19世紀まで焼いた。一方、17世紀の創業のドイツ語圏のマジョリカは宗教改革の影響を受け、他地域とは異なる様相を見せる。次に、ドイツ語圏のマジョリカを見てみよう。

3. ドイツ語圏のマジョリカからわかること

・アルンシュタット産のマジョリカ（図6）

ドイツ語圏も16世紀代はイタリアからの輸入が主で、例えば紋章入りのマジョリカ51やベレッティーノブルー52、藍彩フォグリー文53などが伝世する。本格的なマジョリカ生産はアルンシュタット窯の1583年銘の壺66などから16世紀末頃と考えられる。ドイツ語圏ではイタリア陶工の移住は知られておらず、系譜の異なる独自のマジョリカが生産された。

ドイツ中部のアルンシュタットの製品はドイツ語圏に流通し、同時期のイタリアやアントワープにはない意匠を濃い藍色の太線で描く。そのため、全く別物に見える。しかし、個々の文様にはイタリアやアントワープで過去に流行した意匠の模倣、例えばオランダ語圏の16世紀中頃の花十字文55と59や植物文56と60、イタリアの15世紀末～16世紀初頭の孔雀の羽の目文57と61など、他地域の意匠と似たものがあり、青花の芙蓉手に似た文様と一緒に描かれることから、古い文様の模倣とわかる。また、紋章64・66・67や人物文65をはじめ、I・H・S文54といったカトリック関連の意匠も描かれた。

17世紀には他の工房も操業を始め、イタリアでジルランダと呼ぶ花輪文58など、アル

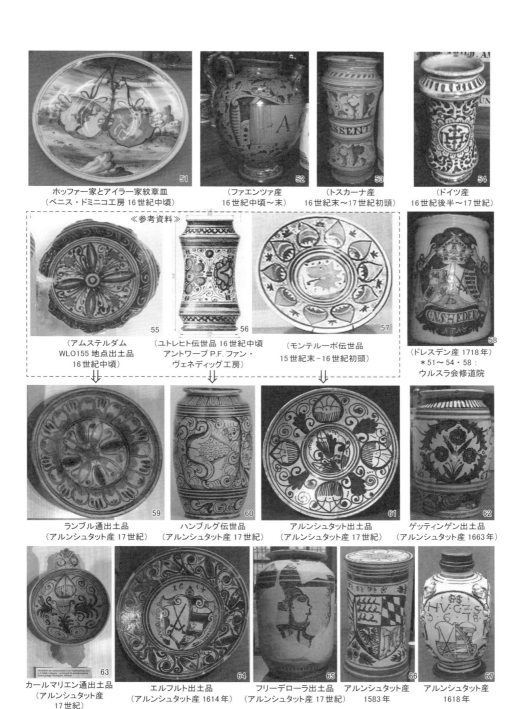

図6 ドイツ語圏のマジョリカ

(60・62は〔Thüringer Museums Eisench und Schloß museums Arnstadt 1997〕より転載、他は筆者撮影)

カトリックとマジョリカ陶器——大坂出土の色絵フォグリー文アルバレルロの生まれた背景——

ンシュタット同様に過去のイタリア製品を真似てドイツ風にアレンジしたマジョリカを生産していた。

・ドイツ語圏のカトリック修道院薬局（図7）

こういったイタリア的、カトリック的なドイツ製マジョリカの使用例がハイデルベルク城薬事博物館に残っている。オーストリア南西部クラーゲンフルトの1730年頃のウルスラ会修道院薬局の薬容器一式である。ここでは16世紀代のイタリア製品51～53・71（右）と、17-18世紀のドイツ製マジョリカ54・58・71（左）などがある。薬事博物館の説明パネル69によると、1521年頃はマジョリカのアルバレルロではなく、木製の筒状の薬壺が薬棚に並んでおり、ウルスラ会修道院でも同様の筒状容器71（左）がある。つまり、16世紀代の薬容器は輸入品か木製品で賄われ、17世紀からドイツ製のマジョリカ容器を使うようになり、18世紀前半までドイツ語圏内で調達したのである。ただ、1730年頃のクラーゲンフルトの修道院の薬容器一式が、遠く離れたハイデルベルクにあるということは、それ以降は使わなかったことを意味する。他にシュヴァルツァッハのベネディクト会修道院やションガウのカルメル会修道院の薬局70の18世紀前半の薬壺一式がハイデ

68 フッゲライのカトリック司祭
ペトルス・カニシウス（1521-1597）

69 ハイデルベルク城の薬局
木製筒形薬壺が並ぶ（1521年頃）

70 ションガウのカルメル会修道院の
ガラス製薬壺（1740年頃）

71 クラーゲンフルトのウルスラ会修道院（1730年頃）
左：ドイツ製マジョリカアルバレルロと木製筒形容器、ガラス容器
右：イタリア製マジョリカアルバレルロ

72
ハイデルベルク
イエズス会教会
カトリックの時期

図7　ドイツ語圏のカトリック修道院と薬壺（筆者撮影）
68・69：フッゲライ展示室、70～71：ハイデルベルク城薬事博物館、72：ハイデルベルクイエズス会教会

ルベルク城にあるが、これらの修道院ではガラスの薬瓶が主流で、この頃にマジョリカの薬容器が使命を終えたのではないかと思われる。

4. まとめにかえて──宗教改革期のヨーロッパ──（図8）

最後に、16‐17世紀のカトリックとプロテスタントの勢力範囲の変化から修道院とマジョリカの関係を考えてみたい。"The Penguin Atlas of World History"〔H. Kinder & W. Hilgemann 2003〕で勢力分布を見ると、1560年頃はプロテスタントの範囲（トーン部分）で、1660年頃にカトリック（白抜き部分）に奪回されている。例えばアウグスブルクやハイデルベルクなどの地域がある。アウグスブルクを治めるフッガー家は熱心なカトリック信者で、フッガー家が今でも運営する福祉住宅のフッゲライは、当時からカトリックが入居条件である。また、ハイデルベルクは前出のイエズス会教会がカトリックとプロテスタントの間で揺れ動き、最終的にカトリックに落ち着いた。そして、ウルスラ会修道院のあるクラーゲンフルトも、1560年頃はプロテスタント地域で、1660年頃はカトリック地域になっている。こういった一悶着あった後にカトリックに落ち着いた地域の人々は強くカトリックを意識していたものと思われ、17世紀初め頃創業のマジョリカ工房が古きイタリアのマジョリカを生産したのも、修道院など、カトリック関連の施設や人からの要請があってのことだったのではないかと思われる。

以前、筆者はオランダ語圏で17世紀前半に意匠の模倣が横行し、それが大坂出土品の製作背景にあると考えた。模倣には2通りあって、同時代の青花を真似たがために訴訟にまで発展したというような、近い時代の意匠の模倣例と、過去のイタリア・マジョリカの意匠の模倣があり、大坂出土品は後者にあたる〔松本 2016〕。

今回、検討したドイツ語圏のマジョリカも後者にあたり、それは修道院など、顧客側からの要請だった可能性が考えられた。つまり、過去のマジョリカの模倣は、生産側の売ら

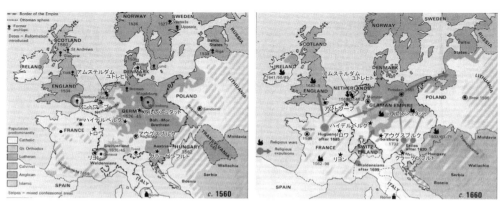

図8　宗教改革期のヨーロッパ
（＊左右両図とも白抜き部分がカトリック優勢地域〔H. Kinder & W. Hilgemann 2003, 'Age of Religious Discord'：
"The Penguin Atlas of World History" vol.1, p.240〕の図を転載、関連都市★を加筆）

んがためのコピーなどではなく、顧客の要請に応じたものと考えられ、その背景には宗教改革で揺れたカトリックの思いと生き残るための工房の思いがあったのではないかと思われる。大坂出土品もそういったカトリック修道院を知る人の関与があっての生産だった可能性が高い。

　だが、日本のマジョリカはすべて江戸時代のもので、鎖国直後の17世紀半ば〜後半のものが大半を占める。1632年埋葬の徳川秀忠墓出土の幾何学文アルバレルロなど、色絵フォグリー文以外のものは、同時期のオランダ語圏で流通していた品であり、色絵フォグリー文のアルバレルロも、実は半世紀も前にカトリック修道院に並ぶ壺を模倣した注文品と考えられる〔松本2016・2017〕。日本でアルバレルロが水指で、オランダ語圏では掛けない内面釉があることも、日本仕様の注文品であることを裏付ける。つまり、色絵フォグリー文アルバレルロは、カトリック禁教令下の鎖国期にプロテスタントのオランダを介して得た、カトリック色の強い輸入品ということになる。どのようにして情報が日本に伝わったのか、プロテスタントのオランダ東インド会社がそれをどうやって調達したのか、まだ調べなければならないことは多い。これらについては稿を改めて述べることにしたい。

参考文献

David Gaimster ed. 1999 *"Maiolica in the North"* Britsh Museum Occasional Paper 122
C. Dumortier 1999 'Maiolica production in Antwerp: the documentary evidence' David Gaimster ed. *"Maiolica in the North"* pp.107-112
C.R. Guidotti, 2001 'La ceramic a Faenza dal XV al XVII secolo' Gian Carlo Bojani 他 ed. *"Capolavori di Maiolica Italiana dal Museo Internazionale delle Ceramiche in Faenza"* pp.192-206、（水野千依訳「15世紀から17世紀のファエンツァ陶器」ジャン・カルロ・ボヤーニ＆井関正昭＆伊藤郁太郎編『ファエンツァ国際陶芸博物館所蔵 マジョリカ名陶展』日本経済新聞社　pp.60-65）
D. Korf 1981 *"Nederlandse Majolica"* De Haan, Haarlem
H. Kinder & W. Hilgemann 2003 'Age of Religious Discord' *"The Penguin Atlas of World History"* vol.1
J. Veeckman & C. Dumortier 1999 'De voorwerpen in majolica uit een afvalput in het Steen te Antwerpen' Johan Veeckman & Stad Antwerpen *"Berichten en Rapporten over het Antwerps Bodemonderzoek en Monumentenzorg"* nr.3　pp.134-192
Thüringer Museums Eisench und Schloßmuseums Arnstadt 1997 *"Arnstädter Fayencen des 17. Jarhunderts"*
成美堂出版編集部 2006『図解　世界史』Seibido mook
松本啓子 2010「鎖国期のヨーロッパ陶器をめぐって」栄原永遠男編『日本古代の王権と社会』塙書房　pp.473-491
松本啓子 2014「鎖国期のヨーロッパ陶器について」高倉洋彰編『東アジア古文化論攷』中国書店　pp.451-472
松本啓子 2016「マジョリカ陶器における文様の同時代性と模倣」田中良之先生追悼論文集編集委員会編『田中良之先生追悼論文集：考古学は科学か』pp.975-996
松本啓子 2017「マジョリカ陶器の物語」佐々木達夫編『中近世陶磁器の考古学』第7巻　雄山閣　pp.299-326

稲荷山古墳出土の辛亥銘鉄剣「吾」字の
創作説と保存修復者の倫理

西山要一

1. はじめに

　2018年は埼玉県行田市所在の稲荷山古墳の発掘から50年、出土した鉄剣に115文字の銘文を発見してから40年目に当たる。

　1977年に埼玉県教育委員会から㈶元興寺文化財研究所に稲荷山古墳出土金属製品の科学的保存処理の打診があり、同研究所保存科学研究室は翌1978年4月から1980年3月までの2年間をかけて、銅鏡・武器・武具・馬具・工具などの青銅製品・鉄製品219点の科学的保存処理を行った。鉄剣の銘文表出は1979年9月の4文字の試験的表出を経て1980年2月に終了した。

　元興寺文化財研究所保存科学研究室に在籍していた筆者は、稲荷山古墳の金属製品の科学的保存処理の一員として、また鉄剣の銘文表出を担当した者として、作業の情景を昨日のことのように思い出すとともに、素晴らしい金文字にであうことのできた幸運を喜びつつ、もう少しきめ細やかな作業ができなかったものかと反省することも度々ある。そのような中で、一度も忘れたことのない苦い思いがある。それは銘文文字を創作したとの指摘であり、以来、今も筆者に投げかけられる質問である。

　宮崎市定氏は著書『謎の七支刀　五世紀の東アジアと日本』〔宮崎1983〕において、稲荷山鉄剣の115文字の銘文の1文字「吾」(裏第40字)を創作したと指摘している。現在的に表現するならば文字の捏造である。

　『謎の七支刀』の出版直後、奈良国立文化財研究所を訪ねた私に、辛亥銘鉄剣保存処理小委員会会長を務められた田中琢先生が「西山くん、稲荷山鉄剣の文字を作ったと『謎の七支刀』に書かれている」と教えられて、早速『謎の七支刀』を購入し熟読した。補修の過程で「為」であるべき字を「吾」に創作している、文化財の補修者として分をわきまえない越権行為であると厳しく指摘していたのである。

　この指摘について、辛亥銘鉄剣保存処理小委員会委員を務められた元興寺文化財研究所保存科学研究室・増沢文武室長と、また、同委員会委員の奈良国立文化財研究所・町田章

先生とも相談した結果、銘文の表出は辛亥銘鉄剣保存処理小委員会、辛亥銘鉄剣保存対策委員会（委員長・坪井清足奈良国立文化財研究所所長）および埼玉古墳群出土品対策協議会（会長・畑和埼玉県知事）の指導のもと行なったものであり、そこに生じた疑念を正すのは委員会の責任であるとして、町田先生がその反証を書かれることになった。

その後、町田先生が執筆された原稿は新聞2社に送られたと聞くが何処にも掲載されることはなかった[1]。その理由は筆者には分からない。また、その後、出版された宮崎氏の刊行本にも「吾」字創作説は修正されることなく収録され、現在も創作説が流布されている〔宮崎1992・1993〕。

『謎の七支刀』が出版されて以来、読者や、さきたま資料館の常設展や各地の特別展で銘文鉄剣を目にした人びとから、「素晴らしい文字ですね。ところで文字を作ったのですか。」と時折、筆者は質問されてきた。つい2ヶ月前にも文化財修復家から同様の質問が投げかけられた。

本稿は、宮崎氏の「為」字を「吾」字に創作したとの説について、創作はなし得ないことを明らかにするものである。

2. 宮崎市定氏の稲荷山古墳・銘文大刀の評価

宮崎氏は『謎の七支刀』で、稲荷山古墳鉄剣に象嵌銘文を発見したことを次のように最大限の言葉で評価するとともに、科学的保存処理・銘文表出についても詳細に記している。

「…最近に世に出た稲荷山古墳の鉄刀の場合は、発掘も調査も保存も管理も、すべてその道の専門家によって行われたので、局外者も詳細にその経緯を知ることができる。これがこの鉄刀の学問的価値をいっそう高める結果となっている。…

昭和四十三年八月、大正大学文学部教授斎藤忠を指導者としてこの古墳発掘にあたり、墳頂部から約二五〇点の器物を発見したが、その保管にあたっていた県教育委員会は、遺物の腐蝕がますます進行しそうなのをおそれ、昭和五十三年、奈良市にある元興寺文化財研究所に送り、錆止め加工を依頼した。

元興寺文化財研究所では所員大崎敏子が、一鉄刀にアクリル系樹脂で作業中、木製の刀鞘が剥落した下から、黄金の線がほのかに現れているのを発見し、付近の学者、研究者に連絡し、レントゲンを照射したところ、多くの文字が錆に埋もれているのを確かめえたので、あらためて銘文の研ぎ出し作業を進めることとした。この鉄剣保存対策に協力したのは、坪井清足、岸俊男、狩野久、田中稔の諸氏であるが、実際の作業には一貫して西山要一があたった。」〔宮崎1983：120-121〕

「作業の要領は、アクリル系樹脂でいちおう固定処理を行ったのち、鉄剣をねかせ、歯科医が用いるグラインダーの先端に円盤形砥石を取り付け、砥石を回転させて錆落しを行い、レントゲンで確かめた金文字の位置へくると、カッターナイフ、竹串、針などで金線の行方をたどった。…

鉄刀は刀中身と表と裏と三層に分離しかけていたので、作業はまずもっとも保存状態のよい裏面の中央から始め、次に表面にまわり、さらに裏面にまわって、一年五ヵ月をかけてようやく終了した。刀尖に近い部分と中間の二個所が完全に刀身から剥離していたので、都合四部分に分かれていたほかに、剥離した細片の中にも金線を含んだものがあり、これらを収集して原位置に返し、けっきょく一センチ四方大の文字一一王個を原状に列べ直すことができた。これは日本に残る古代銘刻の中でもっとも長文であり、七支刀の六十一字はもちろん、江田船山古墳出土大刀の七十五字をはるかに凌ぐから、日本古代資料として、高松塚古墳壁画に比べて、優るとも劣らぬ貴重な大発見であった。」〔宮崎1983：121-122〕

3. 宮崎市定氏の「吾」字創作説の根拠

続いて銘文の読み・記載法・解釈など中国史研究の専門の立場から検討を加えて、多くの研究者の解釈への賛同と自説を織り交ぜながら考察を展開している。その中にあって「吾左治天下令作百練利刀」は「為左治天下令作百練利刀」であり、「為」を「吾」に創作した、作り替えたと指摘するのである。

「作刀の目的を言うには、文中にぜひとも為という字が必要で、それがあれば最初のクォーテーションの談話のような読み方が可能である。しからばなにゆえ、必要な為の字を落としたのか。私の考えでは、銘文の作者が落としたのではない。読む方が読み落としたのだ。

吾天下を云々の吾という字は文章の上ではなくても良い字である。むしろないほうがよい。ないほうがよい字は、文章作法の上で、あってはならない字なのである。実際にここには吾という字はなかったのである。しかし現実に吾という字があるではないか、といった人がある。それは補修後の銘文しか見ないからである。最初に発表されたレントゲン写真に映った字の形（左図上、西山註：本稿〈2〉の上）は、はっきり見られるように、けっして吾ではなかった。五のような形の最下の画、一の右端が上方に曲がって円を形造っている（左図下、西山註：本稿〈2〉の下）。このままではいかなる字にもならない。そこで補修者は円形を切り取って五の下へ運んで吾という字を創作したのである。

私の考えでは、この字の原形は、五の字の最後の画が右端に伸びて下方に湾曲していたにちがいないと思う。あるいはいまは用いられなくなった平仮名ゐのように、円形にとぐろを巻いても構わない。これなら為と読める。もちろんそれは上文中に一度現れる為字の簡略体と少しく異なる。しかし銘文は活字印刷とは違うから同一字は常に同一形をとるとは限らない。…

すでに吾とされてきた文字が、吾ではなくて為であったとすれば、この句は、天下を左治せんが為に、となり、前文の杖刀人の首との相互関係がわけも無く解決される。…」
〔宮崎1983：144-145〕

と記し、「吾」は正しくは「為」であり、「吾」に変えた行為は許しがたいものであるとして、補修者を断罪している。

元興寺文化財研究所が最初にX線透過撮影した写真（図1〈2〉）、埼玉県教育委員会の銘文書き起こし、解釈、記者発表資料、それらをもとにした読売新聞の記事（図1〈1〉）では、宮崎氏が指摘した通り、「五」の4画目の右端に「口」が重なる（図1〈3〉）。これが宮崎氏の論を招く一要因となったことは確かである。

その後の第2回、第3回、第4回のX線透過写真でも、「口」は「五」の下を左に、中央に、右に移動している（図2〈4〉）。これは、X線透過写真撮影を行うごとに、X線フィルムカセットの上に鉄剣を置きさらに剥離片を乗せて撮影するために、固定していない剥離片「口（吾の5～7画）…練（上半）」は微妙に位置がずれることから生じたものである。

なお、埼玉県が1979年に刊行した『稲荷山古墳出土鉄剣金象嵌銘概報』、1982年刊行の『埼玉稲荷山古墳辛亥銘鉄剣修理報告書』においては、剥離片「口（吾の5～7画）…練（上半）」の形状と原位置を示し、「口（吾の5～7画）…練（上半）」を剣身上の原位置に置くX線透過写真が掲載されている。

4. 鉄剣銘文の保存修復

稲荷山古墳出土の金属製品の保存処理は、1978・79年度の2か年計画で始められた。その前年に、筆者は埼玉県立博物館において初めてこれらの金属製品を目にして、錆の一片たりとも失うことなく大切に保管してきた県の努力に感激したことを覚えている。それまでに筆者は、発掘から20年、30年を経てその間に錆が進んで膨れあがり、表面が剥落し、断片と化した、そして細片が失われて原形を推測することすらできない数多くの金属製品を見てきたからである。

さきたま古墳群の中にあって、前方部は削平され、後円部の粘土槨は盗掘破壊されいわば半壊状態の稲荷山古墳からの、未盗掘の礫槨と一括遺物の発見は、さきたま古墳群を語るには無くてはならない貴重な資料と強く意識されていたからであろう。

(1) 保存処理前の銘文鉄剣の状態

発掘以来、銘文鉄剣は他の刀剣類と同様に1点ずつ薄葉紙に包み半裁の竹筒に収納され、移動も竹筒に収納したままで行なわれていて、剥離細片も全て保管されていた。このことが、剥離細片にも含まれる金文字線画を失うことなく115文字の全銘文が完存する「100年に1度の大発見」といわれる希有の評価をもたらしたのである。

とはいえ、出土から10年間の錆の進行によって表裏方向に膨れ、亀裂が生じ剣両面と剣身に、いわゆる3枚おろしの状態であった。剣身と大きな剥落片4点および細片多数に別れていたが、剣身、剥離片、剥離細片のそれぞれに残存する文字はX線画像から明らかになった。

まず、剣身には、表の「亥～上（表2～12字）」、「獲～比（表33～57字）」、裏の「其（下半）～至（裏1～25字）」、「斯（右半）～時（裏36～39字）」、「練（下半）～也（裏50～58字）」が残存していた。

　大きな剥離片1には表の「祖～加（表13字～22字）」、剥離片2には表の「利～利（表23～32字）」、剥離片3には裏の「今～斯（左半）（裏26～36字）」、剥離片4には裏の「口（吾の5～7画）～練（上半）（裏40～49字）」含まれていた。

　また、剥離細片には表の「辛（表1字）」、裏の「其（上半）（裏1字）」、裏の「口（名の4～6画）（裏3字）」、裏の「記（言偏）（裏52字）」、裏の「吾（1～3画）（裏53字）」、裏の「原（日部分）（裏57字）」の6字分である（図3〈6〉）。

(2) 剥離片の仮接合と銘文表出

　剥離片の接合は、剣身の剥離痕跡の輪郭と剥離片の輪郭などの形状、表面の錆の状態と色、表面に残る木質物（鞘）などに加えて、剣身の剥離面表面と剥離片の裏側の凹凸とも照合し、さらにX線撮影された銘文・文字との整合性にも留意し仮接合を行った。剥離細片についても同様である。これらの剥離片の接合は、銘文表出のための仮接合であったが、極めて的確な位置合わせができていて、銘文表出後にそのずれが判明した剥離片1点を左右にわずかに1mm程度補正するに止まった（図2〈5〉）。

　銘文の表出は、原寸大の実測図とX線写真から書き起こした文字図を鉄剣に添え、文字と線画の位置を確認しながら行った（図3〈7〉）。まず、表面の膨れあがった錆を、円盤形砥石を装着した精密加工グラインダーで削平を進め、文字の直上に達するとカッターナイフやメスで文字線画の輪郭をたどるように錆に線刻を入れる。再びグラインダーを表面にあてて削ると文字表面の鉄錆が剥がれる。また竹串や針の先端を刻線に当てわずかな圧力を加えると鉄錆が剥がれる。この際、文字線画の両側にはわずかに錆を残し、断面V字溝に象嵌された金線の剥落を防ぐ事にも留意した。しかし、全ての文字・線画がこのように理想的に表出できたのではなく、文字を覆う錆がうまく剥がれずグラインダー等で文字線画の表面を傷つける場合もあった（表出による傷は『埼玉稲荷山墳辛亥銘鉄剣』修理報告書』16～19頁の文字図に記載）。

　鉄剣の表面の錆は凹凸激しく、これにしたがって文字線画は持ち上げられたり深く沈んでいたり、また、錆の亀裂に橋状に架かっていたり、さまざまな状態であった。表出は、1字に3日を要したこともあれば、1日に3字を表出できることもあり、試験的に4文字を表出してからおよそ6ヶ月を費やし115文字の表出を終えた（図4〈8〉）。

(3) 「為」を「吾」に創作しうるか

　宮崎氏は、「口」を切り取って「五」の下に接着し「吾」字を創作したと断言している。しかし「五」の下の「口」は「口（吾の5～7画）…練（上半）（裏40～49字）」の大きな

剥離片の上端に繋がっていて、単独の剥離片「口」であったのではない、また、他の剥離片から「口」を切り取ったり、剥離細片の「口」をここに貼り付けたりすることも無い（剥離細片の「口」は、その輪郭や剥離面との照合から裏第3字の「名」の4～6画の「口」である）。剥離片の仮接合では、剥離片の外形と剣身本体の剥離痕跡をあわせるとともに、剣身の剥離痕跡表面と剥離片裏側の凹凸を照合することによって、確実に原位置に戻すことができる。

　こうした経験から筆者たち保存修復者は、たとえ錆の細片であれ原位置に戻す努力をし、原位置が分からない錆の細片もさび止めの処置を行い資料とともに保管することを原則としている。加えて本鉄剣には、剣身にも剥離片にも象嵌銘文があり、そのX線写真をも参照しながら剥離片・剥離細片の原位置の確定もできる。他の部分から「口」を切り取り、「口」を接合するなどの必要性もなければ、いかなる創作の意図も生じる余地はないのである。

　加えて表出作業は、辛亥銘鉄剣保存対策委員会と辛亥銘鉄剣保存処理小委員会のあわせて8回に及ぶ委員会が開催され、その指導のもとに行った。

　第1回小委員会（1979年2月16日）では鉄剣の保存処理とレプリカ作成についての基本的方針の議論、第2回小委員会（同年3月17日）では銘文表出の是非の議論と試験的な4文字表出の実施、第3回小委員会（同年9月8日）では試験的4文字表出の結果の検討と、全銘文の表出の決定、第4回小委員会（1980年2月26日）では全銘文表出後の検討や保存ケースの設計・制作を検討した。このように、銘文表出は作業の進捗の段階ごとに対策委員会と保存処理小委員会による方針の検討、作業の内容と結果の検証が行われた。宮崎氏の「補修者は円形を切り取って五の下へ運んで吾という字を創作した」との指摘はあたらない。

5. 宮崎氏が述べる文化財修復者、研究者の倫理

　「問題の文字が、吾であるか、為であるかの判定に関係なく、補修のさいに金線をもとあった位置から他所へ運んで固定したやり方は、補修者として越権行為である。補修者は研究者とは異なる者で、互いにその分際を守らねばならぬ。もし補修者が個人の考えで、一般大衆見学者のために見やすくするように手心を加えたなどというならば、もう補修者として信用できなくなる。補修者はどこまでも、あるがままの現在を、そのまま後世に伝えることに専念すべきである。」〔宮崎1983：146〕

　「補修者は自由や創造を自ら封じて、壊れたらば壊れたまま、不明なら不明のまま現状に奉仕しなければならぬ。…補修者が補修以上に手心を加えるのは、そもそも補修ということが、一種の破壊を意味することを自覚しないことから起こるのではないか。」〔宮崎1983：147〕

　「発掘は破壊だという宿命から離脱できそうにないと恐れる。…補修もまた同じ。補修

そのことがすでに現状破壊なのだ。ただ、現状そのままでは破壊が進行するから、その破壊を最小限に止め、あるいは破壊の速度を遅らせるという意味においてだけ補修は容認される。とはいっても、けっきょく補修は破壊であるという宿命はまぬがれぬことを、補修者は謙虚に自覚した上で事に当たらねばならぬ。…個人的な考えで新しい価値を創造することは、厳につつしまねばならぬ。」〔宮崎1983：149〕

　宮崎氏が稲荷山鉄剣の「吾」字創作説を通して強調するのは、修復者・研究者の歴史資料に対する真摯な研究姿勢と倫理であり、社会的責務を果たすことを解くものである。宮崎氏が長年の中国史の研究で自ら培われた真摯な姿勢を、確信をもって述べられていることは、『謎の七支刀』のみならず他の研究論文の多くに窺うことができる。また『宮崎市定全集』の月報に掲載されている宮崎氏のお弟子さんの文章からも、宮崎氏の教育や研究者のまなざしが窺い知れる。

　筆者は、元興寺文化財研究所に在籍中、文化庁主催の指定文化財修理技術者講習会で、さらにさまざまな先生方から同様の保存修復の論理や倫理を学び、1985年に奈良大学に移ってからも30年間学びつつ、保存科学や文化財の授業科目で、「稲荷山古墳・辛亥銘鉄剣の保存科学」をテーマにした講義や講演を行ってきた。これらの講義・講演では宮崎氏の論じる「吾」字創作説とともに補修者の倫理を紹介し、保存科学や保存修復に携わる者の心得や倫理を述べてきた。それは、宮崎氏の述べる「補修者の本分」は、保存科学を教える私にとって、そして学ぶ学生にとって大切な論理であり倫理であると確信していたからに他ならず、現在も宮崎氏の教えに共感している。

　したがって、本稿は、宮崎氏の「吾」字創作説を誤認であると証明することのみならず、宮崎氏の研究教育の真摯な姿勢と学問倫理に対する敬服の念を表わすものでもある。そのために氏の『謎の七支刀』からの引用は本稿の2頁に及んだ。ご理解を賜れば幸いである。

　謝辞　本稿の図版を提供いただいた元興寺文化財研究所、掲載許可をいただいた埼玉県教育委員会に感謝申し上げます。

註
(1)「吾」字創作説に対する町田章先生の「反証」原稿を本稿に収録したく思い探索したが発見できなかった。探索にご協力いただいたのは次の方々である。感謝申し上げます（敬称略）。町田正子、工楽善通、沢田正昭、田辺征夫、神野恵、豊島直博、松本岩雄、増沢文武、岡本健一、野中仁、奈良文化財研究所、元興寺文化財研究所

参考・引用文献
宮崎市定　1983　『謎の七支刀―五世紀の東アジアと日本―』中公新書
宮崎市定　1992　『謎の七支刀―五世紀の東アジアと日本―』中公文庫
宮崎市定　1993　「謎の七支刀」『宮崎市定全集』21　岩波書店

稲荷山古墳出土の辛亥銘鉄剣「吾」字の創作説と保存修復者の倫理

〈1〉宮崎市定氏が購読したと思われる読売新聞
（1978年9月20日朝刊）

〈3〉銘文発見時の第一回X線撮影画像。記者発表に使われた画像の「時吾・・・練利」の部分。宮崎氏の読取りの通り「五」の四画目の横画の右端に「口」が重なる。（元興寺文化財研究所提供・埼玉県掲載許可）

〈2〉『謎の七支刀』に掲載された「吾」のX線写真（上）とその書き起こし文字（下）宮崎市定氏は「為」と解し補修者が「口」を切り取って貼り「吾」を創作したと断じた。（宮崎市定『謎の七支刀 五世紀の東アジアと日本』中公新書、1983年）

図1

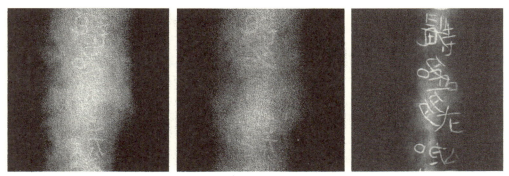

〈4〉 鉄剣本体に「吾(下半部)・・・練(上半部)」を重ね撮影したX線写真
(左:吾の口が左にずれた画像　中:吾の口がほぼ中心に重なった画像　右:吾の口が右上にずれた画像。剥離片「口(吾の5〜7画)・・・練(上半)」を刀身に乗せて撮影を行ったので、撮影の都度、剥離片の位置がずれる。)(元興寺文化財研究所提供・埼玉県掲載許可)

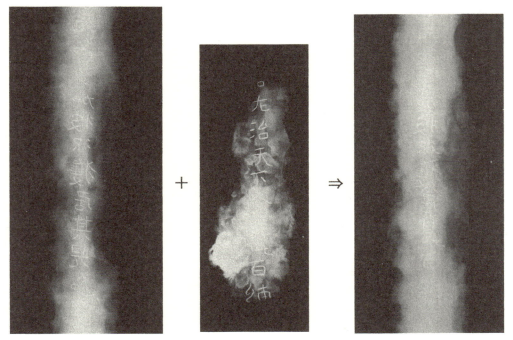

〈5〉鉄剣身と剥離片「口(吾の5〜7画)・・・練(上半部)」のX線透過画像
　左:剣身のX線画像　　中:剥離片「口(吾の5〜7画)・・・練(上半部)」のX線画像
　右:剣身に剥離片「口(吾の5〜7画)・・・練(上半)」を接合し修復を終えたX線画像
(元興寺文化財研究所提供・埼玉県掲載許可)

図2

稲荷山古墳出土の辛亥銘鉄剣「吾」字の創作説と保存修復者の倫理

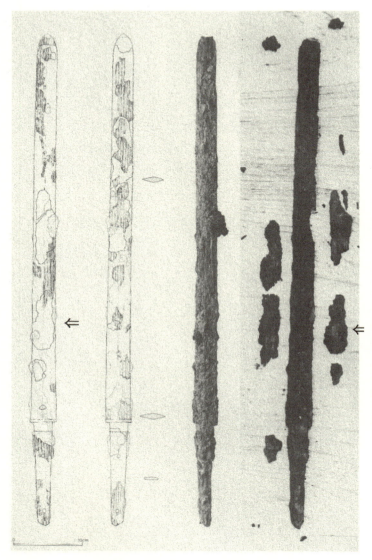

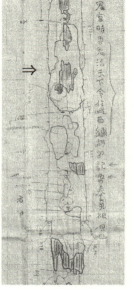

〈6〉保存処理前の鉄剣　保存処理時には刀身部と
大きな剥離片4点と多数の細片となっていた。
(⇒が「口（吾の5～7画）・・・練（上半）」の剥離片)
(埼玉県教育委員会・埼玉県文化財保護教会『埼玉稲荷山古墳辛亥銘鉄剣修埋報告書』
1982年　埼玉県掲載許可)

〈7〉銘文表出作業はX線写真と書起し文字を参考に行った。
口（吾の5～7画）・・・練（上半）」の位置を示す図。原図は町田章先生による。

図3

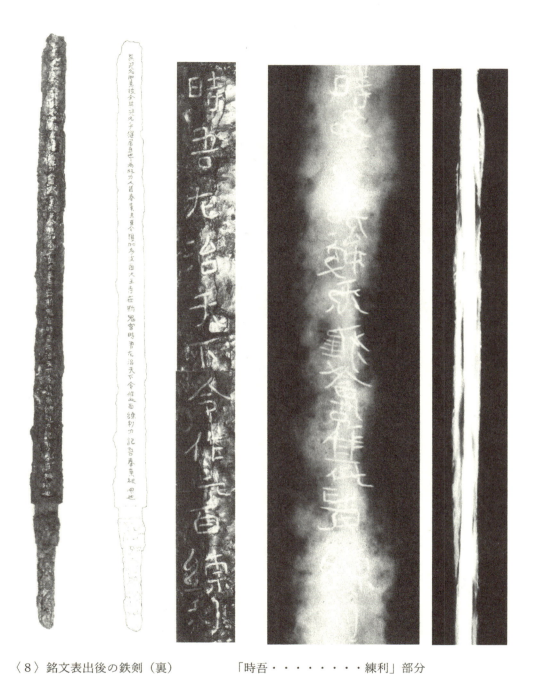

〈8〉銘文表出後の鉄剣（裏）　　　　　「時吾・・・・・・・・練利」部分

側面からのＸ線写真では、錆膨れに伴う文字の浮き上がり状態が鮮明に見える。

（写真・Ｘ線写真は元興寺文化財研究所提供　図は『修理報告書』埼玉県掲載許可）

図４

年輪から読み解く新安船積荷木箱の年代と産地

光谷拓実

1. はじめに

　1976年から9年間にわたる発掘調査で、韓国全羅南道新安の沖合い水深約20mの海底から引き揚げられた「新安船」は、船の形態や莫大な量の遺物などから、14世紀初頭（紀年銘荷札：1323年）に中国から日本へ渡る途中に沈没した貿易船であることがわかった。この発掘調査は陶磁器研究のみならず、東アジアの中世貿易の実態を明らかにするうえで貴重な発見となった〔小野2005〕。

　船体はもちろんのこと、積荷のなかで注目された遺物は2万点をこす中国産の陶磁器類のほか、錫のインゴット、28tの銅銭、高級紫檀材、植物類の種、香辛料などの主要な貿易品類であった。また、京都「東福寺」と書かれた荷札が41点、博多「筥崎宮」の荷札3点などが見つかったほか、将棋駒、下駄、日本刀の鍔、和鏡、日本産火鉢、漆椀などの日本とのかかわりを直接示すものが多数発見された。中国産陶磁器などは木箱に収納されたままの状態で発見されたものもあったが、多くの木箱はバラバラに外れたままで見つかった。

　引き揚げられた「新安船」は長年かかって保存処理され、発見された多くの貿易品遺物とともに韓国国立海洋遺物展示館で展示されている。

2. 調査の経緯

　2007年、国立海洋遺物展示館から『新安船遺物』と題する大部な図録（3分冊）が手元に届けられた〔韓国国立海洋遺物展示館2006〕。最初に目に留まったものが木箱である（写真1）。木箱の材種は中国中南部と台湾に固有のコウヨウザン（スギ科）と同定されていた。これまで長年にわたって年輪年代学研究を進めてきたなかで、良質な年輪データが収集できる調査対象として古代から近世にかけて数多くの木箱を扱ってきた経験から、図録のなかの木箱は日本のものではないかと直感した。日本においては物を収納する木箱にはスギ材が好んで使われてきた木の文化がある。さらに積荷の行き先が荷札などから

写真1　木箱（図録『新安沈没船』より転載）
（高さ50cm、長さ60cm、幅45cm）

京都や博多の社寺であったことを考え合わせると、それらは日本産のスギを使った木箱である可能性が高いものと推定した。このことは既に中世をカバーしている日本産スギの暦年標準パターンを使って年輪年代学的な調査検討をおこなえば明らかにできるものとの確信にいたった。

2008年9月、国立海洋遺物展示館を見学したのち、隣接する国立海洋文化財研究所を訪問し、PEG処理された木箱の板材が多数整理棚に収納されているのを実見した。その多くが針葉樹（スギ科）の柾目板であった。そこで木箱の板材を対象とする年輪年代学による共同研究を行うことの申し入れをおこなった。このとき同席していた韓国の年輪年代学研究の第一人者である忠北大学の今は亡きWon-Kyu Park教授と具体的な木箱の年輪年代学的な調査方法などについても意見交換をし、実施できるはこびとなった。共同研究を実施するにあたり、韓国側からの参加メンバーは忠北大学のWon-Kyu Park教授とYojung-Kim氏、国立海洋文化財研究所のYong-Hee Yoon氏、Whan-Suk Moon氏の4名であった。調査結果は、当初の想定どおり日本産のスギであることが判明した。

2013年には年輪年代法による年代測定結果をうけて、Won-Kyu Park教授を含めた調査参加メンバー5人と連名で論文としてまとめ、国際年輪学会誌『Dendrochronologia』に発表した〔Yojung-kimほか2013〕。その後、この結果を国内向けに発表する機会をうかがっていたところ、このたびの『工楽善通先生傘寿紀年論文集』が刊行されるのを機に報告することとした。

3. 試料と方法

木箱の板材は国立海洋文化財研究所の収蔵庫（PEG処理済み）に保管されており、このなかから柾目板状に木取りされたものでかつ年輪がおよそ100層以上あるものを選定、計測線を設定後、スケールをあて年輪画像を撮影し、10ミクロン単位の年輪データを収集する方法を採用した。

2008年10月にWon-Kyu Park教授とYojung-Kim氏から13点の板材の年輪データが送られてきた。また、2009年にはYong-Hee Yoon氏とWhan-Suk Moon氏から12点の年輪画像が託され、当方において年輪データ化をおこなった。その結果、年代測定に供した板材は総数25点である（表1）。このうち板材の外側（樹皮方向）に辺材が残存している

形状のものは4点（No.8、No.9、No.11、No.12）確認された。これらの板材から得られる年輪年代は木材の伐採年代に近い年代を示し、木箱の製作年代を考えるうえできわめて重要となる。計測収取された年輪データと暦年標準パターンとの照合はコンピュータによる相関分析法を用いた〔光谷1990〕。年輪データの統計処理は次式によった。

1) 5年移動平均　　$z(i) = \dfrac{5x(i+2)}{|x(i)+x(i+1)+x(i+2)+x(i+3)+x(i+4)|} \times 100$

2) 相関係数 r　　$r = (\sum_i x_i y_i - N\bar{x}\bar{y}) / \sqrt{(\sum_i x_i^2 - N\bar{x}^2)(\sum_i y_i^2 - N\bar{y}^2)}$

3) t 検定　　$t = |r|\sqrt{(N-2)/(1-r^2)}$

コンピュータによる年輪パターン照合の検出結果は t 検定による t 値が 5.0 以上（t 値が大きいほど同調性が高いことを示す）を示した年代位置を照合成立時の一応の設定条件としているが、5.0 以下を示す場合でも成立することは度々あるので、必ずしもこの設定限りではない。ちなみにヨーロッパでは 3.5 以上の t 値を採用している。つぎにコンピュータによる照合結果をうけて、目視による年輪パターンの一致状況を確認し、最終的な判断を下すこととした。

年代を割り出すにあたって使用した日本産スギの暦年標準パターン（9世紀〜13世紀）は、おもに近畿地域の遺跡出土木材や中世の木工品などの年輪データを使って作成したものである。

4. 結果と考察

本調査で対象にした板材 25 点の樹種、計測年輪数、t 値、年輪年代、残存辺材幅などについては表1に示したとおりである。これをみると、最多年輪数の板材はNo.19 の 256 層、最少年輪数はNo.5 の 73 層であった。25 点の年輪パターンとスギの暦年標準パターンとの照合をおこなったところ、18 点の板材の年輪年代が判明した。このなかでもっとも高いt値を示したのはNo.10 の年輪パターンで、得られたt値は 8.1 である（図1）。暦年標準パターンとの同調性は大変高く、両者の産地は近いことが推定される。一方、No.5 のt値は 3.7（1208 年）と低い値であるが、年輪年代の確定したNo.12 との照合では同じ年輪年代の位置でt値が 5.4 を示し、問題ないことがわかった。年輪パターン照合が成立しなかった 3 点の板材（No.1、No.2、No.13）は年輪年代が確定した板材の年輪パターンと個別に照合して判明したもので、t値欄にはそのときの数値をカッコ付きで示し、その照合相手の板材のNo.を備考欄に示した。その結果、25 点の板材のうち年代が判明したのは総数 21 点であった。

この測定結果から調査した板材のうち 21 点は日本産スギ材であることが確実になった。一方、年輪パターン照合が不成立だった板材 4 点（No.11、No.17、No.20、No.22）については

表1　新安船積荷木箱の年輪年代調査結果一覧表

試料No.	板材番号	樹種	年輪数	t値	年輪年代	辺材幅(cm)	備考
1	001	スギ	208	(12.2)	1257	—	（　：No. 9　）
2	002	〃	224	(7.5)	1263	—	（　：No. 6　）
3	003	〃	193	6.9	1228	—	
4	004	〃	232	6.7	1268	—	
5	005	〃	73	3.7 (5.4)	1208	—	（　：No. 12　）
6	006	〃	117	6.4	1256	—	
7	007	〃	240	5.1	1300	—	
8	008	〃	243	5.1	1316	4.0	
9	009	〃	250	(4.5)	1304	3.9	（　：No. 4　）
10	010	〃	233	8.1	1220	—	
11	011	〃	118	—	—	3.3	
12	012	〃	194	4.9	1275	2.0	
13	013	〃	196	(4.3)	1166	—	（　：No. 10　）
14	014	〃	107	6.1	1188	—	
15	015	〃	207	4.5	1200	—	
16	016	〃	223	5.2	1271	—	
17	017	〃	165	—	—	—	
18	018	〃	201	7.1	1287	—	
19	019	〃	256	6.6	1279	—	
20	020	〃	140	—	—	—	
21	021	〃	154	4.5	1276	—	
22	022	〃	139	—	—	—	
23	023	〃	131	4.4	1284	—	
24	024	〃	155	6.2	1087	—	
25	025	〃	198	6.7	1271	—	

年輪パターンを見るかぎり、生長が良く気候変化が年輪形成にあまり反映されていないものと判断された。このような年輪パターンを呈するものは年輪パターンの照合が成立しにくい傾向にあり、若齢期に形成された中心に近い約100年以下の年輪パターンなどに多く見られる。したがって、これら4点の板材もまた中国産のものではなく、明らかにその形状からみても日本産スギ材とみてよかろう。

　判明した板材の年輪年代は1087年から1316年の範囲内のもので、大きく年代差があるがこれは板材として加工するときの削除程度の差がその原因として考えられる。21点のなかでもっとも注目される3点（No. 8、No. 9、No. 12）は辺材が残存している形状のもので、伐採年代に近い年代を示し、それぞれ1316年＋α層（4cm）、1304年＋α層（3.9cm）、1275年＋α層（2.0cm）である。ここで示した＋α層は失われた年輪層数を示す。参考までに例をあげると、日本産スギの平均的な辺材幅は約4.0cm〜5.0cm前後である。ただしこの平均辺材幅にはばらつきがあるので、年代の解釈には注意が必要である。今回の調査でもっとも新しい年輪年代はNo. 8の1316年で、これが伐採年代にもっとも近い年代を示している。この年代値は荷札に書かれていた至治3年（1323年）にわずか7年古いもの

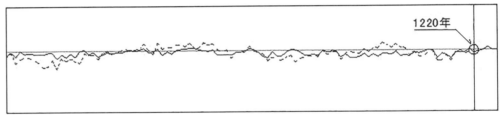

図1　スギの暦年標準パターングラフ（実線）と木箱№10の年輪パターングラフ（点線）

であった。この7年の年代差を考えた場合、№8の板材の外側（＋a層）はあまり失われていないものと思われるので、この年輪年代は木箱の製作年代を考えるうえで重要である。

5. まとめ

　本調査をおこなう前は、新安船積荷木箱は中国産スギ科のコウヨウザンが使用されていると考えられていたが、日本産スギ（近畿地域産と推定）であることが明らかとなった。また、№8の木箱から得られた年輪年代の1316年は紀年銘荷札の1323年にきわめて近い年代を示していることから、中国側であらかじめ積み込む品が想定され、それに合わせて日本側で準備された木箱が使われた可能性が高い。

　以上のことから、中世における中国と日本の貿易実態をより深く知り得る情報を提示できた点で貴重な成果といえる。また、年輪年代学研究は単に年代測定をして年代情報を提示するだけではなく、年輪による木材流通史の復元的研究分野への道を展開できるものであることが本事例によって示されたといえる。

6. おわりに

　本調査は国立海洋遺物展示館、国立海洋文化財研究所のご協力ならびに日韓の年輪年代学研究者による共同研究によってもたらされた成果である。ご協力いただいた関係機関ならびに忠北大学の故 Won-Kyu Park 教授はじめ、参加いただいた研究者の皆様に心から感謝申し上げる。今後もこうした日中韓の共同研究の進連携プロジェクトが進められることを期待したい。

　工楽善通館長には、新安船に関連する情報や幾人かの韓国考古学研究者をご紹介いただくなど、多岐にわたってご協力、ご鞭撻を賜った。ここに厚く御礼申し上げる。

参考文献

小野正敏 2005「タイムカプセル新安沈没船」『東アジア中世海道―海商・港・沈没船―』国立歴史民俗博物館

韓国国立海洋遺物展示館 2006 図録『新安沈没船』文化財庁国立海洋遺物展示館

Yojung-Kim, Yong-HeeYoon, Takumi Mitsutani, Whan-Suk Moon, Won-Kyu Park「Species identification and tree-ring dating of wood boxes excavated from the Shinan shipwreck,

Korea」『Dendrochronologia』31　Instituto Italiano di Dendrocronologia　Italia　2013
光谷拓実 1990『年輪に歴史を読む―日本における古年輪学の成立―』奈良国立文化財研究所学報 48　同朋舎

テラヘルツ波を用いた彩色文化財の
非破壊界面調査

金　旻貞

1. はじめに

「文化財」の中には、木材、紙、絹、あるいは石材などを基底材として顔料や染料により彩色が施された文化財があり、単一の彩色層のみで構成されるものだけではなく、機能を異にする複数の塗膜層を有するものが数多くある。そのような彩色された文化財が持つ歴史的価値および美術的価値の主たる情報は、図像や絵画技法などが含まれる彩色層から引き出さされることが多い。実際に、色や線で絵を描く行為の起源は大変古く、有史以前から続いてきた。しかしながら、彩色された様々な文化財を構成する材料に共通する素材が用いられていたとしても、それぞれの文化財が本来もつ機能や用途に応じて表現や内容も異なるものとなり、その分類としては絵画、壁画、彫刻、工芸、および建造物などのように大きく分類されることになる。本稿ではこのように、多くの文化財の種類において彩色された文化財を、広義の意味で「彩色文化財」と称することにする。

さて、彩色文化財の一般的な構造は、図1のa-bのように垂直方向で切って得られた断面を見ると重層構造となることが多い。この重層構造は、基本的には下層から上層に向かって制作される順番となっている。下層から順にみてみると、最下層の支持体は「彩色文化財」の土台となる部分であり、紙、絹、石材、または木材などの素材が多く使われている。その次に、下地層が来る。下地層は絵具が支持体に浸透するのを防ぐ、いわゆるにじみ止めの層、または、絵具の発色を良くするための面を準備する層である。下地層に用いられる材料の違いは地域性や時代性を帯びるが、概ね白色下地が主流である。稀に、有色の下地が用いられる場合や下地層が施されていないこともある。最後に、下書きの有無を除いて、絵具層になる。この層では、顔料や染料が膠や糊、漆のようなバインダーと練り合わせて用いられている。絵具層は一層または、塗り重ねによる層を形成する場合も多い。

彩色文化財における基底材から彩色層に至る層構造調査においては、これまでいくつかの有効な調査方法〔knut 1979、江本 1962、下山 1992、J.R.J van Asperen de Boer 1968〕が実用化されてきた。これにより使用された材料が確認され、経年変化や絵画の状態も解明

図 1　層構造の断面図

されるようになった。しかしながら、実際の詳細な彩色調査方法の多くは実験室で行われることが多く、非破壊調査ならびに現場での調査によって層構造の調査が十分に行われているとは言い難い状況である。

　彩色文化財における彩色層がもつ価値、その意義については昔から議論されてきた。しかしながら、文化財保存科学の立場からみると、「彩色を現状維持する」あるいは「当初の彩色に戻す」などの判断よりも、調査している箇所を精度よく調べることが重要な意味があると考える。現状はどうなっているのか、どう残すのか、何を残すのかといった問題に直面した時に、材料的な理解、劣化状態の理解、または、保存管理への工夫など、保存科学の立場からの彩色文化財における切口が多く存在する。

　本研究は、彩色文化財における彩色層構造調査を中心におこなったものである。彩色文化財における損傷が最表層（上部構造）であればその損傷度合いに応じた修理、修復がなされるが、目視で確認できない部分はどのように判断するのか、また、亀裂または剥離といった塗膜の破壊損傷に至るものや確認できない基底材の損傷などはどこまで許容されるのか、どのような程度で劣化を止める工夫を考えなければいけないかなどの疑問から始まった研究である。

　彩色劣化に関する研究においては、彩色材料そのものの物理的な性質および力学的性質を把握して相互の関係を考察する研究方向も重要ではあるが、それと同時に「現在」得られる情報を正確に把握する技術を確立することも重要であると考える。そのような立場から保存を考える際に、劣化はどこから始まって、どのような劣化状態を呈しているのか。調査はどこから始めなければならないのか、調査したデータはどのような情報を把握しているのか等々、正確に診断することは、次の調査へ大きな展開を与えるものと考えられる。

　そこで、近年多岐にわたる分野での応用の可能性が期待されるテラヘルツ波の電磁波領域を、智恩寺紙本金地着色天橋立図屏風の調査へ適用することを試みた。

2. テラヘルツ波の先行研究と課題

　近年、テラヘルツ波を用いた可視化の技術により、表層付近の劣化状態を可視化することにより、劣化原因の基礎的知見を得る方法が検討されている〔Fukunaga 2008〕。テラヘルツ波とは、300 GHz～3 THz の周波数帯の電磁波で、その波長程度の空間的な分解能を有する。また、非接触リモート計測の手法としてテラヘルツパルスを用いた塗膜のモニタリング技術が工業計測で利用される報告がある〔安井ほか 2008、D.J.Cook et al. 2000〕。文化

財におけるテラヘルツ波の応用としては、テラヘルツ波を用いたテンペラ画の調査が報告されている〔J.B.Jackson et al. 2007〕。2010年から独立行政法人日本情報通信研究所、奈良文化財研究所および京都大学との共同研究によって、日本における木造文化財等の彩色調査の応用事例、内モンゴルの壁画調査結果が報告され、従来の赤外線、X線などでは分からなかった、絵画の材料同定および彩色層の構造の解明などがテラヘルツ波を用いることで可能であることが明らかとなっている〔K.Fukunaga et al. 2010〕。また、100種類以上の顔料およびバインダーのテラヘルツ波のスペクトルが得られており〔Kaori Fukunaga et al. 2007、嘉納2009〕、そのデータベースがweb上で公開されている。

　どの周波数帯を用いた分光技術であっても、未知の物質を同定するためのスペクトルデータベースは必要不可欠である。テラヘルツ波の文化財調査への応用はまだ始まったばかりではあるが、その中でも彩色文化財への応用性は最も期待できる。しかし、テラヘルツ波は、材料によってその侵入深さや分解能が異なる。現時点で構築されているテラヘルツ波分光スペクトルのデータベースは、多様な彩色文化財を対象にした場合は、不十分であると言える。従って、汎用の非破壊診断技術として応用を進めていく上では、彩色材料、修復材料を中心とした資料が必要となると考えられる。テラヘルツ波における実際の彩色文化財材料の透過および反射特性を知ること、これらの基礎的な知見を基に、彩色文化財の彩色劣化の種々の現象を調査するには、調査目的に対応した最適な電磁波の選択と条件の設定を定める必要がある。

　従って本論文は、彩色文化財の保存を考える上での内部層構造調査の重要性とテラヘルツ波周波数帯を用いた非破壊内部構造調査について研究したものである。

3. テラヘルツ波計測システム

　実時間イメージングに用いられるテラヘルツ波は、おもに増幅されたフェムト秒レーザーパルスをテラヘルツ波発生装置に照射することによって得られる。テラヘルツ波計測システムの基本的な構成として、能動計測システムと受動計測システムがある。前者は対象物質にテラヘルツ波を照射し、透過または反射したテラヘルツ波の信号（強度、振幅、位相）などを検出する。実験で

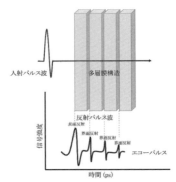

図2　テラヘルツ波エコー法による
　　　構造解析概念図

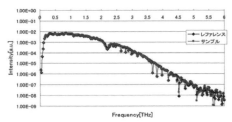

図3　空気強度スペクトル（嘉納2009より引用）

用いたテラヘルツ分光システムは基本的に能動計測システムである。いずれの方法によっても、1 ピコ秒程度の間に電場が半周期から数周期の振動をする超短電磁パルスが得られる。

テラヘルツ波を用いると、その時間波形を測定することで、いわゆるテラヘルツ波時間領域分光法（THz-TDS：Terahertz Time-Domain-Spectroscopy）により測定物の深さ方向の構造情報が得られる。テラヘルツ波時間領域分光法としては、いくつかのタイプのものが用いられるがこのうち、図2にエコー法による構造解析の概念図と彩色文化財の多層構造を想定した材料の測定例を示す。例えば、4層からなる測定物にテラヘルツパルス波を照射すると、各層から反射したテラヘルツ波は、光路長差に応じて時系列波形として観測される。時系列の波形には、測定物の屈折率（誘電率）と厚みに関する情報が含まれている〔安井ほか 2008〕。図3に、THz-TDS の信頼性のある周波数範囲を示す。レファレンスとサンプルを両方とも空気にして測定した強度スペクトルである。ここでの強度スペクトルとは、リファレンスやサンプルを通過した後のテラヘルツの強さ（強度）を表し、リファレンスやサンプルにテラヘルツ波が吸収されると、その分強度が低くなる。4 THz 付近からノイズが現れていることから、0.2〜4 THz までが信頼性がある周波数範囲であると言える。ただし、4 THz 付近のスペクトルが読み取れるかどうかはサンプルによって異なることもあり、信頼性のある周波数範囲は周波数に対して穏やかに変化する 1.5 THz までになる〔嘉納 2009〕。

4. 智恩寺紙本金地着色天橋立図屏風の非破壊界面調査

(1) 知恩院紙本金地着色天橋立図屏風の概要

智恩寺が所蔵する紙本金地着色天橋立図は、智恩寺を丸く描いた島に配し、天橋立の松並木の中を大勢の武士や町人が往来し、人物の衣装が詳しく描かれている作品である。江戸時代に描かれたものとして、現状は六曲屏風に仕立てられている。

本紙は常に空気にさらされるため、汚れや緊張状態で温湿度の変化に伴う伸縮の影響を受けやすく、さらに画面の下は浸水による被害を受けていた。本格修理が決まり、本紙は修理設計のため、木製格子から取り外されていた。修理前においては、テラヘルツ波イメージングによりその彩色層構造を診断すること、修理後においては、修理の評価手法のひとつとしてのテラヘルツ波イメージングの応用性を確認することを目的に調査をおこなった。

(2) 調査方法

装置にはパイオニア製ポータブルテラヘルツスキャナを用いた。テラヘルツ波イメージング装置の深さ方向の空気中での分解能は 180 μm 〜 200 μm である。調査対象は、6 曲のうち、2 曲（A資料およびB資料）を選別した。また、測定条件としてパルス光源と検出器を

ユニットとしてX-Yステージ上を動かし、1回の測定範囲を220mm×245mmとし、1曲あたり6分割した画像を得た。それぞれ6つの画像に関しては2mmピッチで、またB資料の2つの画像に関しては3mmのピッチで測定をおこなった。

(3) 調査結果

　従来の内部の調査として、X線透過撮影がある。この節では、まず、X線透過撮影画像とテラヘルツ波イメージング画像の比較検討、次いで可視画像とテラヘルツ波イメージング画像の比較検討、最後に、テラヘルツ波イメージング画像だけで確認できる欠陥部位について、修理前後の画像の比較検討をおこない、彩色層の構造的な安全性について診断をおこなった。

　まず、図4に可視画像、X線透過撮影画像、テラヘルツ波イメージング画像を示す。X線で撮影したフィルムでは材料の密度の違いに応じて濃淡がついている。同じ密度の物質であった場合は、厚いほどX線が多く吸収されて淡く写る。四角で囲んだ画像をみると、濃淡のパターン認識で材料の違いを把握する他にも、縦方向の擦れや亀裂など傷みを顕著に確認することができる。これは屏風の扱い方による劣化であると考えらえる。一方、金箔が用いられた箇所では、可視画像やテラヘルツ波イメージングの四角で囲んだ画像と比較してみるとわかるように、X線透過撮影画像ではX線が透過していないことが確認できた。

　次に、得られたデータを周波数領域、時間領域とも制限していない信号のパワー積分値で表した全画像の修理前のテラヘルツイメージング結果を述べる。テラヘルツ波パルスを走査すると、屈折率の異なる物質の界面で発生する反射波をエコーとして観測される。図5の画像は試料の全体像である。特にテラヘルツ波イメージング結果（全画像）を繋げて一枚に示したものである。

　イメージング結果（全画像）をみると、白色から黒色までコントラストの差で材料から反射量の違いが反映されている。このような反射量の違いから推測できるのは以下の3つである。

　一つは、当然のことながら異なる材料が用いられている場合である。無機顔料の場合は反射率が高いため、彩色が施されていない和紙のみの標準試料と比べると相対的に明るい白色に示される。一方、有機顔料の場合は相対的に黒色を示すことが多いが、藍の場合は例外である。

　もう一つは、層間の空気層及び空隙が存在する場合である。内部に空気層が存在する場合、テラヘルツ波の反射信号に遅延が生じる。内部に空気層が存在すると、テラヘルツ波が各界面に届くまでに差が生じてしまうため、空気層または空隙が大きいほど、反射信号の遅延が長くなる。これを利用してパルス信号の位置から亀裂、剥離など情報を得ることが可能となる。

図4 可視光画像(左)、X線透過画像(中)、テラヘルツ波イメージング画像(右)

図5 可視光(左)とテラヘルツ波イメージング結果(修理前全画像)(右)

最後は、彩色層の層厚の違い、すなわち塗り重ねの場合である。同じ材料であればテラヘルツ波の減衰量は層の厚さが増すほどに増大していく。異なる彩色が層状に塗り重ねられている場合は、本来一つ一つの色料が示す明度よりもさらに大きな明度を示すため、得られたテラヘルツ分光イメージから、反射率の相対的な大小により物質を推定することができる。以上のことから、本調査に用いたテラヘルツ波イメージングでは材料の定性までは難しいものの、異なる材料を用いた箇所の把握または、亀裂、剥落および彩色層が平らに塗られていないことなどを明瞭に観察できるといえよう。

しかし、得られたテラヘルツ波イメージングの相対的な反射の違いにより物質を推定するため、10THz程度までの反射率が98％である金属が用いられた場合、それ以外の材料間の違いを顕著に識別することが難しくなることもある。

本資料では、彩色のある部分には金箔を貼らないという技法が用いられているため、彩色部が金箔の反射に妨害されることなく下層の情報を得ることができた。

また、図4のテラヘルツ波イメージング画像において黄色で囲んだ部分は、可視画像、X線透過撮影画像では観察されず、テラヘルツ波イメージングのみで確認できる部分である。この部分に関しては、修理後の画像ではなくなっていることから、剥離や浮きなどの欠陥であったものと考えられる。材料や物質の厚さの違いによりテラヘルツ波の吸収および透過の程度が異なっているため、逆にテラヘルツ波パルスの反射信号の強度の違いで材料や物質の違いを推定することができるからである。しかし、得られたテラヘルツ波イメージングの反射の程度は、材料に固有の絶対値を持っていない。相対的な大小により物質の違いや厚みを推定できるが、ここでは10THz程度までの反射率が98％である（南出 2007）金箔が用いられたため、材料間の違いが顕著にあらわれてない部分もあると推定される。

テラヘルツ波イメージングでは、スキャナーを2次元平面で動かして得られたデータにすべてそれぞれ深さ方向の情報をもっていることから、3次元贋造を構築することも可能である。この特徴からテラヘルツ波を用いて彩色文化財における内部構造調査が可能となりつつあるが、実際に彩色文化財における材料や技法の違いなどまだ効率的に見出すための汎用的な手法としては確立されていない。そのためここでは、修理前後に異なる陰影を示す箇所について検討を行った。

テラヘルツ波イメージング全画像と断面画像でのX軸の情報は左右反転、Y軸の情報は上下反転されている。表示領域の補正はおこなってない。表面から損傷状況を確認できる箇所などは除いて、下層で空隙層、または山折れや浮きなどが進行していることが確認できる箇所は、計27か所である。修理前と修理後のテラヘルツ波イメージングの結果の一例を図6～8に示す。

図6は測定開始点から約80㎜離れた箇所のY軸へテラヘルツ波を走査して得られた断面図である。修理前の断面情報をみると、Y軸方向へ160～180㎜のところに彩色層の乱

れが観察できる。彩色層と連続的に確認できる背景の乱れとも同様であることが確認できた。彩色層の剥落箇所は基底材の安定性が失われることに起因したものであると考えられる。さらに、金箔は彩色が施されている部分には貼られていないことがわかった。この作品は屏風仕立てであるため、縦方向の引っ張り力がかかっており、縦方向の断面には歪みや山が確認できた。

ところが、図6の修復作業後の画像では、欠損箇所が補ってあるのに加え、さらに、修理前において縦方向の彩色層断面および紙などにおいて確認された歪みや山が修理前と比べて、平坦に戻されていることが確認できた。

図7では、彩色層の欠損状態及び修理後の補填を確認できた。X軸、Y軸より断面図は

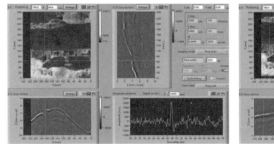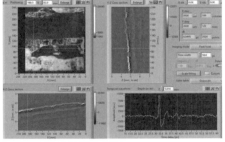

図6　テラヘルツ波イメージング画像_修理前（左）、_修理後（右）

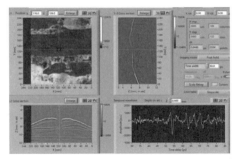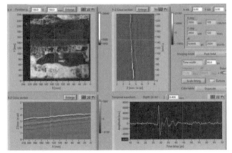

図7　テラヘルツ波イメージング画像_修理前（左）、_修理後（右）

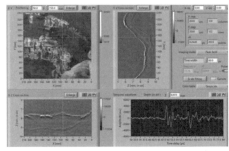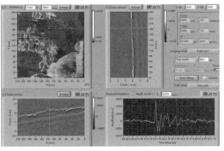

図8　テラヘルツ波イメージング画像_修理前（左）、_修理後（右）

部位、内部形態および大きさなど測ることが可能となる。また、図6に比べてみると金箔の影響がないため、下地である紙層までテラヘルツ波の反射信号の時間差から明確に確認することができた。信号の遅延は、テラヘルツ波が分析対象となる各層位に到達するところで発生するものであるため、内部層間の間隔が離れているほど反射信号の遅延も長くなる。

　また、図7では2次元信号から修理、補填を行ったことが確認できた。修理後断面情報だけでは修復の痕跡をみつけるのはむずかしい。これはすべての彩色層が緻密に付着されているためである。この場合は、周波数信号（time domain spectrum）からパルス信号のピーク数が増えているところから確認できる。

　一方、図8は、彩色層自体は断裂していないため、目視でもテラヘルツ波イメージングの全画像からも特に異常は確認されないところである。しかし、断面情報からみると、下層との密着性がみられず山状に浮き上がっていることが分かる。測定開始点から約120㎜離れた箇所のY軸方向へ150㎜の部分では、テラヘルツ波イメージング走査条件の最適焦点距離から離れているため、反射信号が弱くなり、反射強度の色差が現われている。もしもこの部分の処置がなされなかった場合、亀裂が生じる可能性が高かったが、今回の修復で良好に処置されたことが確認できた。

5. まとめ

　修理前と修理後といった条件でテラヘルツ波イメージングを用いて走査を行った結果、表面の凹凸は、縦方向がより著しく、損傷具合は分布図をみてみると、内側より外側、すなわち屏風を使う時の物理的な力がかかるところに集中的に表れていることが確認できた。可視画像では色彩がのっているように見えているところでも、テラヘルツ波断面画像で示されているように、白色から黒色までコントラストの差で彩色層の界面は浮いている状況が確認された。この作品に関しては、彩色されているところは金箔が切り抜きされているものの、測定画面内に金箔が共存することから、周りの色材の明度は本来よりも大きく落ちて確認できたと考えられる。

　また、イメージング断面画像からは、層間の形状や損傷、欠損などの確認も可能となった。彩色層の方は特に異常はないようであるが、その下層の反射信号が大きくずれる部分も計測できた。それは、本紙が水害で濡れた後、乾いたことによる影響を反映していると考えられるところであり、その他にも、補充や修復の痕跡は、断面情報により、周波数信号（time domain spectrum）のパルス信号のピーク数の変化から確認できた。

　テラヘルツ波イメージングを用いたことで彩色文化財の構造内で起きる剝落、剥離、空隙などのような劣化パターンが確認できるとともに、修理後の彩色層構造の安全性について確認する手法として利用することができることが明らかとなった。

　課題としては、修理前の多くの資料は、その表面状態の凹凸が大きいため、反射信号が弱くなるだけではなく、補正ができないほどずれてしまい、データ解析に誤差が生じ

る可能性がある。また、テラヘルツ波イメージングの場合、処理する情報量が膨大である。テラヘルツ波イメージング技術は決して完成した技術ではないため、これからも研究と工夫、改善を重ねていかなければならない技術であるが、彩色文化財への応用性がきわめて高い技術であることが明らかとなったことは、本論文の大きな成果ということができる。

　工楽善通先生、傘寿のお祝いおめでとうございます。いつも温かく、お気遣いいただき、本当に感謝しております。これからもご面倒をおかけするかもしれませんが、宜しくお願いします。

参考文献
Kunt, Nicolaus 1979「section on X radiographs p167ff. and on infrared」pp.126-127, 134-135
江本義理 1962「古文化財材質調査における蛍光X線分析法の応用」『美術研究』220　東京文化財研究所　pp.197-202
下山　進 1992「三次元蛍光スペクトルによる古代染織遺物に使用された染料の非破壊的同定法」『分析化学』41(6)　pp.243-250
Fukunaga 2008「Terahertz Spectroscopy for Non-Invasive Analysis of Cultural Properties」『Jounal of the national institute of information and communications technology』55
安井武史、安田敬史、荒木　勉 2008「テラヘルツ波を用いた塗膜モニタリング技術」『塗装工学』43-11
D.J.Cook, R.M.Hochstrasser 2000「Intense terahertz pulses by four-wave rectification in air」『Opt. Lett.』25
J.B.Jackson, M.Mourou, J.F.Whitaker, I.N.Duling, S.L.Williamson, M.Menu, G.A.Mourou 2008「Terahertz Spectroscopy for Non-Invasive evaluation of mural paintings」『Optics Communications』281　pp.527-532
K.Fukunaga, I.Hosako, Y.Kohdzuma, T.Koezuka, M.-J.kim, T.Ikari, X.Du 2010「TERAHERTZ analysis of an east Asian histirical mural painting」『Journal of European Optical Society』Rapid Publications 5
Kaori Fukunaga, Yuichi Ogawa, Shinichiro Hayashi and Iwao Hosako 2007「Terahertz spectroscopy for art conservation」『IEICE Electron Express』4-8
嘉納美貴子 2009「テラヘルツTDSを用いた絵画材料解析」青山学院大学理工学部電気電子工学科学位論文
南出泰亜 2007「第5章テラヘルツ光学素子：レンズ、ミラー」『テラヘルツ技術総覧』エヌジーティー

遺跡と地域社会の未来
―文化財保護法等の一部改正に思う―

杉本　宏

1. はじめに

　平成30年春の第196回国会に「文化財保護法及び地方教育行政の組織及び運営に関する法律の一部を改正する法律案」（以後、「文化財保護法等の改正案」）が上程され、平成31年4月1日から施行される。今回の改正の要点は、文化財保護法では地域の文化財の保存・活用を推進することであり、地方教育行政の組織及び運営に関する法律（以後、地方教育行政法）では文化財保護事務を地方公共団体の長ができるようになる、ことである。文化財保護法は昭和25年の施行以来、日本の文化財保護を支える根幹的な法律として、社会変化に合わせて部分的な法改正が適宜行われてきている。しかし、今回の法改正は、今までのものとはいくぶん内容が違う。従来は、文化財類型の拡大あるいは保護事務の緻密化に伴う条文改正が主であったと考えるが、今回は文化財の保護のみならず、活用にウェイトが置かれたものとなっており、地方教育行政法の改正もそれに伴うものである。

　この法改正に際しては、平成29年5月に文化庁の文化審議会文化財分科会企画調査会（以後、企画調査会）に対して文部科学大臣がこれからの文化財の保存と活用について諮問し、同年8月に文化庁が同調査会の中間まとめを公表しパブリックコメントを聴収。このパブリックコメントに関しては、文化財関係諸学会・団体から意見や声明が出されている。これらを受け、議論・意見聴収等を経て同年12月に「文化財の確実な継承に向けられたこれからの時代にふさわしい保存と活用の在り方について（第一次答申）」（以後、「一次答申」）が文化審議会から答申され、これをもとに法改正へと進んできた。

　本稿は、この法改正の背景となる社会及び文化財保護施策の流れを瞥見し、現状を認識しつつ今後の文化財保護、特に遺跡（埋蔵文化財及び史跡）についての認識と保護のあり方について、私見を述べようとするものである。

2. 文化財保護法等の改正案概要

　今般の「文化財保護法等の改正案」の趣旨は、文化庁が公表する「文化財保護法及び

地方教育行政の組織及び運営に関する法律の一部を改正する法律案の概要」（以後、「改正案概要」）によれば、「未指定を含めた文化財をまちづくりに活かしつつ、地域社会総がかりで、その継承に取り組んでいくことが必要」で、「文化財の計画的な保存・活用の促進や、地方文化財保護行政の推進力の強化を図る」ことにある。

　法改正の要点は次の3点にまとめることができる。

　a．地域文化財の総合的な保存・活用を図るために、都道府県に総合的文化財施策の「文化財保存活用大綱」（大綱）の策定を、市町村には文化財総合計画の「文化財保存活用地域計画」（地域計画）の策定を求め、国の計画認定により、国の登録文化財にすべき物件の提案や現状変更等の国の権限の一部委任を可能とする。また、この地域計画策定に関しては住民意見の反映のための協議会の設置や、文化財所有者の相談等に応じられる民間団体を文化財保存活用支援団体として指定を可能とする。

　b．国指定文化財等の所有者または管理団体に対して「重要文化財保存活用計画等」（保存活用計画）の策定を求め、国の計画認定により、計画内の現状変更等を国の事前許可から事後届出に緩和する。

　c．条例により文化財保護事務を教育委員会所管から地方公共団体の首長部局への移動を可能にする。ただしこの場合、地方公共団体には地方文化財保護審議会を必置とする。

　以上を整理すると、文化財保護と活用を推進するためには、文化財の「計画」行政化、市町村の役割強化、首長部局の権限強化がこの法改正のポイントとしてあげられる。

　文化財の「計画」行政化については、すでに文化庁の「歴史文化基本構想」が進められており、この法定計画として今回の地域計画を捉えることができよう。また従来、いくつかの文化財類型において「保存管理計画」が策定され、当該文化財の保存に関する指針としていたが、今回の保存活用計画は、この制度化としてよい。文化財保護事務の首長部局へ移動については、制度的には地方自治法第180条の7に定める補助執行により、首長部局へ事務の執行を移すことは従前より可能である。これは、そもそも教育委員会の事務体制が脆弱な場合の支援措置とするべきで、法的な意思決定の権能は教育委員会にある。しかしながら文化庁規格調査会の資料（第一次答申に向けた検討課題「地方公共団体における文化財事務の所管」について）によると、補助執行及び事務委任により首長部局へ文化財事務を移している自治体は政令市で半数を超え、市区町村でも70程に及ぶ。特にこの10年の間の事例が多い。地域づくりや観光政策に積極的に文化財を活用しようとする場合、独立行政委員会の教育委員会が所管する文化財は、許可等の手続きあるいは都市等計画内での摺合せ等において、首長部局が期待するようには事務が進まないことがあるのは事実で、少しでも効率化できるよう補助執行が広がってきたものと考える。

　この文化財事務の首長部局への移動を制度的に確立することが、今回の法改正の眼目と考えるが、これに地域計画・保存活用計画とそれによる事務の簡略化・弾力化が兼ね合

わされば、地域づくり・観光施策と文化財活用の組織的一元化と制度的効率化によって、やる気のある基礎自治体にとっては、文化財の活用がかなり進むことになるのは間違いない。問題は、この場合の文化財保護の品質がどうなるのかが気になるところで、この点で今回の法改正の賛否が分かれていると理解している。

「一次答申」はこの点に関して平成25年12月の規格調査会報告「今後の文化財行政の在り方」において提起した制度設計上の四つの要請、「専門的・技術的判断の確保」「政治的中立性、継続性・安定性の確保」「開発行為との均衡」「学校教育や社会教育との連携」に適切に取り組むことを求めている。文化財事務の首長部局への安直な移動が予想できないわけでもない、という危惧が透けて見える。

とはいうものの、今後、地域計画・保存活用計画を地方公共団体や文化財所有者等が策定することになるが、地域の文化財をよく理解しこれらの計画が健全に機能するよう策定業務に深くかかわることになるであろう文化財専門職員は、いったいこの国にどのくらいいるのであろうか。基礎自治体の文化財専門職員は、埋蔵文化財分野として採用され、実態的には全ての文化財分野の保護を担当する場合がたいていであるから、埋蔵文化財専門職員数が文化財専門職員数の目安になる。平成29年に出された文化庁の『埋蔵文化財関係統計資料―平成28年度―』によると、市町村の埋蔵文化財専門職員数は、平成15年に全国合計4,433人であったのをピークに下がり続け、平成28年で3,811人と620人余も減少している。おおむね20年前の水準に逆行である。さらに、3分の1の市町村には文化財専門職員が未配置ですらある。文化財の活用に期待される基礎自治体。しかし、その実情は平均すればこのようなことになっている。「一次答申」でもこの現実は理解されており、専門職員の配置促進や都道府県博物館等への保存・修理専門職員の配置等の必要性を提起している。

文化財活用への取り組み推進は、今回初めてのものではない。すでに20数年前から、ことあるごとに言われ続けてきたことで、十分に言い古された言葉だ。平成10年をピークに、全国の発掘調査件数が急速に下降し始めたのを契機に、開発に伴う発掘調査からそれらの活用へと流れはできてきたし、全国にその取り組みが広がっていったのは事実であろう。しかし、全国の文化財専門職員数は減少を続けてきた。この現実の背景を理解し、その具体的対応策を用意しないままの法改正であるならば、今後、難しい現実に行き当たることになるのではないか。仮にこの対応策が今回の法改正では文化財保存活用支援団体への民間機関認定等であるならば、文化財保護という政策の根幹的・実効的役割をだれが担うべきかの筋から外れてはいないかと思う。

3. 地域と文化財の現実

今回の法改正は以上のようなことであるが、この中に顕われる二つのキーワードに注意したい。一つは「地域」、もう一つは「総合的」という言葉である。先の「改正案概要」

の趣旨に「過疎化・少子高齢化などを背景に」とあるように、「人口減少」「少子高齢化」「中心市街地の空洞化」「限界集落」などの地方の現実は、東京圏への人口一極集中と相まって、ずいぶんと深刻な現実として目の前に顕われている。

　筆者が住む京都府南部の宇治市は、京都市の南東に接し、京都駅からJR奈良線の快速で16分程度の距離にある。人口18万人を数える。市域の東部は琵琶湖に続く山間域、西部は昭和16年（1941）に干拓が完了した旧巨椋池の広大な水田地帯と山丘へと続く住宅地が展開する低丘陵地となり、市域中央を宇治川が貫流している。この宇治川が山間部から流れ出す谷口部が狭義の「宇治」であり、古くからの市街地が形成されている。

　昭和26年の市制施行時、新生宇治市は人口3万8千人。産業は化学繊維工業はじめ、伝統的な茶産業そして観光が主体である。京都・大阪への交通の利便性もあり、その後、ベッドタウンとして急激な人口増をたどり市街地を拡大してきた。しかし、平成7年に18万人を超えたあたりで人口増は鈍化し、19万3千人を頭に数年前から人口減少に転じた。現在、年当たり約1300人の人口減が続いている。

　自然美に富んだ宇治川、国宝・世界遺産に登録される平等院・宇治上神社をはじめとする豊かな文化財が所在し、宇治茶に関係する歴史的な町並を伝える宇治地区では、観光客は近年の外国人観光客の伸びもあって好調に増加を続ける一方、地域住民の定住人口減少と高齢化は止まらない。表面的な賑やかさと、都市の内実とのかい離が進んでいる。

　60年代から進んだモータリゼーション、人口増を背景に郊外にスプロール的に開発された郊外新興住宅と郊外大型店舗の展開の中で、90年代以降、特に地域の伝統的な中心市街地であり、地域の歴史・文化・伝統の核を担ってきた宇治地区の人口流出が全国と同様に進んだのであり、さらに近年は高齢化に伴う自然減が顕著となっている。古い町家は取り壊され、コインパーキングや観光客向きの店舗が建てられ、遺跡は発掘され記録保存される。祭礼や行事、伝統産業の茶栽培の担い手不足は深刻だ。かつての新興住宅地においても、もはや高齢化と人口減少とが進んでおり、空き家の増加は悩みの種となっている。

　山間部に目を転じれば、中世以来、近くにある醍醐寺の荘園として歴史と文化財を積み重ねてきた山村集落のいくつかでは、集落人口が50人を割り込み、高齢化が極度に進んでいる。限界集落の域を超え、集落消滅が現実味を帯びる。ほんの十数年前まで、美しい棚田が広がっていた山里は、耕作放棄地が過半を超え田畑が再び自然へ帰り始めている。指定文化財を伝える山寺、近世の建築を良く残す村の鎮守の未来も不透明になりつつある。そしてこのような現実は、全国の多くの地方都市や山村でみられる現象の一つにすぎない。

　さて、今ほど地域の文化遺産に政策的な熱いまなざしが注がれる時代はない。たとえば、平成19年から始まった文化庁の「歴史文化基本構想」は、地域の文化財を総体として把握し、社会全体で保護し活用を推進する文化財総合計画というべきものだし、文化庁・

国土交通省・農林水産省3省庁共管の「地域における歴史的風致の維持及び向上に関する法律」（通称歴史まちづくり法、平成20年）は、歴史上価値の高い文化財が所在する地域において、地域固有の歴史あるいは伝統が維持されている場合、その歴史的風致、すなわち地域の伝統的な風情を維持しかつ向上させようとする自治体に対して、この3省庁が支援を行う「歴史文化基本構想」のアクションプラン的性格を持つともいえる制度である。また、平成27年から認定の始まった文化庁の「日本遺産」は、地域の個性的な様々な文化遺産から紡ぎだされたストーリーを「日本遺産」として認定し、観光等への活用に関して積極的に支援するとともに、国内外に情報発信を進めるものであり、平成31年までに全国で100件程度を認定する予定であるという。

　文化遺産がこのように政策的に注目されるようになったのは、一つは何よりも今日的な地域社会の現実と未来への不安があり、もう一つは従来的「文化財」ではなく「文化遺産」という意味合いの、法的に価値を認定されたものだけではない、市民感覚的に古く大切なモノ的な、身の回りの歴史遺産まで広範に文化財的価値を認識してゆく考え方が普及し、地域の未来に対して文化遺産の活用が効果を生むことが期待されてきたことにあろう。

　平成26年9月に成立した第2次安倍改造内閣で、ローカルアベノミクスとして「地方創生」が基幹的な政策の一つとして決定された。これは、人口の東京一極集中を是正し、地方の人口減少に歯止めをかけ、日本全体の活力を上げることを目的に、地方自治体が行う成長戦略に対して国が支援を行うもので、同年12月には「まち・ひと・しごと創生法」が成立し、膨大な予算が組まれ具体的に動き出している。この前年、第2次阿部内閣により閣議決定された「日本再興戦略―JAPAN is BACK―」の戦略市場創生プランのなかの「世界を惹きつける地域資源で稼ぐ地域社会の実現」のなかに「観光資源等のポテンシャルを活かし、世界の多くの人々を地域に呼び込む社会」が示され、地域の文化財について、保存・整備を図り観光資源として積極的に国内外に発信し、活用する方向性が提示されている。

　この前提には、平成15年の小泉総理大臣の「観光立国宣言」があり、平成19年施行の「観光立国推進基本法」があり、具体的には先の「歴史文化基本構想」や「歴史まちづくり法」がある。そして、この方向性のなかで文化庁が観光側面を強調して立ち上げたものが「日本遺産」ということであろう。

　日本の未来を占うものとして、地方の活力をどの様に維持し再生するかにあるなかで、その地方の個性、すなわち「地域らしさ」を作り上げてきた地域固有の自然や歴史・文化・伝統などの文化遺産、地場産業、さらに地域の生活風土そのものをいかに活かすかが、ますますクローズアップされるのは当然の成り行きであり、護られるべきモノ・コトと活用のバランス、その健全性をいかに担保してゆくかが問われている。

4. 遺跡と地域の関係を見直す

　このように、一見、地域の文化遺産が総じて注目がされるようになった今日ではあるが、それは注意してみると、注目度を増すものと、そうではないものの間に差が開きつつ進行している現象のようだ。前述したさまざまな政策・法律を瞥見すると、そこに提示される文化遺産の多くは、建造物や町並や祭などの可視的なものが基本であり、史跡系では城跡などのそもそも地域のシンボルであるものが中心である。「改正案概要」の「未指定を含めた文化財をまちづくりに活かしつつ、地域社会総がかりで、その継承に取り組んでいくことが必要」とされるの「未指定」文化財も、基本的なイメージはそういうものであろう。そして、それらを含めた文化遺産全体を総合的に捉えて、活用と継承に取り組んでいく、ということであろうが、はたしてこのなかに遺跡（埋蔵文化財）はどの程度意識されているのであろうか。

　「遺跡は発掘調査によって初めて可視化される」と表現されることがある。誰が最初に使った言葉かは知らないが、筆者も時折使ってきたフレーズである。たしかにそうかもしれないが、今、筆者はこの言葉に少なからず違和感を持っている。

　遺跡とは、どのような存在なのかを考古学とは違う側面から考えさせてくれる価値概念がある。文化的景観である。平成16年の文化財保護法（以後、保護法）の改正によって、「文化的景観」が新たな文化財類型として加わった。文化的景観とは「地域における人々の生活又は生業及び当該地域の風土により形成された景観地で我が国民の生活又は生業の理解のため欠くことのできないもの」（保護法第2条第1項第5号）とされる。いうなれば、この列島に住む人たちが、その地域においてどの様に生きてきたか、を示す地域景観を価値化するものであり、従来の文化財カテゴリーでは捉えきれなかった、多様な歴史遺産を抱きかかえることができる、柔軟な枠組みといってよいものだ。

　文化的景観の価値評価として、景観の重層性や一体性、象徴性や場所性などを重要な視点として持つ。重層性とは、その地域がどの様な時間的な積み重なりの中で形成されたかであり、一体性とは景観の中に文化的諸要素がどのように統合されているかであり、象徴性とはその景観における文化的な視点を通した特徴的な意味であり、場所性とはその場所での行為の記憶と今との関係性を示す視点である。

　地域景観を分析する場合、いずれにおいても、地域を時間経過の中で創りあげてきた要素として、形而上的には「歴史」そのもの、具体的にはその一部を具現化する「文化財」が重要となる。たとえば古社寺や古民家・町並などは、都市の個性認識や空間構造認識に確実に大きな影響を与えているし、その宗教性や伝統は場所の意味に深く関わっている。有名な文化財ではなくとも、路傍の道標や石仏なども、程度の差こそあれ同様の役割を演じている。ただしこのような可視的な文化財は、その土地の歴史性を認識する手がかりとしては、じつのところごく一部でしかない。それほどに、過去のモノは現在に残されては

いない。時間経過の中でできあがった現在景観の脈絡を語るモノの大半は、地下に遺跡として実体化され積層している。そして遺跡は、埋もれたままで十分に地域のコトを語っている。

　たとえば、人は宇治のまちを歩いているとき、古い町並であることを意識したとしても、平安期以来の都市遺跡の上を歩いていると意識しない。また平等院を訪れて天喜元年（1053）建立の国宝鳳凰堂を見学するとき、平安王朝美に心打たれ、平安時代以来の景観を見ているかのように錯覚するが、実際は江戸時代に形成された景観を見ているとは思いもしない。平等院の場合、鳳凰堂以外の堂宇の多くは南北朝期に失われ、境内も近世に1～2m程の嵩上げが行われた。これにより鳳凰堂と同時代性を持つ文化面は完全に遺跡化し、私たちの眼に写る境内景観へと変遷していることを発掘が証明している。そして、宇治の町では平安期に敷設された街路あるいは中世期の街路が、その約1m上にシフトした位置で現代の都市道路として継承され、平等院では観光客が境内をめぐるコースが、平安時代に貴族たちが境内を歩んだ園路と概ね合致している。すなわち、役割を終え地中に埋没した遺跡は現在とつながる。遺跡と地表に現出する景観とを結ぶ見えないシステムが存在する。すなわち、伝統あるいは文化と呼ぶものである。

　このイメージは、過去から現在に順に積層する土層のような、時系列のレイヤー重層構造として理解するとわかりやすい。平等院表参道は、宇治橋西詰めから平等院境内までの約200mの京都府道であり、平等院観光のメイン道路として、伝統産業のお茶をはじめ土産物店や飲食店が軒を連ねる。もともと、平等院創建時に施設された、宇治橋西詰めから北大門へ至る参道である。平等院の平安当時の遺構面は、発掘調査の結果、地表面より1.3m程下で、近世以降に大幅に嵩上げされ現状となっていることが分かっている。

　さて、発掘調査成果からすれば、この宇治川沿いの現平等院境内地辺りに人が住み始めたのは縄文時代後期であり、その後の弥生時代、古墳時代も引き続き小規模なムラが営まれている。続く飛鳥時代の大化2年（646）に宇治橋が架橋され、渡河点として集落の発展がはじまり、奈良時代へと繋がっている。この時間幅を最下層レイヤーとしよう。川の恵み、渡河点の場所性を特色とする時代だ。当時造られたモノは基本的に伝えられておらず、「居住」の繋がりを示す遺跡と幾度も架け替えられてきた「宇治橋」が継承されたものとなる。

　平安時代が始まると貴族の別業が築かれ、永承7年（1052）に平等院が創建される。参道はこの時に新設された。参道に面して塔を備えた僧坊が建てられていたという。この平等院造営期辺りを2番目のレイヤーとしよう。この時代のモノも現存せず、当時の参道路面も現路面下1mにある。参道という「機能」や「場所性」が継承されていることになる。

　中世後期から近世初頭になると、川寄りの参道東沿いには宇治川水運や遊覧に関係する船宿や料亭ができ始める。この時代、平等院は南北朝期の兵火に罹災して多くの堂宇が遺跡化し、鳳凰堂と北・西門を残すのみとなっている。さらに平等院北大門は元禄11年

(1698)の宇治郷大火で焼失し遺跡化した。この頃は、権力の安定化を背景に茶生産が急速に興隆を始め、社会秩序の安定による安心感が人々の遊動性を高めていた。古来より名高い景勝地宇治への遊覧が復活し、次第に川沿いには旅館などが軒を並べ、反対側には町家や茶師居宅が建っていた。この辺りが3番目のレイヤーである。参道を軸に場所性が深まり、ほぼ現在の景観の原型ができあがった。旅館や町家の幾棟かが今に伝わり、他は遺跡化した。

　現在の最上層レイヤーは、参道の西側に宇治茶の小売店が建ち並び、東の川寄りには料理旅館や喫茶店や民家などが見られる、まさにお茶の町宇治を代表する景観の一つである。宇治茶の小売店が急速に建ち始めるのは、じつのところ太平洋戦争後である。本来、宇治は茶の生産加工地であって小売地ではない。宇治茶小売店街の成立は、昭和26年(1951)の十円硬貨制定に伴い鳳凰堂がデザインに採用されたことを背景に、鉄道を利用した修学旅行をはじめ団体旅行の平等院への来訪が急増したことが大きい。また、宇治川上流にダムが建設されたことにより、船による伝統的な宇治川遊覧が衰退し、面的観光から平等院への一極観光を促した。この結果、参道の川沿いの旅館街は衰退し、跡地の広さは駐車場やマンションや寮などを誘引した。一方町家が多い参道西側沿いに茶の小売店が密集し「土産物」として宇治茶を売る、歴史的な参詣地と伝統産業とが一体となった個性的な場所が形成されることとなった。さらに最近は、外国人観光客の伸びに後押しされ、駐車場だった場所に茶の小売店や飲食店が建ち始め、通り景観が変化を始めている。

　平等院表参道の景観を、時間の累積による重層構造として視る目を持つと、たとえ過去から伝えられる実物が直近の過去からの少数の古い町家や旅館建物のみであり、平安時代のものは皆無であったとしても、川の恵みを基盤として、平等院の「参道」という機能を軸に、時代ごとに新たな場所性が付加され、深みのある地区へと発展してきたことがわかる。現在、平等院表参道が、住民からも観光客からも一つのまとまった特別な場所としてイメージされ、変転しながらも賑わいを失わないのは、このような背骨があるからに違いない。現在の景観を時間軸でレイヤー化すると、その地域における時代層を貫く文脈の存在に意識が向くため、一見、関係なく見えるモノ同士の繋がりや法則の発見が進み、今の景観がいかに成立したか、時間軸だけでなく空間的にも景観に内在する「関係性」や場所の「意味性」がよく理解できるようになる。すなわち、コトが豊かに語れるようになる。

　たいていの地域において、その土地での人々の営みは地下に埋没する遺跡に起点を持ち、その構造や意味が継承されて景観として現出している場合が多々認められるのであり、それは今述べてきたとおりである。古墳や城跡などを除き、日本における遺跡の大半は、発掘調査という手続きを踏まないと可視化できないのはたしかだ。ただしそれは、考古学的な遺構の認識においてである。現在への脈絡という視点においては、現在の景観の中に遺跡はたしかに影響を与えて顕われている。遺跡は考古学的な発掘調査を踏まないと可視化されないのではなく、考古学的調査による正確な遺跡認識を踏まえながら、現在

の景観のあり様、すなわち文化遺産の総合的なあり様を、遺跡は接着剤や充てん剤のような役割で補完し、かたち化している極めて重要な要素、コトを語るうえで欠くことのできないモノとして捉える視点は、今日だからこそ遺跡と現在とを結ぶ価値概念として重要性を増していると考えている。

5. おわりに

　平成19年度当初から、宇治市では文化的景観の取り組みをはじめ、平成21年に「宇治の文化的景観」が重要文化的景観に選定された。また平成19年夏に、宇治橋下流で豊臣秀吉が宇治川筋整備として行った、いわゆる太閤堤の一部が発掘され、やはり平成21年に「宇治川太閤堤跡」として史跡指定された。この宇治川太閤堤跡保存整備委員会の委員長として工楽先生にはご指導をいただいている。先生といつ初めてのご挨拶をしたか、まったく覚えていないが、30年以上前のことはたしかだ。

　この史跡宇治川太閤堤跡の整備の考え方はずいぶん面白いもので、史跡指定地内に重要文化的景観の重要構成要素の茶園を含みこんでいるため、複数の文化財類型の価値を共立する必要がある整備である。このため史跡整備コンセプトとしては、史跡という歴史的視点と文化的景観という現在の視点を取り入れた「築堤期の安土桃山時代から埋没して茶園利用される現代をつなぐ」遺跡景観を再生させることとなった。すなわち、築堤期の遺跡整備というモノ型と現代茶園景観の遺跡的意味をコト化した区画、その中間の埋没初期の茶園形成期を遺跡整備と茶木を植えることでモノ整備と伝統産業宇治茶との関係をコト化した3区画で、太閤堤の歴史の流れを遺跡景観として語る史跡整備である。私は平成29年3月に宇治市を定年退職し、工楽先生ご指導の中で整備が引き続き進行しているが、この太閤堤整備の中で、前述したことを考えてきた。

　文化財の価値は、社会の変化とともに拡大している。それは文化財保護法の流れを見れば明らかである。さらに世界遺産の価値観念に出会うことにより、いよいよ文化財の考え方は多様化し続けている。これらの様々な価値どうしをつなぎ、社会変化に対応しながら文化遺産を活かし適切に保護してゆける、新たな価値概念を構築してゆく必要性が高まっている。文化財の世界が目まぐるしく変化を始めた今日、どのように立ち向かってゆくのか、私たちは試されている。

参考文献
杉本　宏 2017a「文化遺産と地域の未来」『市大日本史』20　大阪市立大学日本史学会
杉本　宏 2017b「時代層を貫く文脈を観る」『都市の営みの基層—宇治・金沢』文化的景観スタディーズ04　独立行政法人国立文化財機構　奈良文化財研究所
杉本　宏 2017c「総論　遺跡と景観」『月刊考古学ジャーナル特集文化的景観と考古学』706　ニュー・サイエンス社

以下の資料は文化庁ホームページより

文化庁「文化審議会文化財分科会企画調査会中間まとめの取りまとめ及び意見募集の実施について」(http://www.bunka.go.jp/koho_hodo_oshirase/hodohappyo/2017083101.html)

文化庁「文化財の確実な継承に向けたこれからの時代にふさわしい保存と活用の在り方について（第一次答申）」(http://www.bunka.go.jp/koho_hodo_oshirase/hodohappyo/1399131.html)

内閣官房・文化庁「文化経済戦略」(http://www.bunka.go.jp/koho_hodo_oshirase/hodohappyo/1399986.html)

文化庁「文化財保護法及び地方教育行政の組織運営に関する法律の一部を改正する法律案の概要」(http://www/bunka.go.jp/seisaku/bunkazai/pdf/r1402097_01.pdf)

文化庁「文化財保護法及び地方教育行政の組織運営に関する法律の一部を改正する法律案　新旧対照表」(http://www.bunka.go.jp/seisaku/bunkazai/pdf/r1402097_04.pdf)

韓國先史時代の木製農具

趙　現鐘

1. 緒

　韓国における木器に対する考古学的関心は、慶尚南道昌原茶戸里遺跡と光州新昌洞遺跡の調査から始まる。1989年と1992年、これらの遺跡から発掘された多様な木製品は、紀元前後の埋葬と生活全般にわたる木器文化への注目をうながした。その後も継続された沖積地帯における発掘調査の結果、木器の出土量も増加することになり、木器に関わる研究も進展している〔趙現鐘1994・1997・2012a・2012b・2014、李健茂2006、金權九2008、金度憲2011〕。
　しかしながら、未だに遺跡から出土した先史時代の木器は、その数量から見る限り顕著な限界がある。沖積低地に対する調査も先史時代の遺跡は、極めて少ない状態であるため、多様な木器の出土は期待でききないのが実状である。旧石器時代の木器は未だに空白状態であり、新石器時代の木器は慶尚南道昌寧飛鳳里遺跡の一木舟が唯一の事例である〔任鶴鐘ほか2008〕。青銅器時代になると、水田および旧河道のような低湿地調査での出土木器が増加しているものの、当時の木器文化を論議する水準には至っていない。
　本稿はこれまで韓国の遺跡から確認された出土木器のなかで、農具（工具柄を包含）を中心に、その機能論と展開様相を簡略に見ることにしたい。これまでの資料によると、韓国の木器文化は青銅器時代、とりわけ前期中盤以後に造成され、この時期の文化的特徴である磨製石器の盛用、稲作農業の発達、そして金属器の登場と、明らかに関連性があることを示している。

2. 木製農具の種類

　農具は農業生産に使用される基本的な道具である。耕地確保のための森林の伐採、開墾と水路の掘削、作物耕作と収穫、収穫した穀物の運搬・加工・調理・貯蔵のための道具、そしてこうした道具の製作に使われる工具がある。そのうち、本稿で扱う韓国先史時代（青銅器時代から鉄器時代 初期）における木製農具は、斧柄、平鍬、横鍬、泥除、鍬柄、鋤

（錨）、踏鋤、杵などがある。

① 斧柄

　斧柄は、柄の形態によって直柄と曲柄に分けられ、機能的に差がある。直柄は、大概円筒形または楕円形の断面をもつ蛤刃石斧が装着され、機能的には打撃のための伐採あるいは裁断用の斧柄である。主に半乾燥地的土壌性格の住居址から炭化した状態で出土され、正確な形態が分からない黄州新興洞遺跡、慶州朝陽洞遺跡出土品、平原龍上里遺跡、安東苧田里遺跡の資料がこれにあたる。これとは違って、直柄の中央部に2条の突帯が設けられる突帯附直柄がある。この型式は、大体において柄部の下段部を刃部方向に突出させて仕上げた点が特徴的である。大丘梅川洞遺跡（4点）、大丘西邊洞遺跡（1点）、論山麻田里遺跡（1点）など6点ある。完形は、最大長さ54cm（西邊洞）、58cm（梅川洞）、38.4cm（麻田里）ほどあり、突帯の下部が柄部へ、機能的には分割された板材あるいは小藁木を裁断し加工するための用途と判断される。青銅器時代前期から中期の段階まで確認される。

　曲柄は、膝柄と反柄があるが、膝柄の手斧柄が一般的な形態で、光州東林洞遺跡で報告されており、青銅器時代の有溝石斧や石鑿など「edge刃」をもつ片刃石斧が装着される。こうした曲柄は、鉄器時代となると、新昌洞遺跡と茶戸里遺跡などから見られるように、様々な出土例がある。

② 平鍬

　鍬は、固い土を掘り起こすために使う木製の掘地具で、平面の形態によって、長打円形と長方形がある。木材は、縦方向の年輪が特徴的であり、中央部に柄孔がある。青銅器時代の平鍬は、安東苧田里遺跡、金泉松竹里遺跡、大丘西邊洞遺跡、蔚山校洞里遺跡などより確認されている。長さ21～31cm、幅9.4cm～13.3cmほどあり、幅15cmを中心に狭鍬と広鍬に分類すると、韓国における青銅器時代の平鍬は、狭鍬に該当する。着柄角は、直角または鋭角で、70～90°である。木輪は、上下に平行し、柄孔部に隆起部が附加された例がある（楮田里、西邊洞）。松竹里遺跡および蔚山校洞里遺跡の出土品は、炭化された状態で確認され、形態が分からない。柄孔周辺に隆起部があるものは、結合力を高め、使用時の衝撃に伴う破損を防ぐための機能である。形式的には、直柄平鍬〔奈良国立文化財研究所1993：39〕に対応する。こうした木鍬は、新昌洞遺跡の段階には柄孔の形態が円形系から長方形へ変わり、隆起部も省略され板材状へ変わる。したがって、韓国における青銅器時代の平鍬の属性は、大体直柄と結合されるが、柄孔の形態は大体において装着断面が円形に近いが、後期以降になると長方形（新昌洞式装着法）へ変化する。

③ 横鍬

　水田や畑の土をならし、種を撒いてから土をかぶせる際に使う農具である。平面は、横長方形または横楕円形に推定される。平鍬のように直柄に装着して使用する。比較的厚さの薄い板材状であるが、中央部の上段に寄って円形の柄孔が位置する。中央部の柄孔周囲がやや厚いものと、独立した隆起部をもつものがある。隆起部の形態は円形と長楕円形が

韓國先史時代の木製農具

ある。いわゆる、直柄横鍬に対応する。破損品であるため定かではないが、大丘梅川洞遺跡出土品2点と論山麻田里遺跡出土品2点の未成品が類似する。青銅器時代の前期後半傾に出現するものと推定される。

④ 泥除

泥除は、横鍬に装着され、泥水が掛からないように制御する装置で水田農具である。柄孔の上段の両端部に2つの小孔を空けたり（a）、上段部の左右に溝を作ったもの（b）、そして2つの要素を組み合わせたもの（a+b）がある。小孔と横溝は、着柄された泥除を横鍬に装着し、紐で結んで固定するためのものである。泥除は、光州東林洞遺跡（2点）および光州老大洞遺跡（1点）の他に、全北高敞黄山遺跡（1点）など、4点の出土品がある。全体的に横鍬の柄孔形式に対応し、平面円形から長方形への変化相が読み取れる。

高敞黄山遺跡出土の泥除は、長さ29.6cm、厚さ2cmほどであり、上部が一直線であり、下部は弧状を帯びる。中央上段に5.1×2.7cm程度の長方形柄孔が位置しており、左右の両端部にも小孔がある。長方形の柄孔と小孔は、木柄と鍬に泥除を結合させるための装置である。泥除は、表面処理が滑らかで、鋭利な道具痕が認められ、柄孔が長方形である点からみて、青銅器時代の後期以後の金属器による製作品の可能性が濃厚である。

⑤ 鍬柄

鍬は、刃の付いた身部、そして身部に位置する柄孔と結合された鍬柄、つまり柄部で構成される。したがって、すべての鍬類は、基本的に木柄と結合され機能する。木柄は、鍬の柄孔に棒状の頭部を差し込んだ直柄と、鍬上部に位置する着柄部と屈曲された木柄の頭部を緊縛して固定させた曲柄に区分する。これまで出土した鍬の身部に円形または長方形の柄孔が位置していることからみて、大部分の鍬柄は直柄に想定されるが、実際に資料は光州新昌洞遺跡の直柄平鍬が唯一である。

曲柄には、柄頭部に装着部が突出した膝柄と、頭上部に直接結合して使用する反柄がある。一般的に曲柄は、斧柄で分かるように、形態的に膝柄であるが、反柄は木鍬の真ん中に柄孔がなく、鍬上部に着柄部が付く平鍬または又鍬と結合されるもので、形態上の差異がある。

反柄は、大丘梅川洞遺跡と光州新昌洞遺跡から各々1例が出土した。両地域の反柄は、形態的には類似するが、新昌洞遺跡の反柄は滑り落ちないように装着面の下段部に突帯を配する。反柄と結合される農具は確認されていないが、梅川洞遺跡から分かるように、頭部に直接、反柄の結合される鍬類が存在しており、新昌洞遺跡の時期に至るまで継続的に使用されたことが分かる。

⑥ 鋤（鍤）

鋤は、鍬と同様に土を掘り起こす農具である。鋤は踏部と柄が一体である「一木造」と、刃部と柄部が結合される「組合式」に区分される。韓国では羅州横山古墳下住居址出土品が唯一である。出土木製は炭化されたものの、全体の形状は把握することができる。

残存長36.6cmある。刃部長19.3cm、幅8cmで細長方形であり、木柄の残存長は17.3cm、直径2cm内外である。刃部の断面は、後面が弧状で、前面の左右側が凹状である。踏部の肩部が水平をなす。木柄の上段が破損されているため、把手の形態は不明であるが、一木造の可能性が多い。いわゆる、一木平鋤に対応する〔奈良国立文化財研究所 1993〕。

⑦ 踏鋤

　踏鋤は、伝大田出土の農耕文青銅器に始めて登場するもので、土を耕すために使われた農具である。足で踏み込む、手で押し押し込み使うため、先端部が尖って鋭い。刃部の数により両刃踏鋤と片刃踏鋤に区分される。構造的には踏鋤の刃、柄、そして両者を結合させる補助装置で構成された組合式木器である。この踏鋤の刃は、両刃であり、踏部から始まる柄部の長さは、人の背丈ほどある。伝大田出土の農耕文青銅器は、農耕と関連した文様が施されている〔韓炳三 1971〕。長さ12.8cm、幅7.3cm、厚さ1.5mm程度であり、前面の左側に円い環が付いている半円形の鈕は、右側にも付いていたと考えられるが、下段部とともに失われた。前後の両面には、周縁と中央部を細線文または鋸歯文と格子文で区画し、内部に陰刻文を配する。前面の左右にはY字型の木竿の上に2匹の鳥が向かい合っているが、まるで農村の村落入口に立てられているソッテ（솟대；神竿）の風景に酷似する。後面の左側には土器の壺が置いてあり、その上には人が手を差し伸べて何かを持っているような様子、そして右側には鍬または踏鋤を持って土を掘り起している様子がみられる。踏鋤は、二股に分かれ刃が付いた、いわゆる両刃踏鋤であり、比較的柄部が長い。このような踏鋤は光州新昌洞遺跡および論山五岡里低湿遺跡、そして日本土生遺跡でも確認されているが、近来の民俗農具に至るまで系譜が繋がっている伝統的な農具である。

⑧ 杵

　穀物の脱穀や籾すりに使う道具で、臼とセットである。形態的には円木の両端を裁断して作った'｜'字形（Ⅰ式）と、枝が付いた木の茎を切って作った'┐'字形（Ⅱ式）に区分される。Ⅰ式は中央部が凹んで上下の両端部が使用面であり、Ⅱ式は木の枝を柄部として樹幹の一端を使用する方式である。安東苧田里遺跡と大丘梅川洞遺跡における青銅器時代の杵は、4点ある。形式的にはすべてⅠ式であるが、光州新昌洞遺跡と三国時代の全羅南道務安良將里遺跡でも同一形式の遺物が出土したことある。青銅器時代前期の資料は、柄部の中心に2条の突帯をもつ形式であり、光州新昌洞遺跡の資料は、切断された破損品ではあるものの突帯がない。

3. 韓国先史時代における木製農具の展開と地域性

(1) 木製農具の展開様相

　これまで韓国で出土した先史時代の木製農具は、鍬（平鍬と横鍬）、鋤、踏鋤などの起耕具と穀物の加工具である木杵がある。特に、平鍬と横鍬、泥除、鋤は青銅器時代前期に登場した韓国最古の木製農具セットである。このような農具は現在までも農作業で使用され

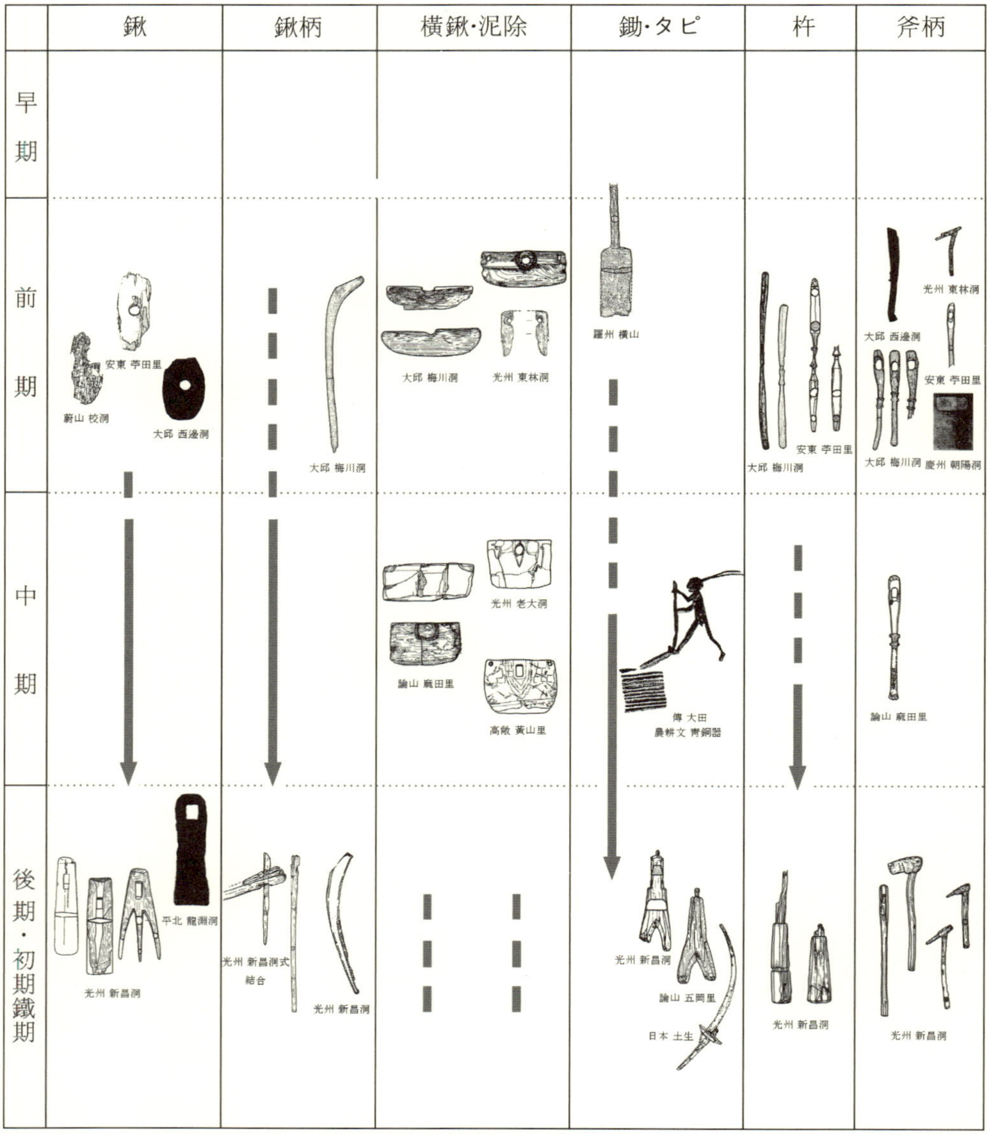

韓國先史時代の木製農具

	鍬	鍬柄	横鍬・泥除	鋤・タピ	杵	斧柄
早期						
前期	蔚山 校洞 / 大邱 西邊洞	大邱 梅川洞	大邱 梅川洞 / 光州 東林洞	羅州 橫山	大邱 梅川洞 / 安東 亭田里	光州 東林洞 / 大邱 西邊洞 / 安東 亭田里 / 大邱 梅川洞 / 慶州 朝陽洞
中期			光州 老大洞 / 論山 麻田里 / 高敞 黄山里	傳 大田 農耕文 青銅器		論山 麻田里
後期・初期鐵器期	平北 龍淵洞 / 光州 新昌洞	光州 新昌洞式 結合 / 光州 新昌洞		光州 新昌洞 / 論山 五岡里 / 日本 土生	光州 新昌洞	光州 新昌洞

図1　韓国先史農具展開様相（青銅器時代～初期鉄器時代）　　（縮尺不同）

ている、韓国の伝統的な民俗農具と系譜的に繋がっている。
　これらを整理すると、図1のとおりである。
　木製農具は、まだ青銅器時代早期へ遡る資料はなく、前期後葉頃に初めて出現すると判断される。大体において柄孔が円形であり、鍬の中心または中心に近接して位置している点と、刃部の幅が15cm未満のものが一般的である。柄孔の後面部が分厚く盛り上がっている型式、つまり平鍬および横鍬、そして泥除が出現する。金泉松竹里遺跡と蔚山校洞里

遺跡の平鍬は、炭化した状態であるため、隆起部を把握することができないが、旧河道出土品である安東苧田里遺跡と大丘西邊洞遺跡の平鍬は、前面が平面であり、後面の柄孔が分厚くなる形態である。この時期に大丘梅川洞遺跡の横鍬と光州東林洞遺跡から、隆起部が突起した泥除が登場する。泥除は、楕円形の柄孔に装着される型式である。反柄は、直柄とともに曲柄、すなわち、膝柄と反柄の柄部をもつ鍬類が農具として使用されたことを物語っている。鋤はわずか1点しかないものの、木製農具の研究に画期的な資料であり、三国時代になると比較的出土例が増加する。この鋤の出現によって、青銅器時代の前期段階に平鍬と横鍬、泥除、反柄、そして鋤のような木製農具セットが完成されたことが分かる。これとともに中央部の2個所に節帯が付く木杵も登場する。

　中期には資料が乏しいため、不明な点が多い。前期と連結される横鍬未成品が論山麻田里遺跡から出土し、泥除は光州老大洞遺跡から前期の円形の柄孔が付いて出現するが、柄孔の隆起部が円形から上下に伸びた楕円形に変化する。高敞黄山遺跡の泥除は、柄孔が長方形へ時期的に後行する。中期後半または後期初葉になると、農耕文青銅器でみられる踏鋤が登場する。後期以後になると、平北龍淵洞遺跡の鉄鍬と新昌洞遺跡の平鍬から分かるように、鉄器の流入によって柄孔が長方形へ変わりながら、位置も上の方へ移動する。光州新昌洞遺跡と後行する良將里遺跡では、又鍬のような鍬類も出現する。

　後期および鉄器導入期における木製農具は、光州新昌洞遺跡が代表的である。平鍬および又鍬、反柄、木杵、踏鋤が確認される。又鍬は、二又鍬および三又鍬が一般的であり、これらの平鍬および又鍬はいわゆる新昌洞式結合法によって直柄と装着される。反柄は、関連した鍬類がその存在を示唆する。

　踏鋤は、紀元前1世紀頃の光州新昌洞遺跡から確認されて以来、忠清南道論山五岡里遺跡、日本佐賀県土生遺跡、昌原新方里低湿遺跡〔東亞細亞文化財研究院 2009〕に至るまで、時期を異にして持続される。これは、当時、踏鋤が韓半島南部に存在した固有の農具形式であり、日本へ伝播されたことが分かる。

　一方、青銅器時代後期以後、韓半島で発達した木製農具の製作技術は、稲作農耕技術とともに弥生時代日本の九州地域へ伝播され、いわゆる北九州式稲作に定着された後、拡散された可能性がある。代表的な事例は、日本に比べて時期的に先行する平鍬、泥除、反柄などと、光州新昌洞遺跡の木製農具箱から認められており、製作技術の要諦、まさに新昌洞式結合法である〔趙現鐘 2012b：229〕。

　以上、韓国の木製農具は、青銅器時代前期に平鍬と横鍬、鋤、杵などのセット化が完成されていることが分かる。時期的に韓国の稲作農耕開始期で、農具の組合が水田造成と管理、収穫と加工など、稲作農耕体系とも一脈相通である。前期または後半に至ると、泥除が現れ後期まで確認されている。後面部の隆起は、早い時期の光州東林洞遺跡出土品は円形系隆起部であるが、後行する光州老大洞遺跡の泥除は、上下に長く伸びる楕円形へと変わる。

　中期段階で木製農具は泥除、そして後期には踏鋤の登場が代表的である。そして鉄器流

入期になると、光州新昌洞遺跡の出土農具から分かるように、隆起部の解体だけではなく、形態、結合方式、着柄角度など、農具の組合相が大きく変わる。これは鉄製農具の使用に伴うものと判断されるが、この時期に至って単純な農耕具の改良ではなく、新農耕方式の受容に伴う変化の可能性も排除できない。

　青銅器時代前期から鉄器使用期に至る韓国の製農具相を日本列島と比較すると、韓半島の木製農具が段階的に伝播された可能性が高く、結果的に日本の木製農耕具の組成へ多くの影響を与えたと考えられる。たとえば、新昌洞式木器の日本形である北九州式直柄鍬に先立って、これまで注目されなかった縄文晩期から始まる平鍬と横鍬、泥除附横鍬、木杵なども韓半島の固有様式の伝播との関連が想定されている〔大阪府立弥生博物館2012、樋上2010：36-49〕。

(2) 地域性の検討

　韓国における先史時代の木製農具は、上述したように出土量が絶対的に不足し、さらに出土遺跡と時期が限定されているため、地域性を論じるほどの段階ではないことは承知している。しかしながら、地域によって土壌と気候が相違し、森林を始めとした生態系の特性があるため、土器類型および住居様式、そして道具相によって地域的な特性が形成されるのである。ここでは、これまでみてきた資料を中心に、地域性と関連した手掛りを慎重に考えてみたいと思う。

① 嶺南地域

　円形系柄孔の直柄平鍬、すなわち柄孔の形態、結合方式などといった同一属性の形式が、安東苧田里遺跡と金泉松竹里遺跡、蔚山校洞里遺跡から出土している。木杵も中央部に突帯が設けられる形式で、楮田里遺跡と大丘梅川洞遺跡の出土品が形式的に同一である。大丘梅川洞遺跡の横鍬は、形態的に弧状を帯びる。以上は、一定の様式の鍬類と木杵が、青銅器時代前期の段階に嶺南地域を中心に出現して使用されたことを示している。

② 湖西・湖南地域

　掘地具の鋤が、青銅器時代前期の住居址から出土し、水田専用の農具である泥除が光州東林洞遺跡と老大洞遺跡、全北高敞黄山遺跡から確認されており、隆起部の類似した形式の未成品が忠清南道論山麻田里遺跡から出土されたこともある。とりわけ、泥除は特徴的な柄孔の隆起部が、時期によって形態的な変化をもたらしており、固定方式にも細微な製作技術が反映されたと考えられるため、地域的な特徴をもつ農具である可能性が多い。これとともに、伝大田出土品の踏鋤は、青銅器時代の中期後葉に現れ、実物は光州新昌洞遺跡、忠清南道論山五岡里遺跡、日本九州土生遺跡でみられる。すなわち、大田以南の湖西と湖南地域では、青銅器時代前期に泥除が出現し、中期を経て後期になると踏鋤が加えられ、初期鉄器時代には新昌洞式農具相の一色に展開されるのである。

　これとは違って、柄部の中央部に突帯が巡られ、柄下端部が突出した斧柄は、嶺南と湖

南地域で共通的に確認される形式である。このような工具は、まだ共通的な様式として存在していたとみるのが妥当であろう。

4. 結語

　韓国の木製農具は、青銅器時代前期に出現する。平鍬と横鍬、泥除、鋤のような農耕具が確立され、ここに木杵と斧柄などが加わって、青銅器時代の農具文化が始まるのである。つづいて、泥除が様式変化を経て後期以後になると、金属器の登場によって踏鋤および新昌洞式の農耕具を始めとした多様な木製農具が製作される。少量の資料に限られているため、論じるには無理が伴うものの、時期によって木器構成に変化が現れる現状は明らかに認められる。その最も大きな理由は、木材加工と製作技術の変化である。それは前期から後期に至る、そして鉄器の受容によって触発された道具体系の変化に起因する。各種の鍬類の柄孔が円形から長方形へ変化すること、後面の隆起部が解体され板状へ変化することと共に、着装部の結合力はむしろ強化され農具の効率性や機能向上を随伴することになる。木器の形態変化は、道具の材質変化がもたらした製作技術の発達結果というわけである。

　一方、木製農耕具の出現と展開過程は、基本的に稲作農耕と密接な関連があることは、すでに指摘されている。青銅器時代の前期段階は、稲作農耕の開始期として、農具セットの登場とともに、蔚山校洞里遺跡と安東苧田里遺跡から炭化米を始めとした穀物資料が共伴することは、このような整合関係を表して裏付けている。それにもかかわらず、木製農耕具の出現のみで、農耕の集約化を論じるには、まだ資料が絶対的に不足している。韓国における稲作農耕の集約化は、松菊里形文化の拡散段階と相応する。しかしながら、実際にこの時期の木製農具は、水田専用の泥除と横鍬未成品、そして踏鋤の絵面などが唯一の資料である。この時期に木器の製作生産が活発に展開されたと推定されるものの、逆説的に出土木器にみる限り、稲作の集約化を保証できるほどの根拠は明らかではない。

　　　　　　（本稿は、拙文「木器の種類と特徴」(2014)を抜粋して農具を中心に編集・修正した。）

参考文献
國立光州博物館 1922～2016『光州新昌洞低濕地遺蹟Ⅰ～Ⅷ』
國立羅州文化財研究所 2009『羅州東谷里横山古墳』
金　權九・裵　成爀・金　才喆 2007『金泉松竹里遺蹟Ⅱ』啓明大學校行素博物館
金　度憲 2011「原始・古代の木杵檢討」『湖南考古學報』38
大韓文化財研究院 2015『高敞峯山里黃山遺蹟Ⅰ・Ⅱ・Ⅲ』
東洋大學校博物館 2010『安東苧田里遺蹟』
東亞細亞文化財研究院 2009『昌原新方里低濕遺蹟』
安　承模・趙　現鐘・尹　光鎭 1987『松菊里Ⅲ』國立中央博物館
兪　炳琭・金　炳燮 2000「大丘西邊洞遺蹟 發掘調査の槪要と成果」『嶺南文化財研究』13
李　健茂 2006「韓國茶戶里遺跡の漆製品」『月刊考古學』95
李　秀鴻 2009『蔚山校洞里 192-37 遺蹟』蔚山文化財研究院

李　暎澈・朴　琇鉉 2007『光州東林洞遺蹟Ⅰ』湖南文化財研究院
李　濟東・河　眞鎬・許　正和・申　順澈・金　志泳 2010『大邱梅川洞遺蹟』嶺南文化財研究院
李　弘鍾・朴　性姫・李　僖珍 2004『麻田里遺蹟―地區』高麗大學校埋藏文化財研究所
任　鶴鐘・李　政根・金　良美 2008『飛鳳里』國立金海博物館
鄭　一・韓　美珍 2011『光州老大洞 杏岩遺蹟』全南文化財研究院
趙　現鐘 1994「韓国先史時代の木工文化」『季刊考古学』47　雄山閣
趙　現鐘 1997「木器研究集成（Ⅰ）」『務安良將里遺蹟 綜合研究』木浦大學校博物館
趙　現鐘 2012a「稲作と民族文化の形成」『光州新昌洞遺蹟史蹟指定 20 週年紀念特別展圖錄』國立光州博物館
趙　現鐘 2012b「新昌洞遺蹟の木器と漆器」『光州新昌洞遺蹟史蹟指定 20 週年紀念特別展圖錄』國立光州博物館
趙　現鐘 2014「木器の種類と特徵」青銅器時代の考古學 5― 道具論　書景文化史
趙　現鐘 2016「考察」『光州新昌洞低濕地遺蹟Ⅷ』國立光州博物館
崔　鍾圭 1995「朝陽洞 3 次調査 概報」『三韓考古學研究』書景文化社
韓　炳三 1971「先史時代農耕文青銅器に對して」『考古美術』112
工楽善通 1991『水田の考古学』東京大学出版会
奈良国立文化財研究所 1993『木器集成図録―近畿原始篇（解説）』
大阪府立弥生文化博物館 2012『穂落と神の足跡』大阪府立弥生文化博物館圖錄 47
山口讓治 2000「弥生時代の木製農耕具―韓國光州市新昌洞遺蹟出土農具から―」『韓國古代文化の變遷と交渉』尹世英教授停年記念論叢刊行委員會
山田昌久 1999「縄文時代の鍬鋤類について」『人類学集報』東京都立大学
上原真人 1991「農具の変遷―鍬と鋤―」『季刊考古学』37　雄山閣
扇崎　由 2008「西日本の農耕具 瀬戸内・四国」『季刊考古学』104　雄山閣
松井　章 1995「生業と環境」『展望考古学』考古学研究会
樋上　昇 2010『木製品から考える地域社会』雄山閣
黒崎　直 1991「農具」『古墳時代の研究』第 4 巻　雄山閣
黒須亜希子 2017「木製「泥除」の再検討―弥生時代・古墳時代の出土事例を中心として―」『日本考古学』43　日本考古学協会

感謝の言葉

　　工楽善通先生！　傘寿をむかえられて、心から祝賀を申し上げます。
　先生と初めて会ったのは 1993 年 1 月 5 日奈文研でした。1992 年光州新昌洞低湿地遺跡の調査が契機となりました。わたしは発掘調査を中断し、研修として日本に行きました。その時わたしは奈文研に、そして先生は飛鳥資料館にいらっしゃいましたが、正規の研修時間が終わると、西大寺付近の居酒屋で先生との新たな研修が始まりました毎回、新しいメンバーが加わり、さしみ、オデン、泡盛、ビールを飲み、酔いが進むと、指で OK サインをつくり、終講となりました。
　奈文研の木器研究課程で訪れた水田跡の発掘現場は、今でも鮮明に記憶しています。とくに先生は、日本の有名な水田と木器が出土した現場に案内してくださいました。大阪池島・福万寺、静岡登呂、瀬名、群馬御布呂・同道、岡山津島・百間川、福岡曲り田、高知田村、鳥取青谷上寺地等の発掘現場を訪れ、多くの研究者を紹介していただきました。

その後、先生は何度も韓国を訪れ、先生を囲む交遊の輪が広がっていきました。これらはすべて先生の水のように澄んだ心、謙虚さ、そして国をこえた人への配慮の結果だと思います。先生は私に多くのことを施してくれました。心から感謝申し上げます。

　80才を迎える先生！　奥様とご一緒に、より一層健康に気をつけて、いつまでもお元気でいらっしゃることを願い、「万寿無疆」の言葉を贈ります。

韓国光州で趙現鐘拝上
李銀眞 訳

古代韓國型水利施設の特徴と意味
―工楽善通先生の八旬を記念して―

成　正鏞

1. 韓半島の水稲作と水利灌漑の意味

　水とは人間にとってどのような存在であるか？　人間にとって酸素とともに水がない生き方は、想像することもできない。旧石器時代の石器と火の使用が人間として暮らしの開始だったら、新石器時代の新しい創造物である土器の使用と農耕の始作は、もっと人間らしい生き方に向かう巨大な進歩であった。人間の理性が漸次に発達して、自然生態系の最頂点にたつ人々の数が増加することになり、その生存を根源的に裏付ける食糧資源開発の必要性は、ますます大きくなった。

　韓半島の境遇、新石器時代には水があまり必要でない畑作が狩猟採集を一定部ささえることになり、比較的に安定的な生計体系を維持させてくれたと考えられる。ところで青銅器時代頃、畑作とはその性格が根本的に異なる水稲作農耕体系が本格的に導入された痕跡があちこちに現れた[1]。これらの青銅器時代における水稲作への転換は、自然な過程なのか、それとも不可避的なものだったか？　韓半島の新石器～青銅器時代の転換期頃は、集団の移動がより活発になった時期として知られているが、その移動の背後には、周辺地域集団の間の葛藤、飢饉・寒波など数多くの要因が介在している。複数の要因が重なりながら韓半島では人口が増加する地域が増えたと考えるが、この頃水稲作農耕体系を本格化させたのは、自然的・人文的な急激な環境変化に対する新しい対応戦略として採用した生計体系だったと思われる。

　これらの水稲作農耕は、治水事業の裏付けなしには不可能である。水稲作農耕が本格的に始作された青銅器時代の治水は小さな河川に洑をつくり、水路を管理する程度で、自然をそのまま最大限に利用する水準であった。これらの洑をつくるには、それほど大きな技術は必要でなかった。しかし、古代国家が形成される頃から、大規模に農耕用土地を開発し、集約的に利用することになり、持続的に大量の水を供給することができるシステム、すなわちダムを作って水を閉じ込めておく貯水池が必要になった。「三國史記」にAD331年に百済が築造したと伝える堤防長3.2kmに及ぶ金堤碧骨堤は、そのような大規

模貯水池の出現を象徴的に示している。ところが、これを作るためには巨大な水の圧力に耐えることができる堅固な堤防をつくる高度な土木技術が必要である。現代の科学的な設計と工法でつくられた堤防や橋梁などの土木構造物では、問題が発生する境遇をしばしば見ることができる。これに比べて536年につくられたという記録が残っている永川菁堤の境遇は、今までも暦年の風波に耐え、そのまま残っている。これは古代土木技術がすでに高い水準であったことを雄弁に語るものである。

青銅器時代以来、水稲作の運営を裏付ける水利灌漑施設の出現と発達過程は、当時の社会体制の発達と軌を同じくするものであり、国家の治水灌漑事業の必要性が古代中国専制国家形成の根底になったという Karl Wittfogel のいわゆる「水の理論」を持ち出すまでもなく、世界史的に文明の誕生と水利灌漑施設の発達が密接に連関されているのは周知の事実である。つまり水を効果的に利用するための水利施設の発達は、私たちの基本的な生活を支える根源になったといっても過言ではない

2. アジアの多様な灌漑形態

世界各地の灌漑形態は地形と条件に応じて非常に多様だが、アジア地域西方の西・中央アジア乾燥地帯では、水分蒸発を最大限に抑制するように設計されたカナート（Qanat）と呼ばれる独特の水利施設が使用された。これは氷河に囲まれた高山地域の水源から、地下につくられた人工の暗渠水路を介して水を引き込み、低地帯の灌漑と生活用水に利用する地下灌漑型水利体系である（図1）。降雨量が極めて少ない乾燥地域で発達したシステムであり、上水道など生活用水としての役割も大変重要であったと考える。この地域は灌漑農業が可能なほどに年中充分な水量が流れる大きな川がなく、耕作予定地が十分な降水量がある山岳地帯と近接しながらも、蒸発量が大きすぎて地上に貯水池や水路をつくるには、水の損失が大きい乾燥地域である。また耕作予定地で井戸を掘るには帯水層（地下水層）があまりにも深い。カナートは主にこのような地域につくられている〔金義中・成正鏞 2014〕。

これに比べて広い平原と山岳地帯が見られる中国の境遇には、その面積にふさわしほど多くの形態の水利施設が使用されたが、現在大きく二つ形態の古代水利施設が広く知られている。成都の都江堰や西安の鄭國渠のような灌漑施設は、非常に広い平原地域を灌漑するため、平原地域を貫通する数十kmに及ぶ巨大な人工水路を開鑿し、この人工水路に流す水を大河本流から直接的に引き込むシステムを使用することにあった。これらは一般的なダムのように水を閉じ込めて供給するのではなく、河道から水を分けて供給するシステムであって、河道に洑や分水施設等をつくり、本流の水が人工水路に流れ込むようにしたものである。都江堰の魚嘴（分水堤）が岷江の水を分ける分水施設の核心であり、人工水路が結局もう一つの江になったわけで、この幹線水路から再びクモの巣状に水路がつながって灌漑をすることになる（図2）。これらのシステムは、灌漑する地域の広さに対し、

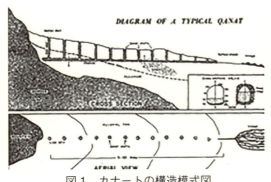

図1　カナートの構造模式図
（金義中・成正鏞 2014 再引用）

図2　成都都江堰の全景（右下が人工水路）

水を供給する河川が近くにない場合に適したシステムとすることができる。都江堰の場合は、河川と平原の間を遮る障害物（巨大な岩壁山）を克服するため、この岩壁を通過する水路を開鑿した。当時としては考えにくいほどの発想の転換と巨大な工事規模等に驚かされる。今現在使用されている安徽省の七門堰や廃棄された鄭國渠も、これらの分水体系を活用する水利施設に該当する。

安徽省安豊塘の境遇は都江堰とは別のシステムの水利施設として、大きな河道や蓄水できる山間溪谷から離れた平原地域につくられた貯水灌漑施設である。安豊塘は山間部に築造した堤堰でも、都江堰のような分水施設でもない。安豊塘は平原の中で四方に人為的に堤防をつくった大規模な水溜り（集水地）で、北へ数十km離れたところ（山）から取水して人工水路を通して安豊塘に流れてくるようにしている。都江堰のような分水システムではなく、山谷形貯水池のように水を閉じ込めるが、数十kmに及ぶ人工水路を介して水を引き込み人為的につくった貯水池に貯蔵し、周辺の平原を灌漑することが最も大きな特徴である。

3. 碧骨堤と義林池、韓國型水利施設としての意味は

金堤碧骨堤ほど韓日水利史で大きな議論と話題を提供する水利施設は珍しい。碧骨堤は一般的な山谷形水利施設とは、いくつかの点で大きく異なる特徴を示している。一般的に水利灌漑の堤堰として最適な立地をあげると、まず湛水する溪谷の幅が狭いことで、堤堰の長さも短くなり築造工力も少なくなる、第二に湛水面積が狭いにもかかわらず水深があり湛水量は多いこと、第三に最も重要な条件として灌漑面積の効率性（灌漑面積／貯水面積）を挙げることができる。

碧骨堤は上記の条件とは、あまりにも反する姿を見せている。堤堰の長さが3kmを超える程に長く巨大であることも特異だが、あまりにも広い平原に近いところに築造されており、湛水する池内面積と外部灌漑面積にはそれほど大きな差がない（表1、図3）。つまり湛水しても相当数の良い農耕地を失うことになり、貯水池を作っても灌漑する効果が半減

表1　金堤碧骨堤規模

典拠	長		周		灌漑面積		備考
三國史記（330年）	1,800 歩	営造尺 3,348m					
三國遺事（329年）	□□166 歩		□17,026 歩		水田 14,07 □	約 39,300 萬㎡	C／科田法 上等田 1 結 ＝約 6,480㎡（2,000 坪）
新増東國輿地勝覽	60,843 尺	周尺 12,534m 営造尺 8,740m	77,406 歩	1 歩＝6 周尺 95,674m	9,840 結 95 負	約 39,521 萬㎡	A／貢法 1 等田 1 結 ＝9,675㎡、高 17 尺、幅：下邊 70 尺、上邊 30 尺
輿地圖書 金堤郡 碧骨堤条	1,800 歩	約 2,343m	76,406 歩	上同？	9,840 結 95 負	上同	東國輿地勝覽 轉載時 錯誤？
大東地志 金堤 碧骨堤条	2,600 歩	1 歩＝6 周尺 3,385m	80 里		20,000m		
1975 年発掘報告書		約 3km				最大貯水面積 約 3,700 萬㎡	
1975 年 実測		2,721m					洪思俊
現 碧骨堤案内板		3,300m	80 里		20,000m	9,900 約㎡	洪思俊

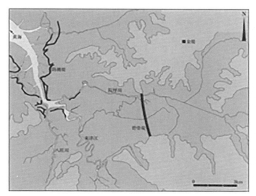

図3　碧骨堤の位置と貯水・灌漑地域
（大阪府立狭山池博物館 2001　p.37）

図4　義林池と灌漑地域

せざるを得ないということである[2]。碧骨堤は最初から灌漑堤堰として築造したのか、あるいは、初めは防潮堤的性格として築造されたが、漸次灌漑堤堰に転換されたかどうかの当否については議論がある。この点で碧骨堤は、初めは単純な灌漑堤堰というよりは沿海の低地帯を開発する目的で築造された可能性が高いであろう。

　これに比べて堤川義林池は池の周囲が約 1.8km、湛水面積が 151,470㎡であり、現在の蒙利面積が湛水面積の 19 培を超える 2,870,000㎡に至る。湛水面積比と灌漑効率はとても大きいが、何よりも湛水部が狭い谷間であって、耕作地に使用することができない部分を活用して湛水したという点に特徴がある（図4）。義林池の灌漑平野はダムが作られる前は一般的な丘陵と河川が曲流する低地帯で構成されていたが、ダムが築造された後は、劇的にすべて農耕地に変わった。韓半島の山間内陸地域で農耕地と農業生産力を最大限確保するために、国土を開発して完璧に変貌させたもので、以前とは次元が異なり、国土開発の序幕であり、古代の土地利用と食糧生産の画期的な変換点だった。義林池と碧骨堤は異なる体系で出発したが、山間が多く平原は少ない韓半島の環境を克服するための最適の手

段として考案された水利体系として、「韓半島型水利体系」と呼んで遜色がないと考えられる。

　古代韓半島の食糧生産と人口増加の間にどのような相関関係があるのか明確に知り得る資料はあまりないが、馬韓と百済を通じて、その重要な一面を垣間見ることができる。AD3世紀頃の事情を伝えている「三國志」魏書東夷伝韓条によると、馬韓地域には50余国の大国（万余家）と小国（数千家）があり合わせて総十余万戸があったが、百済末期（AD7世紀後半）になると、78万戸に増加している。3世紀の馬韓と泗沘期百済領域を同一視することはできないが、むしろ泗沘期に忠清・湖南地域で領域が縮小したことを勘案すると、百済地域では400余年で最小でも7～8培ほどの人口が増加したといえる。

　三国時代に、多くの戦争を経てもこのように急激に人口が増加することは、この頃の食糧生産が想像以上に飛躍的な増大をしたことを示唆している。単純に単位面積あたりの生産量の増加や、また生産量の増大を期待するのが難しい畑作の変化からはとても理解することができず、結局生産面積を画期的に増やすための大規模土地開発が行われたと考えざるを得ない。すなわち、韓國の三国時代は生産を画期的に増加させるための大規模国土開発が行われていた時代であり、これを実現させたのが、すぐに堤堰を築造することができる水利灌漑体系であった。これらの水利灌漑体系が日本の狭山池につながり、日本古代の生産・経済を支えるようになったと考える。

4. 水利灌漑研究に大きな足跡を残した工楽善通先生

　水利施設とその築造技術、そしてこれらが持っている歴史的・社会的意味があまり認識されていなかった1980～90年代に、この分野の研究を先導的に行ってきた方が工楽善通先生である。筆者が初めて水利施設に接するようになったのは、忠南大学校博物館に勤務していた1997年1月頃に唐津郡から合徳堤の堤防を整備・復元するための調査の依頼を受け、堤防を切開調査してからであった。当時水利や土木技術関連知識が全く無かったが、筆者は堤防基礎部から粘土の間に枝葉を敷設した姿を確認し、この工法について軟弱地盤を補強するものと解釈した（成正鏞2002）。合徳堤の調査は、韓國では碧骨堤調査以後、堤防を完全に切開して本格的に調査した最初の事例であった。以後筆者が京都大学で博士課程を始めた2003年1月18日に、偶然に狭山池博物館を訪問した時の驚きを今でも鮮明に記憶している。博物館内部にそのまま移した壮大な堤体断面があった。博物館では、いくつかの土木技術と合徳堤で確認した枝葉敷設工法、そして日本各地の事例が整理されていた（もちろん今もそのまま展示されている）。

　この頃、大阪の博物館で、あるいは夜の懇親会で、何回も先生にお目にかかり、水利・土木関連の話を聞く機会があったが、当時古墳や馬具等の分野に、より関心があった時期だったので、先生が研究されている内容・意味についてはきちんと把握していなかったように思う。2004年韓國に戻った後、金堤碧骨堤と堤川義林池等の各種シンポジウムに

参加し、また盧重國教授と一緒に韓國の水利施設をくまなく調査したことを契機に、工楽善通先生が基礎を築いた水利灌漑分野が、古代史だけではなく、人類史の中で持っている意味について真摯に向き合う機会を持つことができるようになった。また、2010年4月には、忠州MBCのイムヨンスンPDが堤川義林池を主題に当時としては非常にめずらしい水利関連ドキュメンタリーを製作することになり、盧重國教授と一緒に狭山池博物館で工楽先生に会って水利の意味とその技術について話を聞いたことは記憶に新しい。東アジア水利灌漑分野に先導的な研究基礎を築いた先生の慧眼を称え、これからも末永く健康に過ごされることを心からお祈りします。

註
（1）事実、紀元前3千年期頃の沃川大川里遺跡の住居跡から、多量の炭化米が発見され新石器時代に稲作農耕が行われたことは明らかだが、生計経済として本格的に採用されていたのは疑問である。
（2）高麗初期に作られたと伝える唐津合徳堤も立地や規模等が類似していて、堤の内側と外側の住民たちの間で、堤防をなくし内部を農耕地にするかどうか議論が繰り返されたという。

参考文献
金　義中・成　正鏞 2014「西・中央亞細亞の地下灌漑水路―事例を中心に―」『水利土木考古學の現狀と課題』發表資料集　ウリ文化財研究院・水利土木研究會
成　正鏞 2002『唐津合德堤』忠南大學校博物館
成　正鏞 2007「金堤碧骨堤の性格と築造時期 再論」『韓中日の古代水利施設比較研究』啓明大學校出版部
成　正鏞 2010「東亞細亞古代水利土木技術の發達と擴散」『韓國古代の水田農業と水利施設』西景文化社　pp.340-364
成　正鏞 2015「韓国先史～中世水利施設の類型과　發達過程」『韓國上古史學報』87　韓國上古史學會　pp.77-96
梁　起錫 2009「堤川義林池の歴史性と價値」『義林池の誕生背景とその歴史性』第1回 義林池國際學術大會 發表要旨文　忠北大學校 中原文化研究所
尹　武炳 1976「金堤碧骨堤發掘報告」『百濟研究』7　忠南大學校 百濟研究所　pp.67-92
殷　滌非 1960「安徽省寿県安豊塘発現漢代閘壩工程址」『文物』60年1期
中國旅游出版社編 2005『都江堰』
工楽善通 1995「古代築堤における'敷葉工法'」『文化財論叢Ⅱ』
小山田宏一 2009「天然材料を用いた土構造物の補強と保護」『大阪府立狭山池博物館研究報告』6
大阪府立狭山池博物館 2001『図録 古代の土木技術』

李銀眞 訳

工楽善通先生の傘寿をお祝いして

李　健茂

　工楽先生が傘寿を迎えられたことに、まずお祝いの言葉を申し上げます。当節は百歳人生を生きる世の中ですので、先生が今のまま健康を維持されるならば、考古学を研究している後学らに価値のある知識をたくさん伝えてくださることと思います。何卒ご健康で楽しくお過ごしくださいますよう、お祈りいたします。もちろん、しばしば韓国へ来られ、お好きなマッコリと鰻も召し上がりながら、考古学関係の面白い経験談を聞かせてくださったり、ご指導いただければとても嬉しく存じます。

＜工楽先生に対する印象＞

　工楽先生に初めてお会いしたのは、30年余り前、私が京都国立博物館に招聘研究官として行っていた時だと覚えております。当時、工楽先生がとても親切で優しくしてくださったので、まるでほのぼのとしたお隣のおじさんか兄貴に会ったような感じを受けました。その後も、考古学業務と関連したことで、または展示館の展示に関わる業務で日本へ訪れることが多く、時々先生にお会いすることができました。8歳の年の差ですが、いつも気楽に付き合ってくださいました。日本で大勢の方々とのお付き合いがありましたが、その中でも工楽先生は特別です。お会いする度に、喜んで迎えてくださることは勿論、あれこれと細かいところまで気遣ってくださる方だからです。

　ある日、大阪出張から帰る時でした。韓国へ帰国する際には、いつもホテルに来られて空港まで見送ってくださるので、私は迷惑をかけたくなくて朝早く一人で空港へ行きました。出国手続きを終えた後、少し休んでいたら、先生が出国場まで来られ、再びお会いすることになりました。私が外国人なので、万が一、不注意で過ちを犯すと困るだろうと気遣ってくださったわけです。先生に連絡もせず、ふらりと一人で行ってしまった私が、むしろ先生に迷惑をかけてしまったことになりました。日本のお知り合いの方々は、だれもが親切な方々ですが、こんなにまで細かく気を遣ってくださる方は、珍しいと思います。大阪へ立ち寄るたびに、いつも遠い道をいとわずに喜んで迎えてくださる先生は、本当にGentleman、紳士中の紳士ではないかと思います。

＜沖縄旅行＞

　20年余り前、私の博物館での同僚である故韓永熙氏（当時、考古部長）と共に、奈良文化財研究所の招請で日本へ行った時です。先生と一緒に三人で沖縄へ見学に行きました。実は、日本へは何度も行きましたが、ほとんど近畿や九州地域を中心にめぐり、沖縄は初めてでした。韓永熙氏と二人で旅立つつもりでしたが、工楽先生は敢えて旅に同行なさると、立ち上がって下さいました。

おそらく、私達が初めて行く不慣れな地域なのでご心配なさったのでしょう。または、現地の交通手段が不便だと思われたかもしれません。沖縄での見学日程は本当に楽しかったです。日本でありながら若干異国を感じられる面があって、我々が済州島を訪れる際に感じることに類似すると思いました。首里城は勿論のこと、沖縄県立博物館をはじめとして、「高麗系瓦」出土地として知られた浦添城遺跡の現場、そして今帰仁城跡、中城城跡に至るまで多くのところを見回りました。工楽先生のお陰で、諸分野の研究者にお会いすることができ、その方々より詳細な説明を聞くことができ、とても充実した見学でした。博物館の中で印象に残っていることは、いわゆる「太平洋戦争」の際、熾烈だった戦場の状況を見せてくれる記念館（正確な名前は覚えていない）でした。死ぬ直前、妻へ書いたメモのような最後の手紙と薬筒などの展示品を通じて、戦争がもたらす悲劇と、博物館展示の社会的機能と役割などについて色々考えさせられました。見学だけでなく、先生と一緒だった食事と酒席も、大きく記憶に残っています。お昼の食事だったと思いますが、沖縄ならではの料理を味わうことができました。よもぎとヤギ肉が入る麺料理で、珍味でした。食べられないかもしれないと遠慮がちに言われましたが、ヤギ肉は韓国でも南部地域ではよく食べると話しました。地域の特産料理を紹介してくださる気遣いと心配りが有難かったです。

　夕方には、古びた居酒屋「小櫻」で東坡肉（Dōngpōròu）に似た豚肉のおつまみと共に酒を飲みましたが、愛酒家である先生と談笑しながら飲む酒席は、いつも楽しく生気が溢れました。この居酒屋の壁には、数多くの訪問客の写真が掛かっていましたが、日本考古学者らの写真も沢山掛かっていると聞きました。勿論、私達も工楽先生と一緒に写真を撮りましたが、後日、そこを訪れた方が私達の写真を見たと言われていました。「酒博物館」という酒類販売店に寄って研究所の同僚達と一緒に飲むお酒を一本お送りになる先生の姿から、同僚を大事にする暖かい人間美を感じることができました。

＜考古学者としての面貌＞

　工楽先生は長らく、奈良文化財研究所で研究に励んできた方で、弥生時代の研究、とりわけ農業考古学や木器・漆器工芸分野において日本の権威者であることはよく知られています。そのため、韓国ではこの分野系統の遺跡と遺物を調査する際には、先生のご教示を受ける場合が多かったです。関連資料の提供は勿論のこと、現場経験と幅広い知識を惜しげもなく教えてくださったりしました。私が国立光州博物館長だった時に、光州新昌洞遺跡の調査がありました。多量の籾とともに木器、漆器など様々な遺物が出土した時にも、工楽先生に沢山のご助力をいただきました。木製の車輪の轂と輻についてもあまり知らなかったのですが、先生のご指摘によって分かりました。そして髪の毛の塊が出土した時にも日本出例を取り上げて、漆刷毛用の材料で使われた可能性を述べられたのを思い出します。他にも、農耕道具をはじめとして木器、漆器関連の部分について沢山教えてくださいました。

　また、現在まで「狭山池博物館」を営まれている先生は、狭山池遺跡と韓国金堤碧骨堤の敷葉工法の共通点から、両遺跡間に密接な関連があることを教えてくださり、これからの碧骨堤の

工楽善通先生の傘寿をお祝いして

調査に対する方向性について提示してくださいました。なお、狭山池遺跡と碧骨堤遺跡を中国安徽省安豊塘遺跡とともに、ユネスコ世界文化遺産に登録するのため努力を払っていらっしゃるので、本当に韓国文化と文化遺産をとっても愛する方と言わざるをえません。

<所蔵図書の寄贈>
　私が韓国の国立中央博物館長として在職していた2004年9月、工楽先生は40年余の研究活動をされながら蒐集・所蔵して来られた日本考古学および歴史学関連蔵書の約10,000余冊を国立中央博物館に寄贈なさいました。日本考古学・歴史学関連の書籍をはじめとして、全国各地の発掘調査報告書、考古学関連の学術雑誌と辞典類などで、とりわけ先史時代以来の、韓国と密接な関連のある弥生時代の農耕関連資料など、重要な日本各地の発掘調査報告がすべて網羅されていました。日本古代文化を研究し、理解するにあたって、大変役に立つ重要な文献ですので、私だけではなく博物館の職員達は、いまだに有難く思っております。国立中央博物館に所蔵図書を寄贈することになった理由が、私をはじめとして国立博物館内の考古学研究者との長い学問的・人間的関係より始まったとしても、工楽先生の韓国への愛情、考古学に対する愛情、そして文化財と博物館に対する愛情によるのは、言うまでもないです。博物館図書室の「工楽善通文庫」を利用する多くの研究者達が大きい研究業績を積んでほしいと願う次第です。
　以上、工楽先生との思い出を振り返りながら、まとまりのない話を申し上げました。先生に色々と御鴻恩を受けたにも関わらず、きちんと応えることができなかったことに、いつも申し訳なく思っております。紳士中の紳士、学者中の学者である先生が、末永くお元気で過ごし、時折我々を訪ねていただき、激励してくださいますように、お願い申し上げます。

李銀眞 訳

2015年11月28日
李健茂先生を囲む昼食会（ソウル）
左から植野浩三、工楽善通、柳本照男、小山田宏一、金武重、李健茂

工楽善通先生の傘寿をお祝いして

盧　重國

　人との出会いとは、偶然でもあり必然でもある。偶然であれ必然であれ、すべて因縁である。因縁による出会いは、それほど大切である。筆者が工楽善通先生に出会ったのも、何か縁が働いたのではないかと思う。その縁を結んだものが貯水池で、貯水池をつうじて工楽先生と結んでくださった方は小山田宏一先生である。

　貯水池は、水田農耕で生産力を高めるために必要な施設である。国家は、大々の水利施設を諸所に作った。水利施設を設置することで、農業生産力は飛躍的に高くなり、王政の物的基盤も強くなった。貯水池の築造は、土木・建築技術の発達を促した。高い水圧に耐える構造物が作れる技術がないといけないためである。大規模の貯水池築造は、多くの労働力を必要とする。大規模の労働力を動員するためには、中央の集権力が成立していないといけない。したがって大規模の貯水池築造は、逆に中央集権的な古代国家の成立を示唆するものでもある。それほど貯水池が古代社会でもつ意味は大きい。

　工楽先生は、農耕と水利施設に関心をお持ちであり、日本考古学界で農耕や水利土木関連の第一人者であることは言うまでもない。先生は水利施設に対する学問的な深みを加えただけではなかった。ご自身が体得した学問の内容を、より分かりやすく周知することにも力を入れた。そうした努力により、先生は水利施設の専門博物館である狭山池博物館をつくった。先生はこの博物館に渾身の力を注ぎ、日本古代の水利施設がもつ意味と価値を広く伝えた。東アジア諸国の水利施設と比べ、共通点や相違点を明らかにされた。その名声は日本だけではなく、国際的にも高いものである。

　それにもかかわらず、筆者は貯水池築造が農業の生産力を高めるにあたって重要だという程度の認識しかなく、その経済的側面、土木技術的側面、労働力の動員が示す政治的・社会的側面にまでは考えが及ばなかった。それほど見る目がなかったわけで、筆者は工楽先生についても存じ上げず、何の情報も持っていなかった。

　筆者が水利施設に積極的に関心をもつことになった契機は、2004年啓明大学校史学科創設50周年を記念する学術行事の時である。学術行事の主題は、「韓・中・日古代水利施設の比較・検討」であった。学術行事を企画するうちに、筆者は水利施設が古代社会でもつ意味を改めて自覚するようになった。これが契機になって2008年韓国農漁村研究院の支援を受けて、筆者が研究責任者となり、総勢12人の研究者が執筆した『韓国古代の水利施設と農耕』を出版した。この際、研究の内容充実に努めるために、永川菁堤碑、慶州影池、金堤碧骨堤、堤川義林池など、韓国古代の主要な水利施設はすべて踏査した。

　韓国古代水利施設は、中国および日本の古代水利施設とも密接な関連性をもつ。研究の深みを

増すためには、日本と中国の古代水利施設を踏査することが必要だった。何が同じで、何が違うのか、またその系譜関係はどうなのか、比較・研究しなければならないからである。折から堤川義林池を中心に水利施設に対して特集放送を準備していた忠州MBCイム・ヨンスンPDの助けで、忠北大学校の成正鏞教授と一緒に日本の狭山池博物館を訪問する計画を立てた。

2010年、現場撮影をかねて、研究チームは狭山池、昆陽池、益田池などの貯水池を踏査するために日本へ行った。まず狭山池博物館へ行った研究チームは、小山田先生のご案内で館長室を訪れた。筆者は、この時初めて工楽先生にお会いした。水利施設が縁となって先生にお会いすることができたわけである。

博物館の展示演出は、筆者にとって衝撃的であった。貯水池の壁体を転写することで現場感を高めたこと、多様な敷葉工法、時代別に変化する水桶（樋）、貯水量を高めるために次第に貯水池の堤防を高めていく様子、この貯水地の水を利用した灌漑面積が拡大する様子、百済の敷葉工法の影響による土木工法の説明等などが、水利施設の面貌をよく伝えていたためである。工楽先生との出会いと狭山池博物館の訪問は、筆者をして、韓国古代水利施設に対して関心を持ち続けさせる推進力となった。

2011年、筆者は大阪狭山市教育委員会から招請を受けて『東アジアの水利灌漑と狭山池』というテーマで開かれたシンポジウムに参加した。このシンポジウムで工楽先生は座長を務められた。筆者は発表準備をしながら、韓日間の取水施設では、水桶（樋）の開閉方法に違いがあることを確認した。永川青堤の場合、人が水の中に入って木棒で水桶の小口を塞ぐ形態だったが、狭山池や発掘調査で確認された薩摩遺跡の場合は、木棒を縦に挿し込み水桶の入り口を塞ぐものであった。シンポジウムでは、座長としてシンポジウムを上手に導いていく先生の姿と、発表論文の核心をつくコメントは印象的であった。長年の研究と実務経験による年輪を感じさせられた。

工楽先生に初めてお会いした時の印象は、背が小さく、ほっそりとした身体であった。しかし、話を交わす内にユーモアのセンスもあり、お歳を召しても周りの人を気楽にしてくださるお人柄を感じた。歳をとると、とかく若者たちや目下の者と交わりにくいことがある。しかし工楽先生は、全然そうではない方というのを、初めての出会いで感じた。以後、数回先生にお会いしたが、最初の印象が間違ってないことが分かった。

先生にお会いした時、先生の水利施設に対する情熱と該博な知識は周囲を圧倒した。日本の水利施設のみならず、中国、東南アジア、中東などいろんな地域の水利施設に対する踏査や研究は、その幅と深みを増した。狭山池博物館をつくられ、日本の古代水利施設研究の土台を築いた。そこに私は先生の底力を垣間見る思いであった。絶えざる探究心が、筆者にはとても大きく感じられた。先生と同じ歳になった時、私もあのようにすることができるだろうかと、ふっと思うことがあった。

一緒に夕食を食べる時、お酒が大好きな姿を拝見した。現在のお歳になられても、お酒が好きなことからみると、若い時には、おそらく斗酒不辞だったと思われる。大好物のお酒が飲めることは、それほど健康であるという証拠である。このような先生のご健康が、これまでの業績を残す

土台になったのではないかと思われる。

　工楽先生にお会いする際、羨ましかったことの中で、一つは小山田先生が工楽先生に仕える姿であった。博物館の館長と職員としてではなく、まるで師弟関係のような感じだった。大切にし、仕える様子をみて、人と人との関係はこうあるべきと、模範的に感じた。私にも、こういった人間関係があるのかと考えてみたら、とても羨ましかった。小山田先生を通じて工楽先生にお会いすることができたので、小山田先生にも感謝を申し上げたいと思う。

　昨年、金武重院長より、工楽先生が2019年に傘寿をお迎えになることを聞いた。また現在もご健康で、博物館のお仕事をなさっていることも聞いた。ご健康で、いまだに公的な仕事に携わっていらっしゃることが、一番嬉しかった。誰もがやりたがることを先生がなさっているので、これもまた羨ましいといえる。最近、自分の些細なことで、先生のことをうっかりしていたことに対して、申し訳ない次第である。

　傘寿をお迎えになる先生の姿を思い浮かべてみると、たとえ空間的に遠く離れていても、先生の相変わらず穏やかな笑顔があらわれる。この場を借りて、これまでご健康で、学問的な業績を沢山築いて来られたことをお祝いいたします。また、これからも心身ともにご健康で、大好物のお酒を楽しみながら、百歳の寿を享受するように、お祝い申し上げる次第です。

　　　　　　　　　　　　　　　　　　　　　　　　　　　　　　　　　　李銀眞 訳

工楽善通先生の傘寿を祝賀いたします

郭　鍾喆、権　純康、李　保京

　工楽善通先生といつ、とこで、初めてお目にかかったのかは、今は覚えていません。しかし九州大学留学時に、福岡箱崎旧キャンパスの考古学研究室で、先生のご論文別刷と、農耕関連書籍を頂いた記憶を、郭鍾喆は今も鮮明に思い出します。

　工楽善通先生の多くの学問的業績について私たちが知っている、学んでいるのはほんのわずかしかありませんが、先生の御高著『水田の考古学』は繰り返して何回も読みました。そのころ韓国では、水田遺構の調査はまだ行われていませんでした。いつかは韓国でも水田遺構を見つけ出したいと願っていた若手研究者にとって、先生の御高著は大きな刺激を与え、手引きになりました。韓国の梁山下北亭遺跡（1990年）をはじめ、蔚山玉峴遺跡・也音洞遺跡・昌原盤渓洞遺跡などの水田遺構調査ではつねに先生の御高著をそばにおき、まわりにもすすめました。勿論、先生のご論考は、その後もつづけて読んでいます。

　先生と㈶ウリ文化財研究院とのつながりは、2009年から2010年にかけての韓国蔚山薬泗洞堤防（溜池、後日史跡として指定）の調査からです。堤防に対する調査がほぼ終わり、いかにして保存すべきかをめぐる議論の最中に、先生は小山田宏一様と一緒に現場にこられました（2010年6月7日）。調査結果のまとめと若干の分析資料を用意していた権純康が過労で倒れ、李保京が先生たちに調査内容を説明することになりました。思っていたイメージとは異なり、小さな体躯で大きな眼鏡をかけていた先生のお顔に、とても親近感をおぼえたことや、初夏の熱い日であったにもかかわらず熱心に堤防を観察されていた先生のお姿は、いまも忘れることができません。その場で先生はいくつか質問されましたが、調査中には考えてもいなかった項目があり、調査前、調査中に御教示を頂けたら良かったのにと残念に思いました。

　2010年9月、韓国国立中央博物館で開催された国際学術シンポジウム「古代東北アジアの水利と祭祀」の場で、また先生とお会いしました。水田稲作の始まりから中国の水利施設安豊塘、都江堰、中央ユーラシアのオアシス灌漑、カンボジアのアンコール朝の灌漑など、東アジアの水利灌漑の特質にかかわるご講演の内容は印象的であり、晩餐会での乾杯のお言葉も忘れられません。先生には所属と名前を申し上げるだけの出会いでしたが、蔚山薬泗洞堤防遺跡の調査時にお会いすることができず、先生のお名前を書物でしか知らなかった権純康にとっては、初めてお目にかかったことは大きな光栄でした。

　それがきっかけとなり、先生や小山田宏一様のご配慮で狭山池博物館を含む日本の水利施設を見学する機会を得ました。先生には直接にご案内していただくとともに、狭山池一帯の空中写真判読結果についてもお話をお聞きすることができて、深い感銘を受けました。

　つぎの年からはほぼ毎年1回くらいは、先生は小山田宏一様とご一緒に、韓国の堤川義林池、

尙州恭儉池、金堤碧骨堤、唐津合德堤や近所の現代防波堤などを見学するようになりました。
　季節を問わずハードな日程の中で、工楽先生には韓国の若手研究者たちとともに研究や考えを教えていただき、水利施設の調査にとどまらず、東アジア水利施設の歴史的・技術的系譜について多くのことを学ぶことができました。
　韓国にこられると若手研究者たちと酒席をともにされながら、これからの水利施設の調査と研究を、「ともに、気楽に、楽しくやりましょう」と語られ、酒席は1軒、2軒…とすぎていきました。
　先生の穏やかなお人柄、若手研究者たちへのご配慮をいまもありがたく思いつつ、私たちは先生が傘寿を迎えられたことを心より祝賀いたします。

李銀眞 訳

2010年6月7日
ウリ文化財調査院との記念写真（蔚山薬泗洞堤防遺跡）
工楽先生の右、郭鐘喆、　同左、李保京

2010年6月7日
敷葉工法を観察する
（蔚山薬泗洞堤防遺跡）

2011年4月21日
尙州恭儉池
左端、工楽善通、右端、柳本照男、
右から5人目、権純康

2011年11月28日
漢城百済博物館表敬訪問
後列左から
金起燮　金武重　権純康　李保京　姜秉學　郭鐘喆
前列左から
李鐘哲　工楽善通　小山田宏一　柳本照男

工楽善通先生の傘寿に寄せて

鄭　桂玉

　工楽先生の傘寿をお祝いしながら、先生とのご縁をたどってみた。
　私が初めて先生にお会いしたのは、1992年5月、写真を通じてである。当時、国立文化財研究所の学芸研究士だった私は、大韓民国政府の短期海外派遣で、奈良文化財研究所の埋蔵文化財センターに6ヶ月間研修生として行くことになった。日本の空港に到着すれば、奈良文化財研究所の工楽先生が迎えに来てくれることになっていたため、私はお会いしたことのない工楽先生の写真を持って大阪の伊丹空港に着いた（その時は、関西空港ができる前であった）。
　伊丹空港には到着したが、見ていた写真の顔は何処にもなかった。到着した乗客らは皆帰ってしまい、私は空港のロビーできょろきょろしながら2時間余り待っていた。まだ日本語に慣れていなかったし、6ヶ月間生活するために荷物を沢山抱えていた私としては、目の前が暗くなり、空港職員に放送をお願いした。"韓国の文化財研究所の鄭桂玉を迎えに来られた、奈良文化財研究所の工楽様は案内カウンターまでお越しください。"を3回も放送したが、誰も私を訪ねて来なかった（当時、空港ではそんな放送はできないと言われたが、私はデタラメな日本語で自分の切羽詰った事情を説明して願いがかなえられた）。3時間ほど待っても誰も現れなかった。私は勇気を出して、「奈良文化財研究所職員録」（日本生活で役立つだろうと、遺跡調査研究室長だった趙由典室長からいただいた）を取り出し、奈良文化財研究所へ電話を掛けた。しかし、留守番電話から流れるガイダンスが何を言ってるのか全く分からなかった。奈良文化財研究所へ何度も電話を掛けても、"最後に緊急用務のある者はooooo番へ電話してください"ということは分かったもの、その番号が聞き取れなかった。私が日本に到着した時期は、日本のゴールデンウィークだった。3時間以上、空港で彷徨った私は、お会いしたことはないけど、お名前を聞いたことのある方々の自宅へ電話を掛け始めた。しかしながら、ほとんど電話は繋がらず、留守電だけ10回余り繰り返され、やっと電話が繋がった方は佐原真先生だった。佐原先生はご自宅で読書の最中に、私からの切羽詰った説明をお聞きになり、タクシーに乗って○○へ来るようにと述べられたが、私はそこが何処なのか知る由もなかった。その代わりに、私は自分が今晩泊まるホテルを教えてほしいと言ったけど、佐原真先生はとりあえず西大寺へ来るべきとおっしゃった。私は西大寺がどこにあるのか分からないと繰り返し述べ、結局、佐原先生は私にまずタクシーに乗ってから運転手に頼んで、ご自宅へ電話を掛けるようにと述べられた。そして私はタクシーに乗り、運転手は奈良に着くまでの間、佐原真先生との数回の通話で私を奈良文化財研究所まで連れてきてくれた。奈良文化財研究所に到着したら、佐原真先生からの連絡を受けた澤田正昭先生が待っていて下さり、私を埋蔵文化財研修棟へ案内してくださった。私の工楽先生との初対面は、このように難しく、慌てふためく、しかも高くつく、始まりだった（当時、伊丹空港から奈良文化財研究所までのタクシー料金を

13,400円ほど払ったけど、私にとっては大金だった）。翌日、埋蔵文化財センター長の佐原真先生の説明によると、工楽先生は人事異動によって私を案内することができず、私の案内係は他の方に変わったという説明を聞いた。

　このように始まった奈良文化財研究所での研修がご縁になり、数年後には、大韓民国政府の長期海外派遣によって大阪大学へ留学することになった。一度経験があった私は、最初に埋蔵文化財研修を受けた時、同課程の研修を受けながらお世話になった柳本照男氏との緊密な協議を経て、事前に柳本氏の事務室へ日本生活に必要な荷物や本を送っておき、長期間の日本生活に対する備えをしてから、始めることができた。

　大阪大学での留学時代には、奈良と京都の境界にある、高の原の公団住宅を借りて生活した。公団住宅は、工楽先生のお宅と近かったため、工楽先生はもちろんのこと、奥様からも日本生活に不便なことのないようにと、たくさんの恩を受けた。寒くなると、手作りのおでんを持ってきてくださり、長崎からの美味しいカステラも分けてくださった。紅葉が美しい季節には、奥様と一緒に紅葉狩りに行ったりした。授業がある二日間のみ石橋の学校へ行き、残りの日々は奈良文化財研究所の研究室で過ごした私は、工楽先生がたびたび遺跡現場へ行こうと立ち寄ってくださり、多くの発掘現場を見学することができた。また、おびただしい量の資料を所蔵している図書室で資料を探す方法はもちろん、職員達にも私のことをお願いするなど、海外生活での困難を推し量ってくださった。

　工楽先生とは、主に弥生時代の遺跡を回っていたが、他にも縄文時代遺跡、古墳時代遺跡など、韓国で考古学の勉強をするうちに、耳で聞いただけの遺跡へ直接行って見ることが出来た感動は忘れられない。その中でも、福岡県の板付遺跡と飛鳥地域は、忘れられないところである。

　工楽先生は、板付遺跡公園の開園式に私を連れて行ってくださったが、その行事に参加した日本考古学者らに紹介してもらったこと、遺跡のあちこちを見回りながら説明を聞いたこと、夕方行事の懇親会で大勢の人と話し合ったことは、今も記憶に生々しく残っている。それが取り持つ縁で、福岡空港付近の青木遺跡で甕棺墓遺跡の発掘調査に参加できたことも工楽先生の配慮のお陰だった。他にも、韓国では耳で聞いただけの板付遺跡、吉野ヶ里遺跡、西新町遺跡、壱岐の原の辻遺跡などは、工楽先生の配慮のお陰で、詳細な案内を受けながら見学することができた。

　飛鳥地域遺跡への見学は、工楽先生が出勤途中に私を連れて行ってくださるなど、飛鳥地域の明日香村を工楽先生と一緒に自転車に乗って回りながら高松塚、石舞台古墳、飛鳥寺、橘寺、飛鳥池遺跡などを見学した記憶は、私にとって他では経験できない意味深い思い出でもある。この文を書いている今も、飛鳥地域の穏やかで美しい風景を思い浮かべながら、私は過去へ戻り幸せを感じている。

　また、当時の奈良文化財研究所は午後5時になると、まるで約束でもしたかのように大部屋へ集まりお酒を飲みながら、文化財関連の最新動向や遺跡の話、世間話をしたりしたけど、私も学校の授業がない日は、その場で一緒に日本考古学界の様々な話を聞くことができた。私は工楽先生のお陰で、奈良文化財研究所での生活が、まるで韓国の研究所で過ごしているごとく、居心地

良く過ごすことができた。大部屋でお酒を飲んだ後、時々工楽先生と一緒に家に帰ったりしたが、闇に暮れている研究所の外を歩いて、西大寺駅へ行く途中、何処やらから飛んできて鼻先を刺激するキンモクセイの香りいっぱいの夜気は、今でも感じられそうだ。

　私の日本生活は、多くの方々の助けがあったが、女性として、異邦人としての海外生活の精神的な困難や学校生活での困難といった人間的に困った部分は、豊中の柳本照男氏がお兄さんのごとく親切にアドバイスし解決をしてくださった。また、奈良文化財研究所のような組織生活における便宜は、工楽先生が一つ一つ解決してくださった。お二人の助けは、一々数え上げられないほどである。

　この場を借りて、日本生活を無事に過ごせるように、暖かく助けてくださった大勢の方々に頭を下げて感謝したい。また、工楽先生が常にご健康で、いつか奈良へ立ち寄ってキンモクセイの香りが漂う夜気の中で、もう一度工楽先生と一緒に歩きたいと、心から望む。

　先生の傘寿をお祝いし、先生の大好物のお酒をいつまでも楽しめるように、先生のご健康をお祈りいたします。

李銀眞 訳

工楽先生のご配慮

金　武重

　人ごとに違いはあるだろうが、誰にでも人生の旅の途中には大きな節目がある。今振り返ってみると、日韓ワールドカップが共同で開催された2002年に初めて日本を訪問することになり、その時の経験が私の考古学人生に大きな転機になったと自覚している。ユネスコアジア協力事務所の招待で1月7日から2月28日までの53日間、試行錯誤の日本研修生活を送るきっかけは、大学のとても恐い6年先輩の国立文化財研究所（当時）の鄭桂玉さんが、日本への派遣や留学時代に大変お世話になった工楽先生からの推薦依頼であったと記憶している。

　鄭先輩とは1982年に大学2年生の時の学科春季踏査コースである弥勒寺址発掘現場で少し離れた所から初対面し、大学院への進学を決めた後、時折資料をコピーするために事務所に連絡してお世話になった。その後、私が国立中央博物館を経て他の職場で働くことになったが、鄭先輩は日本に留学し資料が必要な時は国際電話やメールで連絡があり資料探しなどをお手伝いした。そのたびに日本の考古学事情が気になり、留学中の鄭先輩を羨望し、いつか必ず行ってみたいという言葉を幾度か口にしたことがあった。その後、1999年に京畿文化財団に発掘調査機関が創設され入社したが、当時の韓国は開発事業が急速に進められていくのに対し、調査機関が不足している状況にあり発掘調査に没頭していたため、留学等のことは特に考えることがなかったように記憶している。2000年の初秋のある日、家族と一緒に国立中央博物館（今の国立故宮博物館）で展示されていた「楽浪」特別展を見に行って、そこで鄭先輩と小柄で少し痩せた日本の方と偶然出くわした。鄭先輩の紹介で挨拶し家族と一緒に記念写真も撮った。これが工楽先生との最初の出会いだったが、全く日本語を知らなかった私としては鄭先輩の通訳に頼るしかなく、家族がいる関係で別々に観覧した記憶だけうっすら残っている。数週間後、鄭先輩から工楽先生が送ってくださったという写真を受けとり非常に喜び、そのような先生の誠意に大きく感銘受けたのがつい最近のことのようである。この写真のおかげで日本に行くとは夢にも思わなかった。楽浪展を見るために行ったはずが、結果的には日本に行くための面接試験になっていた。

　翌年2001年の春だったか再び鄭先輩から連絡があった。日本で韓国の研究者を招待することになったが行かないか、ということだった。自宅や職場との相談もしないまま、すぐ行くという答えをしたところ、研究院の承諾がなければならないというので承諾を受けて、研究計画書を含む書類を準備して送ってくれという指示があった。研究院から派遣できない場合、辞めても行くという意思を示した後、紆余曲折の末に担当している発掘調査に支障がないようにしなければならないという前提で研究院の許可を得て、書類も大急ぎで準備して鄭先輩に送った。翻訳は鄭先輩の手を煩わせた。数ヶ月後、奈良のユネスコアジア協力事務所名義の招待状が届き、これを根拠にソウルの日本大使館に行ってビザを申請した。日韓両国は2002年3月1日から観光目的であれ

工楽先生のご配慮

ば3ヶ月間ビザなしで入出国が自由になることになっていたので、最後のビザを受けたわけだ。

　出発する前日は、知人の話と本だけで接していた日本を初めて訪れるという興奮と緊張感で眠れず、もしや空港へのバスが遅れるのではないかと急いで空港に向けて出発した。あらかじめ受け取っていた招待状に書かれていた英語での詳細な説明を見ながら関西空港からリムジンバスに乗って夕方頃、近鉄奈良駅付近のバス停で降りると、工楽先生と事務所のスタッフのお二人がすぐに迎えに来られた。先生は私を見つけると「こんにちは！」と挨拶され迎えてくださった。この後、2ヶ月間泊まる「ニューたかつじホテル」に移動して荷物を置いたとたん、一日中どれだけ緊張していたのだろうか呆然とした記憶がある。宿を出て新大宮近くの日本盛という小さな飲み屋でささやかな歓迎会とオリエンテーションを兼ねて先生と生ビール・日本酒を飲んだが、その時飲んだ日本での最初の生ビールはこれまでで最も美味しいものであった。ある程度酔いが回ってきた頃、橿考研の小栗氏、木下氏、補助員の片山氏一行が合流され歓迎会の場が盛り上がった。当時、小栗氏は忠南大学校百済研究所で1年間の交換研究員として韓国に滞在した後、帰国した頃だった。橿考研で勤務を終えて新大宮まで電車で移動する時間を考えると、日本語ができない私と円滑な意思疎通のために工楽先生が事前に配慮されたものだった。

　翌日、私が奈良の地理に明るくないことを心配された工楽先生が、新大宮駅改札口まで迎えにいらして法蓮町のユネスコ事務所まで同行してくださった。当時所長でいらした故金関恕先生をはじめスタッフの方々との挨拶を終え、研修日程など本格的なオリエンテーションをしてくださった。その時、先生が普段持ち歩いている手帳の1月と2月のカレンダーを上下に付けてコピーした後、そこに私が行くべき機関、行事などを書き留めながら説明してくださった。漢字で書いたメモだけでは十分ではないと感じられたのか、しばらくした後、研修の終わり頃に九州に同行する佐藤興治先生が合流して、スケジュールと機関ごとに誰に連絡してお世話になるかについて相談を重ねてまとめてくださった。このように日本に到着した日から今後の日程について、工楽先生の配慮は舌を巻くほど優しくてきめ細かいものだった。その後、先生のおかげで奈良文化財研究所、大阪市文化財協会、大阪府文化財調査研究センター、橿原考古学研究所、原の辻遺跡をはじめとする九州一円の踏査など順次計画された日程を消化して2月28日に帰国した。振り返ってみると、工楽先生が準備してくださった、スケジュールをきちんと消化できたのか分からないが、それこそ試行錯誤しながらの研修であった。特に工楽先生をはじめ、佐藤先生、永島先生、福岡先生にはおいそがしい時期にあまりにも多くのご迷惑をかけた。名前は忘れてしまったが、鶴橋にある済州島料理の店でマッコリと漢拏山焼酎、ビールを混ぜた新型爆弾酒を呑みながらの送別会で拙い日本語で「先生方から頂いた恩恵は今後の世代に返していきます」と意気揚々と申し上げた。今こうして工楽先生との縁が続いて20年になるが、その約束を守れずにいて申し訳なく思う。また、日本を訪問しても頻繁にお目にかかることもできず、むしろ韓国にいらした時、私の職場を直接訪ねていらして、元気にやっているか直接確認されたりもする。その時ごとに清々しく「こんにちは!!!」と手を振っていらっしゃる姿は工楽先生の「トレードマーク」である。

2013年5月3日、工楽先生が国立中央博物館にご自身の図書を寄贈された後、図書室に寄って本棚に整理された本を見る機会があった（写真右）。小柄で熱気に満ちた姿に日韓考古学の交流に尽力された巨人の風貌を感じさせた。今回、傘寿をお迎えになるということで、雑文を書く機会と考えた。工楽先生が末永くご健康でいらっしゃることをお祈りいたします。

平郡達哉（島根大学）訳

2013年5月8日
国立中央博物館家族公園での昼食会（ソウル）
左から李午熹、工楽善通、宋義政、金武重、金成明

2013年5月3日
国立中央博物館図書室（ソウル）
寄贈した図書をみる

⦿ 執筆者一覧（掲載順）

千種　浩	（ちぐさ　ひろし）	神戸市教育委員会事務局文化財課
大野　薫	（おおの　かおる）	大阪府立狭山池博物館
田中 清美	（たなか　きよみ）	帝塚山学院大学非常勤講師
高島　徹	（たかしま　とおる）	元大阪府立狭山池博物館
黒崎　直	（くろさき　ただし）	大阪府立弥生文化博物館
森田 克行	（もりた　かつゆき）	高槻市立今城塚古代歴史館
大庭 重信	（おおば　しげのぶ）	（公財）大阪市博物館協会 大阪文化財研究所
木下　亘	（きのした　わたる）	元奈良県立橿原考古学研究所
西川 寿勝	（にしかわ　としかつ）	大阪府立狭山池博物館
柳本 照男	（やなぎもと　てるお）	元韓国東洋大学校、大阪大学非常勤講師
吉井 秀夫	（よしい　ひでお）	京都大学大学院文学研究科
植野 浩三	（うえの　こうそう）	奈良大学
南　秀雄	（みなみ　ひでお）	（公財）大阪市博物館協会 大阪文化財研究所
田中 俊明	（たなか　としあき）	滋賀県立大学名誉教授
小山田 宏一	（こやまだ　こういち）	奈良大学
福岡 澄男	（ふくおか　すみお）	元（公財）大阪府文化財センター
佐藤 興治	（さとう　こうじ）	奈良文化財研究所名誉研究員
森本　徹	（もりもと　とおる）	大阪府立近つ飛鳥博物館
積山　洋	（せきやま　ひろし）	（公財）大阪市博物館協会 大阪文化財研究所
伊藤　純	（いとう　じゅん）	帝塚山大学非常勤講師
井上 智博	（いのうえ　ともひろ）	（公財）大阪府文化財センター
辻尾 榮一	（つじお　えいいち）	地域歴史民俗考古研究所
李　銀眞	（い　うんじん）	（公財）京都市埋蔵文化財研究所
松本 啓子	（まつもと　けいこ）	（公財）大阪市博物館協会 大阪文化財研究所
西山 要一	（にしやま　よういち）	奈良大学名誉教授

光谷 拓実	（みつたに　たくみ）	奈良文化財研究所名誉研究員
金　旻貞	（きむ　みんじょん）	奈良文化財研究所 保存修復科学研究室
杉本　宏	（すぎもと　ひろし）	京都造形芸術大学歴史遺産学科
趙　現鍾	（ちょう　ひょんつょん）	元国立光州博物館長
成　正鏞	（そん　つょんよん）	忠北大学
李　健茂	（い　こんむ）	元文化財庁長官
盧　重國	（の　つゅんくく）	啓明大学
郭　鍾喆	（かく　つょんちょる）	ウリ文化財研究院
権　純康	（くぅん　すんかん）	ウリ文化財研究院
李　保京	（い　ぽきょん）	ウリ文化財研究院
鄭　桂玉	（つょん　きぃおく）	元韓国国立文化財研究所美術工芸室
金　武重	（きむ　むつゅん）	（財）中原文化財研究院

工樂善通先生の傘寿をお祝いする会 発起人

植野浩三・大野　薫（事務局）・木下　亘・小山田宏一・佐古和枝・
佐藤興治（代表）・澤田正昭・田邉征夫・福岡澄男・南　秀雄・
宮路淳子

2018年12月9日 初版発行　　　　　　　　　　　　　　《検印省略》

構築と交流の文化史
―工樂善通先生傘寿記念論集―

編　者	©工樂善通先生の傘寿をお祝いする会
発行者	宮田哲男
発行所	株式会社 雄山閣
	〒102-0071　東京都千代田区富士見2-6-9
	TEL　03-3262-3231㈹／FAX 03-3262-6938
	URL　http://www.yuzankaku.co.jp
	e-mail　info@yuzankaku.co.jp
	振替：00130-5-1685
印刷・製本	株式会社ティーケー出版印刷

Printed in Japan　　　　　　　　　　　ISBN978-4-639-02615-0 C3021
　　　　　　　　　　　　　　　　　　　N.D.C.210 346p 27cm